中国学术流派研究丛书

周群 主编

永嘉学派研究

王宇 著

总　序

《易·系辞》云："天下同归而殊途，一致而百虑。"中国学术史的长河是由不同时期、不同地域、形态各异的万派支流汇注而成的。学术流派是以相似的学术宗旨或治学方法为特征的学术群体，是因应一定社会政治文化要求，体现某种学术趋向，主要以师承关系为纽带，与古代教育制度、学术传承方式密切相关的历史存在。

以学派宗师为代表的共同的学术宗旨或治学方法往往是学派的主要标识和学派传衍的精神动力。学派的开派宗师往往是首开风气的学术先进，他们最早触摸到了时代脉搏，洞察到学术发展新的进路。这必然会受到敏锐的学人们的应和，他们声应气求，激浊扬清，去短集长，共同为学派肇兴奠定了基础。师承是学术流派传衍的重要途径，盟主宗师，振铎筑坛，若椎轮伊始；弟子后劲，缵绪师说，如丸之走盘，衍成圭角各异的学派特色。学派后劲相互切劘、补益，使得该流派的学术廊庑更加开阔、意蕴更加丰厚，是学派形成理论张力的重要机制。高第巨子既有弘传师说的作用，同时，还需有不悖根本宗旨前提下学术开新的能力。没有学派后劲各具特色、各极其变的发展，以水济水，并不能形成真正的学派。家学因其特有的亲和力，是学派传衍的重要稳定因素，克绍箕裘以使家学不坠，这是学术之家的共同祈向。书院讲学便于学派盟主宣陈学术思想，强化了同道的联系，为形成稳定的学派阵营以及学术传衍提供了重要平台。民间讲会、书牍互通促进了学派成员之间的交流与学术的传播。中国古代学术大多以社会政治、道德文化为研究对象，往往随着时代的脉动而兴衰起落，观念史的逻辑演进过程之中必然带有时代的烙印。时代精神与社会政治是推进学术演进的重要动因。

中国古代学术传统的源流色彩极浓，学术源流，先河后海，自有端绪。学术的承祧与变异形成的内在张力是推进学术发展的重要动因，学派间的争鸣竞辩、激荡互动及不同学派的因革损益、意脉赓续，书写了中国古代色彩斑斓的学术发展史。尽管学术史上不乏无待而兴、意主单提之士，取法多元、博采汇通而自成其说的现象也在在可见,学者对学派的认识也每每歧于仁智。但中国学术史上林林总总的学术流派仍然是学者们展示各自学术风采的重要底色。因此,对各个学派进行分别研究,明乎学派源流统绪,梳理流变过程,呈现其戛戛独造的学术风采,分析其对于中国学术思想发展的价值,厘定其地位,对于揭示中国古代学术思想因革发展机制,推进中国学术史研究具有重要意义。这是我们组织编撰《中国学术流派研究丛书》的根本动因。

为了实现这一目标,我们将力求客观厘定学术流派在中国学术史上的地位,以共时比较与历时因革相结合。别同异,辨是非。不为光景所蔽,努力寻绎其真脉络、真精神。从历史情境与学理逻辑等不同的维度评骘分析其价值。同时,由于学术流派风格不同,内涵殊异,《丛书》在体例上不泥一格,以便于呈现学派各自的特色为是。

南京大学中国思想家研究中心是因已故南京大学校长匡亚明先生主编《中国思想家评传丛书》而成立,本人有幸躬逢这一盛举,跟随匡亚明先生参与了《评传丛书》的编撰出版工作。《评传》传主是中国学术思想史上二百多个闪光点,这些传主往往又是学术流派的盟主或巨子。从这个意义上说,《中国学术流派研究丛书》是在《评传丛书》基础上,对中国古代学术思想史上以杰出思想家为核心的不同学术集群的研究,是对色彩斑斓的中国古代学术思想历史画卷中最具特色的"面"的呈现与"线"的寻绎。《中国学术流派研究丛书》不啻是《中国思想家评传丛书》的学术延展。每每念此,备感责任重大。幸蒙一批学殖深厚、对诸学术流派素有研究的学者们共襄其事,他们以严谨的治学态度,做出或将要做出对学术、对历史负责的研究成果。对他们为了一个共同的学术宏愿而付出殚精竭虑的劳动表示由衷的敬意。南京大学社科处处长王月清教授欣然首肯《丛书》规划,使其得以付诸实施,对他的支持与付出表示衷心的感谢。

热诚欢迎学界同仁不吝指谬,以匡不逮。是为序。

周 群

2021年3月于远山近藤斋

目　录

序 ······ 何　俊	1
绪　论 ······	7
第一节　传统学术范式下的永嘉学派认知史 ······	7
第二节　问题意识和研究进路 ······	29
第三节　本书的任务和写法 ······	36
第一章　二程理学与永嘉学派的萌芽 ······	40
第一节　北宋庆历新儒学运动与"皇祐三先生" ······	40
第二节　"元丰九先生"与二程理学传入温州 ······	45
第三节　高宗朝程学在温州的传播 ······	57
第四节　王十朋、郑伯熊与高、孝之际温州程学的中兴 ······	62
第二章　永嘉学派的奠基者：薛季宣 ······	70
第一节　永嘉学派崛起的问题意识 ······	70
第二节　否定"自诚明"与"性不可知"：薛季宣的认识论 ······	82
第三节　薛季宣的评价问题与"乾淳学术"的分化 ······	92
第三章　陈傅良与永嘉学派思想的定型 ······	106
第一节　永嘉学派与朱熹理论分歧的逐步展开 ······	107
第二节　语道非其序，则非道也 ······	114
第三节　"有是非，无利害"与"事求可，功求成" ······	125
第四节　天理分数论与道器观的创新 ······	135
第四章　叶适对永嘉学派哲学思想的总结和升华 ······	143
第一节　"心即理"和"性即理"的双重解构 ······	144
第二节　"内外交相明"的工夫论 ······	158
第三节　从"物极"到"皇极" ······	171

第五章　永嘉学派的传播与异化 …… 184
第一节　科举：永嘉学派的传播策略 …… 184
第二节　永嘉学派的活动方式：以陈傅良门人为中心 …… 190
第三节　水心之学的失传与永嘉学派走向衰落 …… 198
第四节　融入近世儒学思潮的永嘉学派 …… 202

第六章　政治思想 …… 213
第一节　总结和反思宋代政治文化 …… 213
第二节　以北伐恢复为核心的军事改革思想 …… 223
第三节　推进"共治"的探索 …… 230
第四节　走出"郡县"与"封建"的悖论 …… 238

第七章　经济思想 …… 249
第一节　经济活动与道德价值的辩证统一 …… 249
第二节　财政改革思想 …… 261
第三节　轻役减赋的宽民力思想 …… 272

第八章　六经皆史与道统异议 …… 282
第一节　"春秋三传"研究 …… 284
第二节　"三礼"研究 …… 293
第三节　"四书"研究与道统异议 …… 298
第四节　史学思想 …… 305
第五节　史学成就 …… 311

结论　未能完成的"前近代"转型 …… 321
第一节　形质为本：永嘉学派哲学思想的逻辑构造 …… 322
第二节　永嘉学派的思想史地位 …… 332

本书相关要事年表 …… 340

参考文献 …… 348

后记 …… 353

序

在宋明理学的研究视域中，永嘉学派基本上处于一个非主流但研究者却又不得不认真面对的位置。众所周知，大凡讲宋明理学，总是以程朱与陆王为主流，而永嘉学派遂为"非主流"。古人如此，今人亦如此，不待赘述。不得不认真面对是指，即在朱熹当时，不管他指责永嘉学问是"没头没尾""涣无统纪"还是"偏考究其小小者""斗凑零碎"，但永嘉的"新巧之说"已足以令他深以为虑，其头疼程度在某种意义上甚至超过了陆九渊的心学。所谓"江西之学只是禅，浙学却专是功利。禅学后来学者摸索一上，无可摸索，自会转去。若功利，则学者习之，便可见效，此意甚可忧"，这是朱熹担忧的思想上的根源；"（陈）君举到湘中一收，收尽南轩（张栻）门人"，则是现实中的佐证。至于今人，褒者如侯外庐，将永嘉学派归于唯物主义；贬者如牟宗三，辟专章"衡定"叶适的讲学宗旨，但都必须面对永嘉学派。

实际上，朱熹指责永嘉学派时，永嘉学术仍在发展中。早在南宋绍兴末至淳熙中道学兴起时，朱熹与永嘉学派的主要开创者郑伯熊与薛季宣已成为政治上与精神上的同志，后来与永嘉学派的陈傅良、叶适也同朝为官，彼此呼应，而且朱熹希望与集大成的叶适展开对话，但由于叶适不仅小朱熹20岁，有长幼辈分的差距，而且叶适思想的最终确立与系统表达，即《习学记言序目》的撰写，晚至退隐温州水心村的生前最后16年才完成。《习学记言序目》完成时，朱熹早已在叶适尚未隐退的1200年逝世了，因此，朱熹对永嘉之学并没有真正深入而系统的了解。事实上，不仅朱熹没有看到《习学记言序目》，即便是后来博览群书的朱子学重要学者黄震，从其《黄氏日抄》中显示他也只读了叶适的《水心文集》与《外集》，而未涉及《习学记言序目》。

由于朱熹的学术思想地位，以及宋季以后朱子学的主流化、官学化，朱熹对包括永嘉学派在内的整个浙学的批评极大地左右着后世对永嘉之学的认知。元、明学术思想界也基本陷入朱、陆的门户之争中，不甚关注永嘉之学。对永嘉学派真正做出表彰的是《宋元学案》。《宋元学案》不仅为薛季宣、陈傅良专立学案,而且将叶适的《水心学案》分为上下两卷,与朱熹的学案等量。《宋元学案》极大地纠正了朱熹对永嘉学派的负面影响,将永嘉学派确立为与朱、陆鼎足而立的地位;尤其独具只眼的是,《宋元学案》将《习学记言序目》卷四九《皇朝文览三》中的"总述讲学大旨"全文抄录,置于《水心学案》所辑资料首条,《习学记言序目》在学术思想上的重要性获得标示。前述牟宗三对叶适"总述讲学大旨"的"衡定",也正是因《宋元学案》的标示而进行的。只是,清中期考据学对整个宋明理学的反动,导致永嘉学术也一并湮没无闻。清后期永嘉学术曾一度再获重视,但在西风狂卷之下,也终究没有得到彰显。

晚近40年来,随着整个宋明理学研究的重启,永嘉学派也重获关注。虽然这一关注一如永嘉学派在宋代的境遇一样,主要是浙学中人的努力,仿佛充满着地方性,但因其学术思想的独特性,其学术影响终究难以被主流的程朱与陆王研究所遮蔽,始终执拗地发出自己的声音,为整个宋明理学研究增添着极具意义的丰富性。40年来,现代浙学中的几代学人,接踵前贤,从文献整理到学术思想分析,使得永嘉学派的研究取得了深入而丰富的成果,为新时代浙学对永嘉学术做进一步的创新性继承与创造性转化提供基础。王宇这部《永嘉学派研究》就是这样一部著作。王宇自2000年攻读硕士研究生起,即以永嘉学派为研究对象。20年来,虽然研究视域不断拓宽,但永嘉学派始终是他的学术聚焦,他的研究工作也一直在一线展开,就对永嘉学派的一手文献与二手研究的熟知度与广度而言,我深信无人出其右。在这部《永嘉学派研究》中,他从永嘉学派的学术研究史梳理入手,继而从纵横两个维度对永嘉学派进行了深入系统的研究,不仅很好地总结了已有的永嘉学派研究,而且也把永嘉学派的研究极大地向前做了推进。

前文言及,朱熹对永嘉学派的评价有失公允且缺乏完整的认识,盖因在其生前,永嘉学派集大成者叶适的代表作《习学记言序目》尚未完成。即便在此书刊布以后,由于叶适学术思想的表达很不同于宋代理学的主流思想,故他最后所阐扬的永嘉学术思想在极大程度上仍未被时人与后人理解。《习学记言序目》与宋代理学主流的不同,不仅表现在学术思想的概念系统上,更显性地表现于它的著述形式上。这部札记体著作不仅广涉叶适所处时代的整个知识系统,即北宋与宋室南渡以来的学术思想,其形式也绝不同于宋儒广泛采用的语录、书信、注经、经说等文体,而是基于文献研读所做笔记之后的深思与论述，充分彰显了永嘉之学经史并重而好文的风格。现代研究从现代学术的学科分类出发，以政治思想、经济思想、哲学思想、史学思想这样的类型化方式解读叶适的学术思想，虽有推进分析之功，但往往难以真正体会他的学术思想的风格与气象。事实上，这也是长期以来永嘉学派，甚至包括晚清孙诒让、宋恕等永嘉学者对永嘉学术的阐扬未能完全获得足够深入理解的原因之一。

兹就《习学记言序目》所论经史子集，各列举一二，以见叶适的学术思想气象与风格。

先看论经，以论《易》与《礼》为例。《易》推天道以明人事，在传统知识系统中居群经之首，在知识内涵上又被认为是所有知识的源头，宋代理学对它高度重视，叶适也是如此。《习学记言序目》论经共九卷，首四卷都是关于《易》，不仅对六十四卦一一讨论，而且在此基础上，专门写了"上下经总论"阐明自己的总看法。针对历来解《易》的辞、象、占、变四个维度，叶适主张取象是解《易》的正道，每一卦象代表了人类实践的一种典型经验，以及隐含于这一经验中的道理。他摘录《象传》对每卦的解释，指出这些解释都是"因是象，用是德，修身应事，致治消患之正条目也"，其内涵与《论语》所记孔子与弟子们的问答内容相吻合。但是，叶适质疑整个《易传》是孔子所撰的传统观点，他以为只有《彖传》与《象传》可能是孔子写的，而《象传》尤其反映了孔子的精神。《象传》不仅在思想上与《论语》的内容相吻合，而且语言风格也相一致。孔子以后，《象传》与《论语》这种简明亲切、明确易行的论理风格渐趋消失，所谓的义理看似千端万绪，其实只是繁杂空洞。与《象传》重视因象明理相区别，《彖传》重在揭明卦义理。叶适指出，卦所隐含的义理，有些很明白，有些则需要通过解释才能说明，而且当时的卦义在后代也未必适用，因此，对卦义不必太拘执，全部卦义无不在后来的仁、义、礼、智、信中。总之，叶适解《易》，由卦象而明德，由卦名以通义。

永嘉学派以经制言学。所谓经，是根柢六经，以六经为思想基础；所谓制，是重视周制，以周礼为历史基础。因此，重视《礼》学的传统在宋代永嘉学派时即已形成，至清末民初永嘉学重振时仍在传承。作为周代政治制度的记载与说明，《周礼》（又称《周官》）晚出于秦汉之际，故真伪一直难定。叶适既不认为是周公所作，也不认同完全是刘歆伪造。他对《周礼》做了总评论，总体上认为此经是由类似周公这样的人物所设想的政治理想，即所谓"周、召之徒，因天下已定，集成其书，章明一代之典法"。叶适对此书的论证与阐释参用《诗》《书》，证诸历史,这是叶适治学的重要特征。参用《诗》《书》,这是以经证经的方法;证诸历史,则是以史证经的方法。

由于《周礼》的创作是基于一定的政治实践表达政治理想,因此后世怀抱政治野心与政治追求者多有死搬硬套《周礼》来进行政治改革的,前者如汉之王莽,后者如宋之王安石。这在叶适看来,都是极成问题的,因为历史已发生变化,不可能让基于历史中的经验而设想的政治制度来施治于变化了的后世。但是,叶适对《周礼》的基本精神还是充分肯定的,他指出"《舜典》以人任官,而《周官》以官任人尔"。以官任人,才能以职责设岗任人,从而"知官有职业,则道可行;知人有职业,则材可成"。

对于作为《仪礼》附属的《礼记》,虽是战国秦汉时期儒家有关礼的论述,至东汉郑玄选辑作注而定编为49篇,从而由附属而独立,逐渐成为经典,但其思想的丰富与影响的深远要远超于《仪礼》与《周礼》。叶适《习学记言序目》论《礼》三卷,也以《礼记》的讨论为最多。在论《曲礼》的札记中,叶适对《曲礼》上下篇给予高度评价,以为所记的300余条礼,"人情物理,的然不违",不仅"使初学者由之而入",而且"固当终身守而不畔"。叶适以为,孔子教人为仁,克己复礼是根本路径,"必欲此身常行于度数折旋之中"。然而,曾子将广泛的生活实践压缩为"动容貌、出辞气、正颜色"三件事,使克己复礼严重窄化。后世对于传统的各种礼规已难以知晓,在这样的背景下,曾子三事固然也可以遵用,但必须在生活实践中做进一步的展开,"有致于中,有格于外",才能真正把握与践行儒家之道。此札不仅反映了叶适内外交相成的思想,而且也重在否定程朱确认的曾子对孔子思想的垄断性继承。

再看论史。《习学记言序目》的论史札记非常完整详尽,从卷一九至卷四三,占全书的一半,充分彰显了叶适以史证经的学术特征。叶适指出,自司马迁《史记》起,上古时期的历史记载方式发生了根本性的改变,班固《汉书》以下不得不别自为法,这便是包举一代的断代史体例。叶适对《汉书》《后汉书》都比较重视,分别有三卷札记。在《汉书》的开篇札记中,叶适承认了班固的"别自为法",并为"汉以来为准点",但又指出因此而使得"唐、虞三代姑泛焉而已"。叶适比较了作为史书的六经与后世的史书,指出:"古人以德为言,以义为事,言与事至简,而犹不胜德义之多,此《诗》《书》诸经所以虽约而能该贯二千年也。"换言之,班固以下的史书详于言与事,即所谓"世次日月,地名年号,文字工拙,本末纤悉,皆古人所略,而为后世所详",至于德与义,则反而淹没了。对人类的历史而言,真正的意义在于"德与义"所表征的人类价值系统的确立与发展,"言与事"只不过是历史的陈迹而已。至于《汉书》的编纂体例,大体根据《史记》而小有改变,其中最突出的是改"书"为"志"。《汉书》的"志"不仅比《史记》的"书"更为系统,而且内容也远为扩大,有些完全是独创,如食货、刑法、地理、艺文等志。

在论史的札记中,叶适多从治道阐发思想。比如在《唐书·列传》的札记中,叶适对佛老持坚决的否定态度,所据立场主要在治道的层面。在他看来,佛老各自有一套自圆其说的理论,但与以治道为本的儒家思想风马牛不相及。因此,对于宋儒念念不忘辟佛斥老,叶适以为完全是多余的事,甚至认为宋儒表面上在辟佛斥老,实质上是援佛老以乱儒。又如在《唐书·南蛮》条札记中,叶适以治道为儒家学术思想的中心,其内涵是强调宽民致利、迁善远罪的社会繁荣,即"古人勤心苦力为民除患致利,迁之善而远其罪,所以成民也,尧、舜、文、武所传以为治也"。如果社会治理只是追求简单粗暴的整齐划一,则虽不难达到,但对于人民而言却不过是桎梏而已。叶适强调,战国至秦,儒家的治道遭到败坏,后世杂霸王而用之,以至往往把申不害、商鞅的法家之术视为有效的治道,这是对儒家治道的错误认识。

然后看论诸子。这部分虽不是很多,但却是叶适思想的重要组成部分。据《习学记言序目》的编定者、叶适的学生孙之弘在论子书部分的"附记"大抵可知,叶适虽熟读《庄子》《列子》等道家名著,但没有专门讨论,一则是所涉甚广,难以简单处理,晚年精力恐亦不济,再则也是觉得不值得去处理,即所谓"因思向前有多少聪明豪杰之士,向渠蘁瓮里淹杀,可邻!可邻!"可邻,当系"可怜"形近而讹。这与叶适对待佛学的态度相似。叶适曾专门研读佛经数千卷,但却寥寥数语而过,以为与治道无关,不足为议。不过,叶适对《老子》有详尽的札记,但是编在《孟子》札记之后,似乎作为理解孔孟思想的延伸或背景。

叶适研读子书,集中在荀子、扬雄、管子,以及《武经七书》。这里仅略举叶适论《武经七书》为例。在《武经七书》中,叶适最认可的是吴起,认为吴起的军事思想切近而简直明白。在《尉缭子·制谈》的札记中,叶适引述吴起语,"要在强兵,破游说之言纵横者"。叶适指出,兵家著作喜欢在谋略上动脑筋,但"世固自有常势,士已无特出之智,所恃者以前代成败自考质,或能警省尔"。如果不能从历史中吸取经验教训,认清世之常势,那么历史只是徒增眩惑;至于专谈权谋计略的兵书,"则腐陋不足采听尤甚矣"。

最后看论《皇朝文鉴》。对于吕祖谦编的这部书,叶适高度重视,他在《皇朝文鉴·总论》的札记中,首先说明《皇朝文鉴》足以表征北宋一朝的治道,即所谓"盖一代之统纪略具焉",同时以为由此可以理解吕祖谦的学术思想,即"欲明吕氏之学者,宜于此求之矣"。然后,叶适借陈亮祭文,对孔子以后的儒学传承做出评判,推尊吕祖谦。北宋学术思想大略可分二程性理、三苏文章、荆公新学,吕祖谦的学术思想有合北宋三派于一体的气象,只可惜吕氏年未满五十而逝,叶适专门写文追记。吕祖谦辞世后,浙学中人认为叶适足以嗣吕学。

上述诸条,实为窥斑,冀能得见叶适学术思想的风格、气象、旨趣,即他的学术思想是呈现于其对从六经至《皇朝文鉴》整个经史子集的研读分析与论述中的,而绝非托之空言。"习学"正是其全部精神的概括。叶适以《皇朝文鉴·总论》殿后,表征他的学术思想之视野已超越吕氏婺学以《皇朝文鉴》所涵盖的北宋一代之中原文献之传,而《习学记言序目》整个论述的识见论断则足以表征作为永嘉学派的集大成者,叶适晚年的学术思想以其卓绝独特而自成系统。

王宇这部著作将付商务印书馆刊印,嘱撰序言,我借此就《习学记言序目》略作申言,权作王宇这部新书的一个小引。

何 俊
辛丑立秋前三日于仓前

绪　论

与中国思想史上的很多学派一样,永嘉学派是一个以地域名称命名的思想流派,这就意味着这个学派的主要成员都是温州籍的学者,而温州又称"永嘉郡",在很长时间内,这个学派被称为"永嘉之学""永嘉学问"或者直呼"永嘉"。直到清末学者邓实(1877—1951,广东顺德人)于光绪三十二年(1906)发表的《永嘉学派述》[①]一文中,"永嘉学派"一语才被正式提出。

然而,地域性并非永嘉学派的唯一特征,同样在宋代温州这片土地上,程朱理学、陆九渊的象山心学亦有传承,并非所有的温州籍士人都属于永嘉学派。永嘉学派之所以能独树一帜,是因为它在吸收借鉴二程理学这一外来思想资源的基础上,深入反思二程理学不能经世致用的弊端;它虽然崛起于东南一隅,其思想关怀却是"家、国、天下",从这个意义上说,"永嘉"这一地域因素在永嘉学派形成发展过程中的作用,应该给予适当的估计。

永嘉学派活跃的时间,前后不过约70年(1155—1223),其兴也勃焉,其衰也忽焉,却以其介于陆九渊、朱熹思想之间的独特主张,在历史上受到了相当大的关注,并长期被称为"事功学""事功学派""经制之学""功利之学"。作为本书的《绪论》,本章希望正本清源地梳理永嘉学派得名的历史,简要回顾学术界对永嘉学派的研究历史,进而对本书的逻辑结构和写法略作交代。

第一节　传统学术范式下的永嘉学派认知史

早在永嘉学派思想定型后,同时代学者(如朱熹等人)就开始了对永嘉学派的研究和批判。叶适去世之后,永嘉学派的思想学术失去了亲相授受;但不同思想背景的学者仍然经常会提及、点评永嘉学派。这其中,除了只言片语的

[①] 此文连载于《国粹学报》第11、12期。

评论外,从南宋中期到近代出现了六次对永嘉学派较为系统、全面的研究。这六次研究构成了永嘉学派认知史的六块里程碑。以下分别简单回顾之。

一、程朱理学对永嘉学派的批判

朱熹是永嘉学派第一个严肃的研究者和总结者。他最早从思想学术意义上,屡屡在《朱子语类》和《晦庵先生朱文公文集》中提到"永嘉学问""永嘉之学""永嘉、永康之说"等等,都特指一种思想流派,即永嘉学派。朱熹认为永嘉学派有以下四个特征。①

第一,追求功利而不顾道义。朱熹说:

"永嘉学问专去利害上计较,恐出此。"又曰:"'正其谊不谋其利,明其道不计其功。'正其谊,则利自在;明其道,则功自在。专去计较利害,定未必有利,未必有功。"②

这段话明白指出,永嘉学派是反对董仲舒"正其谊不谋其利,明其道不计其功"的观点,而专门"计较利害",追求结果和功效,忽视了行为动机的正当性。实际上,叶适晚年在《习学记言序目》中提出类似观点时③,朱熹已去世多年,不知道他是如何发现永嘉学派的这一倾向的。朱熹还曾说"永嘉之学""卑污"。④朱熹在评价永嘉学派的上一级概念"浙学"时,更说:"江西之学只是禅,浙学却专是功利。禅学后来学者摸索一上,无可摸索,自会转去。若功利,则学者习之,便可见效,此意甚可忧。"⑤既然"浙学"主张功利,那么作为"浙学"一部分的永嘉学派自然也可以如此定性。

第二,朱熹认为永嘉学派对制度研究、历史研究兴趣浓厚。朱熹说:"近见

---

① 朱熹对永嘉学派的批评内容丰富,而他针对具体人物、具体观点、具体作品的批评,本书将在下文各章节中结合永嘉学派的思想论述展开分析,这里集中讨论他对永嘉学派的总体评价。
② 黎靖德编:《朱子语类》卷三七,中华书局1986年版,第988页。
③ 叶适:《习学记言序目》卷二一,中华书局1977年版,第324页。
④ 黎靖德编:《朱子语类》卷一二三,第2962页。
⑤ 黎靖德编:《朱子语类》卷一二三,第2967页。

永嘉有一两相识,只管去考制度,却都不曾理会个根本。一旦临利害,那个都未有用处,却都不将事。"①朱熹认为永嘉学派一班人热衷于研究制度细节,但是在实践、执行制度时,"而今正患不能一一见个恰好处"②,而《论语》就是要教导人们如何把握"恰好处"。朱熹认为永嘉学派轻视《论语》,所以一旦面临利害选择时,往往做出错误的抉择。

在另外一处,朱熹把"永康(陈亮)""吕氏(吕祖谦)"与"永嘉"联系在一起:

> 先生出示答孙自修书,因言:"陆氏之学虽是偏,尚是要去做个人。若永嘉、永康之说,大不成学问,不知何故如此。他日用动静间,全是这个本子,卒乍改换不得。如吕氏言汉高祖当用夏之忠,却不合黄屋左纛。不知纵使高祖能用夏时,乘商辂,亦只是这汉高祖也,骨子不曾改变,盖本原处不在此。"③

司马迁在《史记·高祖本纪》中说:"太史公曰:夏之政忠。忠之敝,小人以野,故殷人承之以敬。敬之敝,小人以鬼,故周人承之以文。文之敝,小人以僿,故救僿莫若以忠。三王之道若循环,终而复始。周秦之间,可谓文敝矣。秦政不改,反酷刑法,岂不缪乎?故汉兴,承敝易变,使人不倦,得天统矣。朝以十月。车服黄屋左纛。葬长陵。"据此,夏、商、周三代之政构成一个循环,西汉应该以"夏之忠"为法。吕祖谦极力赞同此说,认为汉高祖应该以"行夏之时"效仿"夏之政忠",但实际上汉高祖所行历法并非夏正,而是继承了秦朝以十月为元月的历法;"车服"则是"黄屋左纛",而不是"商之辂",这导致高祖一朝的政治差强人意。朱熹则认为,"车服黄屋左纛"只是制度细节,"本原处"是汉高祖刘邦心术不正,由此判定永嘉学派和陈亮、吕祖谦在思想上沆瀣一气,不成学问。

第三,朱熹认为吕祖谦是永嘉学派的引导者,陈亮是永嘉学派在思想上的同盟。他说:

---

① 黎靖德编:《朱子语类》卷三七,第1149页。
② 黎靖德编:《朱子语类》卷三七,第1149页。
③ 黎靖德编:《朱子语类》卷一二二,第2957页。

> 其学(指吕祖谦)合陈君举、陈同父二人之学问而一之。永嘉之学理会制度,偏考究其小小者。惟君举为有所长,若正则则涣无统纪。同父则谈论古今,说王说霸。伯恭则兼君举、同父之所长。①

这段话最早出现于南宋李幼武编纂的《宋名臣言行录外集》,经《宋元学案》卷五一《东莱学案》引用后被广泛转引。② 在这段话中,"永嘉之学"被定性为"理会制度",探究琐碎的制度细节,虽与喜欢"谈古论今"、注重史学评论的陈亮有所不同,但与吕祖谦的学术规模颇有重合之处。到了宋末元初,刘埙(1240—1319)明确地提出了"乾淳间,浙学兴"之说,凸显了吕祖谦"浙学宗主"的地位:

> 宋乾淳间,浙学兴,推东莱吕氏为宗。然前是已有周恭叔、郑景望、薛士龙出矣,继是又有陈止斋出,有徐子宜、叶水心诸公出,而龙川陈同父亮则出于其间者也。当是时,性命之说盛,鼓动一世,皆为微言高论,而以事功为不足道,独龙川俊豪开扩,务建实绩。③

刘埙将吕祖谦定义为"浙学宗主",而薛季宣(1134—1173,字士龙)、陈傅良、陈亮、叶适是其代表人物,指出"浙学兴"的问题意识来自"当是时,性命之说盛……而以事功为不足道",此说的思想实质与李幼武所引朱熹的"其学合陈君举、陈同父二人之学问而一之"完全吻合。

第四,这个学派喜欢创立新说,而表达又十分晦涩。譬如在《诗经》研究方面:"永嘉之学,只是要立新巧之说,少间指摘东西,斗凑零碎,便立说去。纵说得是,也只无益,莫道又未是。"④朱熹认为这些新说只是发挥了解释者个人的一些意见,没有什么实际意义,且与经文本义相距甚远。朱熹还发现陈傅良到

---

① 李幼武编纂:《宋名臣言行录外集》卷一三《吕祖谦·东莱先生成公》,《文渊阁四库全书》第49册,台湾商务印书馆1987年版,第10页。
② 譬如何炳松《浙东学派溯源》(广西师范大学出版社2005年版)第六章第154页,董平、刘宏章《陈亮评传》(南京大学出版社1996年版)第436页。
③ 刘埙:《隐居通议》卷二《龙川功名之士》,《文渊阁四库全书》第866册,第36页。
④ 黎靖德编:《朱子语类》卷八〇,第2086页。

湖南路当官后,把张栻的门人尽收门下,评价道:

> 今永嘉又自说一种学问,更没头没尾,又不及金溪。大抵只说一截话,终不说破是个甚么;然皆以道义先觉自处,以此传授。君举到湘中一收,收尽南轩门人。①

"金溪"指陆九渊的心学。朱熹认为永嘉学派的思想"没头没尾",故弄玄虚,以此来吸引读书人。

以上四个特征,是朱熹永嘉学派认知的主要基调,其他具体的评价都可以从这四个特征得到理解。其中,"计较利害""卑污"的批评最为严厉、影响最广,最终转化成了永嘉学派认知史上最为显著的标签——"功利"。

绍熙二年(1191),永嘉学派通过陈傅良弟子曹叔远向朱熹提出希望通过充分交流,从而能够达成一致:"乡间诸先生尝怀见先生之意,却不得面会剖析,使这意思合。"朱熹的回答毫不含糊:"某不是要教人步步相循,都来入这圈套。只是要教人分别是非教明白,是底还他是,不是底还他不是……是乃不同之同,乃所以为真同也。若乃依阿鹘突,委曲包含,不别是非,要打成一片,定是不可。"②表明了与永嘉学派水火不相容的态度。而叶适也说:"彼建安之裁量,外永嘉而弗同,幸于公(指薛叔似)而无疑,亦莫知其所从。噫,道术之难明,非专智之可穷,虽弗同其奚害,公胡特而自容。""建安"指朱熹,"外永嘉而弗同"显示朱熹对永嘉学派的敌意根深蒂固。③ 叶适认为不同学派对"道术"的理解各有侧重,此所谓"专智",永嘉学派与朱子学完全可以并存,不必如此相互敌视。

朱熹的高足陈淳(1159—1223)曾对吕祖谦与永嘉学派、永康学派的关系做了这样的区别:

> 浙中之学有陈、吕之别。……如诸陈辈,乃鄙薄先儒理义为虚拙,专

---

① 黎靖德编:《朱子语类》卷一二三,第 2961 页。
② 黎靖德编:《朱子语类》卷一二〇,第 2897 页。
③ 叶适:《叶适集·水心文集》卷二八《祭薛端明文》,中华书局 1961 年版,第 586 页。"薛端明"指卒于嘉定十四年(1221)的薛叔似,他是薛季宣堂侄,但雅慕朱熹、陆九渊。(见周梦江:《叶适年谱》,浙江古籍出版社 1996 年版,第 174—175 页。)

驰骛诸史,捃摭旧闻为新奇,崇奖汉唐,比附三代,以便其计功谋利之私,曰:"此吾所以为道之实者。"兹又管、晏之舆皂,而导学者于卑陋之归也。①

"浙中之学"有吕祖谦、陈氏(兼指陈亮、陈傅良)两派之别。吕祖谦被陈淳归入"吾名教中人",从而与"诸陈"(陈亮、陈傅良)截然分开,而陈亮、陈傅良则完全是功利主义。

朱熹的另一重要弟子黄榦在一封给永嘉士子的信中,批评了"仙乡长上":

> 便中两辱书,感感知道,从提举李兄游,深以为喜……举世昏昏,莫知学问之方,而世所谓儒者又多虚言以欺人,而实自欺,仙乡诸长上为尤甚,然亦可以此劫取高官大职,而后生为其所惑,甚可怜也。②

他认为永嘉学派"多虚言以欺人",持有错误的思想观点且自信甚笃,至于"劫取高官大职",则所指者甚多,叶适、蔡幼学、许及之宦途甚达,或执政,或侍从,而这与朱熹及其第一代弟子坎坷的仕途形成了鲜明的反差。因此,他认为永嘉学派对读书人的吸引力非常之大,流毒甚广。此与朱熹对永嘉学术的判断一脉相承。真德秀(1178—1235)则贬低叶适《习学记言序目》为"放言"。③

南宋后期出现的《直斋书录解题》是中国学术史上最重要的目录学著作,编著者陈振孙籍贯湖州,但祖籍永嘉,温州"元丰九先生"之一周行己(1067—约1125)的第三女嫁给了陈振孙的祖父,因此陈振孙对周行己的生平十分了解。④宋人评价陈振孙:"早号醇儒,得渊源于伊洛。"⑤与一般藏书家的目录炫耀收藏之富不同,陈振孙具有鲜明的学术立场,"其生平服膺朱晦庵","右朱则不喜陆,

---

① 陈淳:《北溪大全集》卷三三《答西蜀史杜诸友序文》,《文渊阁四库全书》第1168册。对这段话的分析可以参考何俊:《南宋儒学建构》,上海人民出版社2004年版,第331—332页。
② 黄榦:《勉斋先生黄文肃公文集》卷一五《复王主簿》,《北京图书馆古籍珍本丛刊》第90册,书目文献出版社2000年版,第461页。
③ 叶绍翁:《四朝闻见录》甲集《宏词》,沈锡麟、冯惠民点校,中华书局1997年版,第35页。
④ 陈振孙:《直斋书录解题》卷一七"浮沚先生集"条,徐小蛮、顾美华点校,上海古籍出版社1987年版,第515页。
⑤ 刘克庄:《后村集》卷七五《故通奉大夫宝章阁待制致仕陈振孙赠光禄大夫》,《四部丛刊》本,上海书店1989年影印本,第17页。

重程氏学遂斥荆公"。① 陈振孙对叶适之前的永嘉学派,尤其是程学在温州的传承历史评价尚属正面。《直斋书录解题》著录了周行己、刘安节、刘安上、许景衡、二郑兄弟、薛季宣的著作,并给予了充分的肯定。关于薛季宣,陈振孙评价其:"季宣博学通儒,不事科举,陈止斋师事之。"②陈振孙对陈傅良无多褒贬,而对叶适态度非常严厉。《直斋书录解题》在著录书目时,遇有叶适撰《序》者必予提示,如黄度《周礼说》、陈耆卿的《论语纪蒙》、朱黼《纪年统纪论》等。在《直斋书录解题》中享有同样"待遇"的只有朱熹,这反映了陈振孙对叶适学术影响力的重视。但是陈氏对叶适《习学记言序目》的总体评价是:

> 自六经诸史、子以及《文鉴》皆有论说,大抵务为新奇,无所蹈袭,其文刻削精工,而义理未得为纯明正大也。自孔子之外,古今百家,随其浅深,咸有遗论,无得免者,而独于近世所传《子华子》笃信推崇之,以为真与孔子同时,可与六经并考,而不悟其为伪也。③

陈振孙这段批评有两层含义。一是指出《习学记言序目》"义理未得为纯明正大""务为新奇",所谓"纯明正大"的义理标准自然是朱子学。二是指出叶适在《习学记言序目》中推崇的《子华子》乃后人拙劣的赝品,而叶适视同拱璧,益证其学不足道。陈振孙关于《子华子》的说法与朱熹一致。④ 在著录陈亮《龙川集》《外集》时,他说:"叶适未遇时,亮独先识之,后为集序及跋,皆含讥诮,识者以为议。"⑤他批评叶适在为《龙川集》作序、跋时,语涉讥讽,有伤朋友之谊。

在元代,新安朱子学学者赵汸(1319—1369)批评叶适:"叶正则显于东南,当道学复明之世,刻意修辞,不践故迹,而乖离侵畔,自窒其源。"⑥黄溍(1277—1357)认为吕祖谦"善性理",是道学正宗,等他去世之后,"人自为书,角立竞

---

① 陈乐素:《直斋书录解题作者陈振孙》,载陈振孙:《直斋书录解题》,徐小蛮、顾美华点校,第702页。
② 陈振孙:《直斋书录解题》卷三,徐小蛮、顾美华点校,第65页。
③ 陈振孙:《直斋书录解题》卷一〇,徐小蛮、顾美华点校,第313页。
④ 朱熹的相关观点见黎靖德编《朱子语类》卷一三七,第3269页。
⑤ 陈振孙:《直斋书录解题》卷一八,徐小蛮、顾美华点校,第548页。
⑥ 赵汸:《东山存稿》卷一六《潜溪后集序》,《四库全书》本。

起",其中叶适之学"无一合于吕氏",说明吕祖谦与永嘉学派的异端主张毫无关系。①

总之,从南宋宁宗朝开始,程朱理学在逐渐获得更大话语权的同时,持续不断地对永嘉学派展开批判,从这些批判中可以看出两个方面的问题:第一,永嘉学派作为南宋思想界重要对话者的地位受到了程朱理学的高度重视;第二,这些批判也造成了众多对永嘉学派的误解乃至污名化。

二、黄震的永嘉学派研究

在批判永嘉学派的同时,有些程朱理学学者也注意到了永嘉学派可以吸收借鉴的某些学术长处。黄震就是其中的佼佼者。

黄震(1213—1281),字东发,一字汝震,号文洁先生,祖籍温州乐清,出生于慈溪,宝祐四年(1256)进士。入仕后,主要担任的都是地方官,如县尉、通判、知州、提举、提刑等。南宋灭亡后,他入山隐居不仕。黄震的主要著作是《黄氏日抄》《古今纪要》《古今纪要逸编》《戊辰修史传》,今人编有《黄震全集》。② 黄震著作宏富,学识渊博,在很多领域都取得了杰出的成就,是南宋末期杰出的朱子学学者。

在众多著述中,《黄氏日抄》是黄震阅读儒家经典和理学著作的读书笔记,全书卷帙繁重,编排严谨,其中宋代学者被分别为三个类型:本朝诸儒书、本朝诸儒理学书、文集。《黄氏日抄》卷三三到卷四五这13卷为"读本朝诸儒书"系列,其中卷四二之前9卷,被称为"读本朝诸儒理学书",即读周敦颐、二程、张载、朱熹、张栻、吕祖谦、黄榦、杨时、谢显道、尹焞等人文集和语录的札记。到卷四二至卷四五为"读本朝诸儒书",为读张九成、陆九渊、陈宓、司马光、刘安世、李侗、石介、胡瑗等人著作的札记。可以看出,黄震的编排绝不是按照诸儒生活时代的先后,而是依据在道统谱系中的地位。其中,卷三三到卷四一的周敦颐至尹焞等人,都属于黄震所认可的"理学"人物。卷四二以下诸人,黄震只承

---

① 黄溍:《黄溍全集·文献集》卷五《送曹顺甫序》,王颋点校整理,天津古籍出版社2008年版,第237页。
② 黄震:《黄震全集》,浙江大学出版社2013年版,全10册。

认其为"诸儒",而非"理学"。至于叶适,则与欧阳修、曾巩、王安石、黄庭坚、汪藻、范成大等人被归入卷五九至卷六八的"读文集"系列,不但不是"理学诸儒",更够不上"诸儒",只是文士而已。

从表面上看,这样的安排贬低了叶适的学术地位,但是南宋文人多如繁星,黄震仅仅选取了汪藻、范成大、叶适三人,可以看出他对叶适其人、其书的高度重视。在《黄氏日抄》卷六八《读文集十》中,黄震系统摘录、评点了叶适的《水心文集》《水心外集》两种著作。这其中,四六骈体文的"表、启、诗"三种文体各篇,黄震仅给予总括性评点,对叶适的散体文则逐篇点评。他首先是概括简述原文主旨,然后发表自己对此文的意见。黄震对叶适作品的点评有以下几个特点:

第一,高度评价叶适的散文艺术,黄震对叶适的文学技巧赞叹不已,反对浅学无知者诋毁叶适。他指出南宋后期流传着一种对叶适散文的批评,认为其文隐晦,好讥讽叱骂。黄震认为虽然叶适文集中存在着个别"以文为戏"的情况(如《水心文集》卷一六《刘夫人墓志铭》),但总体而言"实皆显白",后学应该学习叶适散文的优点,不要夸大其局部的瑕疵:"借曰水心时一以文为戏,可尽以例其余耶?学之者不于其横肆而独于其戏者耶?呜呼!水心之传世者仅此,而学之者又辱之,且关学者心术,故为之辩。"[1]

第二,发掘叶适作品中的史料价值,探索治国理政的方略。黄震生处内忧外患交逼的理宗、度宗两朝,深刻感受到改革南宋社会的政治、军事、经济和社会弊端的紧迫性,而叶适《水心外集》中提出了一系列的治国理政方略,让他深受启发,赞扬道:"夫水心,一水心也,其论兵、财、民俗,明白贯彻,笔端有口,一何奇也。"[2]关于黄震对叶适本朝制度沿革研究的评价,本书在讨论叶适的本朝史研究时再详加展开(详见第八章第五节)。

第三,基于朱子学立场对叶适展开思想批评。作为朱子学者,黄震对叶适作品中对邵雍、二程、朱熹、"四书"、道统等问题的异议,非常敏感。他说:"其论《皇极》《大学》《中庸》,但见其班班有字,而玩索莫晓,一何甚也?"[3]他反对叶适

---

[1] 黄震:《黄震全集·黄氏日抄》卷六八《水心文集总论》,第2038—2039页。
[2] 黄震:《黄震全集·黄氏日抄》卷六八《水心外集总述》,第2048页。
[3] 黄震:《黄震全集·黄氏日抄》卷六八《水心外集总述》,第2048—2049页。

对《大学》的修正以及对《中庸》的否定,对后者基于《尚书·洪范》"建皇极"说所建构的"皇极物极"说也表示无法理解。叶适批评程朱理学"以性为不可不言",实则"而圣贤之实犹未著也"。① 黄震反诘道:"谓此借《家语》以排世之谈性命者,谓均之不知圣言尔。……虽然,濂洛性命之说大明于天下有日矣,水心思以易之也难哉。"② 程朱理学据有官学正统的地位是既成事实,叶适根本不可能撼动这一固有格局。黄震甚至批评叶适"其说不能自白"③,这一批评虽然有一定道理④,但不可避免地掺杂了朱子学的门户意识。

黄震对叶适的总体评价是:

> 愚按乾淳间,正国家一昌明之会,诸儒彬彬辈出,而说各不同。晦翁本《大学》致知格物,以极于治国平天下,工夫细密。而象山斥其支离,直谓即心是道。陈同甫修皇帝王霸之学,欲前承后续,力挂乾坤,成事业而不问纯驳。至陈傅良则又精史学,欲专修汉唐制度吏治之功。其余亦各纷纷,而大要不出此四者,不归朱则归陆,不陆则又二陈之归。虽精粗高下,难一律齐,而皆能自白其说,皆足以使人易知。独水心混然于四者之间,总言统绪,病学者之言心而不及性,则似不满于陆;又以功利之说为卑,则似不满于二陈;至于朱则忘言焉。水心岂欲集诸儒之大成者乎? 然未尝明言统绪果为何物,令人晓然易知如诸儒者。⑤

在黄震看来,叶适虽然是永嘉学派的集大成者,其思想却与朱熹、陆九渊有着不同程度的交集,说明他也尝试折中调和朱子学、象山心学、浙东学派,即便是一脉所出的陈傅良、与永嘉学派立场接近的陈亮,叶适也试图加以改进完善。而朱熹、陆九渊、陈亮、陈傅良为南宋思想学术的四大家,而叶适则"混然于四者之间",遂为五大家。当然在黄震看来,叶适"欲集诸儒之大成"的努力并不成功,却反映了以永嘉学派为代表的浙东学派,仍然试图与北宋新儒学运动一

---

① 叶适:《叶适集·水心别集》卷六《孔子家语》,第 711 页。
② 黄震:《黄震全集·黄氏日抄》卷六八《水心外集·孔子家语》,第 2046 页。
③ 黄震:《黄震全集·黄氏日抄》卷六八《水心文集·敬亭后记》,第 2027 页。
④ 关于叶适"其说不能自白"的详细论述,参见本书第五章第三节。
⑤ 黄震:《黄震全集·黄氏日抄》卷六八《水心文集·敬亭后记》,第 2027 页。

脉相承,而其与程学的关系,是"接着讲",而非全盘否定,另起炉灶。这一评价基本上是公允的,肯定了叶适在南宋思想史上的独特历史地位。

除了黄震以外,同时期的著名史学家马端临(1254—1340)在其制度史研究巨著《文献通考》中大量抄录、吸收了永嘉学派的制度史研究成果,其中引用内容最多的"止斋陈氏"的议论,都出自已经失传的陈傅良的《建隆编》[①],不过马氏没有相应按语。引用量居其次的是"水心"或"水心叶适",大多出自今本《叶适集·水心别集》中的《进卷》《外稿》,马氏有若干按语。因这些内容基本上属于田制、赋税和财政问题,本书下文各章节将结合永嘉学派的经济思想详细讨论,此不赘。

三、《宋元学案》的永嘉学派研究

黄震之后,元明两代虽不乏对永嘉学派只言片语的评价,但谈不上深入系统的研究。直到明清之际,黄宗羲发起编著《宋元学案》,经黄百家、全祖望补充完善后成书,在这部皇皇巨著中,永嘉学派才再次得到系统研究。

在永嘉学派研究中,《宋元学案》充分发挥学案体的优势,通过生平小传、论点摘抄、编者评点、传承谱系这四大板块,全面系统地呈现了永嘉学派。首先,《宋元学案》对永嘉学派相关代表人物搜集完备,师承谱系详尽具体,学脉清晰。在黄宗羲原稿中,周行己、薛季宣、陈傅良、叶适集中在一个《永嘉学案》(分上、下两部分)中;至全祖望则将其分立成了介绍"元丰九先生"的《周许诸儒学案》、薛季宣的《艮斋学案》、陈傅良的《止斋学案》、叶适的《水心学案》(上、下两卷),不但永嘉学派的代表人物薛季宣、陈傅良、叶适得到了深入研究,他们的学术传承系统也得到了整体展现,从而大大细化了对永嘉学派的人物研究。其次,《宋元学案》对永嘉学派的思想资料选辑精当,提要钩玄。《宋元学案》从永嘉学派代表人物的作品中大段摘录原文,而且取材精当,集中地反映了永嘉学派的一系列重要主张。其中为了全面反映对叶适思想的高度重视,《水心学案》占去了卷五五、卷五六两卷,主要篇幅用于摘录《习学记言序目》《水心文集》。值得注意的是,《宋元学案》编者从《习学记言序目》卷四九《皇朝文鉴三》

---

① 详见本书第八章第五节。

中全文抄录了《总述讲学大旨》，置于《习学记言序目》之前，提示读者此篇文字是理解叶适哲学思想的枢纽，为后世永嘉学派研究指明了方向。此外，黄百家、全祖望还加了一些简明扼要的按语，以增进读者对原文的理解。因此，《宋元学案》对叶适思想的理解不仅大大超越了黄震的《黄氏日抄》，还成为长期被后世永嘉学派研究者直接引用的"第一手"资料。

除以上两点外，《宋元学案》最大的价值是客观评价了永嘉学派的价值和意义，下文通过该书三位编者黄宗羲、黄百家、全祖望的永嘉学派评价，对这个问题略加申说。

黄宗羲把南宋唐仲友的经制之学与薛季宣、陈傅良的永嘉学派做了比较，认为："（永嘉学派）为说不与唐氏同，其源流则同也。故虽以朱子之力，而不能使其学不传，此尚论者所当究心者也。"①黄宗羲认为三人都源出于二程理学，都讲究"经制之学"，而且他们的研究有一定的价值，不应该任其失传。在评价朱熹、陈亮的王霸义利之辩时，黄宗羲发现陈傅良是倾向陈亮的，而当陈傅良把论战中朱熹的观点总结为："如此，则汉祖唐宗贤于仆区不远。"黄宗羲便明确表示，自己更加赞同朱熹："以是而论，则言汉祖、唐宗不远于仆区，亦未始不可。"②在《宋元学案》之外，黄宗羲还指出："人唯志在事功，则学无原本。"并引用叶适的《陈同甫王道甫墓志铭》批评陈亮的事功是缺乏义理的事功。③ 又说："夫事功必本于道德，节义必原于性命。"④而关于"义利"的关系问题，黄宗羲的观点是："出于公者即为义，出于私者即为私。"⑤显然，黄宗羲是把主观动机（"心术"）作为根本的前提，这与朱熹是一致的。元人黄溍《送曹顺甫序》评价叶适"盖直目水心为文士"。黄宗羲认为此一评价对叶适并不公正："（叶适）所言不无过高，以言乎疵则有之，若云概无所闻，则亦堕于浮论矣。"⑥黄宗羲批评《习学记言序目》中的有些观点"不假梯级""不无过高"，而所不同意黄溍的仅仅

---

① 黄宗羲：《黄宗羲全集》第10册《南雷诗文集·学礼质疑序》，浙江古籍出版社2005年版，第24—25页。关于永嘉学派不肯屈服于朱子学、陆学这一点，黄宗羲在《郑禹梅刻稿序》中也有提及，见《南雷诗文集》第66页。
② 黄宗羲：《宋元学案》卷五六《龙川学案》，陈金生、梁运华点校，中华书局1986年版，第1840页。
③ 黄宗羲：《黄宗羲全集》第1册《孟子师说》卷四"人有不为章"，第107页。
④ 黄宗羲：《黄宗羲全集》第10册《南雷诗文集·明名臣言行录序》，第52页。
⑤ 黄宗羲：《黄宗羲全集》第10册《南雷诗文集·国勋倪君墓志铭》，第499页。
⑥ 黄宗羲：《宋元学案》卷五四《水心学案上》，陈金生、梁运华点校，第1794页。

是后者认为叶适"若云概无所闻",可见黄宗羲对叶适的褒扬虽然高于陈亮,但也是极其节制的。

黄宗羲对永嘉学派的总体评价:

> 永嘉之学,教人就事上理会,步步着实,言之必使可行,足以开物成务。盖亦鉴一种闭眉合眼,蒙瞳精神,自附道学者,于古今事物之变,不知为何等也。夫岂不自然而驯致其道?以计较亿度之私,蔽其大中至正之则,进利害而退是非,与刑名之学殊途而同归矣。此在心术,轻重不过一铢,茫乎其难辨也。①

黄宗羲指出,永嘉学派专注于改造客观世界,不同于一般的功利主义思想,而且对于道学内部不知经世致用、空谈心性的末流,有纠偏补弊之效,他总结的永嘉学派的"事上理会"的观点,出自绍熙二年(1191)曹叔远与朱熹的辩论。②但黄宗羲也警告说,"开物成务"与"有利害、无是非"的功利主义之间仅仅是一念之差,指出了永嘉之学容易产生异端倾向,而南宋的朱熹、陆九渊都抱有同样的担忧。

再看黄百家。他评价薛季宣之学:"汝阴袁道洁溉问学于二程……季宣既得道洁之传,加以考订千载,凡夫礼乐兵农莫不该通委曲,真可施之实用。又得陈傅良继之,其徒益盛。此亦一时灿然学问之区也,然为考亭之徒所不喜,目之为功利之学。"③薛季宣之学虽源出于程学,但永嘉之学最终走向了朱子学的对立面,即"功利之学"。黄百家还说:"永嘉之学,薛、郑俱出自程子。……亦遂为世所忌,以为此近于功利,俱目之为浙学。"④黄百家指出世间广泛流传的所谓永嘉学派"近于功利",是朱熹及其后学的主观判断,即所谓"目之为功利之学""以为此近于功利";至于永嘉学派到底是不是"功利",他没有明白剖析。

---

① 黄宗羲:《宋元学案》卷五二《艮斋学案》,陈金生、梁运华点校,第1696页。
② 详见本书第四章第二节。
③ 黄宗羲:《宋元学案》卷五二《艮斋学案》,陈金生、梁运华点校,第1691页。
④ 黄宗羲:《宋元学案》卷五六《龙川学案》,陈金生、梁运华点校,第1832页。

全祖望将"浙学"视为一个地理概念①,是浙江地区曾经出现过的各种儒学流派的统称:"浙学于南宋为极盛,然自东莱卒后,则大愚守其兄之学,为一家;叶、蔡宗止斋,以绍薛、郑之学,为一家;遂与同甫之学鼎立,皆左袒非朱,右袒非陆,而自为门庭者。"②在全祖望看来,"浙学"自吕祖谦以后就分化成永嘉、陈亮、吕祖俭三支,相互之间没有思想上的共通性。在这三支中,功利倾向最严重的是陈亮:"永嘉以经制言事功,皆推原以为得统于程氏。永康则专言事功而无所承,其学更粗莽抢魁,晚节尤有惭德。"③全祖望还说:"永嘉经制之学,其出入于汉唐之间,大略与同甫等,然止斋进退出处之节,则渺不可及矣。"④因为陈亮与程学没有传承的关系,故其功利倾向也最为严重,乃至节操也有瑕疵,下于"以经制言事功"的永嘉学派一等。

全祖望还在《艮斋学案》中指出薛季宣师承程颐(1033—1107,字正叔)门人袁溉,因此"其学主礼乐制度,以求见之事功,然观艮斋以参前倚衡言持敬,则大本未尝不整然"⑤。陈傅良则是:"止斋最称醇恪,观其所得,似较艮斋更平实占得地步也。"⑥所谓"醇恪"是以程学为标准的。但到了《水心学案》又奇峰突起,提出了"永嘉功利之说":

> 水心较止斋又稍晚出,其学始同而终异。永嘉功利之说,至水心始一洗之。然水心天资高,放言砭古人多过情,其自曾子、子思而下皆不免,不仅如象山之诋伊川也。要亦有卓然不经人道者,未可以方隅之见弃之。乾淳诸老既殁,学术之会,总为朱、陆两派,而水心龂龂其间,遂称鼎足。然水心工文,故弟子多流于辞章。⑦

---

① 吴光:《试论浙学的基本精神——兼谈"浙学"与"浙东学派"的研究现状》,载万斌主编:《浙学研究集萃》,上海古籍出版社2005年版,第16页。
② 全祖望:《鲒埼亭集外编》卷四四《奉临川先生帖子二》,载全祖望:《全祖望集汇校集注》,朱铸禹汇校集注,上海古籍出版社2008年版,第1683—1684页。
③ 黄宗羲:《宋元学案》卷五六《龙川学案》,陈金生、梁运华点校,第1830页。
④ 全祖望:《鲒埼亭集内编》卷二九《陈同甫论》,载全祖望:《全祖望集汇校集注》,朱铸禹汇校集注,第562页。
⑤ 黄宗羲:《宋元学案》卷五二,陈金生、梁运华点校,第1690页。
⑥ 黄宗羲:《宋元学案》卷五三,陈金生、梁运华点校,第1710页。
⑦ 黄宗羲:《宋元学案》卷五四,陈金生、梁运华点校,第1738页。

全氏指出，叶适与理学的分歧，远远超过象山心学与朱子理学的分歧，是一种全新的思想流派（"要亦有卓然不经人道者"）。但是全氏没有解决这样一个矛盾：何以到了叶适这一代却需要去"一洗""永嘉功利之说"呢？显然，这种"永嘉功利之说"在薛季宣、陈傅良那里就已经存在，但在《艮斋学案》《止斋学案》的"祖望谨案"中，读者只能读到叶"大本未尝不整然""醇恪"，只是"以经制言事功"，并无任何"功利"的措辞。总之，全祖望既承认永嘉之学基本特征是"功利"，但是又将"功利""事功"视为"永嘉之学"的赘疣或者是一种不成熟的思想状态，是叶适这位集大成者要加以"一洗之"的"污垢"，这种矛盾的态度，暴露了传统学术范式下把握永嘉学派思想发展脉络的最大困难所在。

四、四库馆臣的永嘉学派研究

清乾隆中期开馆修纂《四库全书》后，大量永嘉学派著作经遴选、校对、缮录，收入《四库全书》。按照经、史、子、集四大类，《四库全书》所收永嘉学派著作达21种之多。

经部7种：郑伯熊《书说》1卷、戴溪《续吕氏家塾读诗记》3卷、郑伯谦《太平经国之书》11卷、张淳《仪礼识误》3卷、陈傅良《春秋后传》12卷、戴溪《春秋讲义》4卷、戴溪《石鼓论语问答》3卷。史部3种：徐自明《宋宰辅编年录》20卷、陈傅良《历代兵制》8卷、钱文子《补汉兵志》1卷。子部4种：王开祖《儒志编》1卷、叶适《习学记言（序目）》50卷、（题）陈傅良《永嘉八面锋》13卷。集部7种：周行己《浮沚集》8卷、刘安上《刘给事集》5卷、刘安节《刘左史集》4卷、许景衡《横塘集》20卷、陈傅良《止斋文集》51卷、薛季宣《浪语集》35卷、叶适《水心集》29卷。

这其中，戴溪《续吕氏家塾读诗记》3卷、张淳《仪礼识误》3卷、戴溪《春秋讲义》4卷、周行己《浮沚集》8卷、刘安上《刘给事集》5卷、刘安节《刘左史集》4卷、许景衡《横塘集》20卷，原书亡佚已久，都是馆臣从《永乐大典》中辑佚所得，换言之，若无此次整理辑佚，这些著作恐永远消失于天壤之间。这是《四库全书》对永嘉学派研究的重大贡献。

与《四库全书》编纂同步进行的是《四库全书总目》的撰写。馆臣为上述著作都撰写了内容提要，不但介绍了基本内容、文学水准、版本源流，也涉及了思想学术的评价问题。这些《提要》完成于乾隆四十六、四十七年（1781、1782）之间,从中可以看出四库馆臣对永嘉学派思想的认识。

在《永嘉八面锋》提要中,馆臣指出此书虽然是为了应付科举考试而编写的,但所收各文质量较高:"宋人好持议论,亦一代之风尚,而要其大旨,不失醇正。"①馆臣推断此书是永嘉学派学者的作品,并对永嘉学派的"事功"与"功利"下了这样的判断:

> 永嘉之学,倡自吕祖谦,和以叶适及傅良,遂于南宋诸儒别为一派。朱子颇以涉于事功为疑。然事功主于经世,功利主于自私,二者似一而实二,未可尽斥永嘉为霸术。且圣人之道,有体有用。天下之势,有缓有急。陈亮《上孝宗疏》所谓"风痹不知痛痒者",未尝不中薄视事功之病,亦未可尽斥永嘉为俗学也。是编虽科举之书,专言时务,亦何尝涉申、韩、商、孔之术哉!②

馆臣首先认为永嘉学派是二程理学的一支,定型之后的思想主旨是"事功","事功"与"功利"根本不同,前者的主观动机出于公心,后者出于私心,因此永嘉学派不是为"霸道"服务的权术,其目的在于经世致用。馆臣认为朱熹将"事功"等同于"功利",是一种误解。陈亮曾批评南宋有些学者"风痹不知痛痒",正是指那些轻视事功的学者,这也是永嘉学派纠偏补弊的思想意义所在。

在《浪语集》提要中,馆臣肯定薛季宣是永嘉学派定型的开创者:

> 季宣少师事袁溉,传河南程氏之学。晚复与朱子、吕祖谦等相往来,多所商榷。然朱子喜谈心性,而季宣则兼重事功,所见微异。其后陈傅良、叶适等递相祖述,而永嘉之学遂别为一派。盖周行己开其源,而季宣导其流也。其历官所至,调辑兵民,兴除利弊,皆灼有成绩。在讲学之家,可称有体有用者矣。③

---

① 永瑢等:《四库全书总目》卷一三五《永嘉八面锋》,中华书局1965年影印浙江杭州本,第1148页。
② 永瑢等:《四库全书总目》卷一三五《永嘉八面锋》,第1148页。
③ 永瑢等:《四库全书总目》卷一六〇《浪语集》,第1379页。

在薛季宣之前,永嘉学派学者受吕祖谦影响较多,思想渊源上更归属于二程理学一系;但从薛季宣开始"兼重事功",所谓"兼重"自然指的是在朱熹等理学学者"喜谈心性"的基础上,更增加了"事功"这一翼,故称为"有体有用"。馆臣准确地发现在薛季宣这里,永嘉学派与理学派的分歧还只是"所见微异"。但陈傅良、叶适沿着薛季宣"兼重事功"的方向持续展开思想创新,最终与理学分道扬镳。

对于陈傅良,馆臣引用《宋史·陈傅良传》称赞其学问:"自周行己传程子之学,永嘉遂自为一派,而傅良及叶适尤其巨擘。……然傅良之学,终以通知成败,谙练掌故为长,不专于坐谈心性。故《本传》又称傅良为学,自三代、秦、汉以下,靡不研究。一事一物,必稽于实而后已。盖记其实也。"馆臣还回顾了陈傅良与朱熹的交往历史:陈傅良曾拒绝书行允许朱熹辞职的录黄,陈傅良与朱熹在《诗经》学方面的观点分歧,陈傅良规劝朱熹不要与陆九渊等人展开公开书信辩论等。最终的结论是:"则傅良虽与讲学者游,而不涉植党之私,曲相附和。亦不涉争名之见,显立异同。在宋儒之中,可称笃实。故集中多切于实用之文……盖有本之言,固迥不同矣。"①馆臣认为宋儒喜欢植立门户,相互倾轧,但陈傅良没有染上这种不良习气,与朱熹友好但并不随声附和,坚持自己的学术观点。馆臣所指出的这一点,实际上也是永嘉学派能够在南宋思想界自成一派的前提。

叶适《习学记言序目》在南宋面世后,陈振孙《直斋书录解题》批评其"义理未得为纯明正大",刘克庄批评其"讲学析理,多异先儒"②。馆臣承认《习学记言序目》中存在一些离经叛道的内容:"语皆未当,此类诚不免于骇俗。"但是很多议论极有见地,瑕不掩瑜:"皆能确有所见,足与其雄辩之才相副。至于论唐史诸条,往往为宋事而发,于治乱通变之原,言之最悉,其识尤未易及。特当宋之末世,方恪守洛、闽之言,而适独不免于同异,故振孙等不满之耳。"③陈振孙、刘克庄囿于程朱理学的门户之见,没有准确全面地认识此书的价值。馆臣的

---

① 永瑢等:《四库全书总目》卷一五九《止斋文集》,第1370页。
② 见刘克庄《后村先生大全集》卷九四《赵虚斋注庄子内篇序》:"往岁水心叶公讲学析理,多异先儒。《习学记言》初出,南塘赵公书抵余曰:'叶犹是同中之异,如某则真异耳。'余骇其言而未见其书也。"《四部丛刊》本,第17页。刘克庄本义是叶适在思想上的异端性逊色于赵汝谈(号南塘)。
③ 永瑢等:《四库全书总目》卷一一七《习学记言》,第1012页。

这一意见在某种程度上反映了叶适去世后永嘉学派受到理学正统排挤的现实。

综上所述,《四库全书总目》虽然不是专门的思想学术史专著,却能准确把握永嘉学派总体发展脉络,抛弃了宋元时代独尊朱子学、贬抑永嘉学派的门户之见,将永嘉学派视为与朱子学平等竞争的一个流派。同时馆臣还对"事功"和"功利"这一对术语进行了剖析,而指永嘉学派为"功利""计较利害"恰恰是朱熹经常使用的标签,故这一剖析实际上曲折地回应了朱熹的曲解。

五、孙衣言、孙诒让父子的永嘉学派研究

孙诒让(1848—1908,字仲容、仲颂,瑞安人)认为:

> 乾嘉以来,巨儒辈出,而性理经术,各守其家法,不相假借,汉宋之间,益断断如也。某曩在京师,与方闻之士论当时门户之弊,常以为欲综汉宋之长而通其区畛者,莫如以永嘉之学。……既而东南大乱,承学之士,日即于芜陋,而达官贵人有以武功起家者,遂奋其私臆之论,以为胜朝流寇之祸,萌蘖于姚江;道咸以来,粤匪之乱,由于乾嘉之经学。乡曲之士,眩惑其说,莫知所适从。今相国合肥李公有忧之,以为此邪诐之说而荒蔑之原也,思欲刊布先儒遗书以救其弊。①

旧有的汉宋二元格局的学术范式既然已经不能适应时代的要求,就应该引入永嘉学以会通汉宋,来拯救文化。

孙衣言、孙诒让父子于光绪八年(1882)完成编刊《永嘉丛书》收书15种,1915年冒广生编刻《永嘉诗人祠堂丛刻》收书14种,黄群在1935年完成编刊的《敬乡楼丛书》收书38种,抗战爆发前永嘉区征集乡先贤遗著委员会抄写缮录地方文献402种。在这四次文献编刻过程中,叶适、陈傅良、薛季宣等永嘉学派代表人物的文集、专著,都得到了刊刻、流布,为进一步研究打下了坚实的基础。

孙诒让不但编刻《永嘉丛书》,还编著了《温州经籍志》33卷,《外编》2卷、

---

① 孙诒让:《艮斋〈浪语集〉后叙》(撰于1872年),载温州市政协文史资料委员会编:《孙诒让遗文辑存》,浙江人民出版社1990年版,第335页。

《辩误》1卷,记载了旧温州所属的永嘉、乐清、瑞安、平阳、泰顺、玉环6县自唐代至清道光年间的温州人注疏,合计1759部。这其中宋代永嘉学派著述在数量上只占了极小部分,但是搜罗完备,不仅存世著述悉数收入,亡佚和未见著述也详加著录,对作者的生平提供简明的线索,考订对比存世版本,与著书相关的序跋、历代书目著录信息,乃至载籍所见一切相关只言片语,不惮细碎,一一载录。最为可贵的是,孙诒让为晚清经学大师,学识渊博,他的按语往往自出机杼,深中肯綮,不但纠正前代序跋和书目的错误,而且能对永嘉学派学者的学术成就给予客观中肯的评价。

譬如郑伯熊《书说》,《四库全书总目》批评其误信《书序》①,孙诒让则指出《书序》在两汉就已经流传,与传世的《伪古文尚书》来源不同,不宜轻易否定:"《提要》为纪文达公昀所纂,文达公力攻古文,复旁及《书序》,故其言如此,非笃论也。"②《四库全书总目》在清代具有无可比拟的权威性,孙诒让从经学专家的角度说明此条《提要》撰写者的学术背景,有理有据地批驳了相关不实之词。同时,孙氏还在此条中对郑伯熊生平历官和"郑敷文"的称号进行了细致的考辨。又如薛季宣《书古文训》,孙氏赞扬其"推阐大义,不屑屑于章句,至偶涉考证,则援据邹为该博",接着举了五个例子,"若此诸条,皆精确不刊"。他赞扬薛季宣精于地理之学,故其《尚书》研究的长处为"凡涉地学,无不剖析详核,《禹贡》山川,尤所致意"③。

《瓯海轶闻》是孙诒让之父孙衣言(1815—1894,字邵闻,号琴西)所编的温州历史文化资料长编。该书合计58卷,约95万字,现有上海社会科学院出版社2005年张如元校笺本行世。此书分门别类地辑录了与温州有关的历史资料,涉及内容极其广泛,囊括政区沿革、地方治理、山川风物、民俗民情等等。但"永嘉学术"各卷占去了甲集的21卷,字数约38万字,篇幅远远超过其他门类。在《瓯海轶闻·甲集自序》中,孙衣言认为永嘉学派的渊源不仅包括"元丰九先生"代表的二程理学("洛学"),而且从郑伯熊这里继承了北宋中期的"通经以致用"的胡瑗之学。此后自薛季宣至叶适诸儒:"皆守胡氏家法,务通经以致之用,

---

① 永瑢等:《四库全书总目》卷一一,第91页。
② 孙诒让:《温州经籍志》卷二,上海社会科学院出版社2005年版,第45页。
③ 孙诒让:《温州经籍志》卷二,第53页。

所谓经制之学也。"①之所以孙衣言要从胡瑗这里解释永嘉"经制之学"的含义和来源,显然是因为"元丰九先生"所传二程理学中"通经以致之用"的色彩较为淡薄。《瓯海轶闻》甲集前21卷中,卷一为"学术总略",总述永嘉学派的基本主张、历史地位。卷二"永嘉学术 学术之始"介绍王开祖等"皇祐三先生",卷三至卷四"永嘉学术 洛学之传"介绍"元丰九先生",卷五至卷一二提为"永嘉学术 经制之学",介绍自郑伯熊开始的宋元永嘉学派学者,入选的名单大致按照《宋元学案》相关学案,其中很多人与永嘉学派关系比较疏远。卷一三至卷二一名为"永嘉学术",所列学者为宋元明清四代与永嘉学派无关的学者。孙衣言广泛采集经史子集文献,摘取相关记载,并施以按语,对相关历史细节进行考证。如朱熹在《答陈同甫》中评价了陈傅良、叶适为陈亮抱膝亭所作诗篇:"所惜不曾向顶门上下一针,犹落第二义也。"孙衣言引证其他文献考证了陈亮抱膝亭的由来,陈、叶二人赠诗的经过,以及陈亮对陈、叶二诗的赞赏态度,最后结论是:"当时永嘉、永康之学与朱子离合异同亦约略可见。"②从一个细节反映了南宋乾淳年间思想家的分化整合大势。黄震《日抄》卷六八专论《水心文集》,而黄震对叶适的有些观点并不赞同:"至水心所论建四镇、买官田,实为轻于立言,不知帝王富强之本殊不在此。"孙氏说:"黄氏驳之极当,故备录之。"孙氏没有因乡梓之情对叶适曲为回护,表现出一个严肃学者的客观立场,实属难能可贵。

六、陈黻宸、林损的永嘉学派研究

陈黻宸(1859—1917,字介石,瑞安人),晚清进士,教育家、政治活动家,晚年(1913—1917)任教北京大学,教授诸子哲学。今人编有《陈黻宸集》。③ 陈氏对中国哲学的研究在形式上已具备现代学术研究专著(著有《诸子哲学》《中国哲学史》)的结构,但所使用的解释框架和术语体系仍然囿于传统范式,可以说尚处于传统学术向现代学术转型的过渡形态。

---

① 孙衣言:《瓯海轶闻·甲集自序》,张如元校笺,上海社会科学院出版社2005年版,第1页。郑伯熊与胡瑗的学脉关系,参见本书第一章第四节。
② 孙衣言:《瓯海轶闻》卷八《抱膝亭诗》,张如元校笺,第244页。
③ 陈德溥编:《陈黻宸集》,中华书局1995年版。

陈黻宸虽无永嘉学派的专论,但在 1908 年发表的《南武书院讲学录》中阐述了永嘉学派的历史定位。陈黻宸注意到张栻对薛季宣"喜事功之心"曾有"喜字上煞有病"的批评,表示完全认同:"夫事功者为天下,非一己也,出于不得已之心,而非好事之心也。天下太平,国家乂安,民宁其居,乐其业,亦何事功之云。……大抵士大夫心性未定,视天下事若一举手投足之劳,无不可为,一遭蹉跌,则又尽丧其勇敢之气,退然不敢复撄其锋,此皆喜事功而不知其难故也。"①陈黻宸的观点与黄宗羲完全一致,都是担忧"事功"在失去"性命"的价值引领后会流入异端。陈黻宸又说:"然我又闻陆象山谓宇宙内事,皆己分内事。叶正则与及门言天下事,每激切哀痛,其声动人,闻者至泣下不自禁。呜呼!是亦发于心性之自然而不能自已者矣。盖心性之学,非空言静坐之谈也,以求夫仁义礼智信之扩充施于天下,一夫不获,时予之辜,愁然终日,不敢有佚乐之心,若舍我必无人任焉。"②"心性之学"必须见之事功,而不能流于空谈,但反过来,事功经制之学又是基于"心性之自然而不能自已者"。在《中国通史》中,陈黻宸主要从文武才用、经世致用的角度赞扬叶适:"水心于天下事得失、兴衰有先见之明,往往不差毫粟,在圣门盖由、赐之徒也。"③他认为叶适相当于孔子门人中的子路、子贡,叹息南宋朝廷不加重用。

林损(1890—1940)字公铎,瑞安人,他是陈黻宸的外甥,也是学生,1914年进入北京大学任教,任法预科讲师、教授,并在北京其他高校(北京师范大学、中国大学)兼职任教;1927 年离开北大,先后在东北大学、上海交通大学任教;1929 年,重回北大任教;1934 年夏去职,到西北农林专科学校任教;抗战爆发后回瑞安家乡。

林损著有《永嘉学派述》《永嘉学派通论》两篇专论。《永嘉学派通论》是篇幅较短的论文,发表于 1919 年的《唯是学报》。林损开篇即指出:"离心性、事功以为二,道之裂也。独以永嘉诸子之学为经济之学,斯亦学之忧也。"林损反对将永嘉学派看作"事功学派":"夫务实黜虚、趋赴事功之说,世之人皆以称永嘉诸子者也,而水心以之指斥尹穑、王之望,谓之小人之论,何哉?盖天下惟真经

---

① 陈黻宸:《南武书院讲学录(1908 年)》第三期,陈怀笔录,载陈德溥编:《陈黻宸集》,第 642 页。
② 陈黻宸:《南武书院讲学录(1908 年)》第三期,陈怀笔录,载陈德溥编:《陈黻宸集》,第 643—644 页。
③ 陈黻宸:《中国通史·宋》,载陈德溥编:《陈黻宸集》,第 988 页。

济之学,必不肯空言以自表。彼惟深通其意,知其事之至难,而行险侥幸之至危,故必持之以至慎,养之以至厚,敛之以至密之地,然后放之则弥六合,沛然莫之能阻。是皆集义所生,非可以袭取而为也。"这与章学诚在《文史通义·浙东学术》中提出的"言性命者必究于史"颇有相通之处。

在林损之前,清末学者邓实已经在光绪三十二年(1906)出版的《国粹学报》第11、12期上发表了同名文章《永嘉学派述》,是历史上第一次使用"永嘉学派"这一专名。林损的《永嘉学派述》是他在中国大学任教时的讲稿,文中大段引用了陈黻宸《南武书院讲学录》《中国通史》中对永嘉学派的评述,也多次引用和回应了邓实的观点。邓实认为,学术可分为"有心性之学,有经制之学。心性之学,其学易涉于玄虚,归于寂灭,此无用之学也。经制之学,究心实用,坐言而可以起行,经义而即以治事,此有用之学也"。永嘉学派就是"经制之学",而且与程朱理学并驾齐驱:"一时从党之盛,卓然自成其永嘉经制之学派。……以与中原心性义理之学而道驰。……而当世拘墟无用之儒,顾以功利少之。"①林损认为"夫邓氏之犁事功与心性为二途,非也",因为永嘉学派的很多主张与理学是一致的:"我谓永嘉诸子之诵法周、孔,诋排佛老,攘斥新学,与当时诸家之说大体殆不甚相远,亦皆务为治者也。"②并引用《宋元学案》中全祖望的论断,指出永嘉学派"皆推原以为得统于程氏"③,并非与其并驾齐驱。林损也反对全祖望认为的陈埴代表的温州朱子学终结了永嘉学派的观点,认为永嘉学派从王开祖、"元丰九先生"、郑伯熊、薛季宣、陈傅良、叶适直到陈埴,是一个完整的体系:"潜室视水心稍后出,故水心所论不之及,然水心固以景行勖诸生,岂欲划其时而无望于后来者哉?"④即陈埴受到了叶适的影响,继承了永嘉学派。根据这一思路,林损以存世别集、《宋元学案》、《四库全书总目》为思想资料,对王开祖、林石、丁昌期、周行己、刘安上、刘安节、许景衡诸儒的生平、思想观点进行了摘录和点评,但未涉及此后的代表人物(薛季宣、陈傅良、叶适)。可以说,现存的《永嘉学派述》是一个半成品。

从林损的引用看,邓实更强调永嘉学派的独立性;而陈黻宸、林损对永嘉

---

① 林损:《林损集》卷二《永嘉学派述》引"顺德邓氏",黄山书社2010年版,第354页。
② 林损:《林损集》卷二《永嘉学派述》,第355页。
③ 林损:《林损集》卷二《永嘉学派述》,第356页。
④ 林损:《林损集》卷二《永嘉学派述》,第360页。

学派的认识受到了《宋元学案》的深刻影响,仍然从学派归属、学脉传承的角度为永嘉学派做了一个合法性论证,阐明永嘉学派并非异端,而是心性与事功兼备的儒学正统。应该说,双方的观点都有其合理性,但揆之思想史的事实,亦各有难以自圆其说之处。

第二节 问题意识和研究进路

对传统永嘉学派认知史的梳理,有助于揭示本书的问题意识和研究进路。同时,由于本书是我所写的与永嘉学派相关的第三部研究专著,因此基于新的问题意识和研究进路对两部前作做一深入的得失检讨,似乎也是颇有必要的。

一、"标签化"与"去标签化"

从传统的永嘉学派认知史看,功利、事功、经制是三个常见的标签,历代研究者基于不同背景和动机,从上述三个术语中取其一二作为永嘉学派的核心主张。可是,如果从周行己至郑伯熊一系看,永嘉学派是二程理学南传的一支;而从薛季宣开始,永嘉学派已经与二程理学公开地分道扬镳,并且遭到朱熹的严厉批评。于是围绕"性理"与"事功"两个标签,出现了各种各样的"组合":或以为永嘉学派是理学派中偏重事功的一支;或以为永嘉学派与理学彻底决裂,但仍然是儒学内部的一个流派;或以为永嘉学派所秉持的"功利""计较利害"主张,已经超出了儒学道德伦理的藩篱。毫无疑问,上述三种观点都把握了思想史事实的某一方面,但片面性难以克服。

首先,"功"与"利"组合在一起后,受到"利"所具有的贬义的拖累,"功利"一语趋向于贬义。而永嘉学派没有将"功利"写在自己的旗帜上,相反倒是它在思想上的对手朱熹热衷于以此语为永嘉学派定谳。"功"字本身较"利"较为正面,故很多研究者也以"事功"一语来描述永嘉学派。①

---

① 如何俊始终以"宋代永嘉事功学"描述永嘉学派,见《宋代永嘉事功学的兴起》,载何俊:《事与心:浙学的精神维度》,北京大学出版社2013年版,第3—17页。

"事功"一语最早见之于《庄子·天地》篇,孔子弟子子贡说:"吾闻之夫子,事求可,功求成,用力少见功多者,圣人之道。"①意思是,从事某一事,一定要追求可行;建立某种功业,一定要追求成功;只有圣人才能用较少的努力获得一样的成功。"事功"也是宋人常用之语,在宋代语境中基本上是正面、积极的。如宋孝宗批评有些士大夫"好为倡为清议之说",造成弊端是"便以趋赴事功为猥俗"。②此处的"事功"是光明正大地为国效力,建功立业。薛季宣使用"事功"一词,也是指官员建立工作业绩。③但叶适曾批评士大夫中的"小人":"更为务实黜虚,破坏朋党,趋赴事功之说。"这些"小人"打着"趋赴事功"的旗号,以道德伦理为"虚",以功利为"实","破坏朋党"(即瓦解道学集团)。而士大夫中的"君子之论",则流于清谈:"高谈者远述性命,而以功业为可略;精论者妄推天意,而以夷夏为无辨。"④可见叶适既反对"以功业为可略",专注于道德性命之学;也反对"小人"将"事功"作为唯一的追求,从而毁弃道德标准。朱熹在作品中多次使用"事功"一语,基本上都是正面意义的,但有一处例外:

> 譬如今时士子,或有不知天分初无不足游泳乎天理之中,大小大快活,反以穷居隐处为未足以自乐,切切然要做官,建立事功,方是得志,岂可谓之乐而得其所也?⑤

这里的"建立事功"变成了令士子不能"游泳乎天理之中"的某种妨碍。但朱熹从来没有把"事功"当作一种特定的错误思想加以批判。吕祖谦曾向朱熹描述薛季宣的状态:"薛士龙归途道此,留半月,向来喜事功之意颇锐,今经历一番,却甚知难。"⑥无独有偶,张栻也致信吕祖谦指出:"薛士龙及陆、徐、薛叔

---

① 杨柳桥:《庄子译诂》,上海古籍出版社 1991 年版,第 229 页。
② 李心传:《建炎以来朝野杂记》乙集卷三《孝宗论不宜有清议之说》,徐规点校,中华书局 2000 年版,第 541 页。
③ 薛季宣请求皇帝久任将帅,不要频繁更调:"责其事功于岁月之后。"薛季宣:《薛季宣集》卷一六《知湖州朝辞札子二》,张良权点校,上海社会科学院出版社 2003 年版,第 199—200 页。
④ 叶适:《叶适集·水心别集》卷一五,第 832 页。
⑤ 朱熹:《晦庵先生朱文公文集》卷六一《答严时亨》(问目各已批出),载朱杰人、严佐之、刘永翔主编:《朱子全书》,上海古籍出版社、安徽教育出版社 2002 年版,第 23 册,第 2967 页。
⑥ 吕祖谦:《吕祖谦全集·东莱吕太史别集》卷七《与朱侍讲》(某阖户待尽),浙江古籍出版社 2008 年版,第 1 册,第 412 页。

似诸君,比恨未及识。士龙正欲详闻其为人,但所举两说甚偏,恐如此执害事。事功固有所当为。若曰喜事功,则喜字上煞有病。"①所谓"所举两说"到底是薛季宣的什么观点,何以张栻认为"甚偏",现在已经不得而知;但是对于薛季宣"喜事功之意",张栻承认事功是必要的,但不能混淆主次,如果过分投入"则喜字上煞有病"。因此,程朱理学对事功本身并不反感。接近朱熹、吕祖谦的程学人士吴儆(字益深)写道:"近来学伊洛者无如朱南康,吕东莱……二公近来大段作实用事业,自三代圣人制田治兵,以至制礼作乐,皆穷其本,可以措而行之天下,不然,伊洛之学遂流而为禅家矣。"②吴儆指出了二程理学应该注意研究"三代圣人制田治兵,以至制礼作乐"等与解决现实问题密切相关的学问,从而"措而行之天下",发挥儒学改造现实社会、实现经世外王的功能。

由此可见,"事功"之"事",外延非常广泛,小到"洒扫应对"的生活细节,大到治国理政的"礼仪三千、威仪三百",总之,主体在道德修养过程中与外部世界发生的一切互动都可以称之为"事"。但是在整个乾道年间至淳熙初年的气氛中,"事"就特指为"措而行之天下"的"实用事业",用《易传·系辞上传》的话说就是:"举而措之天下之民,谓之事业。"宋元之际的学者刘埙谈及陈亮学说兴起的原因时说:"当是时,性命之说盛,鼓动一世,皆为微言高论,而以事功为不足道,独龙川俊豪开扩,务建实绩。"③在这一语境下,"事功"与"性命之说盛"形成了一对矛盾,"事功"成了针对"微言高论"流于空谈之弊的对症之药。

在宋代,"经制"有名词和动词两种用法。作为名词,"经制"义为"经久常行之制度",此种制度与儒家经典并不存在必然联系。④ 如叶适评价陈傅良:"至古人经制、三代治法,又与薛公反复论之。"⑤又说:"而房、魏值其君,自定经制。"⑥可以说,"经制"是关于各个具体学科领域(财政学、地理学、历史学、水利、军事学等)的知识集成。但是,作为动词,"经制"又指通过整顿、管理,确立

---

① 张栻:《张栻集·新刊南轩先生文集》卷二五《寄吕伯恭》,杨世文点校,中华书局2015年版,第4册,第1134页。
② 吴儆:《竹洲集》卷九《答汪楚才书》,《文渊阁四库全书》第1142册,第251页。
③ 刘埙:《隐居通议》卷二《龙川功名之士》,《文渊阁四库全书》第866册,第36页。
④ 孙邦金认为经制之学是"即经以求其制度器数之等"。见孙邦金:《晚清温州儒家文化与地方社会》,人民出版社2017年版,第165页。
⑤ 叶适:《叶适集·水心文集》卷一六《宝谟阁待制中书舍人陈公墓志铭》,第299页。
⑥ 叶适:《习学记言序目》卷四八《皇朝文鉴二·奏疏》,第716页。

法度，使某事有条理，经久可行。如叶适说："昔李宪经始熙河，始有所谓经制财用者；其后童贯继之，亦曰经制。盖其所措画，以足一方之用而已，非今之所谓经制也。"①"经制财用"即整顿财政之义。可能是因为"经制"一语在宋代过于常见，永嘉学派的三位代表人物从来没有用"经制"来概括自己的思想主张。但是，经制的名词用法和动词用法，都契合了永嘉学派对"道器"问题的思考，永嘉学派的制度新学就是"道"，而通过建设长治久安的制度来改造南宋社会的主张，则是动词用法的"经制"。

由上所述，功利、事功和经制都能够代表永嘉学派的部分思想主张，但都不是永嘉学派思想体系的核心问题，永嘉学派甚至极力回避与"功利"一语发生关系；而本书还将指出，虽然朱熹屡屡以"功利"批判永嘉学派，但他也深悉双方分歧的根本问题并不在于"经制""事功"这些标签本身，本书即致力于解除它们的标签性质，还原其在整个永嘉儒学思想体系中的地位和角色。

二、对两部前作的检讨

在现代学术研究范式中，随着学科分化日趋严重，永嘉学派研究成了中国哲学史学科与中国古代史学科中宋史研究的一个小小的交叉学科，在一般的中国哲学的通论通史性著作中，由于总体篇幅的详略不一，永嘉学派的论述基本上能占到"半章"或独立的一章的地位。所谓"半章"，是指永嘉学派与陈亮（或称"永康学派"）共享一章，譬如陈钟凡的《两宋思想述评》第十六章《金华及永嘉永康诸学派》②；任继愈主编的四卷本《中国哲学史》也将陈亮和叶适放在同一章中（第三册第六篇第八章《陈亮、叶适的唯物主义思想》）③；完成于1980年代的冯友兰的《中国哲学史新编》第五册第五十六章名为《道学外的思想家——陈亮和叶适》；韦政通的《中国思想史》第三十八章则名为《陈亮与叶适》。④ 专章讨论永嘉学派思想的则有，侯外庐主编的《中国思想通史》和牟宗

---

① 叶适：《叶适集·水心别集》卷一一《外稿·经总制钱一》，第774页。
② 陈钟凡：《两宋思想述评》，东方出版社1996年版，第259页。
③ 任继愈主编：《中国哲学史》，人民出版社1964年版，第3册，第269—270页。
④ 韦政通：《中国思想史》，水牛出版社1980年版，第1209页。

三的《心体与性体》(初版于 1968 年)。① 这种比上不足、比下有余的现状,大体反映了学术界认为永嘉学派不仅仅是一个区域性的学术团体,而且承认了它作为南宋思想领域重要对话者的地位。

可是,提出现代学科分类体系意义上的"哲学"观点,仅仅是永嘉学派各位代表人物贡献中的一小部分。还原到历史时空中,这些人兼多重角色于一身:他们是从地方到中央各个层级上开展政治活动的实践主体,他们是区域文化乃至区域利益的代言人,他们还是涉猎广泛的具体学科(经学、史学、地理、军事、政治……)的研究者。如果不能多角度地理解这些"非哲学"的内容,就无法全面地把握永嘉学派的特点和贡献。反过来说,高度分化的现代学科体系对这种研究视野可能会造成某种遮蔽。

我于 2000 年拜入业师何俊教授门下,蒙何师指示,以永嘉学派研究为博士论文主题,2005 年 4 月,《永嘉学派与南宋温州区域文化的进展》顺利通过学位论文答辩。2007 年,我以博士学位论文为主体出版第一部专著《永嘉学派与温州区域文化》(社会科学文献出版社 2007 年版)。正是有感于中国哲学史视野的局限性,我在这本书中考察了外部制度变迁(北宋中期太学法改革、南宋科场制度)对温州区域文化的影响,揭示了永嘉学派是如何利用科举制度传播其思想的,研究了温州官僚集团从北宋后期到南宋的成长轨迹以及这种成长对永嘉学派形成和崛起的支撑作用。因此,一方面永嘉学派是温州区域文化成长的产物,另一方面永嘉学派的异军突起也成为宋代温州区域文化软实力的助推器。

但此书付梓后,我即对永嘉学派研究产生了巨大的倦怠感和畏难情绪。个中原因,我直到若干年后才意识到:这本书虽然在薛季宣、陈傅良思想研究方面提供了一些新的视角,但在总体上回避了对永嘉学派思想逻辑本身的研究,而把重心完全置于永嘉学派成长的外部条件的研究上。作为区域文化史研究的一个个案,这样处理的新意是显而易见的;但从中国哲学史研究的方法和范畴看,这样的研究在事实上加剧了永嘉学派的"自我放逐"乃至"边缘化"的趋势;书中对温州籍士大夫集团政治运作、争取科举优势的细节刻画,使得

---

① 侯外庐主编《中国思想通史》第四卷第十六章《叶适的唯物主义思想及其对哲学遗产的批判》(人民文学出版社 1960 年版);牟宗三《心体与性体》第一部《综论》第五章《对于叶水心〈总述讲学大旨〉之衡定》(上海古籍出版社 1999 年版)。

"标签化"的问题非但没有解决,反而更加强化了永嘉学派汲汲于"功利"的刻板印象。

2008年,浙江省社会科学院哲学所启动了"浙江思想流派系列研究"项目。我受命承担其中的《永嘉学派永康学派研究》一种。意识到对外部条件的考察已无剩义可发,我在撰书时完全抛弃了对思想与制度环境互动的考察,而专注于审视永嘉学派和永康学派之间的内在思想逻辑的联系,由此为起点,又追溯到吕祖谦,追溯到"浙东学术"这一概念在清代的成立以及对宋、元、明思想史解释的重大影响,再结合朱熹"(吕伯恭)其学合陈君举、陈同甫二人之学二一之","浙学"(或南宋浙东学派)这一界定的独立意义乃得以豁显。于是,叙述的主轴被确定为南宋浙东学派崛起的共同的问题意识以及由此引起的思想创见和学术实践,并于末章将其与朱学、陆学横向比较,试图勾勒出朱学、陆学、南宋浙东学派三足鼎立的南宋思想图景。2012年,此书以《道行天地:南宋浙东学派论》(下文简称《道行天地》)为名在中国社会科学出版社出版。受区域文化史研究路径依赖的影响,《道行天地》只是从"温州"这一下级地域范围跳脱出来,从而钻入了"两浙"这一较大的地域范围,但《永嘉学派与温州区域文化》轻视永嘉学派思想观点研究的重大缺憾总算得到了一定程度的弥补。

可是,通过《道行天地》的写作和思考,我更加强烈地意识到永嘉学派思想的全貌也许仅仅显露出了冰山一角;而2012年之后至今陆续发现的新的思想资料,也不断对我造成刺激,使我更加深切地意识到:永嘉学派的思想体系是相当完整的,而其真正的思想价值尚未得到充分的揭示。以下对这两点分别略加论述。

第一,永嘉学派在哲学构建方面已经形成了相对独立的体系,而尚未得到全面研究。

在以往的认知史中,永嘉学派被定位为程朱理学的批判者和质问者;这种定位当然与思想史的实际情况并不冲突,但在客观上也给人以永嘉学派缺乏思想体系构建,因而"破大于立""只破不立"的刻板印象,从而遮蔽了永嘉学派已经形成独立的思想学术体系这一事实。在《永嘉学派与温州区域文化》一书中,我直接以黄震的"其说不能自白"概括叶适思想,即反映了这种偏见。然而,通过更加深入全面地研究永嘉学派代表人物的作品(特别是经部和史部作品),并从程朱理学这一方面挖掘新的线索和资料,我意识到这种观点是不能成立的。

从静态的横向视野看,永嘉学派在心性问题、宇宙论、工夫论(认识论)、义利观等一系列宋代新儒学的核心议题上,都已经形成了自己独特的思想观点;与此同时,永嘉学派还以细致深入的学术实践(尤其是经学研究和史学研究)论证了这一系列理论观点;并以自己的政治活动实践了这些思想主张。因此,永嘉学派的思想观点、学术实践、政治实践,是一个三位一体的完整体系。哲学是抽象的,后二者则是具体的,双方相互支撑,骨肉相连。从纵向的历史视野看,完整地理解永嘉学派的萌芽、成熟、定型的过程,就必须追溯到北宋王开祖《儒志编》、"皇祐三先生"和二程理学的温州传播。而在《道行天地》中,永嘉学派虽然占有不小的篇幅,但终究只是"南宋浙东学派"的一个子集,因此无法展开这一溯源工作。

第二,由于对永嘉学派很多重要观点的阐释尚存在空白,其思想创新的内在价值仍未得到正确的认识。

吕祖谦虽然是"浙学宗主",但其基本思想背景仍然是理学。他一方面致力于在理学内部改造理学、提升理学的思想冒险;另一方面又与朱熹通力合作,弘扬推广理学。理学的改良者与弘扬者的双重身份决定了他的思想创新具有很强的局限性和保守性。永嘉学派,尤其叶适,经过长达三十年的探索,最终意识到了与朱熹在理论上的难以调和,南宋浙东学派的历史使命既不是从理学内部发掘经世致用的因素,也不是补齐理学所缺失的经世致用的本领,而是要在理论层面上驳正理学,即理学思想体系中最核心的心性论思想。薛季宣在论文《知性辨示君举》中提出了"性不可知论",反对将"天命之谓性"作为儒学的功夫对象(认识对象);陈傅良(字君举)在继承"性不可知论"的基础上,提出"道法不相离",并批评理学视为圭臬的《尚书·大禹谟》"十六字箴"受到了老庄思想的污染,认为理学的谬误在于否定以制度建设改造客观世界是"道"的主要实践形式。叶适在《习学记言序目·总述讲学大旨》中否定了理学"心包万理"的预设,指出"心"并不先天地具有真理,而只是有一种认识真理、探索真理的能力;他批评理学以《太极图说》为中心所构建的宇宙论体系,是一个超出人的感官经验、违背常识、超越历史时空的形而上学的体系,在某种程度上已经被佛教思想所"污染";他还断然否认了理学道统论谱系中曾子的传道者地位。这些批判和反思都直击理学思想体系的核心和要害,引起了理学派的不满。

在理论创新方面,陈亮显然远较吕祖谦激进,他与朱熹展开的"王霸义利之辩"恰恰是永嘉学派所缺乏的。但陈亮对经典阐释的路径兴趣淡薄,因此也没有能够将南宋浙东学派的基本立场用学术研究的形式加以论证和固定下来。这一伟大的工作,是由永嘉学派,尤其是叶适完成的。从薛季宣开始,永嘉学派就高度重视通过经典阐释传播、论证自己的思想主张。薛季宣对《尚书》《论语》《春秋》《礼记·中庸》等经典都有训释,并在《中庸解》中旗帜鲜明地强调学习客观知识的"自明诚",否定了"自诚明"的直观顿悟的认识方式;陈傅良更是通过《周礼说》系统阐明了南宋浙东学派改造南宋各种制度所要实现的"三代"制度典范,还通过《左传》研究提出了自己的史学思想。叶适的《习学记言序目》更是一部涵盖经史子集四部的百科全书式的学术专著,他通过对儒家经典、历史要籍、诸子百家的评点,提出了批评程朱理学心性思想、解构理学道统论的一系列全新观点。这些观点不仅在理论锐气和原创性方面与陈亮不相上下,而在学理阐释和经典引证方面更胜陈亮一筹。

简言之,两本前作留下的遗憾,以及2012年以来新发现的思想资料所引发的新思考,构成了我再写一本永嘉学派研究专著的初心。

第三节 本书的任务和写法

本书的主要篇幅聚焦于永嘉学派哲学思想的体系性和创新性。此所谓"哲学",主要是指宋代新儒学的核心议题:本体论、工夫论、义利观等;所谓体系性,即不仅讨论其哲学思想,而且要呈现出永嘉学派的学术实践(经学、史学、政治学等领域的研究)对哲学思想的支撑作用和论证作用;而所谓创新性,意味着重点讨论它与程朱理学的思想冲突和观点碰撞。至于面面俱到地介绍永嘉学派的人物、事件、著作和历史背景,不是本书的任务。

一、研究对象的楷定

顾名思义,永嘉学派的代表人物的籍贯都隶属宋代温州,但并非所有宋代温州学者都是永嘉学派的成员。因此,《宋元学案》相关四个学案的《学案表》固然是基本线索,具体对象的思想特征则是更加重要的标准,考虑到朱熹是永嘉学派最重要的批判者,他对永嘉学派的定性形塑了宋、元、明、清六百多年的永嘉学派认识史,因此本书不仅考察永嘉学派代表人物自己说了什么,还要研究朱熹对这些观点的回应和批判,从而挖掘出永嘉学派思想的独特价值。

这样一来,根据朱熹的指认,本书所讨论的永嘉学派特指活跃于南宋中后期的 1155 年至 1223 年,具有鲜明"事功"特点和"经制之学"实践的儒家学派。以这一活跃期为起点,向上追溯到北宋以王开祖为代表的"皇祐三先生"和以周行己为代表的温州程学弟子"元丰九先生";向下则探讨永嘉学派在传播中逐渐异化、失传,最终融入近世儒学思想潮流的轨迹。永嘉学派在三位代表人物薛季宣、陈傅良、叶适的努力下完成了思想构建;而受此三人影响,一批重要学者联袂而起,如曹叔远、戴溪、陈武、徐元德、钱文子、朱文昭等等。至于活跃于宋代温州的其他学者,如郑伯熊之后的二程理学学者(许及之)、朱熹的温州门人(叶味道、陈埴、徐寓等)、陆九渊的温州门人(如徐谊、胡崇礼)乃至其他没有鲜明思想学术特点的士大夫,则不纳入本书的讨论范围。

二、在历史脉络中把握永嘉学派的思想逻辑

自绪论到第九章,本书共由十个部分组成。

其中,本书的第一章到第五章是一个连续发展的思想逻辑轨迹,揭示了永嘉学派是如何从北宋新儒学、二程理学,逐渐脱胎而成为以制度新学为重点的全新思想流派。本书根据叶适在《温州新修学记》中的叙述,从第一章到第五章大致按照时间顺序,勾勒了从薛季宣、陈傅良到叶适的永嘉学派思想逻辑的逐步演进,在这一过程中薛季宣、陈傅良、叶适三人之间构成了复杂的继承、发展、修正关系。下面结合本书相对应的章节,将永嘉学派的发展分期与代表人物做一简单介绍。

1. 准备期(1049—1155)

在北宋前期,温州是一个文化上颇为落后的偏远州郡,因此永嘉学派在崭露头角之前,进行了长时间的文化资本、社会资本和经济资本的交换和积累,形成了一个漫长的准备期。从仁宗朝"皇祐三先生"(王开祖、林石、丁昌期)开始,中经服膺二程理学的"元丰九先生";最后在南宋高宗朝,温州出现了一个庞大而有力量的官僚群体,分别隶属于赵鼎集团和秦桧集团,从而为永嘉学派

的萌芽积累了社会资本。绍兴二十七年(1157),乐清王十朋(1112—1171)中状元,他的出现树立了温州士大夫的道德楷模,永嘉学派定型期的领袖薛季宣、郑伯熊也开始活跃,准备期到此结束。这一漫长的历史过程构成了本书第一章"二程理学与永嘉学派的萌芽"的主要内容。

2. **定型期**(1155—1173)

本书第二章"永嘉学派的奠基者:薛季宣"讨论了永嘉学派是如何定型,并逐渐脱离出二程理学体系而另立门户的。绍兴二十五年(1155)秦桧去世,一直到孝宗乾道九年(1173)薛季宣去世为止,由于获得了有利其发展的全新政治环境,二程理学在朱熹、张栻、吕祖谦三人的带领下蓬勃发展。但以吕祖谦、郑伯熊、薛季宣为代表的程学人士开始担心二程理学"不能涉事耦变",缺乏经世致用的本领。这其中,郑伯熊在继承"元丰九先生"的二程理学传统并发扬光大的同时,也显示出某些关心制度之学的倾向。薛季宣则提出了永嘉学派与二程理学分道扬镳的一系列重要命题:他批判程学人士中"高者沦入虚无"的错误倾向,反对《中庸》"自诚明"的功夫;他认为孟子"尽心、知性"之说不确,"知性"不但不是一种功夫,而且"性不可知"。永嘉学派学者陈武秉持这一思想,在朱熹弟子徐寓面前正面批评了朱熹的"心统性情"说。薛季宣展现出的理论锋芒和大胆的思想冒险,导致吕祖谦与朱熹围绕他的身后评价发生了分歧。

3. **鼎盛期**(1173—1195)

第三章"陈傅良与永嘉学派思想的定型"指出,自乾道九年(1173)薛季宣去世开始,至宁宗庆元元年(1195)"庆元党禁"发动的22年间,永嘉学派进入了鼎盛期。陈傅良是这一时期永嘉学派的旗手和领袖,他在道器观、制度新学、天理分数论等问题上多有创新,将思想熔铸为"道无内外,学则内外交相明"的理论体系。在光宗绍熙年间(1190—1194),陈傅良的学术声望一度与朱熹相颉颃,叶适、蔡幼学、徐元德、陈武、曹叔远也崭露头角,永嘉学派人才济济。在宁宗庆元五年(1199)陈傅良去世前,朱熹已经将永嘉学派视为与象山心学同样危险的论敌。

4. **总结期**(1195—1223)

持续七年(1195—1202)的"庆元党禁"打断了永嘉学派持续上升的势头。嘉泰三年(1203)陈傅良去世,加之此前吕祖谦于1181年、陈亮于1195年相继去世,使得叶适不仅接过了永嘉学派领袖的接力棒,也成为南宋浙东学派的最后一位大师。他在晚年潜心治学,将平生学问和思考总结为《习学记言序目》,此书的写作时间长达 16 年(1207—1223),以读书笔记的形式横跨经史子集四部文献,提出了一系列真知灼见,确立了永嘉学派的思想特点,也奠定了叶适作为永嘉学派乃至南宋浙东学派的集大成者。但与此同时,程朱理学的官学化进程也已启动,永嘉学派面临的外部环境逐渐恶化,叶适已经无力加以改变。本书第四章"叶适对永嘉学派哲学思想的总结和升华"主要讨论了上述内容。

5. 衰落期(1223—1276)

本书第五章"永嘉学派的传播与异化"认为,南宋的最后五十多年中,永嘉学派经历了漫长的衰落期,一方面陈傅良、叶适的门人不能继承永嘉学派的思想学术,另一方面程朱理学成为官学正统的步伐不可阻挡,永嘉学派则群龙无首,一度鲜活而与时俱进的"永嘉学派"逐渐固化为"永嘉学术",人与人之间的代际传授逐渐消退。同时,程朱理学在批判永嘉学派的同时,也吸收借鉴了其学术长处,使得永嘉学派融入了近世儒学思潮,获得了新的生命力。

三、思想创新与学术实践相互支撑

本书不会展开讨论永嘉学派人物的政治实践,但力图凸显其思想观点与学术实践的一体贯通,使永嘉学派的哲学思想、政治思想、经济思想立体化、全面化。从而揭示永嘉学派在哲学思想领域的创新是贯穿于政治学、经济学、经学研究、史学研究中的。

具体而言,经学和历史学的学术实践,支撑了他们的思想观点和对理学的批评(见本书第八章)。而政治思想是改造现实社会而经世致用的具体举措,也是永嘉学派用力较深的领域,故本书在第六章中专门予以讨论。经济思想则直接关联到永嘉学派的义利关系论、富民思想,是理解永嘉学派"功利"特征的重中之重,本书在第七章中结合财政思想、赋税思想加以讨论。

在此之外,永嘉学派还提出了一系列文学思想、军事思想、教育思想、人才思想等等,本书将尽可能地在相关章节中对这些思想加以介绍:文学思想内容较为丰富,本书在讨论永嘉学派通过科举传播思想时有所涉及,更为深入全面的研究有俟相关专著;军事问题主要结合政治思想和史学研究的历代兵制研究加以讨论;教育和人才思想则结合工夫论问题有所论及。

第一章　二程理学与永嘉学派的萌芽

仁宗庆历二年(1042),在新儒学运动勃兴的大背景下,新儒学运动的重要人物胡瑗(993—1059)受邀来到湖州讲学,将这股清新的变革之风吹到了两浙地区,其门下两浙籍贯弟子,如滕元发、顾临、徐中行等,皆为当时学界之俊彦,对两浙之学风亦有较大影响,带动了两浙地区一批新儒学运动者崭露头角。在温州地区,则出现了王开祖、林石、丁昌期,即所谓"皇祐三先生"。进入神宗朝,新一代温州读书人来到西京洛阳,向二程兄弟学习,得到了刚刚崛起的二程理学(或称"洛学")的传授,即"元丰九先生"。这两个传统虽然接踵而起,但没有发生过人际关系上的交集,但在逻辑关系上却有相通之处。

第一节　北宋庆历新儒学运动与"皇祐三先生"

全祖望说:"庆历之际,学统四起。齐、鲁则有士建中、剑颜夹辅泰山而兴。浙东则有明州杨、杜五子,永嘉之儒志、经行二子,浙西则有杭之吴存仁,皆与安定湖学相应。"这里提到了温州的"儒志先生"王开祖和丁昌期(字经行),此外林石也同时在温州讲学,三人被合称为"皇祐三先生"。[①]"皇祐三先生"中,只有王开祖留下了著作,使今人可以一窥其思想主张;林石、丁昌期都没有著作存世,今人只能从一些零星的传记资料中寻找把握其思想的线索。

一、王开祖和"理学滥觞"

王开祖,字景山,学者称儒志先生,北宋中期温州永嘉人,生卒年月不详,[②]

---

① 周梦江:《叶适与永嘉学派》,浙江古籍出版社2005年版,第17页。
② 洪振宁推测其生年约为1034年,见洪振宁编著:《宋元明清温州文化编年纪事》,浙江人民出版社2009年版,第18页。

南宋学者陈谦在《儒志学业传》中称他于仁宗皇祐五年(1053)中进士,同年应制科未中。至和元年(1054)召试馆职,授秘书省校书郎、处州丽水县主簿。他曾在温州州城东山之麓讲学授徒。以后,曾以贤良方正召,未赴而卒。① 王开祖曾与王安石、陈襄有过交往,二人对王开祖颇为赏识。②

《儒志编》是王开祖留下来的唯一著作,是编属讲学语录,共101条,其中大多数条目近于语录,是王氏与弟子往复问难的记录。此书内容丰富,尤其是对《春秋左传》的"书法"多有讨论,其次则是《尚书》,其他条目则是关于历代史事和诸子百家的议论。

王开祖认为:"由孟子以来道学不明,我欲述尧舜之道,论文武之治,杜淫邪之路,辟皇极之门,吾畏诸天者也,吾何敢已哉?"③他认为孟子之学的本质是"尧舜之道、文武之治",又可以称之为"道学",并且此种"道学"自孟子之后就在历史时空中失传。宋人使用"道学"一语最早即见于王氏此书。④

王开祖把"治心"作为儒学修养功夫的要旨。他说:

> 人莫不知惧而未尝能惧。有人焉,中夜息于幽室之中,吾心之清明者还矣。孝弟忠信,生乎此时,思其一日之不善者,惕然而惧,是其心岂异于人哉?东方且明,衣冠而出,视听之官与物杂,往虽驱之陷阱水火之中,而不知避焉。其中夜幽室之心,已蔽于物矣。舜与周公坐以待旦,急吾行而不忘也。当其已旦之时,其心与若人岂如天地之相绝哉?能勿丧耳!彼惛惛者,使不忘中夜之心,吾乌知其非君子欤?⑤

半夜之时,人心不接外物,客观上免于被外部世界的引诱,就恢复了"清

---

① 此据陈谦《儒志先生学业传》、周梦江《叶适与永嘉学派》第36页,此后的生平,《儒志先生学业传》说他立刻回家,未曾出仕。许及之《儒志编序》同,许序见周天锡《慎江文征》卷三一,温州图书馆藏清抄本。
② 王安石:《王安石全集·临川文集》卷七七《答王景山书》,王水照点校,复旦大学出版社2016年版,第7册,1382页;陈襄:《古灵集》卷一六《答王景山启》,《文渊阁四库全书》1093册,第637页。参见周梦江:《叶适与永嘉学派》,第36页。
③ 王开祖:《儒志编》,《文渊阁四库全书》第696册,第802页。
④ 姜广辉:《宋代道学定名缘起》,载《中国哲学》第15辑,岳麓书社1992年版,第234页。
⑤ 王开祖:《儒志编》,《文渊阁四库全书》第696册,第784页。

明"的状态,人的向善本性(孝悌忠信)就开始发用,并且自主反省日间的恶言邪行,在这个状态下,普通人之心与圣人(舜、周公)之心毫无二致。可是太阳升起后,人开始进入扰攘的日常生活,待人接物,不免受到外物诱惑,"衣冠而出,视听之官与物杂,往虽驱之陷阱水火之中,而不知避焉",可能会犯下严重的罪行。因此,儒学功夫的关键是恢复夜半无人之时"清明"状态的"中夜之心"。这种观点应该是受到了《孟子》"夜气"说、《中庸》"慎独"说的启发。

由于"心"是一种非常复杂的构造,其中既存在容易被外物所引诱而堕落的部分,也存在向善的天性,因此"治心"既不是放纵"心",也不是强行压制"心"的各种认知、情感功能。王开祖提出,"治心"应该:"毋纵,毋拘,毋从物,毋追往,富贵我自有也。"并分别作了解释。所谓"毋纵,毋拘"是指:

> 人之心,良心也,纵则不存,拘则不息。今有马日行千里,是良马也。一旦作而乘之,不施衔辔而欲至乎千里,虽终日驰骋,不出百里之内焉。以东西南北,失其所从之道也。一旦舍我鞭策,加我衔勒引而约之,终日蹢躅,虽善千里而不能千里矣。是纵者失其制也,拘者失其动也。制者非人之所谓制也,使之由其道也。动者非人之所谓动也,使之适乎用也。①

人心如良马,既需要驰骋千里,又要保持正确的活动方向;如果失去道德伦理这个指南针,良马虽有日行千里的能力,也只能原地打转,不能为人所用;如果过分约束,良马更不能充分发挥其日行千里的能力。因此,既需要发挥人心认知和情感的功能,此所谓"使之适乎用也";但对其产生私欲的部分又应加以节制约束,"制者非人之所谓制也,使之由其道也",使得人的欲望符合道德伦理。

王开祖还对"性"与"情"的关系做了这样的阐述:

> 学者之言曰:性,善也。情,恶也。莫善于性,莫恶于情。此贼夫情者之言,不知圣人之统也,夫情本于性,则正,离于性,则邪。学者不求其本,离性而言之,岂情之不恶? 今有人入于放辟邪侈之途,指之曰:情恶也,不

---

① 王开祖:《儒志编》,《文渊阁四库全书》第 696 册,第 784—785 页。

原乎放辟邪侈在我则本无有焉,执心不正而后入也。贤者之于情,非不动也,能动而不乱耳。①

王开祖认为,传统观点认为"性善情恶",这是违反"圣人之统"的观点,"情"是人心必不可少的功能:"贤者之于情,非不动也,能动而不乱耳。""情"的发用有正有邪,取决于是否符合"性","本于性则正,离于性则邪",不能把"情"看作必欲除之而后快的障碍,而应该努力以"性"规范引导"情"的发用。王开祖的这一观点与朱熹的"心统性情"说有某种相似性。

由于王开祖英年早逝,既不可能与二程有传承关系,也不可能与更晚的温州"元丰九先生"发生联系。由于缺乏传承,《儒志编》到了南宋初年已经非常罕见了。到了南宋中期的光宗绍熙二年(1191),永嘉学者陈谦②撰写了《儒志学业传》,公开表彰了王开祖和《儒志编》,认为其意义在于:

> 当庆历、皇祐间,宋兴未百年,经术道微,伊洛二先生未作,景山独能研精覃思,发明经蕴,倡鸣"道学"二字著之话言,此永嘉理学开山祖也。不幸有则亡之叹,后四十余年伊洛儒宗始出,从游诸公还乡,转相授受,理学益行,而滥觞亦有自焉。

陈谦指出,王开祖最大的贡献是提出了"道学"的概念,是温州理学之"开山祖",但是由于逝世较早,后继无人。二程兄弟在40年后崛起,部分温州士人投入程门,并将程学传入温州,但理学可以追溯到王开祖,此所谓"滥觞有自"。光宗绍熙年间正是永嘉学派如日中天的鼎盛时代,陈谦在当时情况下表彰《儒志编》,构建了这样一个早于伊洛40年的"道学滥觞",其用意似乎在于为永嘉学派的学术进行一种正统的论证。

---

① 王开祖:《儒志编》,《文渊阁四库全书》第696册,第785页。
② 关于陈谦,参见叶适:《叶适集·水心文集》卷二五《朝请大夫提举江州太平兴国宫陈公墓志铭》,第501页;陈植锷:《北宋文化史述论》,中国社会科学出版社1992年版,第164页。

二、林石、丁昌期

林石(1004—1101),字介夫,瑞安人,学者称为"塘岙先生"。少年曾赴处州师从管师常(处州龙泉人)学习《春秋》。管师常曾与孙觉(1028—1090,字莘老)一起结成经社,讲习《春秋》,①而孙觉是王安石熙宁变法的反对者。王安石新学成为官学后,《春秋》无人研习,但林石居乡教授此经,"于是永嘉之学不专趋王氏"②。林石没有应举,亦未出仕,直到神宗元丰年间(1078—1085),由于赵抃、赵几父子的赏识,有了一定的知名度。③ 而这一时期,"元丰九先生"已经出现了,尽管林石比王开祖年长很多,但"元丰九先生"从未提到后者,而对林石却很熟悉。刘安节曾这样评价林石的《春秋》学成就:"维此麟经,将圣之志,诸儒盾矛,莫究厥义。微发大旨,析其异同,一时诸公,舍己请从。"④周行己则称赞林石是与程颐、吕大临"同为世宗师"⑤,这当然是过于溢美了。

丁昌期(生卒年不详),字逢辰,永嘉人,以儒为业,专心经术,哲宗元祐三年(1088)曾被荐应"经明行修"科,未中。⑥ 刘安节曾向其问学⑦,其墓志铭系林石所撰⑧,则二人当与其甚熟悉。

"皇祐三先生"中,真正活跃于仁宗皇祐年间的其实只有王开祖,林石、丁昌期已经与"元丰九先生"发生密集的人际来往,成为其先导者。相比之下,王开祖虽然有著作存世,且成名较早,但因为逝世太早,"元丰九先生"对他非常陌生。从这个意义上说,林石、丁昌期是宋代温州儒学振兴的历史起点,而王

---

① 陈傅良:《陈傅良先生文集》卷四八《新归墓表》,周梦江点校,浙江大学出版社1999年版,第609页。
② 陈傅良:《陈傅良先生文集》卷四八《新归墓表》,周梦江点校,第609页。
③ 赵氏夫子与林石的交往,见孙衣言:《瓯海轶闻》卷二,张如元校笺,第20页。
④ 刘安节:《刘安节集》卷二《为林思廉祭林介夫》,陈光熙、丁治民点校,上海社会科学院出版社2006年版,第44页。
⑤ 周行己:《周行己集》卷七《沈子正墓志铭》,周梦江点校,上海社会科学院出版社2002年版,第144页。
⑥ 考证见孙衣言《瓯海轶闻》卷二《群举经行》,第24页张如元校语。
⑦ 刘安节:《刘安节集》卷二《祭丁逢辰文》:"以讲以问,则予与俱。"(第42页)
⑧ 许景衡:《许景衡集》卷二〇《丁昌期妻蒋氏墓志铭》:"先生讳昌期,林石介夫志其墓。"(上海社会科学院出版社2006年版,第540页)

开祖则是逻辑的起点;而"皇祐三先生"合起来构成了在程学传入之前温州本地内生的儒学传统。①

第二节 "元丰九先生"与二程理学传入温州

"元丰九先生"是指神宗元丰年间和哲宗元祐年间到开封府太学学习的众多温州士子中的九位佼佼者。此说最早出自周行己:

> 元丰作新太学,四方游士岁常数千百人。温海郡,去京师阻远,居太学不满十人,然而学行修明,颇为学官先生称道,一时士大夫语其子弟以为矜式,四方学者皆所服从而师友焉。蒋元中、沈彬老,不幸早死,不及禄。刘元承今为监察御史,元礼为中书舍人,许少伊今为敕令删定官,方进未艾。戴明仲为临江军教授,赵彦昭为辟廱正以卒。张子充最早有闻,每举不利,今以八行荐于朝。凡此吾乡之士皆能自立于学校,见用于当世。②

这段话提到了八个人的名字,即蒋元中、沈躬行(字彬老)、刘安节(字元承)、刘安上(字元礼)、许景衡(字少伊)、戴述(字明仲)、赵霄(字彦昭)、张辉(字子充),再加上周行己自己一共九人。到了南宋,叶适正式将九人合称:"而九人者,乃能违志开道,蔚为之前,岂非俊豪先觉之士也哉!"③此所谓"元丰九先生"。其中,赵霄、张辉没有师从过程颐,蒋元中去世很早,生平资料寥寥。现将赵霄、张辉的生平简介如下。

赵霄(1062—1109),字彦昭,瑞安人,登崇宁二年(1103)进士第,历任颍昌府长葛主簿、济州州学教授、辟廱正兼摄司业,官至承直郎。他任学官时,注意引导学者笃学力行,而不专务科举,因此"士有成材"。④ 不过,赵霄未曾向程颐

---

① 关于程学与"皇祐三先生"代表的本地传统之间的关系,有关分析参见何俊:《宋代永嘉事功学的兴起》,载何俊:《事与心:浙学的精神维度》,第15页。
② 周行己:《周行己集》卷七《赵彦昭墓志铭》,周梦江点校,第136页。
③ 叶适:《叶适集·水心文集》卷二九《题二刘文集后》,第598页。
④ 周行己:《周行己集》卷七《赵彦昭墓志铭》,周梦江点校,第136页。

问学。

张煇(1063—1117),字子充,永嘉人,与周行己有姻亲关系。张煇是最早游学太学的温州士子之一:"元丰太学,莫如子旧。"①屡试不第,于政和二年(1112)举八行,赐上舍出身,授将仕郎、泰州泰兴县主簿,后历任洪州州学教授、小学录。②

除了赵霄、张煇、蒋元中外,"元丰九先生"其余六人,或为程颐门人,或与程颐门人有交往。从周行己这段话可以看出,元丰太学改革是吸引温州读书人北上开封游学的关键契机,正是通过就读太学,一部分温州学者接触到了当时刚刚在洛阳、开封地区崭露头角的程学;而进入南宋后,程学的地位越来越高,从宁宗嘉定年间开始,程朱理学逐渐成为官学。可以说,程学知识传入温州,对于提升温州文化地位、增强温州区域的文化软实力,具有奠基性的历史意义。而最早将程学引入温州地区的正是"元丰九先生",其中比较著名的是周行己、刘安节、刘安上、许景衡四人。

一、周行己

周行己(1067—约1125),字恭叔,祖籍瑞安,居永嘉。③ 周行己是"元丰九先生"中唯一的家族史上有出仕记录的人。从祖父周豫,曾官司封员外郎、集贤校理。④ 十四五岁的时候,周行己即游开封求学:"年未十四五,出走京洛尘。当时黉堂士,教我文章新。"⑤向当时的太学生(黉堂士)学习文章。十七岁(元丰六年[1083])周行己补试入太学。

至晚在元祐三年(1088)前,周行己已经赴洛阳向程颐问学。⑥ 元祐五年

---

① 周行己:《周行己集》卷七《祭张子充文》,周梦江点校,第133页。
② 张煇生平见《周行己集》卷七《祭张子充文》、《张煇墓志铭》(1995年出土于温州市瓯海区郭溪镇,原石现存瓯海区博物馆)。张煇与周行己的姻亲关系,见张如元在孙衣言《瓯海轶闻》卷四《草堂先生》条下的考证(第89页)。
③ 周行己:《周行己集》,周梦江点校,第265—294页。
④ 周行己:《周行己集》卷六《从弟成已审可直已存已用已字说》,周梦江点校,第106页。
⑤ 周行己:《周行己集》卷一〇《述忆二十韵奉赠段公度、欧阳元老》,周梦江点校,第232页。
⑥ 考证见王宇:《永嘉学派与温州区域文化·周行己生平杂考》,社会科学文献出版社2007年版,第56—58页。

(1090),程颐之父程珦(1006—1090)去世,程颐命周行己接待客人("主客")。①

元祐六年(1091),周行己登进士第,此后直到绍圣四年(1097)程颐编管涪州前,具体仕履不详,只知道为了方便就近向程颐问学,他主动请求担任洛阳的监水南籴场一职。② 此后,他回乡教书,受到县令的礼聘在县学教书。从崇宁三年(1104)起丁忧,崇宁五年(1106)服满,除齐州州学教授,大观三年(1109)被御史弹劾罢官。③ 政和七年(1117),周行己代理乐清县令,当年即罢。宣和二年(1120),任秘书省正字。④ 次年,任原武县令,不久又罢,羁旅京师二年,宣和七年(1125)被辟郓州司录参军。此后的生平缺少文献记载了。⑤ 其所著诗文收入《浮沚集》,今人编为《周行己集》(上海社会科学院出版社2002年版)。

关于周行己在程颐门下学习的情形,《河南程氏外书》有些零星记载。如称周行己刚入门时"持身严苦,块坐一室,未尝窥牖"⑥。从洛阳回太学后,周行己的举止显示出与众不同的地方。周行己的同学李鷹曾说:"行己端慎,太学诸生忌之。"⑦伊川对他中进士后不悔婚约、迎娶盲女之举大加赞扬:"某未三十时,亦做不得此事。然其进锐者其退速。"⑧但认为周行己在刚入门时进步很快,后来就退步了。绍圣四年(1097)程颐被流放涪州离开洛阳后,周行己开始有不检点的行为,甚至属意某位歌伎,并扬言此事"不害义理"。程颐从流放地回到洛阳后得知此事,批评他:"此禽兽不若也,岂得不害义理?"⑨谢良佐曾批评周行己行为放纵:"'问:周恭叔恁地放开,如何?'谢曰:'他不是摆脱得开,只为立不住,便放,却忒早在里。'"⑩《伊洛渊源录》引《吕氏杂志》云:"李先之(李朴)、周恭叔皆从程先生学问,而学苏公文词以文之,世多讥之者。"⑪批评周行

---

① 程颢、程颐:《二程集·河南程氏外书》卷七,王孝鱼点校,中华书局2004年版,第393页。
② 周梦江:《周行己年谱》,载周行己:《周行己集》,周梦江点校,第279页。
③ 周梦江:《周行己年谱》,载周行己:《周行己集》,周梦江点校,第279—280页。
④ 陈振孙只说周行己任馆职,未详何官。刘埙:《隐居通议》卷二《永嘉之学》"周恭叔行己,秘书省正(字)",《文渊阁四库全书》第866册,第34页。
⑤ 周梦江:《周行己年谱》,载周行己:《周行己集》,周梦江点校,第287—293页。
⑥ 程颢、程颐:《二程集·河南程氏外书》卷一二,王孝鱼点校,第434页。
⑦ 李鷹:《济南集》卷二《答周行己相赠》,《文渊阁四库全书》第1115册,第717页。
⑧ 程颢、程颐:《二程集·河南程氏外书》卷一二,王孝鱼点校,第434页。
⑨ 程颢、程颐:《二程集·河南程氏外书》卷一二,王孝鱼点校,第434页。
⑩ 谢良佐:《上蔡语录》卷之上,第7页。
⑪ 朱熹:《伊洛渊源录》卷一四,载朱杰人、严佐之、刘永翔主编:《朱子全书》第12册,第1110页。

己兼学苏氏的辞章之学,学术不纯。南宋人韩淲也说:"周恭叔行己文字温淡,但时有庄老,与程氏之说相背,诗亦好。"①朱熹则直言:"周恭叔学问,自是靠不得。"②这些评论当然是一面之词、一家之言。不过从周行己的作品看,他主要是转述二程和吕大临的思想观点,看不出有什么独到见解。程门内部对其为人也褒贬不一,这也是事实。

尽管如此,周行己对程颐之学拳拳服膺,认为程学的出现对儒学发展具有里程碑式的意义:

> 道学不明,世儒蔽聪明于方册文辞之间,不知反身入德之要,仁义礼智根于心,而措于事业,致愦昧于理乱之机,颠冥于进退之义,道大悖矣而不知返也。……明仲资质刚明,少而有立,尝从洛阳程氏问学,知圣人之道,近在吾身,退而隐于心,合于圣人之言,若自有得。③

周行己认为"洛阳程氏"之学即是"道学",它否定了传统汉唐儒学注重记问背诵、章句训诂和诗赋辞章之学,而将儒学的重点回归到个体的身心修养,而个体修养功夫的核心又在于"心"。

在赠同为"元丰九先生"之一、太学同学沈躬行的诗中,他系统表达了对儒学修养功夫的理解:

> 吾子更我听:士也贵尚志。古道自足师,不必今人贵。荼苦不异芴,薰莸不同器。所优义理愆,何恤流俗议。进道要勇决,取与慎为计。去恶如去沙,沙尽自见底。积善如积土,土多乃成岿。读书要知道,文章实小技。子试反复思,鄙言有深味。④

儒学修养以"立志"为先,应该崇尚"古道",返求"六经"中的圣人之道,而"古道"与当代流行的各种"俗学"南辕北辙,不能混为一谈,更不被后者所蛊惑。

---

① 韩淲:《涧泉日记》卷下,《文渊阁四库全书》第864册,第793页。
② 黎靖德编:《朱子语类》卷一〇一,第2560页。
③ 周行己:《周行己集》卷七《戴明仲墓志铭》,周梦江点校,第145页。
④ 周行己:《周行己集》卷八《赠沈彬老》,周梦江点校,第159页。

在追求义理的路程上，难免受到"流俗"的非议和讥笑，不必介意。为善去恶，久久为功，不要一蹴而就，贪多求大。博览群书，不能泛滥，而应该以追求"道"为宗旨，辞章之学更是"小技"，不必浪费太多精力。这些论述虽然流于肤浅，没有突出二程理学修养功夫论的核心，但大旨不出二程之范围，同时强调了追求"古道"与俗学二者势不两立，客观反映了他对程学的认知水平。

全祖望最早指出，周行己还兼传关学。① 在元祐二年到七年(1087—1092)之间吕大临官太学博士②，周行己正在太学肄业，曾向其问学。元祐二年太学生徐某去世，吕大临率太学同僚官员前往吊唁，"哭之恸"。周行己大受感动，专门撰写了《书吕博士事》：

> 于美乎哉！师弟子之风兴矣。自孔子没，大道丧，悠悠数千载间，学者不知师其师，师者不知自处其师，维圣若贤，百不一遇。少也则闻有胡先生，能群诸弟子于太学教之，礼风义行，翕然向古。今亡矣三十馀年，谓晚生讫不可得见，乃复在今日。③

周行己指出，孔子有教无类，开创了以"求道"为目的的相互尊重的师生关系，但自此以后，师生之间相互利用，师生关系沦为攫取功名利禄的工具。直到北宋胡瑗开创"苏湖教法"，并运用于太学。吕大临此举远则追法孔子的师道典范，近则继承弘扬了胡瑗"湖学"的传统，足为天下之表率。

《童蒙训》中有三条周行己向吕氏问学的记载。第一条是："周恭叔行己尝言，见吕与叔博士说'必有事焉而勿正心，勿忘勿助长也'。"④第二条则是关于《大学》的："周恭叔又说，先生(指吕大临)教人为学，当自格物始。格物者，穷理之谓也，欲穷理直须思始得。思之有悟处，始可。不然，所学者恐有限也。"⑤第三条是周行己转述的吕大临关于《易传·系辞上》"阴阳不测之谓神"的解释。⑥

---

① 黄宗羲：《宋元学案》卷三二《周许诸儒学案》，陈金生、梁运华点校，第1131页。
② 考证见周梦江《周行己年谱》，载周行己：《周行己集》，周梦江点校，第117页。
③ 周行己：《周行己集》卷六《书吕博士事》，周梦江点校，第116页。
④ 吕本中：《吕本中全集》第3册《童蒙训》卷下，韩西山辑校，中华书局2019年版，第1008页。
⑤ 吕本中：《吕本中全集》第3册《童蒙训》卷下，韩西山辑校，第1009页。
⑥ 吕本中：《吕本中全集》第3册《童蒙训》卷下，韩西山辑校，第1009页。

相较思想创新,整理、保存二程的思想资料是周行己更有意义的贡献。这从两个方面可以看出:首先,周行己《浮沚集》中的《易讲义序》《礼记讲义序》大部分是抄录了程颐的《易序》《礼序》,周行己在回温州教学期间,就是以程颐的讲义为教本的。① 其次,现存的《河南程氏遗书·伊川先生语三》卷一七,此卷卷首朱熹题记云:"本无篇名,不知何人所记。或曰永嘉周行己恭叔,或曰永嘉刘安节元承,或云关中学者所记,皆不能明也。按:元祐三年刘质夫卒,此篇有质夫名字,则三年前语也。"方闻一(南宋人)编的《大易粹言》中,有十条程颐论《易》的语录,都注明是"周行己录"。经过与《程氏易传》对勘,文句出入很大,但其中八条却与《河南程氏遗书·伊川先生语三》卷一七高度重合,因此,周行己至少是该卷语录的记录者之一。②

二、刘安节、刘安上

刘安节(1068—1116),字元承,从弟刘安上(1069—1128),字元礼,永嘉人,学者称之为"二刘"。③

刘安节,少游太学,元符三年(1100)以太学上舍免省试,直赴廷试,擢进士第,调越州诸暨主簿,国子祭酒奏留其太学,未果。累官莱州州学教授、河东提举学事司管勾文字、监察御史、殿中侍御史、起居郎(别称"左史"),迁太常少卿,而言者斥其在言责时无所建明,且久不宁亲,责知饶州,移知宣州,政和六年(1116)卒。有《刘左史集》,今人编有《刘安节集》(上海社会科学院出版社2006年版)。

刘安上,与安节一样也是上舍免省试,哲宗绍圣四年(1097)进士,④累官县尉、县令、州学教授、监察御史、侍御史;大观三年(1109)迁谏议大夫、中书舍人,四年除给事中。寻以徽猷阁待制补外,累知寿、婺、邢等州,再知寿州,因抵制苛滥征发,两次降官。宣和六年(1124),除知舒州,七年,奉祠。建炎二年(1128)

---

① 周梦江:《周行己集·前言》,载周行己:《周行己集》,周梦江点校,第5页。
② 详细考证见王宇《周行己生平杂考》,载王宇:《永嘉学派与温州区域文化》,第56—58页。
③ 二刘的生平主要见薛嘉言撰刘安上《行状》、许景衡撰刘安节《墓志铭》。其中,后者不见于许景衡的《许景衡集》,而朱熹编的《伊洛渊源录》节录了此文,当属佚文。
④ 见刘安上:《刘安上集》卷三《谢释褐》,陈光熙点校,上海古籍出版社2006年版,第209页。

卒,享年六十。传世有《刘给谏集》(今人编有《刘安上集》,上海社会科学院出版社 2006 年版)。

二刘在开封太学肄业期间曾赴洛阳,拜入程颐门下成为程学的重要传人,时间大概是绍圣四年(1097)程颐编管涪州前。① 刘安上回忆当时从学程颐的生活:"载念西游,担簦于洛。依归夫子,覃思力学。格物致知,会方守约。惟兄蚤达,立有所卓。视彼众人,允矣先觉。"② 这里的"夫子",就是程颐。"格物致知,会方守约"是他们学习的内容,"视彼众人,允矣先觉"则是赞扬刘安节在程颐门下对程学领悟很快。

现存《二程遗书》卷一八《伊川先生语四》,朱熹题记称:"刘元承手录。刘安节,字元承,永嘉人。所记有元祐五年遭丧后,绍圣四年迁谪前事。"③ 本卷《语录》中出现的提问者,有的称"问",有的称"或问",有的称名(如"季明问")。④ 其中,"问:'尽己之谓忠',莫是尽诚否?"一条,朱熹注:"罗本以为吕与叔问。"⑤

《二程遗书》卷一八大部分条目的提问者应该就是刘安节。《刘给谏集》卷三有《操则存何如其操也》一文,其性质是解释《孟子》的科举经义,如果与《伊川先生语四》中刘安节与程颐的问答做一个比较,可以发现《操则存何如其操也》的观点源于程颐。刘安节问:"舍则亡,心有亡,何也?"程颐答:

> 否。此只是说心无形体,才主著事时(原注:先生以目视地),便在这里,才过了便不见。如"出入无时,莫知其乡",此句亦须要人理会。心岂有出入? 亦以操舍而言也。"放心",谓心本善,而流于不善,是放也。⑥

《操则存何如其操也》一文则先引用了《尚书·大禹谟》"十六字箴",然后写道:

---

① 此据周梦江:《叶适与永嘉学派》,第 21 页。
② 刘安上:《刘安上集》卷四《祭亡兄左史》,陈光熙点校,第 225 页。
③ 程颢、程颐:《二程集·河南程氏遗书》目录,王孝鱼点校,第 4 页。
④ 程颢、程颐:《二程集·河南程氏遗书》卷一八,王孝鱼点校,第 201 页。季明,即苏昞,字季明。
⑤ 程颢、程颐:《二程集·河南程氏遗书》卷一八,王孝鱼点校,第 208 页。"罗本"指罗从彦所刻二程语录。
⑥ 程颢、程颐:《二程集·河南程氏遗书》卷一八,王孝鱼点校,第 207—208 页。

> 孟子曰:"操则存。"亦其意也。且心无形也,君子于此何以操之乎？一主于善,则瞬然而存。一忘于心,则茫然自失,所谓操者,亦主之勿忘而已矣。是故昔之学问,以求其放心者,造次必于是,颠沛必于是。……然心之所存者,神也。体而不违,何有于存亡？即而不离,何有于出入？而孟子云尔者,特以操舍而言之也。①

比较二者可以看出,刘安节在科举时文中所阐述的观点,来源于程颐平日与其讲学所谈的内容,可见他能忠实师说,学以致用。但是,程门其他弟子对刘安节评价不高。如杨时曾记一事:

> 刘元承言:"相之无所不用其敬,尝挂真武像于帐中,其不欺暗室可知。"曰:"相之不自欺,则固可取。然以神像置帐中,亦可谓不智。"②

刘安节将真武大帝神像置于床榻帐幕之内,表示自己无事须向神明隐瞒,坦荡无私。杨时认为其志虽然可取,行事方式却略显诡谲。盖"不欺暗室"依靠主观努力,不需要神像这种外在的监视或者见证,刘氏此举反而暴露出对自身自制力的信心不足。谢良佐也认为刘安节在师从二程后多年内学问修养进步不大,"未见他有进处",原因是"只为未有根"。不过他仍肯定刘安节:"不道全不进,只他守得定不变,却亦早是好手,如康仲之徒,皆忘却了。"③在徽宗朝禁止程学的大环境下,有些二程弟子则完全放弃了师说,刘氏只是学无进步,尚能守得师说不变,已属难得。

三、许景衡

许景衡(1071—1128),字少伊,温州瑞安人。登元祐九年(1094)进士第,此后仕途并不顺利。宣和二年(1120),除殿中侍御史,以言忤王黼、童贯,罢官。

---

① 刘安节:《刘安节集》卷三《操则存何如其操也》,第 65 页。
② 杨时:《龟山集》卷十三《语录四·毗陵所闻》,《文渊阁四库全书》第 1125 册,第 245 页。
③ 朱熹:《伊洛渊源录》卷一一,载朱杰人、严佐之、刘永翔主编:《朱子全书》第 12 册,第 1096 页。朱熹原注,此条记事录自《上蔡语录》。

钦宗靖康元年(1126)五月,召为左正言,因许景衡之妻是御史中丞陈过庭的堂妹,陈过庭引嫌请罢,诏许景衡改太常少卿兼太子谕德。① 六月十日,召试中书舍人,赐三品服。② 七月二十八日、二十九日,台谏官李光、程瑀因论事得罪宰执,遭到"与远小监当"的严谴,许景衡上疏论救。③ 因此事,他又得罪了耿南仲,只得以避中书侍郎陈过庭之嫌为由请罢。九月五日,许景衡与同为中书舍人的晁说之被朝廷指责"视大臣升黜以为去就,怀奸徇私,殊失事君之意",落职予祠。④ 中书舍人胡安国要求朝廷公开所谓许景衡徇私枉法的证据。⑤ 但许景衡仍被责授祠禄。十一月二十六日,钦宗又召许景衡、胡安国赴阙,因开封已经被金人包围而未能成行。⑥ 高宗建炎元年(1127)六月,许景衡被召为给事中,高宗对大臣说:"朕今不用文华之士,已令召许景衡于海滨矣!"⑦高宗所谓"海滨",代表了一种有别于徽宗朝各种弊政(包括政风、人脉)的清新之风。八月,除御史中丞,到任后即为宗泽辩诬⑧,十月除尚书右丞。建炎二年(1128)五月,许景衡力请渡江幸建康,高宗不从。黄潜善等乘机排挤之,于是自请罢黜,以资政殿学士奉祠。罢后二十天,病卒于京口,享年五十七,谥忠简。⑨ 许景衡去世后不久,金兵直趋扬州,高宗才想到许景衡的渡江之议。⑩ 高宗称赞许景衡:"朕自即位以来,执政忠直,遇事敢言,惟许景衡。"⑪

虽然许景衡名列"元丰九先生",但他从未正式拜入程颐门下。《宋史》本传称其:"景衡得程颐之学。"⑫李心传将许景衡、吴给、马伸等列为"皆号得颐之学",而区别于谯定、杨时等二程门人。⑬ 不过,许景衡与周行己、鲍若雨、陈经

---

① 汪藻:《靖康要录笺注》卷六,王智勇笺注,四川大学出版社2008年版,第737页。
② 汪藻:《靖康要录笺注》卷八,王智勇笺注,第842页。
③ 许景衡:《许景衡集》卷一一《论救李光程瑀》,陈光熙点校,第432页。
④ 汪藻:《靖康要录笺注》卷一〇,王智勇笺注,第1065页。
⑤ 胡寅:《斐然集》卷二五《先公行状》,容肇祖点校,中华书局2004年版,第524页。
⑥ 胡寅:《斐然集》卷二五《先公行状》,容肇祖点校,第527页。
⑦ 李心传:《建炎以来系年要录》卷六,胡坤点校,中华书局2013年版,第173页。
⑧ 许景衡:《许景衡集》卷九《论宗泽札子》,陈光熙点校,第402页。
⑨ 李心传:《建炎以来系年要录》卷一五,胡坤点校,第376页。
⑩ 《三朝北盟会编》卷一一七五月甲申条引《林泉野记》:"及敌入维扬,上方思其言。"
⑪ 脱脱等:《宋史》卷三六三《许景衡传》,中华书局1977年版,第11346页。
⑫ 脱脱等:《宋史》卷三六三《许景衡传》,第11346页。此外,许氏本人、胡寅代胡安国所撰许景衡墓志铭、朱熹《伊洛渊源录》都没有提到许景衡曾经见过程颐。
⑬ 李心传:《建炎以来系年要录》卷八建炎元年八月壬申条,胡坤点校,第228页。

邦、陈经正兄弟等程门弟子过从甚密。① 许景衡曾对周、鲍的学问也表示了倾慕:"末学纷纷只是夸,孔颜门户本无遮。农工商贾皆同气,草木虫鱼是一家。我欲收心求克己,公知诚意在间邪。汝南夫子规模大,归去相从海一涯。"②商霖,即程颐门人鲍若雨,所谓"汝南夫子规模大",即是赞扬程颐之学。许景衡还曾说:"孔门自洒扫应对而上,皆入中道。"③从这首诗看,许景衡对张载的"民胞物与"思想、二程理学的"理一分殊"思想以及"诚意"功夫,都表示认可。

许氏谈及与刘安节的交往时说:"嗟我昏蒙,惟公之畏。公不我鄙,委曲教诲。广大精微,我骇且疑。公指其要,莫先致知。用舍行藏,我亦公告。公曰有命,岂不自好。"④这里提到的"广大精微,我骇且疑",显然是程颐之学,因此许氏对程学的了解可能来自于刘安节。

尽管未能成为程颐的亲传门人,许景衡在两宋之际恶劣的政治气氛下,不遗余力地传播程学、保护程学人士。⑤ 陈渊写信要求许景衡照顾程颐门人杨时的一个儿子(字安止,名不可考):"安止极可怜,当赖公少振发之,博学能文,可以续龟山之灯者,窃幸留念。"⑥"安止"是杨时之子。⑦ 胡安国在致许景衡的信中更希望他:"今宜一切反其行事,乃可以拨乱反正,殄仇雪耻,使天下士大夫伸眉吐气,食息世间,无所愧矣。"⑧然而,他的进用与猝死,使这种希望归于幻灭了。

四、其他温州程门弟子

二刘兄弟、周行己以外的温州籍的伊川门人,还有鲍若雨(字商霖)、谢佃

---

① 许景衡曾为陈经邦、陈经正兄弟的祖父撰写墓志铭。见许景衡:《许景衡集》卷一九《陈府君墓志铭》,陈光熙点校,第529页。
② 许景衡:《许景衡集》卷一二《送商霖兼简共叔》,陈光熙点校,第356页。
③ 李心传:《建炎以来系年要录》卷一五,胡坤点校,第376页。
④ 许景衡:《许景衡集》卷一八,陈光熙点校,第520页。
⑤ 见许景衡:《许景衡集》卷一一《上修德札子》、卷一七《与郑国材书》、卷一八《温州瑞安迁县学碑》各文。
⑥ 陈渊:《默堂集》卷一八《与许少伊左丞(第五书)》,《文渊阁四库全书》第1139册,第471页。
⑦ 杨时有五子,名叫迪、迥、适、造、通,其字皆不详,黄宗羲《宋元学案》卷二五《龟山学案》列"判院杨先生安止"为"龟山家学",全祖望认为杨迪是安止,冯梓材的考证否定了此说,指出难以确定"安止"是杨时的哪一个儿子(第961页)。
⑧ 胡寅:《斐然集》卷二五《先公行状》引胡安国信,容肇祖点校,第533页。

(字用休)、潘旻(字子文)、陈经邦(失其字)、陈经正(字贵一),这五个人在《二程集》中均有记载,但较简略,朱熹编《伊洛渊源录》对他们的介绍也仅限于籍贯和姓字,因此研究五人的生平和思想的困难很大。① 从《二程全书》的零星记载中可知鲍若雨等五人是程颐在元符三年(1100)之后收的弟子,与二刘、周行己相比当为后进。② 其中,鲍若雨记录的语录即《河南程氏遗书》卷二三,自成一卷;在《河南程氏文集》卷九中有《答鲍若雨书并答问》;《河南程氏外书》还有"温州鲍若雨商霖,与乡人十辈,久从伊川"的记载③。可见在后期程门温州弟子中,鲍若雨是具有领袖地位的人物。而谢佃、潘旻、陈经邦、陈经正四位则只剩下了零星几条的语录问答。

"元丰九先生"中的戴述(1074—1111),字明仲,少游京师太学,"以为太学士皆科举口耳之学,于是益游四方,求古所谓为己之学者"。他不满于开封府太学中流行的追求功名利禄的"科举之学"和脱离儒家躬行实践的"口耳之学",就到洛阳向二程问学:"尝从洛阳程氏问学,知圣人之道,近在吾身,退而隐于心,合于圣人之言,若自有得。"④

沈躬行,字彬老,瑞安人,去世较早,没有出仕。⑤ 在父亲的资助下,他四处求学,先后向程颐、吕大临、龚原、林石问学:"皆传古道,名世宗师,学者莫得其门,君能资躬行从之游。"⑥其中,他师从程颐,"得性命微旨、经世大意"。在官方禁止传习《春秋》的情况下,他贿赂石经《春秋》的守卫,"自摹藏之"。⑦

蔡元康(1074—1117),字君济,平阳人,既冠,游太学,厌恶科举之学,而向贤德之士考德问业,孜孜不倦:"太学善士闻名而愿交者,不可以一二数。"蔡元康所学"以正心诚意为本,其优游涵养日趋于自得,盖质诸圣言而合,措诸行事而不紊,其进勇甚,浩乎其未易量也"。他与程门弟子杨时、周敦颐来往密切,与邹浩(字志完)也是师友之间,"其所往来皆一时贤士大夫,而邹志完、陈莹中、杨

---

① 关于五人生平的材料,孙衣言《瓯海轶闻》有详尽的辑录,但所辑材料绝大多数是明及明以后的类书、方志和其他地方文献,如《万姓统谱》之类,真伪难辨,此处概不采信。
② 考证见周梦江:《叶适与永嘉学派》,第 21 页。
③ 程颢、程颐:《二程集·河南程氏外书》卷一二,王孝鱼点校,第 43 页。
④ 周行己:《周行己集》卷七《戴明仲墓志铭》,周梦江点校,第 145 页。
⑤ 周行己《周行己集》卷七《赵彦昭墓志铭》:"蒋元中、沈彬老不幸早卒,不及禄。"(第 136 页)
⑥ 周行己:《周行己集》卷七《沈子正墓志铭》,周梦江点校,第 144 页。
⑦ 叶适:《叶适集·水心文集》卷一九《沈仲一墓志铭》,第 335 页。

中立、周恭叔，尤所钦爱，皆许以有为于世。邹、陈久于谪籍，君济从之不远千里，志完疾病以书招之，比君济至而病且革矣，尽吐平生所欲学者，而性命之理，死生之说，见于问答云"①。可见，邹浩还曾传学于蔡元康。

程门的温州弟子数量达到十余人，又有大量语录存世，其中《河南程氏遗书》中，周行己是卷一七的记录者之一，刘安节是卷一八全卷的记录者，鲍若雨则是卷二三全卷的记录者。虽然思想创新不足，这一群体在程门弟子中令人瞩目。南宋高宗朝程学学者张九成对一位温州士大夫说："永惟仙里，圣学盛行，元承、元礼、少伊诸公，表见于朝廷；而彦昭、恭叔、元忠之流，力行于太学。渡江以来，此学尤著。"②"圣学"指二程理学，"表见于朝廷"是指二刘兄弟在仕途上的相对显达。这两方面的因素帮助程学温州一脉，在程学南传各支派中争得了一席之地。与陈傅良、叶适同时代的南宋学者楼钥说："东南之士自龟山杨公时、建安游公酢之外，惟永嘉许公景衡、周公行己数公，亲见伊川先生，得其传以归。中兴以来，言理性之学者宗永嘉。"③楼钥强调周行己、许景衡是"亲见伊川"，《语录》就是"亲见"的最有力证据。所谓"言理性之学者宗永嘉"虽有溢美，但也事出有因。朱子学人士真德秀则将"二程之学"南传的师承脉络分为三支：杨时、罗从彦、李侗、朱熹，为"道南一脉"；谢显道、胡安国、胡宏、张栻，为湖湘一脉；第三支即周行己、刘安节所传："得之为永嘉之学，其源亦同自出。然朱、张之传最得其宗。"④尽管正统归于前二者，而"道南一脉"更是正统中的正统，但真氏肯定温州一支与前二者"其源亦同自出"，认可了它的历史地位和社会影响。

但若论思想水平，与杨时、游酢、谢显道等程门高足相比，温州门人都是比较逊色的。朱熹评价："周恭叔、谢用休、赵彦道、鲍若雨，那时温州多有人，然都无立作！"⑤朱熹对温州门人所记录的程颐语录也有抱怨："伊川语，各随学者意所录，不应一人之说，其不同如此。游录（指游酢）语慢，上蔡（指谢良佐）语险，

---

① 许景衡：《许景衡集》卷一九《蔡君济墓志铭》，陈光熙点校，第535页。
② 张九成：《张九成集·横浦集》卷一八《与永嘉何舍人书》，浙江古籍出版社2013年版，第202页。
③ 楼钥：《攻媿集》卷九五《宝谟阁待制赠通议大夫陈公神道碑》，《文渊阁四库全书》第1152册，第471页。
④ 真德秀：《西山读书记》卷三〇，《文渊阁四库全书》第706册，第106页。
⑤ 黎靖德编：《朱子语类》卷一〇一，第2557页。

刘质夫(指刘绚)语简,永嘉诸公语絮。"①朱熹认为温州门人记录的程颐语录言语都比较琐碎,反映了记录者的学养和理解能力有限。

第三节　高宗朝程学在温州的传播

上文曾引及张九成的书信,他先赞扬了程学在温州传播的盛况:"永惟仙里,圣学盛行……渡江以来,此学尤著。"但在述及他来温州任职时(高宗绍兴二十七年前后),情形有了明显变化:"叨守兹土,幸亦云甚。其词赋既行,此学似不逮前日。"②经过秦桧多年专权之后,程学受到了严重摧残,因此出现了"此学似不逮前日"的寥落局面。《宋元学案·周许诸儒学案》也说:"故绍兴末,伊洛之学几息,九先生之绪言且将衰歇,吴湛然、沈元简,其晨星也。"③吴湛然即吴表臣,沈元简即沈大廉。吴表臣是一个职业官僚,此不赘述。④ 沈大廉(?—1158)为沈躬行之从子,瑞安人,著有《论语解》,但他在绍兴二十八年(1158)就去世了。⑤ 实际上,高宗朝的温州士大夫倾向程学者不止吴、沈二人。据统计,20位在高宗朝任官的温州籍官员中,就有12人是有证据表明其倾向程学的,其余8人因缺乏史料而不知其倾向。⑥ 这其中萧振、薛徽言、陈鹏飞三人,与孝宗年间崛起的永嘉学派代表人物薛季宣、陈傅良有着密切的关系,知名度也较高,故略加介绍。

一、萧振

萧振(1086—1157),字德起,平阳人,《宋史》有传。萧振是许景衡的女婿⑦,开始也是赵鼎将其引荐入朝任秘书郎。但是,随着赵鼎的失宠,萧振在政

---

① 黎靖德编:《朱子语类》卷九七,第2480页。
② 张九成:《张九成集·横浦集》卷一八《与永嘉何舍人书》,第202页。
③ 黄宗羲:《宋元学案》卷三二《周许诸儒学案》,陈金生、梁运华点校,第1153页。
④ 吴表臣(1084—1150),字正仲,永嘉人,生平见王宇:《永嘉学派与温州区域文化》,第75—79页。
⑤ 沈大廉卒年及生平仕履考证,见孙衣言:《瓯海轶闻》卷四《石经家学》,张如元校笺,第73页。
⑥ 参见王宇:《永嘉学派与温州区域文化》,第107—108页。
⑦ 胡寅:《斐然集》卷二六《资政殿学士许公墓志铭》,容肇祖点校,第564页。

治上逐渐靠近秦桧:"士大夫虽素有树立若萧振者,亦附丽焉。"①加入秦桧阵营后,萧振屡起屡罢。绍兴二十三年(1153)四月,自左承议郎、池州居住,起为敷文阁待制、四川安抚制置使,知成都府,在此期间永嘉学派的代表人物薛季宣曾短暂加入其幕府。后因得罪秦桧,萧振遭台谏弹劾而罢职。当时,右正言郑仲熊弹劾他:"萧振天资狠戾,趋向乖僻,曩缘赵鼎用事,倡为专门之说,振阿附之,自谓其曲学出于程颐。"②可见,萧振在思想学术上继承了许景衡的程学传统。李心传《道命录》将许景衡列为高宗一朝"伊川门人"的代表之一,而"秘书郎萧振德起"列入"皆慕其学(指程学)"。③ 绍兴二十五年(1155)十二月,萧振起为四川安抚制置使,二十七年(1157)六月卒于任上。

薛季宣与萧振是通家之好,又有僚属之谊。薛季宣在《祭萧帅文》中说:"繄予鲰生,叨世通家。"④薛季宣的远亲薛良朋之母,是许景衡之侄女⑤,而萧振是许景衡的女婿。绍兴六年(1136)入朝后,萧振与薛季宣之父薛徽言共事。绍兴七年(1137)十一月,萧振"引亲年高求去,不许。振复因给事中吴表臣、右司员外郎薛徽言请于赵鼎甚切,鼎乃许之"⑥。而在导致薛徽言去世的绍兴八年(1138)十二月廷辩上,时任权工部侍郎萧振与起居舍人薛徽言同班入对,萧振应该目睹了薛徽言与秦桧争论的情形。⑦ 由此可见,薛徽言与萧振交情很深。

薛季宣在萧振幕府中仅待两个月即辞出,原因是:"蜀制置萧振辟公为属,部将有狠诉统制者,公当以犯阶级法,幕中或论纵之,公以军政争,不克,谢去,尽其禄自买蜀书以归。"⑧从这段话看,薛季宣与萧振因为意见不同发生了争执,二人不欢而散。萧振去世后,薛季宣也曾以《祭文》哀悼,但文中只是历数了

---

① 陈高:《不系舟渔集》卷一四《顾主簿上萧侍郎书跋》,郑立于点校,上海古籍出版社2005年版,第176页。
② 李心传:《建炎以来系年要录》卷一六七,胡坤点校,第3165页。
③ 李心传辑:《道命录》卷二《朱内翰论孔孟之学传于二程》,朱军点校,上海古籍出版社2016年版,第24页。
④ 薛季宣:《薛季宣集》卷三四,张良权点校,第528页。
⑤ 陈傅良:《陈傅良先生文集》卷四九《敷文阁直学士薛公圹志》,周梦江点校,第612页。薛良朋为瑞安薛氏,薛季宣是永嘉薛氏,二薛为同一个始迁祖。
⑥ 李心传:《建炎以来系年要录》卷一一七,胡坤点校,第2167页。
⑦ 李心传:《建炎以来系年要录》卷一二四,胡坤点校,第2345页。
⑧ 陈傅良:《陈傅良先生文集》卷五一《右奉议郎新权发遣常州借紫薛公行状》(为行文简洁,行文中简称《薛季宣行状》),周梦江点校,第634页。

萧振莅官为政的业绩,无一语提及思想渊源,可见萧振在这方面对他的影响非常有限。

还值得一提的是,《宋史本传》称赞萧振:"好奖善类,端人正士多所交识,其间有卓然拔出者,迄为名臣。"①孝宗朝宰相王淮早年曾得到萧振赏识,萧振任四川安抚制置使时就辟王淮为僚属入蜀。而永嘉学派的两个重要人物郑伯熊、叶适都曾获得王淮的举荐,尤其是叶适因之而得到改官②,这不免使人联想到,可能是萧振对他的知遇之恩使王淮对温州士人有好感。

二、薛徽言

薛徽言(1083—1139),字德老,永嘉人,是永嘉学派代表人物薛季宣之父。登建炎二年(1128)进士第,授南剑州司法参军,建炎四年(1130),"会车驾幸永嘉,君以书谒中司赵公,诋一时用事者,赵公大称赏"③。薛徽言因在与赵鼎的通信中批评了吕颐浩而受到赏识,他的父亲薛强立,"礼部侍郎邹浩尝以学官荐之"④。可见其与元祐党人邹浩的关系很好。

薛徽言在赵鼎的提携下,历任枢密院计议官。⑤ 后累任至起居舍人,绍兴九年(1139)正月卒于位,死因是"会秦桧于上前和议事,徽言直前,引义固争,反复数刻,遂中寒疾而卒"⑥。由于薛徽言是在与秦桧争辩和议时得病而卒,因此赢得了相当高的声誉。李心传在介绍薛季宣于武昌县推行的保甲法时,特别提到了薛徽言:"季宣,字士龙,温州人,父徽言,绍兴初尝为右史,其父子皆有名当世。"⑦可见,薛季宣以才学闻名的话,而薛徽言则以气节闻名。

薛徽言是胡安国的门人。薛季宣在致朱熹信中写道:"某永嘉之世先子舍人,尝从文定胡先生学。某少失怙恃,世父哀而字之。未冠,世父亦亡。迫于婚

---

① 脱脱等:《宋史》卷三八〇,第 11727 页。
② 周梦江:《叶适年谱》,第 74 页,事在淳熙十三年(1186)。
③ 薛季宣:《薛季宣集》卷三三《笺先大夫行状》,张良权点校,第 490 页。
④ 薛季宣:《薛季宣集》卷三三《笺先大夫行状》,张良权点校,第 489 页。
⑤ 薛季宣:《薛季宣集》卷三三《笺先大夫行状》,张良权点校,第 491 页。
⑥ 李心传:《建炎以来系年要录》卷一二五,胡坤点校,第 2366 页。
⑦ 李心传:《建炎以来朝野杂记》甲集卷一八《荆鄂义勇民兵》,徐规点校,第 410 页。

宦,家学沦替扫地,非复遗余。"①据薛季宣说,薛徽言有《上胡侍读咨目》三通,胡安国除侍读在绍兴二年(1132)八月②,则薛徽言从学胡安国的时间在入朝任枢密院计议官之后。无独有偶,薛季宣致信张栻时,也强调了自己的家世:"某先君右史、先伯待制,皆受知于先正忠献,致位从班。辛巳岁,某备县鄂陵,伏遇元戎即镇金陵,得迎拜于庐州江步。时已昏暮,伏蒙略去贵贱等威,赐之坐席,温言慰藉,详问存没……比年待次毗陵日,闻左司以道学为诸儒唱,嘉猷悟主,几振吾道,非独为先世私喜,实为善类公庆。"③薛徽言与其兄薛弼都曾在绍兴年间受到张浚的赏识,薛季宣自己也曾在绍兴三十一年(1161)武昌县令任上拜谒过张浚。孝宗乾道年间张浚之子张栻是理学("道学")的领袖人物,薛季宣致信特意点出父辈交谊("为先世私喜"),并希望能延续两家的特殊关系("实为善类公庆")。

虽然薛季宣坦承没有继承家学,但在第一次给朱熹、张栻写信时,他仍要在信中声明薛徽言的学术传承,其用意当是帮助后者增进对自己思想背景和家庭背景的了解,从而建立密切的私人关系和学术交流。

三、陈鹏飞

陈鹏飞(1099—1148),字少南,绍兴十二年(1142)进士,授左迪功郎、鄞县主簿,绍兴十四年(1144)六月任礼部员外郎、崇政殿说书。④ 陈鹏飞在高宗讲筵时"多引尊君臣卑之义,崇抑予夺,有所开讽"⑤,而且还论及"嫡妾之分"。因为高宗的生母此时被金人放归南还,朝廷讨论尊崇典礼,陈鹏飞认为虽然其子高宗是皇帝,其本人并非徽宗皇后,而只是普通嫔妃,不能引用《公羊传》"母以子贵"说过分加以尊崇,从而改变她作为"妾"的身份,这引起了高宗的不满,"是时太母还朝,陈(鹏飞)遂忤太上意"⑥。绍兴十四年(1144)十二月,以"妄议慈

---

① 薛季宣:《薛季宣集》卷二三《与朱编修书》,张良权点校,第292页。
② 胡寅:《斐然集》卷二五《先公行状》,容肇祖点校,第550页。
③ 薛季宣:《薛季宣集》卷二三《与张左司书》,张良权点校,第291页。
④ 李心传:《建炎以来系年要录》卷一五一,胡坤点校,第2862页。
⑤ 叶适:《叶适集·水心文集》卷一三《陈少南墓志铭》,第230页。
⑥ 黎靖德编:《朱子语类》卷一三二,第3173页。

宁尚典礼"罢。绍兴十五年(1145)七月除名,编管惠州。① 绍兴十八年(1148)卒于惠州,时年五十岁。②

陈鹏飞在高宗朝有一定的知名度,林光朝称其为"宇宙中第一辈"③,朱熹评论他:"陈少南,某向不识之,看他举动煞好,虽是有些疏,却无而今许多纤曲。"④在学术上,陈鹏飞是倡导程学的。叶适说:"初建太学,承中原丧乱,士未所知向,司业高闶始更造学法,及少南以文字起,多所接纳,江左俊秀李冲、詹左、张相、范端臣、林光朝等应其选,由是绍兴之文见矣。"叶适指出陈鹏飞任太学博士时,在太学生中选拔了不少人才,其中林光朝就是吕祖谦的老师之一。关于陈鹏飞的学术成就,叶适说:"自为布衣,以经术文辞名当世,教学诸生数百人,其于经,不为章句新说。至君父人伦,世变风俗之际,必反复详至而趋于深厚。今世所刊曰《诗》《书》传者是也。"⑤朱熹评价陈鹏飞解经属于"文人解经"。⑥ 马端临也说:"太学始建,陈鹏飞为博士,发明道学,为《陈博士书解》。"⑦

有趣的是,永嘉学派代表人物陈傅良的父亲陈彬与陈鹏飞交往甚密:"某先君子与故侍讲陈公鹏飞少南为辈行,以诸叔父从之学。少南之门授经数百人……此儿时所常常熟闻也。少南每过先君子,则馆于叔父之心远堂,尝赋诗焉。"⑧陈傅良儿时亲眼看见陈鹏飞与父辈的交往,而陈鹏飞又是朱熹所称赏的温州士人,这对陈傅良与朱熹关系,以及朱熹对永嘉学派的评价都有着微妙的影响。

---

① 李心传:《建炎以来系年要录》卷一五二,胡坤点校,第2882页。
② 叶适《叶适集·水心文集》卷一三《陈少南墓志铭》:"时有乡人经略广东,得以丧归。"(第320页)当时温州知广州者为薛弼。
③ 佚名:《记纂渊海》卷一〇,《文渊阁四库全书》第930册,第234页。
④ 黎靖德编:《朱子语类》卷一三二,第3173页。
⑤ 叶适:《叶适集·水心文集》卷一三《陈少南墓志铭》,第230页。
⑥ 黎靖德编:《朱子语类》卷一一,第193页。
⑦ 马端临:《文献通考》卷一七七,中华书局2011年版,第5288页。
⑧ 陈傅良:《陈傅良先生文集》卷四九《承事郎潘公墓志铭》,周梦江点校,第602页。

第四节　王十朋、郑伯熊与高、孝之际温州程学的中兴

绍兴二十五年(1155)秦桧去世后,由于社会风气的变化,士大夫中出现了一批佼佼者,引领了社会风尚,也刺激了孝宗乾道、淳熙年间二程理学的繁荣。叶适说:

> 每念绍兴末、淳熙终,若汪圣锡、芮国瑞、王龟龄、张钦夫、朱元晦、郑景望、薛士隆、吕伯恭及刘宾之、复之兄弟十余公,位虽屈,其道伸矣;身虽没,其言立矣。好恶同,出处偕,进退用舍,必能一其志者也。表直木于四达之逵,后生之所望而从也。①

这些人在道德操守方面为世人景仰,在学术研究和思想创新方面卓有成就,包括了进一步发展理学的"东南三先生"朱熹、张栻、吕祖谦,以及永嘉学派的奠基者薛季宣;至于王十朋、郑伯熊则与永嘉学派的崛起有着密切联系。当叶适致信薛季宣称赞他是温州士子的典范时,薛氏谦虚地回应称:"若吾乡,则吾岂敢?王梅溪之方正,郑著作之冲养,是皆吾党之望,顾学焉而未能,其有何可拟哉?"②他将王十朋、郑伯熊并称,感叹二人无论在道德还是学问上都是自己追慕的典范,自己不敢与他们相提并论。

一、王十朋

王十朋(1112—1171),字龟龄,号梅溪,乐清人,绍兴二十七年(1157)科状元,历任绍兴府金判、校书郎、著作佐郎、大宗正丞、司封员外郎、起居舍人、侍御史等职,孝宗隆兴元年(1163),因反对孝宗与金人和议,辞职返乡。隆兴二年(1164),起知饶州,此后辗转外任,累任知夔州(兼夔州路安抚使)、知湖州、知泉

---

① 叶适:《叶适集·水心文集》卷一六《著作正字二刘公墓志铭》,第306页。
② 薛季宣:《薛季宣集》卷二五《答叶适书》,张良权点校,第328页。

州。乾道七年(1171)三月,除太子詹事,因病以龙图阁学士致仕,同年七月卒。光宗绍熙三年(1192)谥"忠文"。生平事迹见《宋史》卷三八七。

王十朋作为绍兴二十七年(1157)状元,在廷对策中指斥秦桧,在政治上属于张浚集团,在隆兴元年(1163)又坚决主战,坚持弹劾主张和谈的宰相史浩,成为隆兴、乾道年间负有盛名的政治活动家。南宋中期的刘宰曾感叹:"近世抡魁之选,孰有愈于张于湖、王梅溪者欤? 梅溪一策忠愤激烈,至今读之,尤凛凛有生气,而于湖志阿世者也!"①将王十朋、张孝祥两个状元进行比较,突出了王十朋的大节。《宋元学案》将其列入"赵(鼎)张(浚)诸儒学案"。王十朋在乾道元年(1165)写道:

> 吾乡谊理之学,甲于东南,先生长者闻道于前,以其师友之渊源,见于言语文字间,无非本乎子思《中庸》《孟子》之自得,以诏后学。士子群居学校,战艺场屋,笔横渠而口伊洛者纷如也。取科第,登仕籍,富贵其身,往往多自此途出,可谓盛矣!②

在"元丰九先生"的带动下,温州的程学("谊理之学")成为东南翘楚。程学不仅是一种思想文化,而且帮助了温州士子在科举考试中获得优势,王十朋本人即是受益者。从这段话看,虽然王十朋的主要成就体现在诗文创作而非思想创新和学术研究上,但他对程学却是拳拳服膺的,而且他与永嘉学派的薛季宣、陈傅良、叶适并无直接的人际交往。③ 因此,王十朋深受朱熹及其弟子的重视。

朱熹在王十朋生前就给他写过信,表示倾慕之意,还曾向自己的至交刘珙(时任同知枢密院)推荐王十朋。④ 王十朋去世后,他还代刘珙执笔为其文集作序。晚年朱熹曾这样评价王十朋:"王龟龄(按:王十朋,字龟龄)学也粗疏,只是

---

① 刘宰:《漫堂集》卷一九《送张婿宽夫赴省序》,《文渊阁四库全书》第1170册,第537页。
② 王十朋:《王十朋全集·文集》卷二三《送叶秀才序》,梅溪集重刊委员会编,上海古籍出版社1998年版,第962页。
③ 叶适与王十朋的儿子王闻诗、王闻礼交好,但与十朋本人无来往。
④ 朱熹《晦庵先生朱文公别集》卷一《与刘共甫》:"论荐人材亦有次第,今日远则益州,近则吴兴,皆第一义谛。""吴兴"即时知湖州的王十朋。(载朱杰人、严佐之、刘永翔主编:《朱子全书》第25册,第4835页。)

他天资高,意思诚悫,表里如一,所至上下皆风动,而今难得这般人!"①"学也粗疏"说明十朋并非专业学者,更未著书立说。但王十朋状元的特殊身份证明了朱熹"虽应科举,亦自不为科举所累"的主张是完全可以实现的。②

作为朱门弟子首席,黄榦也高度赞扬王十朋。黄氏自称曾拜读王十朋诗文:"观其序篇致意,于君子、小人之际,而得公之用心明白若日月,浩瀚若河汉,未尝不废卷而叹也,曰:世岂复有斯人也!高明广大者,天理之公也;诘曲偏暗者,人欲之私也。天理不明,人欲日肆,世岂复有斯人也耶!及考其世系,则公永嘉人也!"黄氏赞扬王十朋明于"天理、人欲"之辨与"君子、小人"之分。黄氏特别点出"公,永嘉人也",实则欲将其与光宗绍熙年间如日中天的永嘉学派进行对比。他说,自己只认识包定(字定之)、徐寓(字居父)这些投入朱熹门下的温州人士,而对另外一批温州学者则敬而远之:"至于人闻其名,家藏其书,号为一世能言之士,而射策决科者宗之,则犹以为未得窃伏下风为恨也!呜呼!公不复作矣,公之用心,余殆将有所考焉!"③所谓"人闻其名,家藏其书",让人想起朱熹"天下大抵皆为公乡里一变矣"的感叹,实指陈傅良、叶适。黄氏希望朱熹的温州弟子应注意到南渡以来温州区域文化成长中存在着对立的两条路线:一为王十朋所代表的程学传统,二为陈傅良、叶适为首的永嘉学派,应该以前者为楷模,而与后者划清界限。

二、郑伯熊

郑伯熊(1124—1181)④,字景望,永嘉人,比薛季宣长十岁,登绍兴十五年

---

① 黎靖德编:《朱子语类》卷一三二,第3176页。本条下题"贺孙"。
② 朱熹:《晦庵先生朱文公文集》卷五九《答刘履之》,载朱杰人、严佐之、刘永翔主编:《朱子全书》第23册,第2826—2827页。
③ 黄榦:《勉斋先生黄文肃公文集》卷一九《送徐居父归永嘉序(绍熙辛亥九月六日)》,《北京图书馆古籍珍本丛刊》第90册,第502页。
④ 郑伯熊没有时人所撰墓志铭、行状流传下来,现有的资料主要是明清两代的记载,如《万姓统谱》卷一〇七、陆心源《宋史翼》卷一三及温州方志都有其小传,清代孙衣言《大郑公行年小纪》曾对其生平加以梳理,载于《逊学斋文钞》卷二〇,笔者未见《逊学斋文钞》原书。今人周梦江在《二郑集·郑伯熊年谱简编》中对《大郑公行年小纪》(简称《小纪》)予以补正,为郑氏生平勾勒了一个比较清晰的轮廓。王宇《郑伯熊生平论考》(载《永嘉学派与温州区域文化》第144—149页),在周梦江基础上进一步澄清了郑氏生平的细节。

(1145)进士第,历任黄岩县尉、婺州司户参军。隆兴元年(1163)三月召试馆职,除秘书省正字,①不久因病请辞。隆兴元年、隆兴二年(1164)之间,同知枢密院事洪遵荐之,未及擢用。②乾道二年(1166),除国子监丞。③乾道三年(1167)六月除著作佐郎。乾道四年(1168)六月,任吏部员外郎。④乾道五年(1169)五月,任提举福建路常平茶事,⑤开始与朱熹交往。乾道六年(1170),二人合作编辑《程氏遗书》《文集》《经说》,秋刻板于建宁府。⑥乾道七年(1171)二月,自福建路提举除直敷文阁、宁国府司马。⑦乾道八年(1172),自劾回家。淳熙元年(1174),以奉议郎知婺州。淳熙三年(1176)秋,除吏部郎中,十二月兼太子侍读,淳熙四年(1177)二月除国子司业,九月除宗正少卿,淳熙五年(1178)三月除直龙图阁、知宁国府。淳熙七年(1180),改知建宁府。⑧淳熙八年(1181)卒于任。郑伯熊著有《书说》《周礼说》,后人将其诗文著作合编为《二郑集》(上海社会科学院出版社 2006 年版)。

郑伯熊的直接师承是徐庭筠。徐庭筠,字季节,台州临海人,徐中行之子,徐中行则是胡瑗的弟子:"始知学,闻安定胡瑗讲明道学,其徒转相传授,将往从焉。……会福唐刘彝赴阙,得瑗所授经,熟读精思。"⑨薛季宣曾高度评价徐中行的道德:"尝谓翼之先生所以教人,得于古之洒扫应对进退,知其说者,徐仲车尔。余子类能有立于世,是皆举其一端。"⑩认为徐氏把握了胡瑗思想的精髓。郑伯熊离黄岩县尉任时,徐氏对他说:"富贵易得,名节难守,当安常处顺,主张世道。""(郑)伯熊受其言,迄为名臣。"⑪郑伯熊可算作胡瑗的四传弟子(胡

---

① 徐松辑:《宋会要辑稿》选举三一之二二,上海古籍出版社 2014 年版,第 10 册,第 5851 页。
② 脱脱等:《宋史》卷三七三《洪遵传》,第 11586 页。
③ 此据周梦江:《郑伯熊年谱简编》,载郑伯熊、郑伯谦:《二郑集》,周梦江校注,上海社会科学院出版社 2006 年版,第 88 页。
④ 陈骙、佚名:《南宋馆阁录 续录》卷七,张富祥点校,中华书局 1998 年版,第 98 页。
⑤ 束景南:《朱熹年谱长编》,华东师范大学出版社 2001 年版,第 411 页。
⑥ 束景南:《朱熹年谱长编》,第 419 页。
⑦ 徐松辑:《宋会要辑稿》选举三四之二五,第 10 册,第 5922 页。
⑧ 此据周梦江:《叶适年谱》,第 59 页。
⑨ 陈瓘:《有宋八行先生徐公事略》,载林表民辑:《赤城集》卷一六,《文渊阁四库全书》第 1356 册,第 754 页。徐中行、徐庭筠父子本传,见《宋史》卷四五九。
⑩ 薛季宣:《薛季宣集》卷二三《又与朱编修熹书》,张良权点校,第 294—295 页。
⑪ 石𡼖:《薛季节先生墓志铭》,载林表民辑:《赤城集》卷一六,《文渊阁四库全书》第 1356 册,第 758 页。

瑗—刘彝—徐中行—徐庭筠—郑伯熊）。

显然，郑伯熊的师承距周敦颐、二程这一系距离较远，与温州本地的"元丰九先生"也毫无联系，真正为他赢得学术声誉的是乾道六年（1170）编刻二程的《遗书》《外书》《文集》《经说》（合称《程氏四书》）。这次编刻对两位合作者郑伯熊、朱熹而言是双赢的。由于朱熹清理南宋思想，是从思想的审定和文本的编撰双管齐下的，《程氏四书》的成功面世，就是这一努力的硕果。① 可是这个时期朱熹在财政上遇到了很大的困难②，郑伯熊利用官府的财政资源（当为"公使钱"）解决了刻板的经费。对郑伯熊来说，《程氏四书》的刊刻为他带来了极大荣誉。周必大致书郑伯熊："程氏书尝收数本，而未有如是之备者。最后经说尤所愿见拜赐，感幸深矣。大凡深于学，必能合乎内外之道，近世士人稍通其说，则谓施于事者便与圣贤合，自信太早而不知，他日未免害道。所赖吏部及钦夫二三公推所蕴以觉来者，于抑扬去取间，使是非深浅皆有所别，自然儒效日白于世。"③ 由于刊刻了此书，郑伯熊居然被推到与"钦夫二三公"比肩的地位。周必大还称赞郑氏："郑景望学问醇正，见于履践。"④ 薛季宣也评价说："伊洛遗训，某旧苦其芜杂……书虽未暇紬绎，如明道语，世不多有，至于长编累轴，足知所得之富。"⑤ 郑刻《程氏四书》内容丰富，体量较大，去取精当，堪称二程著作的权威版本，此前坊间多种程氏著作并行的混乱局面，有望就此终结。

关于郑伯熊思想的特点，邓广铭教授认为："他（郑伯熊）一方面私淑于程门弟子周行己，在经学的研究上却极推崇王安石的弟子龚原，而在写作文章时则取法于苏轼。在行己方面他取法于北宋的吕公著和范祖禹，在论事方面则又羡慕汉的贾谊和唐的陆贽。这也就决定了他的学问趋向，既要探求义理之微眇，也注意考论古今治乱兴衰的关键所在。"⑥ 对于这种观点，需要辩证地分析。

从同时代学者的评价中仍能看出，郑伯熊具有强烈的经世事功的倾向。

---

① 何俊：《南宋儒学建构》，第111—112页。
② 束景南：《朱熹年谱长编》，第436页。
③ 周必大：《周必大集校证》卷一八六《郑公景望吏部》，王瑞来校证，上海古籍出版社2020年版，第7册，第2826页。
④ 周必大：《周必大集校证》卷一八六《张钦夫左司（乾道九年）》，王瑞来校证，第7册，第2828页。
⑤ 薛季宣：《薛季宣集》卷二四《与郑景望三》，张良权点校，第311页。
⑥ 邓广铭：《略谈宋学》，载邓小南编：《邓广铭全集》第7卷，河北教育出版社2005年版，第409页。

譬如,郑伯熊现存有《议财论》上、中、下三篇,可以看出他对财政问题的浓厚兴趣。① 郑伯熊曾致信薛季宣,询问两淮地区地理形势与军事设防的关系("下问淮壖设险之说"),薛季宣的回信详细介绍了两淮地区历史沿革、地理险夷、防区划分等细节问题。② 从这一回信看,郑伯熊对服务于经世致用的地理学、史学、兵学都怀有浓厚的兴趣。陈傅良为其撰写的祭文也指出:"故经术盛于伊洛,而王化行乎元祐之际。""伊洛"即二程理学,而"元祐"象征着全新的政治、经济、文化改革,代表了儒家经世致用、改造世界的一面,陈傅良赞誉郑氏之学兼有二者:"析义利于分毫,兼博约而独诣。盖伊洛渊源与元祐之规摹于是乎在。"③叶适也评价他:"有学堪经世,无官可效忠。"④且知识渊博,饱读经世,后学向其求教,往往满载而归:"插架轴三万,撑肠卷五千。京都通百郡,溟渤汇群川。深浅随人汲,东西意各便。"⑤郑伯熊知建宁府时,曾将北宋宰相吕夷简四则轶事写在书斋墙壁上自警,朱熹在郑氏去世后撰写跋文,称:"夫吕公之行高矣,其可师者不止此,郑侯亦无不学,顾岂舍其大,而规规于其细如此哉!"为什么郑伯熊对这四件生活小事如此重视?朱熹解释道:"诚以理无巨细,精粗之间,大者既立,则虽毫发之间,亦不欲其少有遗恨,以病夫道体之全。"⑥暗示郑伯熊对于具体的事事物物之理有着浓厚的探索兴趣。郑伯熊著有《书说》,蔡幼学曾将此书送给朱熹。朱熹略看数篇,发表意见:"如郑文亦平和纯正,气象虽好,然所说文字处,却是先立个己见,便都说从那上去,所以昏了正意。"朱熹所谓"先立个己见,便都说从那上去,所以昏了正意",显然是批评郑伯熊片面强调《尚书》的某个观点,然后牵强附会。他举"伊尹放太甲"为例:"三五板只说个'放'字。谓《小序》所谓'放'者,正伊尹之罪;'思庸'二字,所以雪伊尹之过,此皆是闲说。正是伊尹至诚恳恻告戒太甲处,却都不说,此不可谓善读书,学

---

① 收入王震霆编:《古文集成》卷四一,《文渊阁四库全书》第1359册,第287—290页。亦见郑伯熊、郑伯谦:《二郑集》,周梦江点校,第48—52页。
② 薛季宣:《薛季宣集》卷二四《与郑景望一》,张良权点校,第309—310页。
③ 陈傅良:《陈傅良先生文集》卷四五《祭郑龙图》,周梦江点校,第572页。
④ 叶适:《叶适集·水心文集》卷七《哭郑丈四首·一》。
⑤ 叶适:《叶适集·水心文集》卷七《哭郑丈四首·三》。
⑥ 朱熹:《晦庵先生朱文公文集》卷八一《跋郑景望书吕正献公四事》,载朱杰人、严佐之、刘永翔主编:《朱子全书》第24册,第3854—3855页。

者不可不知也。"①显然,郑伯熊的解释没有把握《尚书》中最能反映儒学义理(实际是理学思想)的精髓。《四库全书总目》评价《书说》:"其大端醇正……能反复推详,以明其说。于经世立教之义,亦颇多阐发,有足采焉。"②《宋史·陈傅良传》也说:"当是时,永嘉郑伯熊、薛季宣皆以学行闻,而伯熊于古人经制治法,讨论尤精,傅良皆师事之。"③"古人经制治法"与永嘉学派的"制度新学"已经非常接近了。

可是,仅根据以上证据就将郑伯熊定位为永嘉学派的开创者,理由尚欠充分。这固然是因为思想资料的极度匮乏,更重要的原因是,郑伯熊的基本立场仍然是程学,具体而言,在孝宗隆兴、乾道年间,程学阵营内部出现了一种强烈的呼声,要求加强程学经世致用的功能,积极解决南宋面临的现实政治、经济、军事和文化危机,④代表人物就是吕祖谦,郑伯熊也是其中的佼佼者。与薛季宣相比,郑伯熊在思想创新性以及对程学的反思、修正的深度和力度方面都是远远不够的,尚不足以成为永嘉学派的开创者。

永嘉学派的集大成者叶适对郑伯熊的历史地位已做了清晰的定位。叶适说:"余尝叹章、蔡氏擅事,秦桧终成之,更五六十年,闭塞经史,灭绝理义,天下以佞谀鄙浅成俗,岂惟圣贤之常,道隐民彝并微矣。于斯时也,士能以古人源流前辈出处,终始执守,慨然力行为后生率,非瑰杰特起者乎?吾永嘉二郑公是已。"⑤因哲宗朝后期章惇、徽宗朝蔡京、高宗朝秦桧专权,程学一直处在禁锢的状态中,所谓五六十年间"闭塞经史、灭绝理义"。郑伯熊崛起于孝宗初期的隆兴、乾道年间,而薛季宣、陈傅良、叶适这一代学者都曾向郑伯熊问学。⑥ 在《温州新修学记》一文中,叶适还将"永嘉之学"分成"兢省以御物欲"的程学与"弥纶以通世变的"事功学这两个源头,前者以周行己发端,而以郑伯熊为殿

---

① 黎靖德编:《朱子语类》卷七九,第 2031 页。
② 永瑢等:《四库全书总目》卷一一,第 91 页。
③ 脱脱等:《宋史》卷四三四《儒林四》。
④ 关于这种思潮,本书第二章第一节将展开详细分析。
⑤ 叶适:《叶适集·水心文集》卷一二《归愚翁文集序》,第 216 页。
⑥ 关于郑伯熊是否在思想上直接导出了永嘉学派,研究者有不同的意见,参见周梦江《永嘉之学如何从性理转向事功》(郑伯熊、郑伯谦:《二郑集》,周梦江校注,第 1—16 页)、何俊《郑伯熊与南宋绍淳年间洛学的复振》(《复旦学报(社会科学版)》2010 年第 4 期)、陆敏珍《宋代永嘉学派的建构》(浙江大学出版社 2013 年版,第 185—198 页)。

军,后者则以薛季宣、陈傅良为代表。① 从代表人物的活动时间看,这两个系统并非并列,而是前后相续的,叶适认为此二者都有缺点,程学的缺点是"学不自身始而曰推之天下",即只有内圣而无外王,事功学的缺点是"推之天下而不足以反其身",有外王而缺乏内圣之功。② 叶适由此得到启发,构建了内圣与外王并重的独特思想体系。这就是说,虽然郑伯熊是促进永嘉学派思想体系最终定型的重要思想来源,且晚于薛季宣八年去世,本书仍将其定位为温州程学传统的最后一个代表人物,而不是永嘉学派发展历程中承上启下的环节。

---

① 叶适:《叶适集·水心文集》卷一〇《温州新修学记》,第178页。
② 叶适:《叶适集·水心文集》卷一〇《温州新修学记》,第178页。

第二章 永嘉学派的奠基者：薛季宣

如果说郑伯熊主要还是温州程学的传人的话，那么薛季宣则是永嘉学派发展过程中里程碑式的代表人物。与郑伯熊一样，薛季宣的基本思想背景也是程学，但是在实践过程中，随着对程学的修正、怀疑与日俱增，他在面向外王、面向改造客观世界的全新坐标上不断创新，持续突破，形成了注重"法守""事功""制度新学"等永嘉学派的基本特征，成为永嘉学派真正的奠基者。

薛季宣对"事功"的追求已经与朱熹形成了分歧。因此，在薛季宣去世不久，吕祖谦、陈亮、陈傅良、朱熹、张栻围绕如何定位他的学术思想发生了分歧。

第一节 永嘉学派崛起的问题意识

薛季宣(1134—1173)，字士龙(或作士隆)，号艮斋，永嘉人。薛季宣六岁时，父亲薛徽言去世，由伯父薛弼收养，并荫补入仕，十七岁(1150)时，与孙汝翼之女结婚，并入孙汝翼荆南安抚使司任职。① 绍兴三十年(1160)，授武昌县令，乾道八年(1172)七月，除大理寺正，不久，除知湖州，乾道九年(1173)三月，因病重自请解任返乡，七月十七日卒于家乡。

一、薛季宣与二程理学的师承渊源

本书上文(第一章第三节)已经指出，薛季宣的父亲薛徽言虽然是胡安国门人，但是因去世较早，薛季宣实际上没有什么家学可言："家学沦替扫地，非复遗余。"② 他真正的师承是程颐门人袁溉。但现存的《二程集》、朱熹等编的

---

① 吕祖谦：《吕祖谦全集·东莱吕太史文集》卷一〇《薛常州墓志铭》，第1册，第160页。
② 薛季宣：《薛季宣集》卷二三《与朱编修书》，张良权点校，第292页。

《伊洛渊源录》并无袁溉其人,南宋文献对袁溉的相关记载无一不本自薛季宣《袁先生传》。而朱熹在着手编纂《伊洛渊源录》前,曾致信吕祖谦称:"欲作《渊源录》一书,尽载周、程以来诸君子行实文字,正苦未有此,及永嘉诸人事迹首末,因书士龙,告为托其搜访见寄也。"①朱熹通过吕祖谦委托薛季宣搜访温州程门弟子的资料,薛季宣去世后,吕祖谦又嘱陈傅良接手这一工作:"永嘉事迹,亦当嘱陈君举辈访寻。"②在这种情况下,薛季宣的老师袁溉仍未能列入该书。而且,薛季宣在第一次致书朱熹时也一字未及袁溉,亦属蹊跷。虽然如此,薛季宣视袁溉为最重要的引路人,特撰《袁先生传》一文记述其生平和学问。

从《袁先生传》看,袁溉当卒于绍兴二十四年(1154)六月至二十五(1155)年十二月间③,当时薛季宣正在四川制置使萧振幕中任书写机宜文字,有机会师从袁溉。至于袁溉之学的范围,薛季宣用极大篇幅描述了能表明其"文武材用"的事迹,如制服盗贼、力保山寨、未卜先知等,对他的学术是这样概括的:"先生学,自六经百氏,下至博弈、小数、方术、兵书,无所不通,诵习其言,略皆上口,于说尤邃,未尝轻以示人。"这和薛季宣后来的学术范围基本上是一致的。陈傅良就说当时已经有人怀疑薛季宣的学问过于驳杂:"或者疑公之博,盖其所自得精一矣。"④看来与袁溉的影响有关。

陈亮回忆说,袁溉精研"礼学":

> 吾友陈傅良君举为余言,薛季宣士隆尝从湖襄间所谓袁道洁者游,道洁盖及事伊川,自言得《伊洛礼书》,欲至蜀以授士隆,士隆往候于蜀,而道洁不果来。道洁死,无子,不知其书今在何许?伊川尝言:"旧修六礼,已及七分。及被召乃止,今更一二年可成。"则信有其书矣。道洁之所藏近是,惜其书之散亡而不可见也。因集其遗言中,凡参考礼仪而是正,其可行与不可行者,以为《伊洛礼书补亡》,庶几遗意之未泯,而或者其

---

① 朱熹:《晦庵先生朱文公文集》卷三三《答吕伯恭》(便中累辱手书),载朱杰人、严佐之、刘永翔主编:《朱子全书》第 21 册,第 1438 页。此信束景南系于乾道九年(1173)四月《朱熹年谱长编》第503 页)。
② 吕祖谦:《吕祖谦全集·东莱吕太史别集》卷八《与朱侍讲》(某哀苦待尽),第 1 册,第 416 页。
③ 考证见王宇《永嘉学派与温州区域文化》第 130 页注释。
④ 陈傅良:《陈傅良先生文集》卷五一《右奉议郎新权发遣常州借紫薛公行状》,周梦江点校,第 644 页。

书之尚可访也。①

袁溉曾到处搜访伊洛遗书,吕祖谦《薛常州墓志铭》说:"道洁语公,伊洛轶书多在蜀。"②魏了翁说:"荆州袁道洁,及登河南之门,其游蜀访薛翁,亦谓伊洛轶书多在蜀者。"③袁溉早年游蜀时所看到的"伊洛轶书",一部分就是《礼书》,因此可以肯定袁溉精于礼学。虽然薛季宣没有得到这些"伊洛轶书",但他继承了这一学术特长则是无可置疑的。

袁溉还擅长《易》学,相关论著有《河图洛书辨》《书庄绰〈揲蓍新谱〉》《叙〈焦氏易林〉》《遁甲龙图序》《叙黄帝阴符经》《甲历叙》《风后握奇经》。对此,宋、元人传说较多。刘克庄说:"袁溉,字道絜,薛常州季宣从之学《易》。"④元人袁桷则说:"上饶谢先生遁于建安,番易吴生蟾往受《易》焉,后出其图,曰'建安之学为彭翁',彭翁之传为武夷君,而莫知所授。或曰托以隐秘,故谓之武夷君焉。……至荆州袁溉道絜,始受于薛翁,而《易》复传。袁乃以授永嘉薛季宣士龙,始薛授袁时,尝言伊洛遗学多在蜀汉间,故士大夫闻是说者,争阴购之。"⑤可见,薛季宣从袁溉所得的《易》学主要是《河图》之学。薛季宣自叙袁溉向他传授《易》学的情况:"走尝闻巫山隐者袁道洁先生言,特暗与庄氏会,第以四八为多为未尽。"接着,他比较了袁、庄两种方法的优劣,得出的结论是:"以知庄氏之说容有未当。"⑥

袁溉对"义理之辩"的态度也深刻影响了薛季宣。《袁先生传》云:"走(按:薛季宣自称)从问义理之辩,先生曰:'学者当自求之,他人之言善,非吾有。'走请终身诵服斯焉!"薛季宣理解的所谓"义理之学"是指,对经典和"北宋五子"著作中出现的概念术语展开学究式的讨论,"义理之学不必深究"并非否定"义

---

① 陈亮:《陈亮集(增订本)》卷二三《伊洛礼书补亡序》,邓广铭点校,河北教育出版社2003年版,第205页。
② 吕祖谦:《吕祖谦全集·东莱吕先生文集》卷一〇《薛常州墓志铭》,第1册,第160页。吕祖谦此文在《浪语集》附录中题为《宋右奉议郎新改差常州借紫薛公志铭》。本书一律简称为《薛常州墓志铭》。
③ 魏了翁:《鹤山先生大全文集》卷四二《简州四先生祠堂记》,《四部丛刊》本,第11页。
④ 刘克庄:《后村先生大全集》卷九《挽潘柄》自注,《四部丛刊》本,第9页。
⑤ 袁桷:《清容居士集》卷二一《易三图序》,中华书局1930—1936年版,《四部备要》本。
⑥ 薛季宣:《薛季宣集》卷三〇,张良权点校,第362页。

理"的重要性,而是指这种形式的讨论并非程学之急务,更紧迫的任务是将"义理"运用于现实世界的改造之中去,所谓"自求之"不仅指不人云亦云、坚持独立思考,更是指应重视躬行实践。

值得注意的是,薛季宣在与朱熹通信时重申了类似观点,引起了朱熹的警惕,他在致吕祖谦信中说:"薛湖州昨日又得书,其相与之意甚勤。闻其学有用,甚恨不得一见之。然似亦有好高之病,至谓义理之学不必深究。如此则几何而不流于异端也耶? 其进谓甚骤,亦所未晓。"① 可能是吕祖谦向薛季宣反馈了朱熹的意见,而薛季宣又向吕祖谦做了解释,故吕氏回信朱熹称:"义理不必深穷之说,亦尝扣之,云初无是言也。"② 但朱熹心中的疑惑恐怕未必就此释然。因为在乾道年间,朱熹认为批判清理各种思想流派的学说、深入辨析相关的概念术语恰恰构成了"格物穷理"的本质,是他投入最多精力和最大热情的学术工作。薛季宣如此轻视讲明"义理之学",很可能会在躬行实践中迷失正确的方向,走向"流于异端"。

二、"高者沦入虚无":永嘉学派崛起的问题意识

薛季宣发现,自绍兴末年程学复振以来,思想界出现了两种极端倾向。薛季宣在《沈应先书》中说:

> 自大学之不明,其道散在天下,得其小者往往自名一家,高者沦入虚无,下者凝滞于物。狂狷异俗,要非中庸。先王大经,遂皆指为无用,滔滔皆是,未易夺也。③

在另一封书信中,薛季宣做了类似的表述:

---

① 朱熹:《晦庵先生朱文公文集》卷三三《答吕伯恭》,载朱杰人、严佐之、刘永翔主编:《朱子全书》第21册,第1437页。
② 吕祖谦:《吕祖谦全集·东莱吕太史别集》卷七《与朱侍讲》(某阖户待尽),第1册,第412页。
③ 薛季宣:《薛季宣集》卷二三《沈应先书》,张良权点校,第304页。若无特别说明,着重号皆为著者所加。

古人以为洒扫应对进退之于圣人,道无本末之辨,《中庸》"曲能有诚"之论,岂外是邪?学者眩于"诚明""明诚"之文,遂有殊途之见。且诚之者人之道,安有不由此而能至于天之道哉?今之异端,言道而不及物,躬行君子,又多昧于一贯,不行之叹,圣人既知之矣。①

这两段文字都批评了两种相反的倾向,一是"高者",二是"卑者"。下面分别加以分析。

第一种是"高者沦入虚无",与客观的一切事事物物隔绝,丧失了儒学经世外王的本领,更有甚者沦于佛老。薛季宣认为"道"是贯通形而上与形而下的,并无本末之别。《中庸》说:"诚者,天之道也;诚之者,人之道也。""天之道"代表形而上的、宇宙论的问题,"人之道"则是形而下的、经验世界的问题。薛季宣认为,"人之道"与"天之道"一体贯通,先后次序不容紊乱,必须首先从"人之道"入手,循序渐进至于"天之道"。薛季宣甚至还批评一些程学人士:"儒者喜言《中庸》《大学》,未为过当,然而陈言长语,谁不云然,朝夕纷纭,亦可厌也。"②

第二种则是"下者凝滞于物""躬行之君子昧于一贯",躬行之君子只知道躬行实践,而不懂得讲明义理,不懂得"理一分殊"、彻上彻下的"一贯之道",而凝滞于"形而下者谓之器"的现象世界和经验世界,对二程所构建的"天人合一""理一分殊"的理学一无所知。

薛季宣认为,无论是"高者",还是"下者",都是走向了极端("狂狷异俗,要非中庸"),自己则致力于保持内圣与外王的贯通,寻求一条"中间路线"。相对而言,由于程学在高宗末年以来持续繁荣,使得后学在理论上察觉和纠正"下者凝滞于物"的错误倾向。相比之下,纠正"高者沦入虚无"难度更大。原因显而易见,程学自北宋崛起后,其理论构建的方向始终沿着形而上的、宇宙论的"上行"路线而展开,这一"上行路线"惯性很大,"高者沦入虚无"在某种意义上就是其中的产物。因此,批判"高者沦入虚无"的同时,还要注意与正统的二程理学区别开来。于是,薛季宣从两个层次入手提出了自己的对策,一是加强童

---

① 薛季宣:《薛季宣集》卷二五《抵沈叔晦》,张良权点校,第332页。
② 薛季宣:《薛季宣集》卷一七《与王枢密札子》,张良权点校,第205页。在这封信中,薛季宣对孝宗初期的政局的评价也用了这对概念,他批评史浩是"堕于空无之累",张浚却是"夺于喜功之心"。

蒙"小学",二是向孟子提出的"道揆、法守"理论回归,克服"言道而不及物"的弊端。

在第一个层次,学者应该在个人道德修养中补上童蒙"小学"这一课。"小学"在三代之时本是人人童而习之,由"小学"功夫循序进入"大学"功夫,《大学》"八条目"才能次第展开。三代以下,"小学"功夫遭到废弃,导致后世学者好高骛远。薛季宣在《答石应之书》中集中论述了这一点:

> 古人以小学训习童蒙,皆大学之具也。大学之道,但神而明之尔,小学之废久矣。为大学者,失其养心之地,流于异教,不过空寂之归,开物成务之功,宜无望于贤者。但令良心不泯,天理岂外于人耶?反而求之,莫若存其大者,积小以成其大,是又不可忽也。惟能平其忿懥恐惧、好乐忧患,复六情之未发,心不失正,良知良能,其何远之有乎?向用之读书、用之正身、用之事物与人,皆是物也。非能洗濯心源,荡除旧习,涤去小智之凿,全吾天之聪明,尘扫随生,犹未艾也。孝悌忠恕,无非发吾诚意之中,况小者乎?况庶物乎?《帝典》以"聪明文思"称尧,《洪范》"思睿作圣",《书》不他道,曰钦曰敬而已。无小无大,是为得之。第能用志不分,则精义入神矣。①

三代"小学",主要是"洒扫应对"的日常行为养成,"小学"废弃后,学者直面形而上之本体的"大学"功夫,就会沦于"空寂之归",从而丧失经世外王、改造客观世界的"开物成务"本领。但由于社会环境、教育体制、经济基础的巨大变迁,后世已经无法恢复三代之时面向童蒙的"小学",而只能在成年后补上这一课。这就必须认识到,儒学修养功夫是"无小无大"的,必须"积小而成大",生活中的一念一虑、喜怒哀乐、视听言动、举止仪态,都是功夫下手处,应随时随地切己省察、格物穷理,为善去恶,这样才能进入"大学"功夫。

朱熹在致薛季宣信中认为胡瑗在湖州的教法"不出乎章句诵说",与周、张、二程"高明自得"的理学相比,"其效远不相逮"。薛季宣在回信中针对朱熹认为理学"高明"而胡瑗"不高明"的判断提出了自己的看法:

---

① 薛季宣:《薛季宣集》卷二三《答石应之书》,张良权点校,第299—300页。

> 子路"何必读书",孔子恶其佞,子夏"必谓"之学,不可谓不知言。二者岂无说邪? 昧者盍少思之。尝谓翼之先生所以教人,得于古之洒扫应对进退,知其说者,徐仲车尔。余子类能有立于世,是皆举其一端。介甫诗以宰相期之,特窥其绪余耳。①

薛季宣说,王安石称赞胡瑗有宰相之才,说明后者并不是只懂得"章句诵说",其弟子中也出现了不少杰出人物。如果朱熹觉得胡瑗只知教学生"得于古之洒扫应对进退",因此不属于"高明自得之学"的话,那么朱熹对"高明"恐怕存在某种误解。不过总体而言,薛季宣重建"小学",重视"洒扫应对"的思路与朱熹基本一致。

薛季宣纠正"高者沦入虚无"的第二个路径,也未必是朱熹所能同意的。薛季宣在上引《沈应先书》中分析了"高者""下者"的危害之后,继续写道:

> 故须拔萃豪杰,超然远见,道揆、法守,浑为一途,蒙养本根,源泉时出,使人心悦诚服,得之观感而化,乃可为耳。②

"道揆""法守"这对概念出自《孟子·离娄》"离娄之明章"。在这一章中,孟子阐述了"徒法"与"徒善"的关系。

> 孟子曰:离娄之明,公输子之巧,不以规矩,不能成方圆。师旷之聪,不以六律,不能正五音。尧舜之道,不以仁政,不能平治天下。今有仁心仁闻,而民不被其泽,不可法于后世者,不行先王之道也。故曰:徒善不足以为政,徒法不能以自行。《诗》云:"不愆不忘,率由旧章。"遵先王之法而过者,未之有也。圣人既竭目力焉,继之以规矩准绳,以为方员平直,不可胜用也。既竭耳力焉,继之以六律,正五音,不可胜用也。既竭心思焉,继之以不忍人之政,而仁覆天下矣。故曰:为高必因丘陵,为下必因川泽。为政

---

① 薛季宣:《薛季宣集》卷二三《又与朱编修熹书》,张良权点校,第294—295页。
② 薛季宣:《薛季宣集》卷二三《沈应先书》,张良权点校,第304页。

不因先王之道,可谓智乎? 是以惟仁者宜在高位,不仁而在高位,是播其恶于众也。上无道揆也,下无法守也。朝不信道,工不信度,君子犯义,小人犯刑,国之所存者幸也。①

孟子指出,"尧舜之道"是通过"仁政"来实现"平治天下"。但是"仁政"不是一个单纯的道德动机和价值观的问题,即便将个人的努力("耳目聪明""目力耳力""心思")发挥到极致,也未必达到"仁政"的目的,而必须通过复杂的制度建构和制度执行过程(规矩准绳、六律无音)。如果只有良好的道德动机,而缺乏实践这一动机的方法、手段、策略,此所谓"徒善不足以为政";如果制度安排非常细密周详,但缺乏正确的价值目标,此所谓"徒法不能以自行"。

接着孟子说:"既竭心思焉,继之以不忍人之政,而仁覆天下矣。"如果缺乏"不忍人之政",那么即便居高位者有"仁心仁闻",老百姓仍然不能从中受益("而民不被其泽,不可法于后世者")。于是,"仁心仁闻"必须通过特定的、具体的制度安排,才能转化为实实在在的利益,这种制度安排就是"先王之法",也是"行先王之道"的实践形态。总之,"先王之道"("尧舜之道")既包括了正确的道德动机(道揆),也包括了实现道德动机的制度安排(法守),二者相互补充,交相并进,不能相互取消,相互替代。

薛季宣从孟子的"道揆、法守"二分法中发现,"道揆"与"法守"虽然统一于"先王之道"之内("道揆、法守,浑为一途"),而且实现"道揆"与"法守"有机统一必须依赖身心修养功夫("蒙养本根,源泉时出");但在"行先王之道"的过程中,二者是交相并进的关系,"法守"并非"道揆"的自然而然的派生物,更不是其附属物,而是一种需要专门学习、探索的学问。薛季宣在《沈应先书》中继续阐明了这一观点:

> 未明道揆,通于法守之务,要终不为无用。洒扫进退,虽为威仪之一,古人以谓道无本末者,其视任心而作,居然有间。然云文武之道,具在方册,其人存,其政举,苟非其人,道不虚行,要须自得之也。②

---

① 朱熹:《四书章句集注》,中华书局 2012 年版,第 275—277 页。
② 薛季宣:《薛季宣集》卷二三《沈应先书》,张良权点校,第 304 页。

"道无本末""道不虚行"显然是从二程理学"理一分殊"论发展而来,强调"道"是彻上彻下的,贯穿了形而上世界与形而下世界,发用于事事物物之间。但是薛季宣进一步推论,既然"道无本末",那么不仅"道揆"是"道",个人修养范畴的"小学"和"洒扫应对"也是"道","法守"更是"道",三者并无本末之别、高下之分。"道揆"毕竟十分微妙艰深,或许难以把握,但是如果能精通制度之学,也能发挥积极的作用("要终不为无用"),对于"行先王之道""平治天下"仍然大有帮助。反过来说,因为"道体广大",学者资质有限,如能领悟一枝一节,并且付诸实践,都是有益的,此所谓"道无虚行"。薛季宣的这一认识,与本书第三章要讨论的陈傅良"天理分数论"有着密切的逻辑联系,也是后来引发朱熹批判永嘉学派的导火索之一。

即使在朱熹面前,薛季宣也毫不隐瞒自己"道无本末""道不虚行"的观点:

> 成人成己,众人未足以知之,且君子道无精粗、无小大,是故致广大者必尽精微,极高明者必道中庸。滞于一方,要为徒法、徒善。汉儒之陋,则有所谓章句家法,异端之教,则有所不立文字。稽于政在方册,人存乃举,礼仪威仪,待人以行,智者观之,不待辨而章矣。①

薛季宣再次强调了"道无精粗、无小大",引用了《孟子》的"徒法""徒善"的二分法。"汉儒"只知章句家法,虽然皓首穷经,但无法体认形而上的道体,故缺乏经世致用的动机和价值方向;佛老则注重个体与个体之间的口传耳授,"不立文字",更不可能研究"礼仪威仪"的制度之学。在薛季宣看来,"汉儒"与"佛老"虽然各有一偏,但都是为"徒善",都轻视制度之学,不懂得从史书文献中借鉴历史经验("稽于政在方册"),更不可能从"六经"中整理"礼仪威仪",因此都无力改造客观世界。如果没有学者真正去探索研究这些学问并且真正加以践行("待人以行"),那么史书和"六经"也不过是一堆故纸。可能考虑到朱熹的观感,薛季宣在举例"徒善"时,笼统称之为佛老等"异端之教",但是他阐述具体危害时,所担心的却是"政在方册,人存乃举",而佛老历来对治国理政不感兴趣,

---

① 薛季宣:《薛季宣集》卷二三《又与朱编修熹书》,张良权点校,第294—295页。

薛季宣真正要批评的是儒家内部的一部分信奉二程理学的士大夫。在上引《抵沈叔晦》一文中，薛季宣明白批评道："今之异端，言道而不及物，躬行君子，又多昧于一贯，不行之叹，圣人既知之矣。"①所谓"言道而不及物"，指"异端"轻视这些具体的知识和学问，鄙视"洒扫应对进退"，片面强调了"道"的形而上属性。

薛季宣还反对将"徒法""徒善"与"体""用"关系对应起来：

> 体用之诲，备认高旨，某何足知此？然不敢以不敏而罢。夫道之不可迩，未遽以体用论。见之时措，体用疑若可识，卒之何者为体？何者为用？即以徒善、徒法为体用之别，体、用固如是邪？上形下形，曰道曰器。道无形埒，舍器将安适哉？且道非器可名，然不远物，则常存乎形器之内。昧者离器于道，以为非道遗之，非但不能知器，亦不知道矣。下学上达，惟天知之。知天而后可以得天之知，决非学异端、遗形器者之求之见。礼仪威仪，待夫人而后行耳。苟不至德，谁能知味，日用自知之谓，其切当矣乎！②

"道之不可迩，未遽以体用论"的意思是，面对一个具体的认识对象，很难从其中区分出"体"与"用"二者来。那么，是不是可以将"徒善"定义为"体"，"徒法"定义为"用"呢？薛季宣也认为不妥，因为既然是"徒"（仅有之意），便已落于一偏，而"体"是"有用之体"，"用"是"有体之用"，二者是相互渗透、辩证统一的。如果指"徒善"为"体"，可能会导向片面的动机决定论；如果指"徒法"为"用"，则会导向功利主义。接着，薛季宣又阐述了"道器不二"的辩证关系，大体上与朱熹的立场一致。区别在于，薛季宣在批判"学异端、遗形器者"时，又提出了"礼仪威仪，待夫人而后行耳"，反映了他的兴趣仍在于经世外王的"制度之学"。

综上所述，薛季宣反复强调"道无小大""道无本末""道无粗精"，旨在推导出这样一个结论：那些看上去琐碎的、具体的、不甚"高明"的知识（洒扫应对）以及古代文献中记载的制度细节（"礼仪三千，威仪三百"）无一不承载着"道"；因此仅仅在个人身心上下功夫还不足以体认"道"、践行"道"，应该广泛地学习这

---

① 薛季宣：《薛季宣集》卷二五《抵沈叔晦》，张良权点校，第332页。
② 薛季宣：《薛季宣集》卷二三《答陈同父书》，张良权点校，第298—299页。

些具体的知识，并且随时将其应用于实践之中。这种学习、实践、再学习的循环，就是《中庸》(朱熹《四书章句集注·中庸章句》第二十五章)所谓："诚者非自成己而已也，所以成物也。成己，仁也；成物，知也。性之德也，合外内之道也，故时措之宜也。"而关于《中庸》此章的理解，朱熹与薛季宣也有分歧，本章第二节将详细论述。

三、"法守"和"一定之谋"

薛季宣不但以孟子的"法守"来指称从内圣向外王转化的枢纽，他还以"一定之谋"一语来更清晰地表达自己的主张。

薛季宣说："某闻国之安危，存乎相，相之失得，存乎谋。有一定之谋，故天下无可为之事。谋不素定，而事能克济，道能有行，功业著于一时，声名流于百世者，唐虞而下，未之前闻。"① 日常语境中，"谋"更接近于动机，但在这里，"道能有行"的"道"已经代表了正确的道德动机，"事能克济"代表了儒学的经世外王，代表了道在历史时空中的实践形态，这样看来，"谋"就是将"道"这一动机转化为"事"的关键枢纽。薛季宣还认为"谋"是《大学》"八条目"中的关键环节：

> 《大学》之书曰："欲治其国者，必先齐其家，欲齐其家者，先修其身。"此言为天下者，必由内以及外也。故君子正心诚意，而加于天下国家者，必自一定之谋始。②

既然薛季宣肯定正心诚意治国平天下的一贯性，那么"正心诚意"的君子，其动机自然已经纯正，可以排除"功利"的嫌疑；而所谓"必由内以及外也"，也承认程学的心性之学是首要的。但是仅仅有"正心、诚意"，并不能保证一定达到"由内以及外"，内与外之间，"道揆"落实到历史时空、实现社会改造的过程("而加于天下国家者")中，需要"一定之谋"。

既然"一定之谋"是经世外王的手段，那么它就必然包括了对历代政治得

---

① 薛季宣：《薛季宣集》卷二〇《再上张魏公书》，张良权点校，第 259 页。
② 薛季宣：《薛季宣集》卷二〇《再上张魏公书》，张良权点校，第 259 页。

失、制度沿革的研究。薛季宣对陈傅良说:

> 史书制度自当详考,不宜造次读过。《中庸》《大学》《系传》《论语》,却须反复成诵,勿以心凑泊焉,久之或当有见,自觉诸书之意不贰于己,而非平生窥测所到。有孚威如,非持敬之谓者,是为得之,理义昭然,要非学空无者所能仿佛。以此应物,则所谓"文武之政,具在方策""威仪三千,礼仪三百"者,待其人然后行耳。是非小小知见所及,惟体物者自不可遗。①

"史书制度"与《中庸》《大学》《系辞传》《论语》一样,都是君子学问的重要组成部分,轻视"史书制度"正是"学空无者"的弊病之一。所谓"有孚威如"语出《易·家人》上九爻辞:"上九,有孚威如,终吉。"程颐《易传》解此爻云:

> 上卦之终,家道之成也,故极言治家之本。治家之道,非至诚不能也,故必中有孚信,则能常久。而众人自化为善,不由至诚,已且不能常守也,况欲使人乎。故治家以有孚为本,治家者在妻孥情爱之间,慈过则无严,恩胜则掩义,故家之患,常在礼法不足而渎慢生也。长失尊严,少忘恭顺,而家不乱者未之有也,故必有威严则能终吉。保家之终,在有孚、威如二者而已,故于卦终言之。②

上九,《家人》的终卦,寓意"家道之成"。家长治理家庭,首先要做到自身怀有诚信("中有孚信"),用薛季宣的话说,《中庸》《大学》《系辞传》《论语》必须反复诵读,落实到身心修养之中("自觉诸书之意不贰于己"),然后以身作则,让家庭成员受到感化,家庭才能和睦。但是要获得长治久安,必须依靠外在的"礼法"来约束家中男女长幼,家长宜树立威信,建立权威,维持秩序,此所谓"威如",薛季宣强调"非持敬之谓者",仅仅靠家长保持个体的"持敬"状态,家庭很容易陷入混乱。治国更是如此,君王大臣仅仅"有孚"是不够的,更需要建立"礼法",既然如此,"史书制度自当详考"也就是题中应有之义了。

---

① 薛季宣:《薛季宣集》卷二四《答君举书一》,张良权点校,第 313 页。
② 程颢、程颐:《二程集·周易程氏传》卷三《家人》,王孝鱼点校,第 888 页。

薛季宣不仅在理论上论证了"法守""一定之谋"的重要性,在实践中,他也身体力行,深入研究"史书制度"从而为解决现实问题服务。吕祖谦说:"于世务二三条如田赋、兵制、地形、水利,甚曾下工夫。眼前殊少见其比。渠亦甚有惓惓依乡之意。"① 叶适则用"制度新学"这个术语来指称:

> 时诸儒方为制度新学,抄记《周官》、《左氏》,汉唐官民兵财所以沿革不同者,筹算手画,旁采众史,转相考摩。其说膏液润美,以为何但捷取科目,实能附之世用,古人之治可以复致也。②

以恢复"古人之治"为目标,改造南宋的政治、经济、军事、文化等各个领域,这就是所谓"有用""实能附之世用"的意义所在。薛季宣出仕的高宗末年至孝宗"隆兴和议"之前,南宋与金持续交战,因此历代兵制研究及为军事地理服务的舆地之学自然更为现实所急需。薛季宣首先整理了《八阵图》《司马法》《九州图志》等兵要地志著作;在史学方面编辑了《十国纪年通谱》;在通过经学研究还原三代法度方面,他的代表作有《书古文训》(十六卷,现存有通志堂经解本)、《古文周易》、《周礼释疑》、《春秋经解》、《论语少学》、《论语直解》等,除《书古文训》外各书皆佚而不传。对于薛季宣的经学,元人虞集说:"至于六经之传注,得以脱略凡近,直造精微,如薛常州《春秋》等书,实传注之所不可及,而足以发明于遗经者也。"③ 肯定这些工作具有很高的学术价值。

第二节　否定"自诚明"与"性不可知":薛季宣的认识论

在为"制度新学"("法守")进行合法性论证的过程中,薛季宣没有满足于正面强调这种学问或知识的重要性,而是深入儒学经典(尤其是二程理学的经典体系)内部,探索儒者轻视"制度新学"的理论根源。为此,他围绕《中庸》的一系

---

① 吕祖谦:《吕祖谦全集·东莱吕太史别集》卷七《与朱侍讲》(某阖户待尽),第1册,第412页。
② 叶适:《叶适集·水心文集》卷一四《陈彦群墓志铭》,第258页。
③ 虞集:《道园学古录》卷三四《送李敬心之永嘉学官序》,《文渊阁四库全书》第1207册,第478页。

列重要章节,否定了"自诚明"的功夫论,并进而提出了"性不可知"论,在逻辑上否定了朱熹的"性统心情"说。

一、自明诚与自诚明

"自诚明""自明诚"出自《中庸》第二十一章:"自诚明,谓之性;自明诚,谓之教。诚则明矣,明则诚矣。"与此章密切相关的是第二十二章:"唯天下至诚,为能尽其性;能尽其性,则能尽人之性;能尽人之性,则能尽物之性;能尽物之性,则可以赞天地之化育;可以赞天地之化育,则可以与天地参矣。"以及第二十三章:"其次致曲,曲能有诚,诚则形,形则著,著则明,明则动,动则变,变则化,唯天下至诚为能化。"这连续的三章描述了一个完整的工夫论过程,故历来的研究者都将其作为一个整体进行讨论。

早在北宋,理学学者中就出现了将"自诚明"与"自明诚"作为两种功夫路径的观点。最明确的表述来自于张载:

> 自诚明者,先尽性以至于穷理也,谓先自其性理会来,以至于理;自明诚者,先穷理以至于尽性也,谓先从学问理会,以推达于天性也。①

按照张载的解释,"诚"是"尽性","明"是"穷理"。朱熹在《中庸或问》中说:"张子盖以性、教分为学之两途,而不以论圣贤之品第,故有由诚至明之语。"②朱熹同意"自诚明"与"自明诚"是两种功夫路径,但前者的适用对象仅是"圣人"、贤人以及贤人以下的普通人,则只能"自明诚"。他进一步解释道:

> 自,由也。德无不实而明无不照者,圣人之德。所性而有者也,天道也。先明乎善,而后能实其善者,贤人之学。由教而入者也,人道也。诚则无不明矣,明则可以至于诚矣。③

---

① 赵顺孙:《中庸纂疏》,黄珅点校,华东师范大学出版社 1992 年版,第 239 页。
② 朱熹:《四书或问·中庸或问》,载朱杰人、严佐之、刘永翔主编:《朱子全书》第 6 册,第 595 页。
③ 朱熹:《四书章句集注·中庸章句》,第 32 页。

圣人天性至善，不需要后天的学问思辨和修养功夫，只有领悟自身的"性"，便于天下道理无所不通，"自诚明"是"圣人之德"，属于天道。贤人以下并不具有这样的天性，必须通过后天的刻苦学习和不断的修养功夫，特别是要以学习领会"善之所以为善"，穷尽"善之理"，然后才能完整地、充分地践行"善"，"自明诚"是"贤人之学"，属于人道。"明"代表客观的学习过程和"穷理"的效果，"诚"则代表对"性"的完整把握，而理学认为人的"天地之性"就是"天理"，因此认为"诚"是"尽性"的话，那么"诚"是最高境界，"明"则是通向这一最高境界的途径，此所谓："诚则无不明矣，明则可以至于诚矣。"

朱熹《中庸或问》的这一解释是综合了张载、程颐、程门弟子的合理成分经过反复斟酌而定论的。朱熹必然意识到了如果"自诚明"作为一种功夫路径加以推广，其流弊将是禅宗的顿悟，"格物穷理"的重要性就大大降低，因此，他给"自诚明"功夫的适用对象下了一个极其苛刻的限定——"圣人"。至于"后生小子"哪怕敢于尝试"自诚明"，也是所谓"躐等之学"。虽然朱熹如此煞费苦心，他终究不能完全否认"自诚明"也是一种功夫。

然而，薛季宣认为从《中庸》第二十三章"曲能有诚"可以推论出，"自诚明"不是一种功夫：

> 《中庸》"曲能有诚"之论，岂外是邪？学者眩于"诚明""明诚"之文，遂有殊途之见。且诚之者人之道，安有不由此而能至于天之道哉？①

薛季宣在《中庸解》中正面区别了"自明诚"与"自诚明"：

> 性，本然者也，教，当然者也。本然者未尝不著，由当然以即本然，则本然之性见矣。故虽圣人未有不由学而至者，所谓致曲也。知所谓教，自愚而圣无难者，诚明盖一道尔。诚，天道也，地道也，人道也。明者，诚之著也，至诚复性，则上下咸察吾性中之本然者，而焉有不尽哉？赞天地之化育，则可以言命矣。立命之道，自反身始也。参乎天地，非尽性者能之乎？致曲，无所不用其至者，每用其至，至则诚矣。至诚不息，则形而发见，故变

---

① 薛季宣：《薛季宣集》卷二五《抵沈叔晦》，张良权点校，第332页。

化自我出也。①

薛季宣指出"自诚明"是"本然",对于任何人(圣人、贤人、常人)来说,"自诚明"是一个需要努力争取实现的最高目标和最终境界,"自明诚"是"当然",即为了达到"本然"的必由之路——"问学"。薛季宣解《中庸》"诚者天之道也,诚之者人之道也"云:"天道,本然者也。人道,当然者也。……学问思辨,行所以诚之者也。"②"自明诚"是通向"自诚明"的唯一途径,其具体内容就是"学问思辨"。

薛氏断然否认了"自明诚"是专属于圣人的一种特殊功夫:"故虽圣人未有不由学而至者,所谓致曲也。知所谓教,自愚而圣无难者,诚、明盖一道尔。"③圣人与其他人一样,都是通过"学问思辨"的功夫,广泛地研究天下的知识学问,并付诸实践,此所谓"致曲",而不是单靠领悟自己的"性"就能通晓、穷尽天下道理。上引朱熹《中庸或问》所谓"由教而入者也,人道也",薛季宣则指出,无论是圣人还是普通人都必须通过"教"这条路("知所谓教,自愚而圣无难者"),并无例外。由于薛季宣将"明"看作是"诚"的功夫,"诚"是"明"的本体,体与用是相互贯通的,故云"诚、明盖一道尔"。

但是,"后世"学者混淆了"诚明""明诚"的区别,他在《沈应先书》中写道:

> 此事甚大,既非一日之积,又非尽智穷力所到,故圣人难言之。后世昧于诚明、明诚之分,遂谓有不学而能者。彼天之道,何与于人之道?致曲未尽,何以能有诚哉?孟氏'必有事焉而勿正''心勿忘、勿助长也'之说,虽非圣人'优之柔之,使自求之'之意,学者于此从事,思过半矣。④

如果不懂得"自明诚"与"自诚明"的体用关系,错误地认为二者是并列的两种功夫类型,就必然产生"遂谓有不学而能者",轻视"学问思辨",轻视"致曲"。换言之,"自明诚"是一个漫长的、渐修的过程,本质上是"问学",如果将

---

① 薛季宣:《薛季宣集》卷二九《中庸解》,张良权点校,第395页。
② 薛季宣:《薛季宣集》卷二九《中庸解》,张良权点校,第394页。
③ 薛季宣:《薛季宣集》卷二九《中庸解》,张良权点校,第395页。
④ 薛季宣:《薛季宣集》卷二三《沈应先书》,张良权点校,第304页。

"自诚明"视为一种认知过程和功夫类型,将不可避免地跳过"学""致曲",幻想一步登天"穷理尽性",这种顿悟的功夫更接近于禅宗,需要警惕。

二、"性不可知"论

由于张载定义"诚"为"尽性",这就带来了另一个问题,"自诚明"功夫就将"性"作为功夫的对象或者认知的对象。薛季宣则认为,既然"自诚明"不是功夫,可以推论"性"既不是功夫的直接对象,也不是认知的对象,此所谓"性不可知"论。

为了阐述"性不可知"论,薛季宣专门写了一篇论文《知性辨示君举》送给陈傅良。此文分为两个部分。上半部分正面论述了"性"不是"知"的对象,而是"知"的结果,即"性尽":

> 命,天禀也,性,人禀也。道者,天人之交际也。孔子盖罕言命,性与天道不可得而闻矣。在《古论语》:"亡之,命矣夫。""不知命,无以为君子。"言命止尔。性相近,习相远也。所谓不可得而闻者,既难言之,殆未可以言言之也,又可以言知乎?《易·说卦》曰:"穷理尽性,以至于命。"非无事也,理穷性尽,而命已至矣。子思论天命谓性,而卒之以无声无臭,率性谓道,而继之以不可须臾离,于性无所复道,兹微旨也。[①]

孔子在《论语》中从来没有谈论过"性与天道",说明"性"作为本体是"无声无臭""难言之"的,无法以语言来表述。《易·说卦传》中所谓"穷理尽性",应该理解为"理穷而后性尽",即"穷理"是方法、功夫,"性尽"是结果、本体。"性尽"是漫长的学问思辨历程的最终结果,而不是在这个展开过程中能够体察、把握、点检的对象。

接着,薛季宣指出将"性"作为认知对象的源头在于孟子。《孟子·尽心上》云:"尽其心者,知其性也。知其性,则知天矣。存其心,养其性,所以事天也。夭寿不贰,修身以俟之,所以立命也。"薛季宣指出:

[①] 薛季宣:《薛季宣集》卷二七《知性辨示君举》,张良权点校,第354—355页。

> 孟氏论尽其心者知其性,知其性则知天,犹是说也。其曰"尽心知性",宜非识知之谓。曰"性无有不善",将未免乎以谓知之也,无分之论、性恶之说由是起。曰"善恶混",果知之乎?

薛季宣认为"尽其心者,知其性也。知其性,则知天矣"一句中的"知",不能理解为认知之"知"。然而,当孟子说"性无有不善"(《孟子·告子上》)时,说明他认为"知其性"之"知"是认知之"知"。于是,孟子将"性"描述成善或恶,忽视了"性"是不能用语言去描述的,任何对"性"的特征、本质的谈论都是盲人摸象,落于一偏;故此"性善"与"性恶"、"无善无恶"、"善恶混"等学说相互之间并无优劣对错之分,因为他们谈论"性"的方式就是错的。薛季宣接着写道:

> 其曰:"尧舜性之,则天下谁非性者。"曰:"君子不谓性命,则不可夺矣。"夫子于命而言知命,于道而言知道,于性不言知性。夫命与道,犹可以言知者,命有天人之分(原注:去声),道有时措之宜,不可不与知之。性者,命之在天,行而为道,知命与道,则性可由穷理而尽,又可以知言乎?文王"不识不知、顺帝之则",性之尽也。仲尼知命不忧,尽性何疑,命之至也。孟氏醇乎醇者,其语自性善而下,未免疑乎驳也。断以圣人之学,可以默而识之。异教论以真、空,非知命穷理之谓。兹儒者所以不道,夫何责焉?①

相比之下,孔子从来不说"知性",而只说"知天命""知命"。尽管"命"也是玄妙高深的,但还有"天人之分","命"可以落实、作用于人类社会和大自然中,从而在现象界中获得了对象化的存在,通过穷究探索这些对象化的存在,还可以把握"天命":"夫命与道,犹可以言知者,命有天人之分(原注:去声),道有时措之宜,不可不与知之。"而对"命""道"对象化的存在的探索过程,就是"穷理"。

与"命"相比,"性"是人所禀受的宇宙本体,微妙难测、神乎其神,在现象世界中无法找到对象化的存在,故"知性"恰恰是"高者沦入虚无"的"异教"所感兴

---

① 薛季宣:《薛季宣集》卷二七《知性辨示君举》,张良权点校,第355页。

趣的。薛季宣对"知性"的质疑所迸发出的创新性,间接引发了叶适在《习学记言序目》中对理学"心体"的一系列解构和否定(详见本书第四章第一节)。

既然"性不可知",那么《中庸》的另一个核心概念"君子尊德性而道问学"中"尊"的意义自然相应发生变化。薛季宣说:"德性,天性之本然者;问学,尽性之本然者。"①薛季宣的"尊"其实是"尊崇","尊德性"只是一种价值取向,并非与"道问学"并列的功夫,而是"道问学"所收获的结果。相比之下,朱熹在《中庸集注》中认为"尊德性"是"存心"功夫,"道问学"是"致知"功夫。"尊德性"之"尊"是"恭敬奉持","德性"则是"恭敬奉持"的对象,"尊德性"功夫的具体含义是:"不以一毫私意自蔽,不以一毫私欲自累,涵泳乎其所已知,敦笃乎其所已能,此皆存心之属也。"②时时点检反省,去除私意私欲,反复温习、思考自己所学的知识,努力实践自己所拥有的能力。而"尊德性"功夫与"道问学"功夫的关系是:"盖非存心无以致知,而存心者又不可以不致知。"此说与薛季宣分歧明显,这种分歧直接引发了陈武与朱熹温州籍弟子徐寓的辩论。

陈武是陈傅良的族弟③,《止斋学案》将其列为"止斋学侣",魏了翁也曾提到"永嘉二陈作《唐制度纪纲论》"④,将陈武与陈傅良并称,称其是永嘉学派的重要学者,但因文集散佚,长期以来对他的思想主张不甚清楚。幸好,朱熹《晦庵先生朱文公文集》中保留了一段对话,对话的一方是朱熹的温州弟子徐寓⑤,另一方就是陈武。徐寓在致朱熹信中自述,"寓一日访蕃叟先生",与陈武讨论孟子"尽心、知性"的观点。陈武说:"人须是知得,始得;若不知得,就事上做得些小济,得甚事?"陈武的观点与程朱理学"学莫先于致知"⑥立场接近,故徐寓

---

① 薛季宣:《薛季宣集》卷二九《中庸解》,张良权点校,第395页。
② 朱熹:《四书章句集注·中庸章句》,第35—36页。
③ 陈武,字蕃叟,瑞安人,孝宗淳熙五年(1178)进士及第。其历官信息详见佚名《南宋馆阁录 续录》卷七《官联一》,张富祥点校,中华书局1998年版,第246、251、262页;参见王瓒、蔡芳:《弘治温州府志》卷一〇《人物·理学》小传,胡珠生校注,上海社会科学院出版社2006年版,第244页;孙衣言:《瓯海轶闻》卷九《陈殿撰武》,张如元校笺,第281—284页。
④ 魏了翁:《鹤山先生大全文集》一〇四《周礼折衷》,《四部丛刊》本,第三十二页。按,"二陈",当指陈傅良与陈武。
⑤ 徐寓,一作徐宇,字居甫(居父),永嘉人,他师从朱熹的情况详见方彦寿:《朱熹书院门人考》,华东师范大学出版社2000年版,第144页。
⑥ 朱熹:《四书或问·大学或问》卷下引"程子曰",载朱杰人、严佐之、刘永翔主编:《朱子全书》第6册,第524页。

表示完全同意。陈武反过来问徐寓："尽其心者作如何说？"徐氏答（"寓对言"）：

> 心统性情，会众理而妙万物者也。心最难尽，惟是知得性，方能尽得心；能尽其心者，以知其性故也。盖性者，理之得于天而自然者也。如君之仁、父之慈、子之孝，以至于日用之所当为者，皆有个根原来历处，惟知之无一毫之不尽，无一节之不极，然后吾心之体至通至明，无所蔽惑，斯为尽其心矣。

徐寓认为，"性是心之理"，"性"是"心"的根本依据，既然双方都同意"知"的优先性，那么就必然同意应该先"知性"，然后才有可能"尽心"；徐寓所谓"知性"实际上就是求索事物之所以然，即"穷理尽性"。陈武听了表示不能同意：

> 陈先生（按：指陈武）以为不然，乃言："甚事不从心生？只要尽得此心，凡所存主，凡所动作起居，使合于理，便是尽得此心。此心既尽，则自能知性。如耳之听正声目，之视正色，手足举动合礼，皆是性。"

"知"固然是首要的，但对如何理解"知"的对象，彼此仍存在分歧，陈武所理解的对象是知觉运动，是人发出知、情、意的形而下的心，以及由这个心所统摄的知觉、言语、运动，只要在这个心上下功夫，使之合于天理，便是"尽心"。而"知性"只是"尽心"自然而然的产物，一旦"尽心"必然就能"知性"，不存在一个独立的"知性"功夫。

徐寓回应道："寓云向所闻于先生长者，与此不同。耳、目、手、足只是形，耳、目、手、足之所以能如此者，方是性。"陈武回答说："（陈先生曰）某之所以与朱丈不同者，正以此耳。公下稍自知某说为是，某之用意不同，恐难猝合。"可见陈武对朱熹的"心统性情"说不但琢磨已久而且早存不满，并表示两家的分歧很大，难以调停。

徐寓事后将这段对话抄录寄给朱熹，担心自己对"心统性情"说的理解不够准确，向朱熹求教："寓所闻如此，未得其精，但'尽其心者，知其性也'一句书，上一个'者'字，下应一个'也'字，不知语脉当如何说？寓之所对，不畔遵旨否？"徐寓听了陈武的观点后似乎有所触动，因为《孟子》"尽其心者，知其性也"一句，

"者"与"也"二者即可以构成不同的语法关系,但所蕴含的思想意义完全不同。一种理解是"尽其心就是知其性",显然永嘉学派即如此主张;另一种理解则是"(欲)尽其心,(必)知其性",这是朱熹的理解。朱熹没有回答徐寓这个问题,而对其应对陈武之语表示赞许:"此段论得甚好。但恐下稍不长进,则反见彼说为是耳。今日正好着力也。"[①]朱熹警告徐寓应该持续努力进德修业,否则有可能日后觉得陈武之说反而是正确的。

由于这封信的时间难以确定,因此也难以判断徐寓与陈武对话的时间和地点[②],但清楚的是,陈武在这次对话中代表永嘉学派向朱子学提出了非常严肃和正式的质疑,矛头直指朱熹哲学的理论核心——"心统性情",而陈武所阐述的核心观点显然是从薛季宣"性不可知论"发展而来的。这就是说,"性不可知论"是薛季宣、陈武、陈傅良乃至叶适的共识,也是永嘉学派哲学思想的核心要旨。

当然,薛季宣否定"性不可知"的论证存在一些逻辑上的瑕疵:"性"与"道"都是本体意义的概念,既然"性不可知",那么"道亦不可知"。如果因为"道"可以发用于现象世界中,"道有时措之宜","道"就可以"不可不与知之"的话,那么"性"也有其发用的对象,即"情",难道就不能通过"情"来"知性"吗?薛氏一面承认"由器知道",另一方面却认为"性不可知",在逻辑上未免扞格不通。

三、"成己"与"成物"的关系

"成己"与"成物"是《中庸》"诚者自成也"章(朱熹《四书章句集注·中庸章句》第二十五章)提出的一对概念:

---

① 朱熹:《晦庵先生朱文公文集》卷五八《答徐居甫》(寓向看五峰言),载朱杰人、严佐之、刘永翔主编:《朱子全书》第 23 册,第 2789 页。
② 关于此信的系年,各家分歧较大,亦乏有力证据。顾宏义《朱熹师友门人往还书札汇编》推测为宁宗庆元元年(1195)或稍后(上海古籍出版社 2017 年版,第 2891 页);陈来《朱子书信编年考证(增订本)》系于绍熙二年(1191)(生活·读书·新知三联书店 2007 年版,第 346 页)。据洪迈《送陈教授序》,绍熙二年六月十一日,陈武刚刚离开饶州教授任,赴临安任职:"分教鄱江,去而羽仪清华。"(佚名辑:《国朝二百家名贤文萃》卷一七二,国家图书馆藏庆元三年书隐斋刻本。)徐寓如果于此年见到陈武,似应在临安。

诚者自成也,而道自道也。诚者物之终始,不诚无物。是故君子诚之为贵。诚者非自成己而已也,所以成物也。成己,仁也;成物,知也。性之德也,合外内之道也,故时措之宜也。

薛季宣解释此章云:

天生蒸民,有物有则,诚自成,道自道,夫岂外物邪? 物则之尽,在诚而已,不诚无物,故以诚为物之终始也。诚者,物之终始,岂徒成身而已哉? 尽己尽物,则中和致而天地位、万物育,无物不一,无适非中,皆吾性之成德,安有内外之辨乎? 仁也,知也,由成己、成物辨也。仁、知之辨,惟其时而已。①

薛季宣说:"诚者,物之终始,岂徒成身而已哉?"薛季宣所理解的"诚"包括了"成身"(即"成己")与"成物"两个方面。如果只在个人身心上下功夫(成身)是远远不够的,必须实现对"物"的认识。"成己"是"仁","成物"是"知",这两者都是涵盖于"性之德"之中("安有内外之分"),但是就最终境界而言,"成己"与"成物"是同时并进、同时完成的:"则中和致而天地位、万物育,无物不一,无适非中,皆吾性之成德。"如有一物不育,有一物不一,则"成物"失败,"成己"便不能成立。薛季宣还指出,"仁"即是"知","知"即是"仁",二者只是一个功夫,只不过根据功夫对象的不同而名称不同,即"成物"时称"知","成己"时称"仁",故云:"仁也,知也,由成己、成物辨也。仁、知之辨,惟其时而已。"

再回到朱熹《中庸章句》对此章的解释:

道也之道,音导。言诚者物之所以自成,而道者人之所当自行也。诚以心言,本也;道以理言,用也。天下之物,皆实理之所为,故必得是理,然后有是物。所得之理既尽,则是物亦尽而无有矣。故人之心一有不实,则虽有所为亦如无有,而君子必以诚为贵也。盖人之心能无不实,乃为有以自成,而道之在我者亦无不行矣。知,去声。诚虽所以成己,然既有以自

---

① 薛季宣:《薛季宣集》卷二九《中庸解》,张良权点校,第 396 页。

成,则自然及物,而道亦行于彼矣。仁者体之存,知者用之发,是皆吾性之固有,而无内外之殊。既得于己,则见于事者,以时措之,而皆得其宜也。①

由于《中庸》经文云"合外内之道",故朱熹与薛季宣都认为"仁"与"知""无内外之殊",薛季宣亦主张"德""安有内外之辨乎"。虽然《中庸》经文中的"合",并无先后之别、体用之别、高下之别,朱熹却强调"仁者体之存,知者用之发","仁"是体,"知"是用;朱熹又以为"成己"在先,"成物"在后,"成物"是"成己"的必然产物:"然既有以自成,则自然及物,而道亦行于彼矣。"当"成己"纯熟到一定程度,"成物"就自然而然完成了,故"成己"是首要的、源头性的,而"成物"是第二位的、派生的,主次先后,秩然不紊。

当然,这些差别是极其细微的,薛季宣关于"成物"与"成己"的关系并没留下像批评"自诚明""性不可知"那样清晰的论述,这里无法多加阐释了。但是,从本书第三章朱熹对陈傅良、曹叔远的批评可以发现,这些理解上的细微分歧,最终导致了功夫顺序的重大分歧,即那些对于具体知识的研究和实践,到底应该出现在功夫次序的哪个位置上? 显然,永嘉学派更倾向于这种研究和实践应该贯穿于功夫的整个过程之中,而不是像朱熹理解的那样,等到"成己"达到一定火候以后:"然既有以自成,则自然及物,而道亦行于彼矣。"这种分歧,朱熹后来称之为:"语道非其序,则非道也。"②

第三节　薛季宣的评价问题与"乾淳学术"的分化

乾道八年(1172)七月,薛季宣出知湖州,到任后与吕祖谦多有通信,③亦主动致书朱熹表示仰慕,并就如何重振胡瑗创办的湖州州学请教朱熹。④ 但是,

---

① 朱熹:《四书章句集注·中庸章句》,第33—34页。
② 语出《庄子·天道》:"宗庙尚亲,朝廷尚尊,乡党尚齿,行事尚贤,大道之序也。语道而非其序者,非其道也;语道而非其道者,安取道!"
③ 吕祖谦:《吕祖谦全集·东莱吕太史别集》卷一〇《与陈同甫》:"薛士龙数得书,郡事亦渐有绪矣。"(第1册,第477页)
④ 即《薛季宣集》卷二三《与朱编修书》《又与朱编修书》。

朱熹致信吕祖谦却说:"薛湖州昨日又得书,其相与之意甚勤。闻其学有用,甚恨不得一见之。然似亦有好高之病,至谓义理之学不必深穷,如此则几何不流于异端也耶?"关于"义理之学不必深穷"之说,本章第一节已加讨论,此不赘。乾道九年(1173)三月,薛季宣自湖州解任返乡,道经婺州,与吕祖谦讲学半月。据吕氏向朱熹描述:

> 薛士龙归途道此,留半月,向来喜事功之意颇锐,今经历一番,却甚知难。虽尚多当讲画处,然胸中坦易无机械,勇于为善。于世务二三条,如田赋、兵制、地形、水利甚曾下工夫,眼前殊少见其比。渠亦甚有惓惓依向之意,义理不必深穷之说亦尝扣之,云初无是言也。①

吕祖谦向朱熹全面介绍了薛季宣的学术特长,声明薛季宣非常仰慕朱熹,并试图澄清朱、薛二人关于"义理不必深穷"的误会。此后,朱熹着手为《伊洛渊源录》搜集资料时,想到了请薛季宣帮助搜集温州二程门人的资料:"因书士龙,告为托其搜访见寄也。士龙相款,所论大者,幸喻及一二,亦甚恨无因缘得相见。"②朱熹主动邀请薛季宣搜集温州程学门人的资料,即承认薛季宣是程学温州一支的代表人物之一,并希望与他当面交流,这诚然是一个友善的信号。

然而四个月后的乾道九年七月十七日,薛季宣因病去世,享年仅四十岁,享有博洽多学之名的洪迈说:"士隆学无所不通,见地尤高明渊粹,刚正而有识,方向用于时,年才四十,而至此极,善类咸嗟惜焉!"③薛季宣讣闻传来,朱熹即表示了惋惜:"闻薛士龙物故,可骇可叹,且恨竟不识斯人也。"④但在朱熹大量阅读了薛季宣的著作后,原来依赖第三方转述和书信往来片面建立起来的印象被彻底打破,其对薛氏之学的评价日趋于负面。吕祖谦则在《薛常州墓志

---

① 吕祖谦:《吕祖谦全集·东莱吕太史别集》卷七《与朱侍讲》(某阁户待尽),第1册,第412页。
② 朱熹:《晦庵先生朱文公文集》卷三三《答吕伯恭》(便中累辱手书),载朱杰人、严佐之、刘永翔主编:《朱子全书》第21册,第1438页。
③ 洪迈:《夷坚志·夷坚丁志》卷一二《薛士隆》,何卓点校,中华书局1981年版,第641页。
④ 朱熹:《晦庵先生朱文公文集》卷三三《答吕伯恭》(潘守附致所予书),载朱杰人、严佐之、刘永翔主编:《朱子全书》第21册,第1439页。

铭》中揭示了薛季宣的出现所代表的全新的思想史意义。朱熹与吕祖谦在薛季宣评价问题上的分歧，象征着淳熙年间"乾淳学术"的分化。

一、朱熹对薛季宣认识的变化

淳熙元年(1174)春，朱熹致书吕祖谦，希望能得到薛季宣的著作一阅："叔度寄得薛士龙行状，读之使人慨叹不已，不知所著诸书尝见之否？……欲求《中庸》《大学》《论语说》及《阴符》《握奇》《揲蓍》《本政叙》凡七书，不审能为致之否？"①此时朱熹已经得到了陈傅良所撰的《薛季宣行状》，进而索阅更多的著作。最终，朱熹对薛季宣的有些工作的评价是很高的，如《书古文训》《八阵图》。朱熹十分重视薛季宣整理《八阵图》的工作，他曾向蔡季通寄去了自己新发现的《八阵图》拓本，请蔡氏与薛氏定本校对："偶得新都《八阵》石刻本，纳呈，看毕却告附还，其说与薛士龙者同异如何？并告喻及。"②关于《书古文训》，朱熹在《学校贡举私议》中将薛季宣列为一家，在总体上肯定了他的工作。他还说："薛士龙《书解》，其学问多于地名上有工夫。"③在具体的考证上，朱熹也能够接受薛季宣的观点，例如：

> 因说"三江"之说多不同，铢问："东坡之说如何？"曰："东坡不曾亲见东南水势，只是臆想硬说。且江汉之水到汉阳军已合为一，不应至扬州复言'三江'。薛士龙说震泽下有三江入海。疑它曾见东南水势，说得恐是。"④

这里朱熹之所以认同薛季宣的说法，是因为薛季宣曾实地考察（"亲见"），而苏轼则是"臆想硬说"。朱熹还研读了薛季宣的《九域图志》，肯定薛氏严谨求实的治学态度："薛常州作《地志》，不载扬、豫二州。先生曰：'此二州所经历，见

---

① 朱熹：《晦庵先生朱文公文集》卷三三《答吕伯恭》（便还奉教），载朱杰人、严佐之、刘永翔主编：《朱子全书》第 21 册，第 1450 页。系年据束景南《朱熹年谱长编》（第 554 页）。
② 朱熹：《晦庵先生朱文公续集》卷二《答蔡季通》（乐说已领），载朱杰人、严佐之、刘永翔主编：《朱子全书》第 25 册，第 4686 页。
③ 黎靖德编：《朱子语类》卷七八，第 1989 页。
④ 黎靖德编：《朱子语类》卷七九，第 2025 页。

古今不同,难下手,故不作。诸葛诚之要补之,以其只见册子上底故也。'"①朱熹相信薛季宣早年游宦两湖、川峡,其舆地之学多亲身踏勘所得,因此如果薛氏对扬州、豫州两处阙疑,应该是慎重考虑的结果,轻率补足反而不好。

虽然在某些具体观点上朱熹与薛季宣有一致的地方,但他对薛季宣的学术有一个总体的衡定,即"琐细"。朱熹称赞薛季宣"用功纤密",在特定的语境下,其实是贬词。如朱熹对《九域图》还有这样的评价:

> 李得之问薛常州《九域图》。曰:"其书细碎,不是著书手段。'予决九川,距四海,浚畎浍距川。'圣人做事,便有大纲领:先决九川,距四海了,却逐旋爬疏小水,令至川。学者亦先识个大形势,如江河淮先合识得。渭水入河,上面漆沮泾等又入渭,皆是第二重事。桑钦、郦道元《水经》亦细碎。"②

类似"细碎"这样的批评,不仅出现在朱熹对薛季宣的批评中,也出现在他对永嘉学派其他成员的评价中,成了他对永嘉学派的总体评价。譬如他曾对温州籍门人叶味道说:"永嘉前辈觉得却倒好,倒是近日诸人无意思。陈少南,某向虽不识之,看他举动煞好,虽是有些疏,却无而今许多纤曲。"③显然朱熹认为永嘉学派的这种治学风格已经与温州地区的士风融为一体了。从朱熹的批评不难看出,造成"细碎"之病的根源,是薛氏对"大纲领""大纲""大形势"的轻忽。

---

① 黎靖德编:《朱子语类》卷七九,第 2027 页。薛季宣给陈傅良的信中曾谈到《九域图》的进度:"扬、冀草具,未补,梁州和夷,未曾释地,幽、雍都未下手。"(《答陈君举三书》,《薛季宣集》第 316 页)说明薛季宣生前已经完成扬州部分的草稿,而朱熹等人看到的本子却没有扬州,不知何故。关于薛季宣《九域图》的流传情况,参看周梦江《薛季宣的生平、著作及其对道学思想的异议》(载邓广铭、徐规等主编:《宋史研究论文集》,浙江人民出版社 1987 年版,第 441—442 页)。《薛季宣集》卷三六《地理丛考》为清末黄绍箕自《永乐大典》辑出,是该书的一点片段,可窥豹斑。
② 黎靖德编:《朱子语类》卷七九,第 2027 页。
③ 黎靖德编:《朱子语类》卷一三二,第 3173 页,本条下题"贺孙",即朱熹的温州籍门人叶味道所记。

二、吕祖谦《薛常州墓志铭》与薛季宣思想价值的再认识

吕祖谦经过精心构思,并与陈傅良、陈亮等人反复商议,于淳熙元年(1174)定稿了《薛常州墓志铭》,朱熹似乎只看到了陈傅良的《薛季宣行状》,而未读到过吕祖谦的这篇墓志铭;然而吕氏这篇《墓志铭》对薛氏学术的评价之高,已经在某种程度上反映了吕祖谦本人思想的变化。

薛季宣去世后,由陈傅良起草的《行状》在薛季宣下葬前已经定稿,定稿过程中,陈亮还提出了意见。① 朱熹也于淳熙元年春看到了这篇文字,并未提出异议。陈傅良在此文中先是概述了薛季宣广博的学术成就,在谈及"高者""卑者"(下者)的二分法时,他是这样写的:

> 大抵以古人小学,神而明之。大学之道,传远说离,故汉儒守器数章句,名家小知穿凿。异端之徒,乃一切屏事忘言后已。高骛虚无,而卑者滞物,卒不合。合归于一,是为得之。读其书,知其为博之约也。②

陈傅良反复强调,薛季宣的博洽多闻是由程学思想所贯穿的,"平生所推尊,濂溪、伊洛数先生而已",并且"语不及功利"。③ 陈傅良转述的薛季宣所谓"高者",特指异端之徒,其思想特质是"一切屏事忘言后已",下文将指出,这与朱熹的理解大旨不差。于是,朱熹在看到这篇《行状》后,"读之使人慨叹不已"④。这篇《行状》令各方皆大欢喜。

不久,陈亮的《祭薛士龙知府文》脱稿,此文连同陈傅良《行状》都被陈亮寄给了吕祖谦,作为后者撰写《墓志铭》的参考资料。吕祖谦看了后说:"薛士龙墓志,以畏暑作未成,所论行状极切当,《祭文》皆肝鬲语也。"⑤表示同意陈亮对陈

---

① 吕祖谦:《吕祖谦全集·东莱吕太史别集》卷一〇《与陈同甫》(被手教):"近得君举书云,吾兄摘《行状》中数处极当,便中告批示欲得知也。"(第1册,第482页)
② 陈傅良:《陈傅良先生文集》卷五一《右奉议郎新权发遣常州借紫薛公行状》,周梦江点校,第644页。
③ 陈傅良:《陈傅良先生文集》卷五一《右奉议郎新权发遣常州借紫薛公行状》,周梦江点校,第644页。
④ 朱熹:《晦庵先生朱文公文集》卷三三《答吕伯恭》(便还奉教),载朱杰人、严佐之、刘永翔主编:《朱子全书》第21册,第1450页。
⑤ 吕祖谦:《吕祖谦全集·东莱吕太史别集》卷一〇《与陈同甫》,第1册,第481页。

傅良《行状》所提的修改意见。淳熙元年(1174)十二月,吕祖谦完成了《薛常州墓志铭》的初稿,并将其发给陈亮审阅。陈亮阅后,在总体上加以肯定:"示以《士龙墓铭》,反复观之,布置有统,纪载有法,精粗本末,一般说去。正字(按:指吕祖谦)虽不以文自名,近世名能文者要何能如此?"①同时对文中两处措辞提出了修改意见。

吕祖谦在这篇《墓志铭》的末尾一段对薛季宣在程学发展史上的地位做出了总体评价:

> 自周季绝学,古先制作之原,晦而不章。若董仲舒名田,诸葛亮治军,王通河汾之讲论,千有余年,端倪盖时一见也。国朝周敦颐氏、程颢氏、程颐氏、张载氏,相与发挥之,于是本原精粗,统纪大备。门人高弟既尽,晚出者或骛于空无,不足以涉事耦变,识者忧之。②

吕祖谦首先肯定儒学应该是内圣与外王并举兼备的,三代所谓"制作"即制礼作乐,泛指一切制度建设;但是三代经世外王的制度之学在秦汉以后晦暗不彰,几乎失传;后人只能从董仲舒、诸葛亮、王通的实践和著作中窥见些许鳞爪。北宋新儒学运动兴起后,周、张、二程都致力于恢复"古先制作之原",重视经世外王之学。可惜的是,"门人高弟既尽",门人弟子中的杰出分子相继去世后,再传、三传等"晚出者",逐渐转向内在,放弃了经世外王的制度之学,而对于解决现实问题、改造现实世界、应对现实危机,则毫无办法,此所谓"骛于空无,不足以涉事耦变"。吕祖谦对"高者"的这一理解,固然包括了陈傅良《行状》中所指"一切屏事忘言后已"的"异端之学",也更加具体地落实为丧失经世外王本领和意愿的程学人士。至于所谓"识者忧之"的"识者"则不仅是薛季宣,还包括了吕祖谦、陈亮、陈傅良、叶适等浙东学派学者。

在揭示了这样一个大背景之后,薛季宣的价值便呼之欲出了。吕祖谦继续写道:

---

① 陈亮:《陈亮集(增订本)》卷二七《与吕伯恭正字》,邓广铭点校,第254页。
② 吕祖谦:《吕祖谦全集·东莱吕太史文集》卷一〇《薛常州墓志铭》,第1册,第165页。

> 公之学既有所授，博揽精思，几二十年。百氏群籍，山经地志，断章缺简，研索不遗。过故墟废陇，环步移日以验其迹。参绎融液，左右逢源。凡疆里卒乘，封国行河，久远难分明者，经公讲画，枝叶扶疏，缕贯脉连。于经无不合，于事无不可行。苾官随广狭，默寓之于簿领期会之间，其所部吏曹经时而不知公为儒者也。平生所际，文武之职不同，未尝为町畦崖岸，而去就从违之际，守义不可夺。言兵变化若神，而在朝每以不可轻试为主。骤见疏快轩豁，潜察之，自律度严饬，虽倥偬，札翰正楷，无一惰笔。少年豪举，既知学，销落不留，省其私，泊如也。其为人平实质确，本于简易，行于敬恕，而坚志强立，又足以充践之，善类方共倚属公，而公则死矣！①

"公之学既有所授"，指薛季宣师承袁溉、家学薛徽言，成为程颐再传，其所学虽博洽广大，宗旨则一归于程颐。吕祖谦指出，薛季宣早年在武昌为官的实践经验对其学术研究至关重要，他的地理之学并不单纯为了解经训说，而是为南宋当代军事斗争服务，本质上是一种兵要地志之学。薛氏对本朝制度律法极为娴熟，以至于同僚和下属不敢相信"其为儒者"，从而暗示南宋"儒者"普遍地不擅长制度之学。至于对薛季宣学术实践的总体评价，则是"于经无不合，于事无不可行"。这样既有别于王安石一类的功利刑名之学，又避免了单纯内倾化所导致的"不足以涉事耦变"的弊端。

通过乾道七年（1171）、乾道九年（1173）两次深入交流，吕祖谦已经领会到，薛季宣并不认为佛教是理学面临的大敌，理学在南宋社会面临的真正危机是如何从"道揆"走向"法守"，从"成己"走向"成物"。因而薛季宣《沈应先书》中"高者沦入虚无"的担忧，绝非如陈傅良《行状》所云仅仅指佛教为代表的"异端之学"，也包括了程学南传后发生的转向内在、远离经世外王的危险趋势。

而早在乾道六年（1170）轮对时，吕祖谦已经注意到当时儒学士大夫崇尚二程理学的同时，缺乏处理现实问题的能力："章句陋生，乃徒诵诂训，迂缓拘挛，自取厌薄，不知内省，反归咎陛下之不用儒。"②他真切地感受到《薛常州墓志

---

① 吕祖谦：《吕祖谦全集·东莱吕太史文集》卷一○《薛常州墓志铭》，第 1 册，第 166 页。
② 吕祖谦：《吕祖谦全集·东莱吕太史文集》卷三《乾道六年轮对札子》第一札，第 1 册，第 54 页。

铭》中所说的"晚出者骛于空无,不足以涉事耦变",是当时程学面临的重大危机。①当乾道七年(1171)、乾道九年(1173)两次和薛季宣深入切磋后,后者"于经无不合,于事无不可行"的学术风格,一度使得吕祖谦认为自己找到了克治"高者沦入虚无""不足以涉事耦变"的解决之道。正是因为承载了如此重大的思想史意义,吕祖谦对于这篇《墓志铭》下笔前踌躇再三、殚精竭虑,草成后又征求陈亮意见,可谓慎之又慎。当然,吕祖谦并非全盘地肯定薛季宣,在淳熙三年(1176)致陈亮的信中,吕祖谦说:"士龙所学固不止于所著书,但终尚有合商量处耳。"②正是此意。

由此可见,乾道九年至淳熙元年(1173—1174)间,陈亮编纂《三先生论事录》、吕祖谦撰写《薛常州墓志铭》、朱熹编纂《伊洛渊源录》,这一系列密集的传记文本书写和思想史文本的书写行为,引发了一系列观点碰撞和冲突,从而暴露了程学内部围绕未来发展方向所发生的深刻分歧。

三、朱熹、吕祖谦对"虚无之学"的理解分歧

乾道九年,陈亮着手编纂《三先生论事录》③,吕祖谦得知他的意图后,表示:"《论事录》,此意思自好,但却似汲汲拈出,未甚宏裕。昔尝读明道《行状》及门人叙述,至末后邢和叔一段,方始缕缕说边事军法,向上诸公曾无一辞及之,恐亦有说。"④程颢《行状》记载程颢与弟子讨论边境军事和军法,说明这些经世致用的内容是二程之学的题中应有之义,但这一传统在门人弟子那里未见继承:"向上诸公曾无一辞及之。"不久,陈亮完成了《三先生论事录序》,全文如下:

> 昔顾子敦尝为人言:"欲就山间与程正叔读《通典》十年。"世之以是病先生之学者,盖不独今日也。夫法度不正,则人极不立;人极不立,则仁义礼乐无所措;仁义礼乐无所措,则圣人之用息矣。先生之学顾非求子敦之

---

① 除了《乾道六年轮对札子》第一札,吕祖谦在其他作品中对此也有所反思,相关的详细讨论见王宇:《道行天地:南宋浙东学派论》,中国社会科学出版社2012年版,第407—411页。
② 吕祖谦:《吕祖谦全集·东莱吕太史别集》卷一〇《与陈同甫》(专人至),第1册,第477页。
③ 此据童振福《陈亮年谱》(商务印书馆1936年版)第17页考证。
④ 吕祖谦:《吕祖谦全集·东莱吕太史别集》卷一〇《与陈同甫》(某哀苦如昨),第1册,第468页。

知者,而为先生之徒者,吾惧子敦之言遂得行乎其间。因取先生兄弟与横渠相与讲明法度者录之篇首,而集其平居议论附之,目曰《三先生论事录》。夫岂以为有补于先生之学,顾其自警者,不得不然耳。①

陈亮此《序》开头拈出一个典故,与程颐同朝为官的顾临(1028—1099,字子敦)扬言要与程颐在山中共读《通典》,此事姑且称为"顾临劝读《通典》"事件。杜佑《通典》专门记载历代制度变迁,顾临邀请程颐共读此书,无疑是暗讽后者对制度之学不甚精通。陈亮认为顾临此说反映了一种偏见:"世之以是病先生之学者,盖不独今日也。"并称自己由于担心这种偏见会成为后代学者的共识,起意编辑了此书。吕祖谦看到这篇《序》后致信陈亮:

《论事录》,前此固知来意,但某窃谓若实有意为学者,自应本末并举,若有体而无用,则所谓体者必参差卤莽无疑也。特地拈出,却似有不足则夸之病。如欧阳永叔喜谈政事之比,所举边事军法,亦聊举此数字以见其余,固知其不止此也。然此书若出,于学者亦不为无益,但气象未宏裕耳。经世之名,却不若论事之质也。②

吕祖谦指出程学应该、而且必然是"本末并举"、有体有用之学,二程等人只是没有得到合适的职位施展才能而已;在现实中部分程学人士"有体而无用",吕祖谦认为,"体"与"用"一体贯通,"有体而无用"是个伪命题,因为从"无用"(不能经世致用)这一点即可质疑其所谓"体"是否正确、"有体"是否成立。陈亮编辑此书有助于恢复程学的本来面目:"然此书若出,于学者亦不为无益。"不过,吕祖谦也考虑到其他程学人士的观感:陈亮这样专以经世致用的主题编辑三先生的言论,可能会强化这一方面正是"三先生"短处的刻板印象。故当陈亮询问吕氏可否将书名"三先生论事录"改成"三先生经世录",他就担心直接以"经世"二字入题,过于引人瞩目,恐怕会引起更大的争议。从下文朱熹的激烈反应看,吕祖谦的担忧完全并非多余。

---

① 陈亮:《陈亮集(增订本)》卷二三,邓广铭点校,第 203 页。
② 吕祖谦:《吕祖谦全集·东莱吕太史别集》卷一〇《与陈同甫》(前日人还),第 1 册,第 466 页。

果然,朱熹得知陈亮在编辑《三先生论事录》后,即去信吕祖谦索取此书和《序》文,但最终没有如愿。① 但此时朱熹与吕祖谦正通力合作编辑《伊洛渊源录》一书。在编辑过程中,陈亮《三先生论事录序》中提到的"顾临劝读《通典》",被吕祖谦作为编辑《伊洛渊源录》的素材提供给了朱熹。朱熹收到后,通过刘清之转告吕祖谦,此事毫无价值可言,不必采录入《伊洛渊源录》:

> 所示三录极有警发人处,然亦有合商量者。……既云专治《通典》,使应变浃洽,而元祐经筵驳议,乃似未始略知今古之人,此不知亦有说耶?如未尝语及告,因书为扣伯恭,却以见教为幸。②

朱熹首先从事实层面否定此事。元祐二年(1087)三月二十六日,当时任经筵讲官的程颐提出将授课地点从闷热的迩英阁改为比较宽敞凉快的延和殿。朝廷已经同意并发出命令,时任给事中的顾临封驳了此命,认为:"延和执政得一赐坐啜茶,已为至荣,岂可使讲读小臣坐殿上,违咸造勿亵之义?"③程颐此议遂寝。朱熹指出,仁宗以前都是在殿上进讲,仁宗以后方改为迩英阁,顾临对本朝制度变化一无所知,没有资格嘲笑程颐不读《通典》。接着朱熹指出,吕祖谦(实际上也包括了陈亮)向朱熹提供了"顾临劝读《通典》"一事,说明他下意识地承认程学缺失了经世致用的一翼,不能"应变浃洽"和"涉事耦变"(吕祖谦《薛常州墓志铭》语)。然而,在朱熹看来,这是一种严重的误解:

> 今世学者,语高则沦于空寂,卑则滞于形器,中间正当紧要亲切合理会处,却无人留意。此道之所以不明不行,而邪说暴行所以肆行而莫之禁也,不知伯恭后来见得此事如何?④

---

① 相关考证见拙著《道行天地:南宋浙东学派论》,第56页。
② 朱熹:《晦庵先生朱文公文集》卷三五《答刘子澄》,载朱杰人、严佐之、刘永翔主编:《朱子全书》第21册,第1534页。
③ 程颢、程颐:《二程集·河南程氏外书》卷一二《传闻杂记》,王孝鱼点校,421页。
④ 朱熹:《晦庵先生朱文公文集》卷三五《答刘子澄》,载朱杰人、严佐之、刘永翔主编:《朱子全书》第21册,第1534页。

如果将这段话与薛季宣《沈应先书》中："自大学之不明,其道散在天下,得其小者往往自名一家,高者沦入虚无,下者凝滞于物。"①一句相比较,可见朱熹与薛季宣不约而同地将当时学界的错误倾向判定为"高者""下者"(卑者),不约而同地试图探索一条介于"高者"与"下者"之间的中间路线(朱熹称之为"中间正当紧要亲切合理会处")。但考其实质,二人的理解迥然有别。这是因为,既然认定正确的理论路线是"中间"的话,那么,只有明确了"高者"与"下者"这两个极端到底何指,才能准确定位"中间正当紧要亲切合理会处",才能把握其真实意义。假若朱、薛二人对"高者""下者"的两个极端的定义完全不同,那么他们所理解的"中间正当紧要亲切合理会处"自然也大相径庭。

先看"下者"(卑者),朱熹认为是"滞于形器",薛季宣认为是"凝滞于物",都是指执着于形而下的经验世界、现象世界,而对形而上的、宇宙论意义的"道"缺乏认知,这都是指二程理学崛起之前的传统儒学。故朱、薛二人对"下者"(卑者)这一端的定位基本上是重合的。

分歧出现在"高者"一端。朱熹也意识到程学在发展中出现了"沦于空寂"的倾向,但是这种倾向特指佛老乃至程学传统中近似禅学的吕希哲、张九成和后来的陆九渊。在思想内涵层面,佛老的弊病主要集中在顿悟说以及宇宙论上,前者否定了后天认知在追求真理中的作用,屏绝客观事事物物,后者则否定了客观世界的真实性。朱熹的"高者"与"卑者"都局限于个人道德修养功夫范围之内,属于《大学》"八条目"中"格物、致知、正心、诚意、修身、齐家"六条目的范畴,"治国、平天下"则只是"修身"的派生物,并非个人道德修养功夫的先务。

薛季宣当然也指认佛老是"高者",但"高者"也包括了那些不能经世外王、不能开物成务的程学,用吕祖谦《薛常州墓志铭》的话说是"不足以涉事耦变"的程学"晚出者"。这样,薛季宣的"高者"与"卑者"便涵盖了《大学》"八条目"的全部,从而意味着在个人道德修养过程中,关于"修身、齐家"的知识学问与关于"治国、平天下"的知识学问都应该研究探索,这恰恰是朱熹坚决反对的。在朱熹看来,批判佛老思想,或者扭转流于佛老的思想倾向,只需要在"修身"以上的"格、致、正、诚"上下功夫,便至正无弊。如果不在此用力,却转而致力于继

---

① 薛季宣:《薛季宣集》卷二三《沈应先书》,张良权点校,第303页。

续向远离身心修养的方向拓展,热心于经世致用,发展以研究《通典》为代表的制度之学("卑则滞于形器"),无异于以一种错误倾向克服另外一种错误倾向,其结果自然仍然是错误的。换言之,二程及其门人(包括朱熹自己)主张"内圣"高于"外王"、"经世致用"是"道德性命之学"的派生物,"内圣"绝不是"沦于空寂",而是对儒学大本大根的坚定持守,不能丝毫动摇。

由于薛季宣与朱熹对"高者"的定位不同,他们各自所取的"中间"坐标自然也是不同,在朱熹看来,薛季宣的定位过于"向外";在薛季宣看来,朱熹的定位更加"向内"。可见如下表示:

高者(朱熹)	高者(薛季宣)	中间(1)	中间(2)	下者
佛老	不足以涉事耦变	朱熹立场	薛季宣立场	朱、薛共识

从这个坐标可以清楚地看出,朱熹比薛季宣更加靠近形而上方向的"高者",薛季宣比朱熹更加靠近形而下方向的"下者"。这种分布反映了薛季宣思想的过渡性和有别于郑伯熊的创新性。从"过渡性"的角度看,薛季宣自己从来没有正面论述过"事功"这一核心概念,他始终囿于在二程理学的术语体系之内寻求获得一个合法的地位,即便实际上开展了广泛的"制度新学"的治学实践,可是一旦触及实质问题,譬如与"下者"相对应的"高者"到底何指时,反而是吕祖谦《薛常州墓志铭》中的"不足以涉事耦变"一语更加切中要害。

从"创新性"的角度看,对"高者"的不同定位反映了新的思想动向正在萌芽。薛季宣相信,"格致正诚"的内圣之学是不能直接开出外王的,在内圣与外王之间必须有一创造性转化的中介,由此推论"制度新学"是有其独立意义的,薛季宣认为克治"高者"的"空无之学"的最有力武器,是回到孟子的"道揆"与"法守"理论上来,重新凸显"法守"的重要性,恢复制度新学在儒学修养功夫中的重要地位。薛季宣的这一洞见开拓出了永嘉学派理论发展的空间。到了叶适,更是从薛季宣这里获得启发,深入论证了程学是如何在与佛老竞争的过程中逐渐迷失自我,持续滑向"虚无之学"的"高者"方向的。

四、"事功"的意义

在结束本章冗长的讨论前,让我们先回到一个基本的理论问题:"事功"对薛季宣到底意味着什么？为什么"事功"会成为永嘉学派(甚至整个南宋浙东学派)的标签？从思想意义上考察,结合薛季宣自己的论述、吕祖谦和陈傅良的评价,可以发现"事功"在薛季宣这里有了新的意义。

关于这一点,接近朱熹、吕祖谦的程学人士吴儆(字益深)写道:

> 且愿吾弟自格物致知,以次正心诚意,须要修身齐家而后行之天下。《记》曰:"礼仪三百,威仪三千。"苟不至德,至道不凝,《中庸》一书不止专说理性,惟以性命中和为本尔。吾弟之学既知其本末矣。盖本末之理,固是一贯,而其事自有次第也。近来学伊洛者无如朱南康、吕东莱,然二公之学正不如此。不知南康曾有回书否,以某所见,必不合也。二公近来大段作实用事业,自三代圣人制田治兵,以至制礼作乐,皆穷其本,可以措而行之天下,不然,伊洛之学遂流而为禅家矣。①

与薛季宣《抵沈叔晦》"道无本末之辨"一样,吴儆也指出了"本末之理,固是一贯",提出了"礼仪三百,威仪三千"的重要性,强调不仅要在"格物致知、正心诚意"上下功夫,也应该注意研究"三代圣人制田治兵,以至制礼作乐"等与解决现实问题密切相关的学问,从而"措而行之天下",发挥儒学改造现实社会、实现经世外王的功能。如果伊洛之学放弃了"大段作实用事业",那么将持续滑向上文薛季宣提到的"异端之学"和"高者沦入虚无"。吴儆虽然没有提及薛季宣,但与吕祖谦、薛季宣的思路并无二致。因此,如果说薛季宣之学是"事功之学","永嘉学派"是"事功学派"的话,那么这个"事"应该理解为能够"措而行之天下"的"实用事业"。

吊诡的是,上引吴儆书信一面推尊朱熹、吕祖谦是当代"伊洛之学"的杰出代表,一面表扬他们二人"近来大段作实用事业"②,仿佛向经世外王的方向转型已经成为整个程学士人群体之共识。然而,即便朱熹也如吴儆所说"近来大段作实用事业",那么无论是对"实用事业"内涵和外延的认识,还是关于"作实用事业"与"格物致知正心诚意"之间的主次关系、优先顺序,朱熹的立场都完

---

① 吴儆:《竹洲集》卷九《答汪楚才书》,《文渊阁四库全书》第1142册,第251页。
② 吴儆:《竹洲集》卷九《答汪楚才书》,《文渊阁四库全书》第1142册,第251页。

全不同于吕祖谦、薛季宣。当然,在淳熙十一年(1184)五月王霸义利之辩和绍熙二年(1191)春曹叔远建阳之行以前,这些差异是不容易在理论上阐述清楚的(包括朱熹本人),这一点并不能责怪吴儆。

第三章　陈傅良与永嘉学派思想的定型

楼钥曾经对以薛季宣、陈傅良为代表的永嘉学术做过这样的评价，他说：

> 中兴以来，言理性之学者宗永嘉。惟薛氏后出，加以考订千载，自井田、《王制》、《司马法》、《八阵图》之属，该通委曲，真可施之实用。凡今名士，得其说者，小之则擅场屋之名，大可以行于临民治军之际。公（按：指陈傅良）游从最久，造诣最深，以之研精经史，贯穿百氏，以斯文为己任。综理当世之务，考核旧闻，于治道可以兴滞补弊，复古至道，条画本末粲如也。①

他的描述给人这样一种印象，似乎陈傅良的主要贡献是继承、实践了薛季宣所开辟的重视制度研究、重视经世外王的学术路线，而缺乏创新性。事实并非如此，自孝宗淳熙元年（1174）至宁宗嘉泰二年（1203）冬去世是陈傅良高度活跃的学术黄金期。这一时期，朱熹的威望如日中天，学术思想体系建构亦告定型；在这种情况下，陈傅良与朱熹展开了一系列直接或间接的对话和交流。所谓直接对话，主要是绍熙五年（1194）在朝期间，二人就太庙制度发生当面辩论；间接对话则指二人的书信往来，以及陈傅良弟子曹叔远于绍熙二年（1191）前往建阳竹林精舍与朱熹当面交流所发生的辩论。正是通过这些互动，永嘉学派独特的思想特征得到了充分的阐述，相对于程学的独立性也更加明显。

本章共分四节。第一节简要回顾陈傅良、叶适与朱熹理论交锋逐步升级的代表性事件和时间线索；接着以三节的篇幅分析永嘉学派与朱熹的主要理论分歧点。

---

① 楼钥：《攻媿集》卷九五《宝谟阁待制赠通议大夫陈公神道碑》，《文渊阁四库全书》第1152册，第471页。

第一节　永嘉学派与朱熹理论分歧的逐步展开

进入淳熙年间，特别是吕祖谦去世（淳熙八年，1181）后，"乾淳学术"内部的理论分歧逐步公开化，陈亮、永嘉学派与朱熹的对抗持续升级。本节主要按照时间顺序，梳理永嘉学派与朱熹观点碰撞和思想对话的主要事件，至于这些事件所反映的哲学矛盾，则在本章后三节中详细讨论。

一、对王霸义利之辩的评价

淳熙九年（1182）正月，时任浙东提举的朱熹到武义明招山祭扫吕祖谦之墓，陈亮从永康专程赶来相见，随后二人来到永康龙窟陈亮家，聚谈数日。① 二人分手后，陈亮向朱熹寄去《问答》十篇、策论两篇，王霸义利之辩的直接导火索是其中的一道策论《问皇帝王霸之道》，朱熹和陈亮这次具有历史意义的辩论也因此得名。辩论以书信往来的形式一直持续到淳熙十二年（1185）。② 陈傅良在得悉了王霸义利之辩始末后，与陈亮有两封通信，信中阐述了自己的天理分数论、动机效果论和对汉唐盛世历史地位的评价，本章第三节和第四节将分别详细讨论。

虽然陈傅良对王霸义利之辩发表了独特的意见，但他再三告诫陈亮，不要将自己的观点转告给朱熹。而朱熹在绍熙二年（1191）前与陈傅良并不熟悉："君举、象先（按：薛叔似字象先）未相识，近复得书，其徒亦有来此者，折其议论，多所未安。"③现存《止斋集》中有陈傅良致朱熹书信两通，第一通是陈傅良向朱熹通报自己已到湖南路转运判官任；第二通篇幅较长，对朱熹的为人处世进行了婉转的批评：

---

① 束景南：《朱子大传》，福建教育出版社1992年版，第498页。
② 对双方观点的概述，参见王宇《道行天地：南宋浙东学派论》第四章第二节。
③ 朱熹：《晦庵先生朱文公文集》卷五三《答胡季随》（闲中时有朋友远来讲学），载朱杰人、严佐之、刘永翔主编：《朱子全书》第22册，第2516页。

间欲以书扣之,念长者前有长乐之争,后有临川之辨,又如永康往还动数千言,更相切磋,未见其益,学者转务夸毗,浸失本指。盖刻画太精,颇伤易简,矜持已甚,反涉吝骄,以此益觉书不能宣,要须请见,究此衷曲耳。不数月还浙,可图即偿此愿。①

陈傅良认为,朱熹以书信形式与林栗、陆九渊、陈亮发生了一系列公开的辩论,语气尖锐,而书信可能会词不达意,不能充分地阐述双方的观点,同时损害了道学集团内部的团结,希望朱熹今后停止这种通信辩论,改为当面交流、阐明各自的观点,"要须请见"。朱熹见信后非常反感,指出"人之为学"应该心口一致,"自然不假用意装点,不待用力支撑",学术辩论以追求"圣贤之心、义理之实"为宗旨,故双方应该畅所欲言:

至于讲论之际,心即是口,口即是心,岂容别生计较,依违迁就,以为谐俗自便之计耶?今人为学既已过高而伤巧,是以其说常至于依违迁就,而无所分别。盖其胸中未能无纤芥之疑有以致然,非独以避咎之故而后诡于词也。②

朱熹坚持,书信辩论的方式很适合辩论复杂的理论问题,双方充分表达观点,并无误解问题。而陈傅良来信中的担忧,暴露出"见道不明",只知道人际关系的和谐稳定,而无实事求是之心。朱熹表示,今后只要关系到维护真理的问题他绝不退缩,"圣贤之心、义理之实必皆有以见其确然而不可易"。

绍熙二年(1191),叶适与朱熹也有通信联系。叶适致朱熹各信已经亡佚,现在朱熹文集中保存了《答叶正则》四通,其中第一通批评了叶适的"毫毛钩石"之喻,关于这一点将在本章下文讨论。以下的三通,据陈来考证皆作于绍熙二年。③ 其中第二通是朱熹论北宋徽宗朝大臣耿南仲误国,第三通似为叶适向朱熹请教某个问题,因叶适来信已佚,详情不可知。第四通所涉及的问题最为

---

① 陈傅良:《陈傅良先生文集》卷三八《与朱元晦》第二书,周梦江点校,第483页。
② 朱熹:《晦庵先生朱文公文集》卷三八《答陈君举》(熹自顷寓书之后),载朱杰人、严佐之、刘永翔主编:《朱子全书》第21册,第1714页。
③ 陈来:《朱子书信编年考证(增订本)》,第339页。

重要,朱熹首先批评叶适,此前二人数次见面,尽管朱熹察觉到叶适对自己的思想持有异议("但见士子传诵所著书及答问书尺,类多笼罩包藏之语"),但叶适从不正面与自己商榷:"若欲有所言者,而竟嗫嚅不能出口。前后书疏往来,虽复少见锋颖,而亦未能彼此倾倒,以求实是之归。"①接着,他批评了陈傅良的避免通信辩论的观点:"窃料其心岂无所疑,只是已作如此声势,不可复谓有所不知,遂不免一向自瞒,强作撑柱,且要如此鹘突将去,究竟成就得何事业?"②

最后,朱熹批评了叶适对佛教的观点。叶适在来信中说:"在荆州无事,看得佛书,乃知世外瑰奇之说,本不能与治道相乱,所以参杂辨争,亦是读者不深考尔。"叶适的这一观点在后来《习学记言序目》中得到了充分阐述,本书第四章第一节将详细讨论。这里只说明一点,叶适认为儒学对佛教的宇宙论完全可以置而不论,不必浪费精力加以批驳,而只需关注于此岸的现实世界。朱熹的回应与上文引用的致陈傅良信中观点如出一辙:

> 此盖无他,只是自家不曾见得亲切端的,不容有毫厘之差处,故作此见耳。欲得会面相与剧谈,庶几彼此尽情吐露,寻一个是处。大家讲究到底,大开眼看觑,大开口说话,分明去取,直截剖判,不须得如此遮前掩后,似说不说,做三日新妇子模样,不亦快哉!③

只要见得义理透彻,那么无论在儒学内部还是面对佛教,都应该坚持公开辩论,讲究到底。朱熹在这封信中的最后一句话是:"年来见得此事极分明,乃知曾子实以鲁得之,而聪明辨博如子贡者,终不得与闻于此道之传,真有以也。"④朱熹贬低了"聪明辨博"、学术广博的子贡,褒扬了主张礼乐制度("则有司存")并非学者先务的曾子,表明他意识到了永嘉诸人更注重"史传世变"之

---

① 朱熹:《晦庵先生朱文公文集》卷五六《答叶正则》(来书毫毛钧石之喻),载朱杰人、严佐之、刘永翔主编:《朱子全书》第 23 册,第 2650—2651 页。
② 朱熹:《晦庵先生朱文公文集》卷五六《答叶正则》(来书毫毛钧石之喻),载朱杰人、严佐之、刘永翔主编:《朱子全书》第 23 册,第 2651 页。
③ 朱熹:《晦庵先生朱文公文集》卷五六《答叶正则》(向来相见之日甚浅),载朱杰人、严佐之、刘永翔主编:《朱子全书》第 23 册,第 2651 页。
④ 朱熹:《晦庵先生朱文公文集》卷五六《答叶正则》(向来相见之日甚浅),载朱杰人、严佐之、刘永翔主编:《朱子全书》第 23 册,第 2651 页。

学,关注经世致用。

差不多同时,朱熹在另一信中写道:"君举春间得书,殊不可晓,似都不曾见得实理,只是要得杂博,又不肯分明如此说破,却欲包罗和会众说,不令相伤,其实都晓不得众说之是非得失,自有合不得处也。叶正则亦是如此,可叹可叹!"①此时的朱熹对陈傅良、叶适的认识还停留在"杂博"和回避公开辩论这两点上。

二、绍熙二年曹叔远和朱熹的正面交锋

曹叔远(1159—1234),字器远,温州瑞安人,生平见《宋史》卷四一六本传,少学于陈傅良。登绍熙元年(1190)进士第。曾任国子录,嘉定元年(1208)在承直郎、太学博士任上,作《止斋集序》②,该年八月十二日罢。③ 嘉定六年(1213)三月,在承直郎、荆湖北路转运司干办公事任上。嘉定十三年(1220)七月至嘉定十四年(1221)间在潼川提刑府路提刑任上④,后任太常少卿、权礼部侍郎。官至终徽猷阁待制,累阶至太中大夫,以通奉大夫、焕章阁待制致仕⑤,谥文肃。⑥ 在朱子学已经显露出官学化势头的宁宗嘉定年间和理宗朝前十年(1225—1234),曹叔远孜孜不倦地整理永嘉学派文献,传播陈傅良的思想。他于嘉定元年(1208)整理完成《止斋先生文集》,整理了陈傅良《周礼说》(三卷)、《开基事要》(十卷,又名《建隆编》),并作序、刊刻。⑦ 嘉定五年(1212),曹叔远促成温州州学教授徐凤动用州学的"廪士羡缗"刻印此书。⑧ 在潼川府路提刑

---

① 朱熹:《晦庵先生朱文公文集》卷五三《答刘公度》(见喻旧见不甚分明),载朱杰人、严佐之、刘永翔主编:《朱子全书》第22册,第2487页。
② 曹叔远:《止斋先生文集序》,载陈傅良:《陈傅良先生文集》,周梦江点校,第705页。
③ 徐松辑:《宋会要辑稿》职官七三之四一,第9册,第5024页。
④ 此据徐松辑:《宋会要辑稿》职官七五之二六:"(嘉定十三年)九月十九日,知合州郭公辰放罢。以其民事,郡政并不经意,从潼川提刑曹叔远论奏故也。"(第9册,第5086页)以及叶适《叶适集·水心文集》卷一一《潼川府修城记》(第196页)。
⑤ 洪咨夔:《平斋集》卷一九《太中大夫曹叔远特转通奉大夫依前焕章阁待制致仕制》,《文渊阁四库全书》第1175册,第242页。
⑥ 洪咨夔:《平斋集》卷二〇《曹叔远赠光禄大夫制》,《文渊阁四库全书》第1175册,第248页。
⑦ 晁公武:《昭德先生郡斋读书志》卷五上"《开基事要》"条。
⑧ 曹叔远:《止斋先生文集后序》,载陈傅良:《陈傅良先生文集》,周梦江点校,第705页。

任上，刊刻了薛季宣的文集《浪语集》。①

在陈傅良、朱熹都认为需要当面交流的情况下，曹叔远的竹林精舍之行无意中促成了两派的第一次交锋。绍熙二年(1191)②，刚刚于上一年中进士的曹叔远来到位于建阳的竹林精舍，拜见了朱熹。两人随即发生了辩论。③ 二人的对话被《朱子语类》较为完整地记录下来，涉及了道法关系、"是非"与"利害"的关系、功夫次序等多个重要哲学命题，因此本章后续各节都会讨论朱、曹辩论中的相关内容。

曹叔远既是永嘉学派的忠实传人，又曾与朱熹当面论学，身份相当特殊。理学人士吴泳在给曹叔远的信中写道：

> 惟永嘉陈氏之学则得于薛公持正，建安朱氏之学接于周公行己，许公景衡而实本伊川也，太博崛起南方，学问有委源，行己有矩度，甫年二十从止斋游，则读书讲学已就事上穷究实体，其后与晦翁往复问答，剖析疑义，则又欲从理上推致于事事物物之间，其实元一法也。④

这段话清晰勾勒了曹叔远在南宋思想脉络传承中的地位，同时精确地概括了曹叔远与朱熹对话的核心观点："又欲从理上推致于事事物物之间。"

曹叔远离去后，朱熹意识到与永嘉学派的分歧已经公开化，他在致黄榦的信中说："陈君举门人曹器远来此，不免极力为言其学之非，又生一秦矣。"⑤朱熹还致信陈傅良：

> 近曹器之来访，乃得为道曲折，计其复趋函丈，必以布露，敢丐高明少

---

① 薛季宣的侄孙薛师旦于宝庆二年重刻《浪语集》时写道："顷华文曹太博持节东川，尝取奏札及简牍等刻于蜀矣，而亦憾不得其全书。"薛师旦：《浪语集跋》，载薛季宣：《薛季宣集》，张良权点校，第624页。
② 束景南《朱熹年谱长编》(第1024页)认为在三月。
③ 曹叔远拜访竹林精舍的时间据方彦寿《朱熹书院与门人考》(第158页)考证，下引朱熹《答陈君举》信亦在本年。竹林精舍在建阳三桂里考亭，绍熙五年改名为沧州精舍，后又称考亭书院。
④ 吴泳：《鹤林集》卷三二《上曹太博书》，《文渊阁四库全书》第1176册，第313页。
⑤ 朱熹：《晦庵先生朱文公续集》卷一《答黄直卿》(陈君举门人曹器远来此)，载朱杰人、严佐之、刘永翔主编：《朱子全书》第25册，第4649页。

垂采择，其未然者痛捂击之，庶有以得其真是之归，上不失列圣传授之统，下使天下之为道术者得定于一，非细事也。惟执事图之。①

朱熹明确告诉陈傅良，曹叔远与自己观点多有分歧，希望陈傅良能够准确完整地知悉这些分歧和朱熹的批评，目的是"庶有以得其真是之归，上不失列圣传授之统，下使天下之为道术者得定于一"。因为永嘉学派源出程学的一支，而当下的发展趋势却正在逐渐偏离程学，以致他不得不以程学正统的身份来加以纠正，此所谓"定于一"。

朱熹在给胡大时的信中则更明白地指出："君举、象先（按：薛叔似字象先）未相识，近复得书，其徒亦有来此者，折其议论，多所未安。最是不务切己，恶行直道，尤为大害。不知议论之间颇有亦及此否？王氏《中说》，最是渠辈所尊信，依仿以为眼目者，不知所论云何？"②"其徒"就是指曹叔远，"王氏"即王通。胡季随（按：名大时）曾师从陈傅良，故朱熹给予警告，认为永嘉学派最大的问题是轻视个体的道德修养功夫（"不务切己"）。

经过绍熙二年（1191）曹叔远的建阳之行，朱熹对永嘉学派的思想有了一个大体的把握，在致项安世的信中，他系统地阐述了自己对这次交锋的思考。③本章下文将摘引、分析这封信里的重要观点。

三、朱熹、陈傅良共同立朝期间的交涉

绍熙三年（1192），陈傅良到阙，留为吏部员外郎。六月，升秘书少监。七月，兼皇子嘉王府赞读官。④十二月底，升起居舍人。四年（1193）正月，兼权中书舍人。十二月，升起居郎，兼职如故。陈傅良自称是"极一时儒者之遇"⑤，洎

---

① 朱熹：《晦庵先生朱文公文集》卷三八《答陈君举》，载朱杰人、严佐之、刘永翔主编：《朱子全书》第21册，第1714—1715页。
② 朱熹：《晦庵先生朱文公文集》卷五三《答胡季随》（闲中时有朋友远来讲学），载朱杰人、严佐之、刘永翔主编：《朱子全书》第22册，第2516页。
③ 朱熹：《晦庵先生朱文公文集》卷五四《答项平父》（录寄启书），载朱杰人、严佐之、刘永翔主编：《朱子全书》第23册，第2543—2544页。
④ 脱脱等：《宋史》卷三六《光宗纪》："七月……增嘉王府讲读官二员。"（第703页）
⑤ 陈傅良：《陈傅良先生文集》卷二一《封事》，周梦江点校，第291页。

非夸饰。绍熙三年,光宗不肯过宫朝孝宗,且在孝宗驾崩后不肯主持丧事,陈傅良力争未果,深感失望,于绍熙五年(1194)五月四日请祠,得允,遂弃官离都。七月五日,宁宗(即嘉王)登基,袁说友要求启用陈傅良,称赞他"忧国爱君""一时人望所属"①,八日,除陈傅良起居郎,十三日,正除中书舍人。八月初,陈傅良到阙供职,六日,兼侍讲。闰十月,兼直学士院,仕途达到了一生的顶点。

另一方面,朱熹于绍熙五年九月三十日,到达临安任职。闰十月二十六日启程离都。在近两个月中,朱熹与陈傅良联手上札乞褒录娄寅亮、岳飞建储之功。当赵鼎之子求朱熹为赵鼎作墓志铭时,朱熹婉言推辞的同时推荐陈傅良执笔:"今陈丈君举郎中,精敏该洽,词笔高妙,皆熹所不能望其万一者,若举而属之,公论无不以为宜者。"②陈傅良还起草了朱熹父亲、母亲、妻子明堂恩封赠告词。朱熹特地为此写了两封信给陈傅良,希望在制词中能够叙入其父母一生出处大节、贤德清正之类。③ 不过,后来朱熹曾批判陈傅良任中书舍人时起草的制词"殊未得体,王言温润,不尚如此"④。

在绍熙五年(1194)九、十月间,陈傅良已经隐然与朱熹相颉颃。彭龟年于绍熙五年十月以吏部侍郎兼侍讲,因为官职杂压在陈傅良、朱熹之上,故经筵的排名也在二人之上,对此他表示了不安:"臣之学问委是不如二臣。经帷讲读,政当以学问高下为差,不当以官职杂压为序。"⑤要求排名于朱熹、陈傅良之后。绍熙三年(1192)陈傅良还朝任吏部员外郎,第一次召对时就被光宗问到其所著的《周礼说》,朱熹致信蔡元定称:"君举在上前陈说极详缓勤恳,其所长自不可及,区区实敬爱之,非但如来教所云也。"⑥可能蔡元定在来信中对陈傅良有某些负面意见,朱熹特意澄清"区区实敬爱之"。朱熹在另一封信中也提到:

---

① 袁说友:《东塘集》卷一三,《文渊阁四库全书》第 1154 册,第 298 页。
② 朱熹:《晦庵先生朱文公文集》卷六四《答赵郎中》,载朱杰人、严佐之、刘永翔主编:《朱子全书》第 23 册,第 3118 页。
③ 详见《朱熹年谱长编》第 1178 页。这两道制词见陈傅良:《陈傅良先生文集》卷一五《焕章阁待制侍讲朱熹明恩赠父》(第 225—226 页),妻子封赠一告似非陈傅良书行。
④ 黎靖德编:《朱子语类》卷一三九,第 3316 页。
⑤ 彭龟年:《止堂集》卷四《论经筵讲读不当以官职杂压为序奏》,《文渊阁四库全书》第 1155 册,第 796 页。
⑥ 朱熹:《晦庵先生朱文公文集》卷四四《答蔡季通》,载朱杰人、严佐之、刘永翔主编:《朱子全书》第 22 册,第 1998 页。束景南《朱熹年谱长编》(第 1142 页)系此书于绍熙五年八月。

"君举奏对,上问以读书之法,不知其对云何也?"①陈傅良能直接向皇帝提出关于读书讲学的建议,这引起了朱熹的重视。

这样一来,陈傅良与朱熹的关系更加微妙:一方面,二人相互协作乃至共同进退;另一方面,自绍熙二年(1191)春以来暴露出来的两个学派的思想分歧又难以消弭。就在政治与学术的纠结中,绍熙五年闰十月七日,以朱熹入奏《祧庙议状》为标志,陈傅良与朱熹发生了庙制之争。

宋代开国以后,庙制一直遵循"天子七庙"之制,但七庙之中有四庙是太祖的祖先:僖、顺、翼、宣四祖。七庙如果数满,那么新的庙主祔入后势必要祧去庙中已有之主。在徽宗崇宁初年(1102),蔡京改七庙体制为唐朝的九庙体制。到孝宗末年,太庙共九世十二室。太祖以前的四祖,只剩僖祖。② 这样到了宁宗即位,孝宗祔庙时,庙数已满,必须祧去一祖。宰相赵汝愚主张祧去僖祖,正太祖东向之位,陈傅良等人大力支持;朱熹则坚持保留僖祖,祧去真宗、哲宗;或者在已有十二室的基础上增加孝宗一室。为此陈傅良与朱熹各自撰写了专门的论文,朱熹弟子记此事为:"祧僖祖之议,始于礼官许及之曾三复,永嘉诸公合为一辞,先生独建不可祧之议,陈君举力以为不可。赵揆(按:赵汝愚)颇右之。"③所谓"永嘉诸公"包括了永嘉学派的陈傅良和叶适。因这场辩论的主要内容是关于历代太庙制度细节的变革和得失的,故本书不拟展开讨论。④

庙议的第二年宁宗庆元元年(1195),"庆元党禁"拉开帷幕,朱熹和陈傅良相继遭到贬责,直到庆元六年(1200)朱熹去世,永嘉学派与他再没有发生过学术辩论。

第二节　语道非其序,则非道也

正如本书第二章所指出的那样,吕祖谦、陈亮、薛季宣都对二程理学"不足

---

① 朱熹:《晦庵先生朱文公文集》卷五三《答胡季随》,载朱杰人、严佐之、刘永翔主编:《朱子全书》第22册,第2517页。
② 限于篇幅,本文不能对上述诸人观点一一罗列,此处综合李心传《建炎以来朝野杂记》甲集卷二《九庙七庙之制》、乙集卷四《绍兴至庆元臣僚太祖东向之位》,赵彦卫《云麓漫钞》卷一〇二。
③ 黎靖德编:《朱子语类》卷一〇七,第2660页。
④ 详见王宇《道行天地:南宋浙东学派论》第五章第二节。

以涉事耦变"(吕祖谦《薛常州墓志铭》中语)而感到担忧,提出应重视制度之学的主张。陈傅良在薛季宣的基础上,在《唐制度纪纲如何论》一文中进一步批判了"任道而废法"的观点,认为对"道"的研究必然包括了对"法"(制度之学)的研究,"道"不仅是抽象的教条,更是具体的、复杂的制度安排,不能片面强调二者孰先孰后。朱熹针锋相对地指出,在功夫顺序中,"制度之学"的优先性应该排在"道德性命之学"(或"身己之学")之后,《大学》"八条目"中,"格、致、诚、正"为主要内容的"修身"之学是首要的;"齐家、治国、平天下"是次要的,也是前者派生的结果。

一、《唐制度纪纲如何论》对"任道而废法"的批判

《唐制度纪纲如何论》是《止斋先生奥论》(本文简称《奥论》)第一卷的第一篇,是陈傅良科举时文中"论"体文的集子。在南宋科举考试的解试、殿试中,"论"文一篇是第二场所考科目。《奥论》卷一至卷六所收各文俱不见于通行的《止斋先生文集》,可能是被陈傅良或弟子蔡幼学在编辑《止斋集》时删去了。① 在这篇文章中,陈傅良既批评了"任道而废法"的观点,也批评了"徒法而已"的倾向。

陈傅良在全文的开篇就提出了:"天下无离道之法,离道非法也。""法"离不开"道",制度纲领应该以"道"为价值引领。接着他写道:

> 古之治天下者纯任道,后之治天下者纯任法,儒者固有是言。自儒者之为斯言也,而始离道于法,每以为后世徒法而已。②

"儒者"对"道法"关系有一种偏颇的认识:三代盛世,只以"道"来治理天下,"道"可以完全抛弃"法",可以不需要贯彻落实为"法",便能"以道治天下";三代以下,只懂得以"法"来治理天下。在这些"儒者"看来,"道"与"法"水火不相容

---

① 《止斋先生奥论》的版本情况,参见孙诒让:《温州经籍志》卷二〇,第894—895页。本文所据版本为中国人民大学出版社藏崇祯八年七卷(卷首一卷、正文七卷)刻本,收入《中国人民大学图书馆藏古籍珍本丛刊》,第118、119册,北京燕山出版社2012年版。
② 陈傅良:《止斋先生奥论》卷一《唐制度纪纲如何论》,《中国人民大学图书馆藏古籍珍本丛刊》第118册,第375页。

不能并存。陈傅良所要批判的正是"后之儒者"这种将"道"与"法"对立起来的观点。

陈傅良承认,后世确实存在"任法不任道"的极端情况,"法"缺乏"道"的价值引导,必然会发生弊端:

> 其间固有彼善于此者,窃取先王之制而整齐之,使天下之无法为有法。然而分画益详,维持益密而道德之意益薄,是亦徒法而已。呜呼,徒法必不能以自行,而其失又在于徒法也。①

所谓"其间",是指"后之治天下者""固有彼善于此者",即指汉唐盛世。"善于此"的"此",是指"先王之法"。"徒法必不能以自行",语出《孟子·离娄上》"离娄之明章":"故曰,徒善不足以为政,徒法不足以自行。"孟子主张"善"必须表现为一定的制度形态,才能够在实际政治中得到推行;任何典章制度都必须有"善"的引领和规定,只有仁人才能施行仁政。陈傅良秉承孟子此说,首先要证明"古之治天下者"并非"任道而废法","法"对三代圣王来说至关重要,三代圣王正是运用了各种制度纪纲——即"先王法度"——才得以治理天下,这些制度纪纲是"道"的完美体现,"道不离法、法不离道"。

为了论证"古之治天下者"离不开"法",陈傅良写道:

> 三代而上,治天下之具,其凡见于《诗》《书》,其目见于《周礼》,其纤悉委曲见于《仪礼》《司马法》。所谓秩宗政典、九刑之书者,类不胜记。吾求其制度矣,自其身之衽席冕服始,而拔之于表著之位、乡校之齿、井牧之画、军旅之伍。吾求其纪纲矣,自其家之父子兄弟始,而达之于尊卑之秩、长幼之叙、内外之权、轻重之势。而所以分画甚详,而维持甚密也。当是时,清谈不作,而士大夫相与讲切,率不外此。②

---

① 陈傅良:《止斋先生奥论》卷一《唐制度纪纲如何论》,《中国人民大学图书馆藏古籍珍本丛刊》第118册,第376页。
② 陈傅良:《止斋先生奥论》卷一《唐制度纪纲如何论》,《中国人民大学图书馆藏古籍珍本丛刊》第118册,第377页。

三代圣王治理天下的工具就是"三代之法","三代之法"可以分为具体的"制度"和抽象的"纪纲",而"纪纲"是"制度"的原则和精神。陈傅良将"三代之法"的"纪纲"总结为"分画甚详而维持甚密"。所谓"分画",首先是指各种政治、军事、社会秩序,也特指"分画委任",指中央与地方之间清晰合理的事权划分,合理的"分画"既不是强干弱枝的郡县制,也不是尾大不掉的封建制。"维持甚密"则是指制度的功效应该是实现国家的长治久安,而非骤盛骤衰。由于三代讲求制度纪纲,故三代士大夫所研究讨论的也是制度纪纲,因此"清谈不作"。所谓"清谈",指那种轻视"法"在"治天下"中的地位和作用,认为"道"可以离开"法"实现治理天下的观点。

三代之后,三代之治在历史时空中消失,"三代之法"却非常详细地记载于《诗》《书》《周礼》《仪礼》等经典之中,可以通过研究"三代之法"来把握三代治天下之"道"。但是,有一种观点认为载籍所见的三代制度只是残篇断简,不足为据,应该根据《尚书·大禹谟》的"十六字箴"("人心惟危,道心惟微;惟精惟一,永执厥中")把握"三代之道"的全体大用。陈傅良对此进行了批评:"盖至于舜、禹传心精微之论,寂寥简短,不能数语。夫岂不足于道,而数数于法守欤?夫诚非不足于道者,而犹数数若是,盖不若是,非所以为道。"①"十六字箴"这寥寥十六个字远不足以概括体用兼备、规模宏远的"三代之道";经过孔子整理的六经还不厌其烦("数数若是")地记载各种三代制度,正是因为不如此就不能准确、全面地把握三代之道("盖不若是,非所以为道")。

陈傅良进一步分析了"任道废法论"的缘起:"任道而废法之论,其殆出于周之末造。儒者伤今思古、直情径行者之说乎。大道之行,无所事法,盖记《礼》者以为仲尼叹鲁之言。噫,是非夫子之言也!"②"大道之行"出于《礼记·礼运》篇,但《礼记》中并无"无所事法"一语。《礼运》认为上古"五帝"统治时期是"大道之行"的"大同"时代,代表文明最高阶段,"礼义制度"在夏商周三代出现,"礼义制度"的出现成了人类文明倒退堕落的标志。陈傅良将《礼运》的观点总结

---

① 陈傅良:《止斋先生奥论》卷一《唐制度纪纲如何论》,《中国人民大学图书馆藏古籍珍本丛刊》第118册,第378页。
② 陈傅良:《止斋先生奥论》卷一《唐制度纪纲如何论》,《中国人民大学图书馆藏古籍珍本丛刊》第118册,第378页。

为"大道之行,无所事法",并指出,这是伪托孔子之言,绝不代表儒家的观点。①载籍所见,三代的一系列制度纪纲可以供后代学习、取法,"后之治天下者"继承、汲取了三代制度纪纲的部分精华,体现了"道"的价值追求,尤其是唐太宗实行的均田制、府兵制、租庸调制、中央三省六部制等,最接近三代之道。②

既然唐太宗的制度纪纲如此完备合理,为什么一传、再传之后就会出现"法犹在而唐乱形已见"的局面,最终导致安史之乱?陈傅良在提出自己的解释前,先批驳了一种"儒者"的观点:

> 儒者因是谓分画益详,维持益密,而道德益薄之效,遂将借口以尽去先王之旧。呜呼,吾独以为唐之三百年而存者,为其犹详且密也;唐之一再传而乱者,为其犹不详且密也。③

部分"儒者"将"道德"与"制度"对立起来,认为制度越周密、越完备,"仁义之心"就更加淡薄,道德就更加堕落。陈傅良反驳称,唐太宗的法度经历两代之后就走向中衰,并不是因为法度过于"详密",而是不够"详密"。陈傅良解释了个中原因:

> 何也?身者,人之仪也;家者,天下之本也;宗庙朝廷者,州闾乡党之所从始也。唐世之法,大凡严于治人臣,而简于人主之一身;遍于四境,而不及于其家;州闾乡井断断然施之实政,而朝廷宗庙之上所谓礼乐者则皆虚文也。当是时,坊团有伍,而闺门无度,古人制度宜不如此;上下足以相维,而父子夫妇不能相保,古人纪纲宜不如此。若是而又曰唐法之病于详且

---

① 程朱一派的学者也认为《礼运》篇中"大同、小康"的划分是黄老道家思想,参见元人陈澔《礼记集说》卷四,万久富整理(凤凰出版社2010年版,第169页)。在黎靖德编《朱子语类》卷八七中,朱熹两次提到此事,但态度有所不同,一方面,当弟子质疑《礼运》"似与老子同",朱熹承认此篇"不是圣人书",也不可能如胡寅所言是子游所作,因为文义过于"浅";但另一方面朱熹又认为三代不如上古之说"有理"(第2240页)。
② 关于《唐制度纪纲如何论》对唐太宗执政得失及其道德动机的分析有大段论述,详见本章第三节。
③ 陈傅良:《止斋先生奥论》卷一《唐制度纪纲如何论》,《中国人民大学图书馆藏古籍珍本丛刊》第118册,第381页。

密,夫详且密固阔略于其上而纤悉于其下,舍本而重末邪?①

唐太宗的制度纪纲仅仅局限于国家政治层面,即长于治国、平天下,而在君主自身以及宫廷之内,毫无修身、齐家之法可言。这就违背了《礼记·大学》"天子以至庶人,一是皆以修身为本"的教导,是"舍本而重末"。那么唐代制度应该怎样改革,以便纠正"舍本重末"的弊端呢?陈傅良说:

> 然则为唐之制度纪纲宜何如焉?曰:自其身之衽席冕服始,而放之于表箸之位、乡校之齿、井牧之画、军旅之伍,则唐之制度非唐之制度,而三代之制度也;自其家之父子兄弟始,而达之于尊卑之秩、长幼之序、内外之权、轻重之势,则唐之纪纲非唐之纪纲,三代之纪纲也。②

唐太宗应该以修身为本,然后推之于家庭、乡里、国家、天下,这样唐代制度纪纲才能长治久安,接近理想的"三代之纪纲"。

《唐制度纪纲如何论》一文写作的时间虽无可考,但浓缩了永嘉学派"制度新学"的理论成果。

第一,"道"的广义与狭义。细读《唐制度纪纲如何论》可以发现,陈傅良所谓"道"有两种含义,一种"道"是健全的、有体有用的"三代之道","法"是这种"道"的重要组成部分,也是"道"的实现形式,而关于主体身心修养的学问也是其中的重要组成部分。三代结束后,第一种"道"因为失去了社会形态的依托,已经不存在,但其中包含的"法"的部分和关于身心修养的部分都在载籍中保存了下来。而第二种"道"就是指关于身心修养的学问,虽然也可以称之为"道",但已经不是全面的、体用兼备的"三代之道",而是片面的、抽象的、与"法"相分离的"道",特指主体的道德修养之学,在经典中体现为《尚书·大禹谟》的"十六字箴",也就是程朱理学所提倡的"道学"。

第二,在这一前提下,陈傅良着重反对"任道而废法",论证"道"与"法"在任

---

① 陈傅良:《止斋先生奥论》卷一《唐制度纪纲如何论》,《中国人民大学图书馆藏古籍珍本丛刊》第118册,第381—382页。
② 陈傅良:《止斋先生奥论》卷一《唐制度纪纲如何论》,《中国人民大学图书馆藏古籍珍本丛刊》第118册,第383页。

何时代既不能相离,也不能相互替代、相互取消,反对将三代之治化约为"虞廷十六字箴",这里的"道"都特指第二种片面、狭义的"道"。

第三,陈傅良指明了这样一条治学路径:若要接续三代道统,必须把研究六经与研究历史结合起来,从六经中复原三代制度,又从历史中追溯先王制度是如何自三代以下至南宋一步一步地远离三代道统的,通过比较分析,追寻后世制度设计之中哪些部分残留了三代道统的精神。唐太宗的制度纪纲在汉以下各朝中最接近三代之法,离宋代较近,留存资料比较丰富,最值得研究。

第四,虽然肯定了"法"的重要性,陈傅良始终恪遵《大学》"八条目"之教,认为"修身""齐家"是"治国""平天下"的根本,因此他批评李世民所行仁政"非由内心以生"。陈傅良又强调,修身齐家虽然要改造主观世界,但也需要通过外在的制度纪纲相配合才能实现,制度纪纲是一以贯之地贯穿于《大学》"八条目"始末的。

二、朱熹的批评

现在无法确认朱熹有没有读到过《唐制度纪纲如何论》,但绍熙二年(1191)曹叔远与朱熹对话时,朱熹已经从前者那里了解到了陈傅良的观点。曹叔远在谈及永嘉学派思想形成的问题意识时,批评了程学在经世致用方面的缺陷:"少时好读伊洛诸书。后来见陈先生,却说只就事上理会,较着实。若只管去理会道理,少间恐流于空虚。"①作为对这种看法的回应,朱熹说:

> 故此心虽似明白,然却不能应事,此固已失之矣。后来知此是病,虽欲穷理,然又不曾将圣贤细密言语向自己分上精思熟察,而便务为涉猎书史、通晓世故之学。②

在朱熹看来,所谓程学"不能应事"是一个伪命题。如果程学人士"不能应

---

① 黎靖德编:《朱子语类》卷一二〇,第2896页。
② 朱熹:《晦庵先生朱文公文集》卷五四《答项平父》,载朱杰人、严佐之、刘永翔主编:《朱子全书》第23册,第2543页。

事",唯一的原因是没有在"身己"上下功夫,没有把圣贤的教导落实在自己的身心修养上,转而走向了"涉猎书史、通晓世故"的外倾化路线:

> 故于理之精微既不能及,又并与向来所守而失之,所以伥伥无所依据,虽于寻常浅近之说亦不能辨,而坐为所惑也。夫谓不必先分儒、释者,此非实见。彼此皆有所当取而不可偏废也,乃是不曾实做自家本分工夫,故亦不能知异端诐淫邪遁之害,茫然两无所见,而为是依违笼罩之说,以自欺而欺人耳。若使自家日前曾做得穷理工夫,此岂难晓之病耶?

所谓"并与向来所守而失之",指由于日益沉溺于制度之学,本来便薄弱的程学修养逐渐淡漠,对程学的怀疑与日俱增,最终丧失仅有的辨别是非的能力,出现了陈傅良规劝朱熹不要与林栗、陆九渊、陈亮辩论,无原则鼓吹"包罗合会"的怪相。

朱熹对曹叔远说,孔子在《论语》中的教导以"克己复礼"为首要的、贯穿始终的功夫,"为邦"是次要的、从属的、派生的,次序不容紊乱:

> 又曰:"又有说道:'身己自着理会,一种应出底事又自着理会。'这分明分做两边去。不知古人说修身而天下平,须说做不是始得。《大学》云'物格而后知至,知至而后意诚'云云,今来却截断一项,只便要理会平天下,如何得!"又曰:"圣门之中,得其传者惟颜子。颜子之问,夫子之答有二项:一则问为仁,一则问为邦。须知得那个是先,那个是后。也须从'克己复礼'上做来,方可及为邦之事,这事最分晓可见。"①

在朱熹看来,"道"的二分法在根本上就是错误的,《大禹谟》的"十六字箴"与"三代之道"毫无二致,在王霸义利之辩中,他反复强调了这一点。② 因此,"法"自"道"出,"法"是派生性的,不可能与道德性命之"道"并列。永嘉学派一方面承认要"克己复礼",身心功夫不能放松("身己自着理会"),同时,又另有一

---

① 黎靖德编:《朱子语类》卷一二〇,第2897页。
② 参见王宇:《道行天地:南宋浙东学派论》,第171—187页。

种"应出底事"急需去实践,就是经世致用,"为邦"、治国、平天下,表面上看似乎是两翼齐飞,"内外交相明",实际上已经把"格物、致知、正心、诚意"的"身己工夫"淡化了、削弱了。

庆元四年(1198),朱熹在批评"浙中近来有一般议论"时,阐述了他对永嘉学派的制度新学的看法。① 他说:

> 今于"在明明德"未曾理会得,便先要理会"新民"工夫,及至"新民",又无那"亲其亲、长其长"底事,却便先萌个计功计获底心,要如何济他? 如何有益? 少间尽落入功利窠窟里去。固是此理无外,然亦自有先后缓急之序。未曾理会得正心、修身,便先要治国、平天下,未曾理会自己上事业,便先要"开物成务",都倒了。②

《大学》"三纲领"中,"明明德"是个体的修身功夫,"新民"是"齐家、治国、平天下","明明德"是首要的,只有"明明德"之后,经世致用才不会被"计功计获底心"所误导,从而走向功利主义的邪路上去。但永嘉学派颠倒了顺序("都倒了"),"明明德"尚未完成,先去理会经世外王的本领和知识:

> 而今诸公只管讲财货源流是如何,兵又如何,民又如何,陈法又如何,此等事,固当理会。只是须识个先后缓急之序,先其大者、急者,而后其小者、缓者。③

那些关于财政、军事、民事的知识,确实是儒者需要学习掌握的对象,但是学习这些知识必须遵循"先后缓急之序",与"明明德"相比,这些属于"小者、缓者"。由于永嘉学派不适当地提高了"制度新学"的功夫顺序,所以出现了"道法二元"的怪论。朱熹批评叶适说:

---

① 此条语录的记录者为沈僩(字庄仲),系于庆元四年(1198)所录,见方彦寿:《朱熹书院与门人考》,第206页。
② 黎靖德编:《朱子语类》卷七三,第1848页。
③ 黎靖德编:《朱子语类》卷七三,第1848页

> 言世间有一般魁伟底道理，自不乱于三纲五常。既说不乱三纲五常，又说别是个魁伟底道理，却是个甚么物事？也是乱道，他不说破，只是笼统恁地说以谩人。①

"世间有一般魁伟底道理"到底是什么，以致叶适认为能够与"三纲五常"的"道"相提并论，这从《朱子语类》原文中很难获得确解，但结合魏了翁的一段对陈傅良的评价，便一目了然：

> 鹤山先生云："荆公常以道揆自居，而元不晓道与法不可离。如舜为法于天下，可传于后世，以其有道也。法不本于道，何足以为法？道而不施于法，亦不见其为道。荆公以法不豫道揆，故其新法皆商君之法，而非帝王之道，所见一偏为害不小。"因说永嘉二陈作《唐制度纪纲论》，云："得古人为天下法，不若得之于其法之外，彼谓仁义道德为法之外事，皆因荆公判道法为二，后学从而为此说，曾于南省试院为诸公发明之，众莫不伏。"②

魏了翁直接点名《唐制度纪纲如何论》这篇论文，批评其鼓吹"道法二元"，认为"道"代表了"尊德性"的修身功夫，"法"则指"制度新学"，永嘉学派认为仅仅依靠前者不能完成治国平天下，而需要与之并列的"制度新学"。对"道"与"法"的追求并不必然是时间先后的问题，二者在实践中应该是交织在一起的。魏了翁还引入了孟子"道揆、法守"的二元论，他评价永嘉学派在王安石的错误引导下，认为"道揆"并不包括"法守"，二者是两个相互独立的知识系统，所以发展出了"制度新学"。

庆元四年（1298）朱熹指出，自己与陈傅良的分歧在于"次序"：

> 君举（按：陈傅良，字君举）所说，某非谓其理会不是，只不是次序。如庄子云"语道非其序，则非道也"，自说得好。如今人须是理会身心。如一

---

① 黎靖德编：《朱子语类》卷一二三，第 2966 页。
② 魏了翁：《鹤山先生大全文集》卷一〇四《周礼折衷》，《四部丛刊》本，第三十二页。按：二陈，当指陈傅良与陈武。

片地相似,须是用力仔细开垦。未能如此,只管说种东种西,其实种得甚么物事!①

所谓"君举所说,某非谓其理会不是",说明陈傅良"天下无离道之法"的表述,在字面上毫无问题;至于具体的制度研究,也是朱熹本人十分钟爱的学术领域,他热心改革各种制度(如社仓法),孜孜不倦地编辑《礼书》,都是明证。因此,两派的分歧在于"不是次序"。具体来说,有两个方面的问题:

第一,三代以下,"道"如何存续,两派的理解完全不同。由于《孟子·离娄上》"离娄之明章"提出"徒善不足以为政,徒法不足以自行",故两派都同意"天下无离道之法"这一大前提,永嘉学派强调"徒善不足以为政",强调"法"是"道"落实于历史时空中的中介和方法,探索"道"就不能抛弃"法",并非离经叛道的观点。但永嘉学派认为三代之后,全面的"三代之道"已经消失;而只剩下狭义的、道德性命之学的"道",这种"道"与"法"形成了二元并立的关系。程朱理学则强调狭义的"道"浓缩了"三代之道"的本质,强调这种狭义的"道"是"法"的灵魂和精神,在任何情况下都高于"法"。在功夫顺序上,身心功夫才直面这种"道"本身,因此是首要的、第一义的;至于研究制度细节的功夫,则是派生的、次要的。

第二,永嘉学派批评那种"任道而废法"的观点是"清谈",反对把"十六字箴"认定为"三代之道"的全体大用,而只是对"三代之道"的部分总结;程朱理学则直接批评永嘉学派是"彼谓仁义道德为法之外事","言世间有一般魁伟底道理,自不乱于三纲五常"。可见,永嘉学派与程朱理学相互指责对方割裂了"道"与"法"的内在有机联系,违背了"天下无离道之法"的基本规定,都认为对方犯了"道法二元"的错误。这说明,双方的分歧是基于对功夫顺序的认识的不同,而在朱熹看来,顺序的不同就决定了双方对儒家之"道"本身的理解存在重大分歧。

---

① 黎靖德编:《朱子语类》卷八四,第2180页。记录者为沈僩(字庄仲),系于庆元四年(1198)所录。"庄子云"出自《庄子·天道》:"宗庙尚亲,朝廷尚尊,乡党尚齿,行事尚贤,大道之序也。语道而非其序者,非其道也;语道而非其道者,安取道!"

第三节 "有是非,无利害"与"事求可,功求成"

朱熹与永嘉学派的第二大分歧是关于动机与效果的关系问题,双方的立场可以简单概括为,朱熹认为"有是非,无利害",永嘉学派主张"事求可,功求成",永嘉学派后来之所以经常被贴上"事功学派""功利学派"的标签,也正是因为"事求可,功求成"的主张。但在具体辩论中,双方围绕着如何评价汉唐两代的盛世霸业、对司马光"元祐更化"的成败评价,逐步展开了自己的立论和分析。关于这个问题的辩论,主要体现在陈傅良对"王霸义利之辩"双方观点的评论,陈傅良《唐制度纪纲如何论》,绍熙二年曹叔远与朱熹的辩论这三个历史节点上。

一、陈傅良对"王霸义利"之辩的评论

在淳熙九年(1182)至淳熙十二年(1185),陈亮与朱熹发生了"王霸义利"之辩,这场辩论对南宋朱学、陆学、浙学三足鼎立的思想格局的形成,具有里程碑式的意义。永嘉学派诸人虽然没有直接参与这场辩论,但对辩论双方的观点非常了解,并基于自身的思想立场发表了看法。

陈亮在辩论中主张,汉唐英主虽然也存在私心,但是他们开创的盛世客观上达到了"仁民爱物"的效果,可以由此逆推汉祖唐宗"彼其初心无异于尧舜"。他们的主观动机中已经结合了"仁义礼信"(价值判断)动机和"智"。故可以单纯地对已经实现的"功业"(效果)进行价值判断,从效果的价值意义来逆推动机的价值意义。陈亮还指出,要将每一个具体的历史事件(效果)与特定时间的动机(决策、选择等)一一对应上是根本做不到的;只要其具体的行为收到实际的良好效果,就应该承认与这些效果相对应的行为动机是正当的。

朱熹则坚持并不存在可以加以孤立地进行价值判断的效果,所有历史事件的道德意义都可以从动机中找到答案。即便汉唐功业有"仁民爱物"之处,论其动机,仍然全部是"私欲",虽然获得了较好的效果,只能说是"暗合",决不能逆推汉祖唐宗的动机中即具有了"尧舜之心"。判断一个历史人物的"心术"

的邪正,只需要在文献中还原个别事件、个别时间上的动机是恶的,那么他的全部人格就宣告破产,全部政治成就就是"欺罔"。

围绕汉唐霸业的第二个问题是,汉唐霸业的"仁民爱物"效果是不是"道"的体现。在陈亮看来:"三代以道治天下,汉唐以智力把持天下,其说固然已不能使人心服;而近世诸儒遂谓三代专以天理行,汉唐专以人欲行,其间有与天理暗合者,是以亦能久长。"①三代与汉唐一样,都是"天理"(或"道")、"智力"综合作用的结果,故"道"无论在什么时间点,都以不同的形式运行于天地之间。朱熹则表示:"千五百年之间,正坐如此,所以只是架漏牵补,过了时日。其间虽或不无小康,而尧、舜、三王、周公、孔子所传之道,未尝一日得行于天地之间也。"②

陈傅良在得悉了王霸义利之辩始末后,与陈亮有两封通信。在第一封信中,可能是没有完全理解这次辩论双方的主要观点,陈傅良采取了"各打五十大板"的立场,他首先盛赞这次辩论极为有益("不知几年间更有一番如此议论"),随后认为陈亮在书信的措辞和论证上不如朱熹严谨:"老兄跳踉号呼,拥戈直上,而无修辞之功,较是输他一着也。"接着他总结了双方的观点:

> 以不肖者妄论:功到成处,便是有德,事到济处,便是有理。此老兄之说也,如此,则三代圣贤枉作功夫。功有适成,何必有德,事有偶济,何必有理。此朱丈之说也,如此,则汉祖唐宗贤于盗贼不远。

陈傅良把陈亮的观点解释为:想要做一件事情,只要最终把这件事情做成,那么整个事件的道德价值就是正面的,而不必去考虑做这件事的动机是否正当,这就成了彻头彻尾的功利主义者。朱熹的观点是:做一件事情的正当性是由动机和出发点的正当性决定的,至于最终能不能做成,只要听天由命,不必强求,更不可以因为事情没有最终完成,而质疑动机是否正当。接下去他评价了双方观点的得失:

---

① 陈亮:《陈亮集(增订本)》卷二八《又甲辰秋书》,邓广铭点校,第269页。
② 朱熹:《晦庵朱文正公文集》卷三六《答陈同甫》,载朱杰人、严佐之、刘永翔主编:《朱子全书》第21册,第1583页。

> 以三代圣贤枉作工夫,则是人力可以独运;以汉祖唐宗贤于盗贼不远,则是天命可以苟得。谓人力可以独运,其弊,上无兢畏之君;谓天命可以苟得,其弊,下有觊觎之臣。二君子立论,不免于为骄君乱臣之地,窃所未安也。以兄之奇伟,适不如《乐毅论》之迂阔;朱丈之正大,适不如《王命论》之浅近。是尚为有益于训乎!朱丈便谓兄贬抑三代,而兄以朱丈使五百年间成大空阔,至于其间,颇近忿争。养心之平,何必及此。不得不尽情以告。然勿为晦庵言之,徒若犯分也。①

陈亮的立场最终会推论出"以三代圣贤枉作工夫",三代并无可羡慕之处,因为汉唐英主可以重复再现三代的成功;朱熹则认为汉唐英主与盗贼一般无二,因为其出发点是建立"家天下"的私欲。② 陈傅良说,陈亮的观点鼓励了无法无天、为所欲为的"骄君";朱熹的观点鼓励了目无君主的"乱臣",各有一偏。虽然陈傅良不同意朱熹的立场,但他对陈亮立场的解释与其原意完全背离,把因果关系颠倒了,陈亮对此无法接受。③ 陈亮向陈傅良表示,他从来就不是一个功利主义者:

> 亮与朱元晦所论,本非为三代、汉、唐设,且欲明此道在天地间如明星皎月,闭眼之人开眼即是,安得有所谓暗合者乎!天理人欲岂是同出而异用?只是情之流乃为人欲耳,人欲如何主持得世界!亮之论乃与天地日月雪冤,而尊兄乃名以跳踉叫呼,拥戈直上;元晦之论只是与二程主张门户,而尊兄乃名之以正大,且占得地步平正,有以逸待劳之气。嗟乎冤哉!④

陈亮说,自己之所以要为"天地日月""雪冤",是因为朱熹认为天理在千五百年之间"无一日行于天地之间",千五百年的历史是由"人欲"所塑造的,没有

---

① 陈傅良:《陈傅良先生文集》卷三六《答陈同父》第一书,周梦江点校,第460—461页。
② 陈傅良:《陈傅良先生文集》卷三六《答陈同父》第一书,周梦江点校,第460页。
③ 邓广铭:《朱陈论辩中陈亮王霸义利观的确解》(初刊于1990年),收入邓广铭:《邓广铭学术论著自选集》,首都师范大学出版社1994年版,第530—543页。
④ 陈亮:《陈亮集(增订本)》卷二九《与陈君举》第一书,邓广铭点校,第309页。

任何价值和正义可言,朱熹这种观点是荒谬而违背常识的,必须加以驳斥。陈傅良收到此信后,经过反复斟酌,发出了第二封信。他首先表示二人的争论修辞不够谨慎,语涉意气,传播极广,"不应写在纸上,一便传十,百便传千"。接着他写道:

> 且汉唐事业,若说并无分毫扶助正道,教谁肯伏? 孔孟劳忍与管仲、百里奚分疏,亦太浅矣。暗合两字,如何断人? 识得三两分,便有三两分功用;识得六七分,便有六七分功用。却有全然识了,为作不行,放低一着的道理;绝无全然不识,横作竖作,偶然撞着之理。此亦分晓,不须多论。①

这段话提出了两个重要观点,第一个观点是"天理分数"论,本章将在第四节详论,此处不再展开;第二个观点是陈傅良终于明了陈亮的立场并未无视动机的正义性,而是希望在考察动机的正义性时,应该结合动机实现后的结果和功效;并明确批驳了朱熹的"暗合"说。不过,陈傅良在这封信中并未展开阐述他对汉唐功业的评价,而在《唐制度纪纲如何论》和绍熙二年(1191)曹叔远、朱熹之辩中,这一问题得到了详细的展开。

(一)《唐制度纪纲如何论》与汉唐盛世的历史评价

在《唐制度纪纲如何论》中,陈傅良专门讨论了如何判断汉唐英主的主观动机是否正当,特别是汉唐英主是否具有"仁义之心"。陈傅良说:

> 汉而下,法莫备于唐,而先王之法犹仅见于唐太宗之所以为唐者,其得诸仁义劝行之一言与? 夫苟行仁义,则其为是法者,必有以出是者矣。吾未见夫不粗知先王之道,而能略用其法者也。②

唐太宗的制度纪纲获得了"行仁义"的效果,实现了"贞观之治",那么从这一效果可以逆推出其主观动机中必然有"行仁义"的成分,此所谓"必有以出是

---

① 陈傅良:《陈傅良先生文集》卷三六《答陈同父》第二书,周梦江点校,第461页。
② 陈傅良:《止斋先生奥论》卷一《唐制度纪纲如何论》,《中国人民大学图书馆藏古籍珍本丛刊》第118册,第376页。

者也",进而可以推论李世民"粗知先王之道"。陈傅良还曾说:"然则自汉以下,人主粗知道者,莫如唐太宗;粗知法者,亦莫如唐太宗。"①完全可以从制度实行的效果来逆推君主的道德动机是符合仁义的。

至于唐代制度纪纲"行仁义"的具体效果,陈傅良说:

> 自今观之,若世业,若府兵,若租庸调,其制度粗立如此;若内之省府、外之方镇,其纪纲粗张如此,非真有行仁义之心欤?则是数者将以悍烦废,否则以无近功废,又否则以端绪出于周隋,而耻习其后废。唐之法粗可以传后,非偶然者。②

唐太宗的制度纪纲(均田制、府兵制、租庸调制、中央三省六部制等)有些来源于北周、隋代,有些实行周期长,短期难以见效,但最终能够真正推行并且获得实效,是因为唐太宗"其有行仁义之心"③。如果没有"行仁义之心",推行和落实这些制度早就半途而废。因此,"法"是"仁义之心"的结果,"仁义之心"是施行三代之法的主观动机。

最后,陈傅良批评了唐太宗个人存在的不足:

> 夫以太宗之英明,可与行仁义矣,而才若此,何也?彼固出于好名,而非由内心以生也。古之论者曰:威仪三千,待其人然后行。凡为天下国家以九经,所以行之者一也。得如斯人而与之复古之法,庶乎详且密矣,庶乎知法之果不离道,而清谈不作矣。④

上文陈傅良肯定李世民确有"行仁义之心",但又指出他也非常"好名",推

---

① 陈傅良:《止斋先生奥论》卷一《唐制度纪纲如何论》,《中国人民大学图书馆藏古籍珍本丛刊》第118册,第379页。
② 陈傅良:《止斋先生奥论》卷一《唐制度纪纲如何论》,《中国人民大学图书馆藏古籍珍本丛刊》第118册,第379—380页。
③ 陈傅良:《止斋先生奥论》卷一《唐制度纪纲如何论》,《中国人民大学图书馆藏古籍珍本丛刊》第118册,第380页。
④ 陈傅良:《止斋先生奥论》卷一《唐制度纪纲如何论》,《中国人民大学图书馆藏古籍珍本丛刊》第118册,第383—384页。

行安邦治国的制度纪纲"非由内心以生",故真正要复兴三代法度,还必须"得如斯人而与之复古之法",唐太宗并非其人。

(二) 曹叔远、朱熹对谈"汉唐盛世"

到了绍熙二年(1191)曹叔远、朱熹对谈时,如何评价汉唐盛世仍然是双方关心的敏感问题。在《朱子语类》卷一二三中,朱熹问曹叔远:"君举说汉唐好处与三代暗合,是如何?"曹回答:"亦只是事上看,如汉初待群臣不专执其权,略堂陛之严,不愊地操切;如财散于天下之类。"①曹氏把汉唐的暗合严格限制在"只是事上看",可以理解为"表面现象",就是暗示朱熹,历史人物的动机是不能完整地复原的,可以完整把握的只是历史的过程与结果;这些"事"(制度)与《周礼》所描绘的三代制度相比较,有一定相通处,应该承认"汉唐好处"与三代"暗合"。在这一点上,陈傅良与陈亮十分接近。

朱熹则回应曹氏,你们所看到的汉唐制度与三代的"暗合"并非君主自觉"见道"的结果,而是:"这也自是事势到这里。"客观的历史潮流推动了历史人物做出了这样的选择,并非他们自觉地要施行仁义。譬如西汉初年"无为而治",轻徭薄赋,只是惩秦代君臣隔离、二世而亡的前车之鉴,其主观动机只是为了国祚绵长,这与三代君臣关系的理想模式不可同日而语:"见得秦时君臣之势如此间隔,故汉初待宰相如此。"汉代如此,唐代更是不堪。朱熹又问曹叔远:"看唐事如何?"曹氏答:"闻之陈先生说,唐初好处,也是将三省推出在外。这却从魏晋时自有里面一项,唐初却尽属之外,要成一体。如唐经祸变后,便都有诸王出来克复,如肃宗事。及代宗后来,虽是郭子仪,也有个主出来。"②曹氏认为唐代较好地解决了内外平衡的问题,即使遭遇安史之乱这样的奇变,也能够依赖地方的力量辅翼王室,得续国祚。朱熹针锋相对地指出,把"三省推出在外"并非唐代首创,诸王也没有像曹氏所说的那样在代宗朝发生那样大的作用,扭转乾坤的关键人物只是一个郭子仪而已:"三省在外,怕自隋时已如此,只唐时并属之宰相。诸王克复,代宗事,只是郭子仪,怕别无诸王。"并对唐代官制,尤其是《唐六典》进行了批评。③

---

① 黎靖德编:《朱子语类》卷一二三,第 2962 页。
② 黎靖德编:《朱子语类》卷一二三,第 2962 页。
③ 黎靖德编:《朱子语类》卷一二三,第 2962—2963 页。

二、"事求可,功求成"

"事求可,功求成"是绍熙二年(1191)曹叔远在与朱熹的对话中提出的观点,最早见之于《庄子·天地》篇,孔子弟子子贡说:"吾闻之夫子,事求可,功求成,用力少见功多者,圣人之道。"①意思是,从事某一事,一定要追求可行;建立某种功业,一定要追求成功;只有圣人才能用较少的努力获得一样的成功。北宋秦观曾说:"昔苏秦、张仪、犀首、陈轸、代、厉之属,尝以辩名于世矣,然三德不足,而五机有余,故事求遂而不问礼之得失,功求成而不恤义之存亡,偷合苟容,取济一时而已,此其所以为利口之雄,而君子不道也。"②王安石也说:"今劳人费财于前,而利不遂于后,此某所以愧恨无穷也。若夫事求遂,功求成,而不量天时人力之可否,此某所不能,则论某者之纷纷,岂敢怨哉?"③从这两个例子看,"事求可,功求成"具有执着乃至固执地追求某种效果,而不顾道德伦理和客观条件限制的意义。永嘉学派高度重视良好道德动机应该落实为良好的效果,因此评价历史人物和历史事件时,始终将主观动机与客观效果结合起来考虑,这一点引起了朱熹的不满。

譬如,北宋司马光主持的"元祐更化"旨在推翻神宗熙宁、元丰变法的各项制度改革;但面临如此繁重的任务,司马光准备不足。陈傅良批评司马光:"温公元祐变法匆匆,不但以爱日之故,意亦是十七八年心力尽在《通鉴》,不肯更将熙、丰诸事细心点检。到得天人推出,虽以许大规摹,终少弥密,未为恰好,前辈多恨焉耳。"④由于司马光的全部精力耗费在《资治通鉴》的撰写上,对制度之学未能深究穷研,故在"元祐更化"中拜相掌权后,没有彻底地清算变更熙宁、元丰年间形成的新法,使得"元祐更化"的制度基础十分薄弱,很快就被颠覆了。

绍熙二年(1191)面见朱熹时,曹叔远秉承师说,对此事评价道:"乡间诸先生所以要教人就事上理会教着实,缘是向时诸公多是清谈,终于败事。""乡间诸先生"说明不止陈傅良一个人,还包括了叶适和其他永嘉学派学者。"清谈"

---

① 杨柳桥:《庄子译诂》,第 229 页。
② 秦观:《淮海集》卷一六《辩士》,《文渊阁四库全书》第 1115 册,第 509 页。
③ 王安石:《王安石全集·临川先生文集》卷七四《答刘原父书》,王水照点校,第 6 册,第 1324 页。
④ 陈傅良:《陈傅良先生文集》卷三七《与刘清之寺簿第二书》,周梦江点校,第 474 页。

指那些不切实际、无法实现的动机和想法。曹叔远又说:"陈先生要人就事上理会教实之意,盖怕下梢用处不足。如司马公居洛六任,只理会得个《通鉴》;到元祐出来做事,却有未尽处,所以激后来之祸。如今须先要较量教尽。"①所谓"未尽处"是指对制度之学钻研未尽。这些话和上引陈傅良《与刘清之寺簿第二书》的措辞非常接近。

朱熹闻听之后,发现永嘉学派在动机与效果的关系问题上比陈亮更加激进:"便是而今自恁地说,某尚及见前辈都不曾有这话。是三十年前如此,不曾将这个分作两事。"所谓"分作两事",就是历来学者回顾评价"元祐更化"时,没有人将司马光的动机与这些动机的实施效果分开来考察的,而从来都是把肯定司马光的动机置于第一位,至于效果如何则受客观环境、客观条件的约束,不能苛责于司马光。他说:

> 如温公(按:即司马光)所做,今只论是与不是,合当做与不合当做,如何说他激得后祸! 这是全把利害去说。……某看来,天下事须先论其大处,如分别是非邪正、君子小人,端的是如何了,方好于中间酌量轻重浅深施用。②

只需考虑司马光的动机"今只论是与不是,合当做与不合当做",至于效果不佳导致"元祐更化"被迅速否定,这不能归罪于司马光。如果因结果不利而归罪司马光,这就是功利主义——"这是全把利害去说"。③ 朱熹并未完全否定讲求制度细节的必要性,承认在动机完全正当的前提下,可以讲求制度之学:"端的是如何了,方好于中间酌量轻重浅深施用。"

《朱子语类》卷一〇八记载的一段曹、朱对谈,则集中反映了双方对"是非"与"事功"二者关系的尖锐分歧:

> 器远(按:曹叔远)问:"文中子:'安我者,所以宁天下也;存我者,所以

---

① 黎靖德编:《朱子语类》卷一二三,第2963页。
② 黎靖德编:《朱子语类》卷一二三,第2963—2964页。
③ 黎靖德编:《朱子语类》卷一二三,第2963页。

厚苍生也。'看圣人怎地维持纪纲,却与'有是非、无利害'之说有不相似者。"

曹叔远引用文中子(按:王通)语,认为天下安宁、厚待苍生才是"我"的道德使命,圣人维持天下的宗旨就是"宁天下、厚苍生",这显然都是指良好的制度纪纲得到落实推行之后获得的良好效果,而有些人(实指朱熹)说"有是非、无利害"刚好相反。他们主张无论效果如何,只要动机是正确的,那么便可不考虑效果。

朱熹回答称,文中子的观点是用功利主义的立场误解圣人:

(朱熹)曰:"只为人把利害之心去看圣人。若圣人为治,终不成扫荡纪纲,使天下自恁地颓坏废弛,方唤做公天下之心!圣人只见得道理合恁地做。今有天下在这里,须着去保守,须着有许多维持纪纲,这是决定着如此,不如此便不得,这只是个睹是。"

圣人看到制度运行发生弊病,也会积极地改革、完善,绝不能"自恁地颓坏废弛"。既然要治理天下,必然要设计、实施、完善各种制度纪纲,因此"许多维持纪纲"确有用武之地。

(曹叔远)又问:"若如此说,则陈丈就事物上理会,也是合如此。"

乍听之下,曹叔远误认为朱熹认同永嘉学派的"制度新学",朱熹、陈傅良之间原无大的分歧。

(朱熹)曰:"虽是合如此,只是无自家身己做本领,便不得。"

朱熹赶忙补充,虽然"制度之学"是儒者需要掌握的本领之一,但这种本领是从属于"自家身己"的本领,即个体的修身功夫。没有个体的修身功夫,"制度纪纲"之学是不可靠的。

（曹叔远）又问："事求可，功求成，亦是当如此？"①

曹叔远反问，难道只要有了"自家身己做本领"，就能保证得到客观的成功结果吗？"事求可，功求成"要求在考察动机的正当性时，一定要结合动机的实施效果综合考察；如果动机不能收到良好的效果，那么对其正当性的评价，也将大打折扣。在朱熹看来，"事求可，功求成"露出了永嘉学派的功利主义尾巴。

（朱熹）曰："只要去求可、求成，便不是。圣人做事，那曾不要可，不要成！只是先从这里理会去，却不曾恁地计较成败利害。如公所说，只是要去理会许多汩董了，方牵入这心来，却不曾有从这里流出在事物上底意思。"②

曹叔远的原话中并无"只"这一副词状语，朱熹复述对方观点时却说"只要去求可、求成"，将永嘉学派的立场极端化为效果决定论，也就是陈傅良所概括的陈亮的观点"功到成处，便是有德"，这自然是对永嘉学派思想的根本误解。不过，朱熹也说，儒学当然要追求最佳的效果，只不过获得最佳效果的前提是"只从这里理会去"，所谓"这里"就是"身己"，圣人赖以"事可功成"的途径是从自身的身心修养开始入手。如果不从"身己"上入手，最终会过分执着于效果的实现，以致只要得到效果，可以完全忘记动机的正当性，此所谓"却不曾恁地计较成败利害"。朱熹曾特别强调永嘉学派具有"功利主义"倾向：

永嘉学问专去利害上计较……正其谊不谋其利，明其道不计其功。正其义则利自在，明其道则功自在；专去计较利害，定未必有利，未必有功。③

---

① 黎靖德编：《朱子语类》卷一〇八，第 2687 页。
② 黎靖德编：《朱子语类》卷一〇八，第 2687 页。
③ 黎靖德编：《朱子语类》卷三七，第 988 页。

儒者只要在动机上"正其谊""明其道",根本就不必担心效果的问题("利自在""功自在");像永嘉学派这样专门去计较效果的成败,反而未必收获真正的良好效果("定未必有利,未必有功")。

从上面的讨论可以看出,"制度新学"与"功求可、事求成"之间存在必然的逻辑关系。

首先,由于"制度新学"是社会改革意义上的研究,通过改革现有的政治、经济、社会制度,来改造现实世界;对客观世界的改造必然有成功和失败,有全盘的成功或局部的成功、全盘的失败或局部的失败。陈傅良从唐代各种制度纪纲的推行效果来逆推唐太宗具有"行仁义之心":"其纪纲粗张如此,非真有行仁义之心欤?"此一逻辑与陈亮完全一致。譬如,王安石变法就其全体而言是被否定的,但某些具体的制度则有合理性(如"免役钱"之类一直存续到南宋),即便是朱熹也承认"元祐更化"中匆匆废罢了全部"新法"是欠考虑的。从"制度新学"的视角看,王安石变法或"元祐更化"的具体制度的合理成分都应该吸收,不合理者应该扬弃,至于其总体的价值评判则不影响对制度细节的评判。换言之,绍熙二年(1191)曹叔远向朱熹转述的陈傅良"就事物上理会",就是"就事论事"。其次,在薛季宣、陈傅良看来,从动机到效果之间需要一个转化的中介,这便是经世致用的本领,薛季宣称之为"一定之谋",也可称为"制度新学"。

第四节　天理分数论与道器观的创新

"天理分数"论是永嘉学派特有的认识论,也是永嘉学派对"形而上者谓之道"与"形而下者谓之器"的关系的创造性解释。

一、天理分数论的提出

在陈亮、永嘉学派与朱熹的论战中,"道器"关系并非单纯的宇宙论问题,而是一个认识论问题,即如何通过"器"来把握"道"。

陈亮指出:"夫道非出于形气之表,而常行于事物之间者也。……天下固无道外之事也。不恃吾天资之高，而勉强于其所当行而已。"①"道"不可能"出于形气之表"，不可能超越历史时空、抽象于现象界之上，而是体用不二，有用即有体，体在用中，道在器中。陈亮在《西铭说》中说："一物而有阙，岂惟不比乎义，而理固不完矣。故理一所以为分殊也，非理一而分则殊也。"②任继愈指出："陈亮的理，是不脱离具体事物的理，具体的物从它们的种属分类的关系来说，有部分的理，有总的理。"③冯友兰认为，陈亮虽然和程颢一样以人身的耳目口鼻、肢体脉络作为整体和部分的比喻，但他所注重的只是其"森然有成列而不乱"。程颢同样以人身比喻"仁"，但却注重血肉相连、痛痒相关的内在有机联系。因此陈亮的"理一分殊"实际上是"理一份殊"，部分是对整体而言的，没有整体也就没有部分了。④ 在"天理"的全体大用完美地在历史时空中实现前，其在历史中的表现形态只能是次级真理。"天理"（或"道"）既有其形而上的、超越的、抽象的属性，又有形而下的、具体的属性。

在"王霸义利之辩"中，朱熹主张"道"在人类社会的历史中已经失传千五百年："而尧、舜、三王、周公、孔子所传之道，未尝一日得行于天地之间也。"⑤陈亮指出，这只是指"道"的形而上的、超越的、抽象的属性，未被人主观上把握而已；实际上，"道"还有客观的、次级的形态，即"万物阜蕃"的"天道"。朱熹也承认："夫三才之所以为三才者，固未尝有二道。"⑥在陈亮看来，如果承认"万物阜蕃"这一自然现象是"天理"的流行发用，那么就应该承认其与"天理"直接相关联，是"天理"在历史时空中的一种存在形式。如果朱熹否认"天理"曾经行于三代以下的历史时空中，那么就等于否认了"天理"的存在形式——如"万物阜蕃"——曾经在历史时空中存在过。假如朱熹否认具体的事事物物之理是天理在历史时空中的存在形态，他就是断裂了"理一"与"分殊"的逻辑关系，全盘颠覆了理学的宇宙论基础，而走向了佛教。

---

① 陈亮：《陈亮集（增订本）》卷九《勉强行道大有功》，邓广铭点校，第79页。
② 陈亮：《陈亮集（增订本）》卷一四《西铭说》，邓广铭点校，第208页。
③ 任继愈主编：《中国哲学史》第3册，第283页。
④ 冯友兰：《三松堂全集》第10册《中国哲学史新编》第五十章，河南人民出版社2000年版，第220页。
⑤ 朱熹：《晦庵先生朱文公文集》卷三六《答陈同甫》，载朱杰人、严佐之、刘永翔主编：《朱子全书》第21册，第1583页。
⑥ 朱熹：《晦庵先生朱文公文集》卷三六《答陈同甫》，载朱杰人、严佐之、刘永翔主编：《朱子全书》第21册，第1587页。

程朱理学虽然主张"理一分殊",但他们理解的"分殊"是一种差序格局,其中亦有"大小之别""始终之别""本末之别""轻重之别";尽管事事物物莫不有理,但只有人这个主体可以能动地认识到自身所具有的天理("天命之谓性"),因此个体的"尊德性"之学最接近终极真理,其位阶远远高于"仁民爱物",而"尊德性"之学被凝练为"虞廷十六字箴"。《孟子·尽心上》云:"万物皆备于我矣。反身而诚,乐莫大焉。强恕而行,求仁莫近焉。"朱熹《集注》解此章云:

> 此言理之本然也。大则君臣父子,小则事物细微,其当然之理,无一不具于性分之内也。……反身而诚则仁矣,其有未诚,则是犹有私意之隔,而理未纯也。故当凡事勉强,推己及人,庶几心公理得而仁不远也。此章言万物之理具于吾身,体之而实,则道在我而乐有余;行之以恕,则私不容而仁可得。①

朱熹认为,"私意"造成了个体与天理的隔膜,通过"推己及人",从小我走向大我,最终认识到人与宇宙的统一性,领悟到"民胞物与",达到"私不容而仁可得"的境界。如果"尊德性"的功夫可以从整体上把握"天理",那么又何必在类似"仁民爱物"这样粗浅的伦理知识层面上浪费时间呢?何况,几乎每一个王朝都在个别时段做到了"仁民爱物",一一研究这些一鳞片爪,只会耗费人的全部生命而无所得。

而且,从"分殊"达到"理一"是一个飞跃的过程。朱熹在《补格物致知传》中说:

> 所谓致知在格物者,言欲致吾之知,在即物而穷其理也。盖人心之灵莫不有知,而天下之物莫不有理。惟于理有未穷,故其知有不尽也。是以大学始教,必使学者即凡天下之物,莫不因其已知之理,而益穷之以求至乎其极。至于用力之久,而一旦豁然贯通焉,则众物之表里精粗无不到,而吾心之全体大用无不明矣。此谓物格此,谓知之至也。②

---

① 朱熹:《四书章句集注·孟子集注》卷一三,第350页。
② 朱熹:《四书章句集注·大学章句》,第6—7页。

把握"天理"是一个持续量变之后质变的飞跃过程,此所谓"一旦豁然贯通"。问题在于,"一旦豁然贯通"时,很多次级真理并不是通过"今日格一物,明日格一物"的归纳逻辑而得到认识的,而是在"天理"得到"一旦豁然贯通"、百分之百的彰显后,通过演绎逻辑推论出来的,此所谓"众物之表里精粗无不到"。

朱熹也认为"天理"具有"次级"的形态。譬如,"天理"又落实为次级的伦理道德,如忠、孝、仁、义、礼、智、信、恭、宽、信、敏、惠等等,再次一级则是"礼仪三千,威仪三百"的礼仪,一旦违反了这些伦理道德、礼仪中的某一种,就等于违反全部天理;汉祖唐宗的心术,只需要"秒忽"的瞬间背离道德,就足以定谳为"全是人欲"。这样一来,彰显"天理"的"全体大用",需要事事物物各得其理,不可遗漏;而判断是否违背天理,却不是以"全体大用"为标准的,而是只要某个局部、细节,某个时间点上违反某一道德伦理,天理便被全盘推翻了。由于完美无缺的人是不存在,因此三代以下(包括汉、唐、两宋)"天理"不可能行于天地之间,"道"或者"天理"只能永远在精神界存在,而不可能落实在现象界或历史时空中。

陈傅良在考察了"王霸义利之辩"双方的立场后,致信陈亮(第二书),首次提出"天理分数"论:

> 且汉唐事业,若说并无分毫扶助正道,教谁肯伏?孔、孟劳忍与管仲、百里奚分疏,亦太浅矣。暗合两字,如何断人?识得三两分,便有三两分功用;识得六七分,便有六七分功用。却有全然识了,为作不行,放低一着的道理;绝无全然不识,横作竖作,偶然撞着之理。此亦分晓,不须多论。①

陈傅良把具体的事事物物之理,定义为"天理"的"分数",如果天理相当于分母的话,而具体的事事物物之理则是分子,对具体事事物物之理的钻研不断取得成就,则分子越来越大,无限逼近分母,最终达到分母的数值,则是天理得到了全体大用的彰显。

显然,陈傅良在吸收陈亮观点的基础上,极富创造性地把次级真理看作是

---

① 陈傅良:《陈傅良先生文集》卷三六《答陈同父》第二书,周梦江点校,第461页。

某种比例的或成分不纯的终极真理,从而在以下三个方面与朱熹形成了差异。

第一,"天理分数"论强调了次级真理与终极真理的内在统一性,在分子达到十以前的十分之几、十分之零点几的阶段,人们的认知固然不是"天理"之全体,但是相当于"天理"的子集;子集虽然不能等同于合集,但在本质上子集是"合集的子集";分子虽然永远不能大于分母,却在本质上永远是"分母的分子"。这一点,朱熹虽然未必反对,但从未明确地阐释、强调过。

第二,对天理的某一部分的发现,是探索天理合集的关键环节,不能跳跃,不能省略;因为如果缺省遗漏了对某一个环节、某一个局部的次级真理的认知,那么就相当于分子少了一点,如果不加以补足,分子将永远无法达到分母。因之,"天理"的彰显是一个日积月累的量变,所有次级真理都是不可逾越的。相比之下,朱熹的"格物致知"理论中留下了"一旦豁然贯通"的顿悟环节,暗示了很多次级真理根本不必一一加以认识和探索。

第三,从差异性上来说,在认识终极真理的过程中某一个点的成就,都能产生相应的具体的功效,如果认识了终极真理的全部,那必然产生全体大用。当然,陈傅良也认为林林总总的次级真理之间是具有差等的,但差等是差异性的一种,只有穷尽了种种具体的差异性,分子才有可能最终达到分母,任何次级真理都具有独立的存在价值。

"天理分数"论虽然是一个认识论(工夫论)问题,却与永嘉学派的"道器"关系论述密切相关,这一点,在绍熙二年(1191)曹叔远、朱熹之辩中得到了集中的讨论。

二、道器观的创新

在朱熹《补格物致知传》中,从次级真理到终极真理是一个"豁然贯通"的飞跃过程,而这就让人联想到:"道"或者"天理"只能永远在精神界存在,"器"永远属于现象界,尽管二者存在认识论上的联系("道"只能通过对"器"的认识加以把握)。陈傅良的"天理分数"论则让人联想到:既然"道"与"器"是百分之百与百分之几的程度差异关系,那么二者完全可以共存于历史时空之中,从次级真理到终极真理的认识过程自然也是连续的、线性的,而非跳跃的、点状的。在绍熙二年曹叔远、朱熹之辩中,曹叔远提出了类似的质疑。

从《朱子语类》看,朱熹见到曹叔远后,询问了曹叔远的学习经历,曹氏的回答是:

> 问器远所学来历。曰:自年二十从陈先生。其教人读书,但令事事理会,如读《周礼》,便理会三百六十官如何安顿;读《书》,便理会二帝三王所以区处天下之事;读《春秋》,便理会所以待伯者予夺之义。至论身己上工夫,说道:"'形而上者谓之道,形而下者谓之器。'器便有道,不是两样,须是识礼乐、法度皆是道理。"①

曹叔远总结了光宗绍熙二年(1191)左右永嘉学派的核心观点。

所谓"事事理会",是对六经的微言大义、名物制度细节要一一研究透彻。而从曹叔远的列举顺序来看,他显然把《春秋》的"待伯者予夺之义"与《周礼》"三百六十官"的职能等量齐观,这当然是朱熹坚决反对的,因为朱熹认为前者是价值观,而后者只是细节问题。而"'形而上者谓之道,形而下者谓之器。'器便有道,不是两样"一语,显然出自薛季宣:"上形下形,曰道曰器,道无形埒,舍器将安适哉?且道非器可名,然不远物,则常存乎形器之内。昧者离器于道,以为非道遗之,非但不能知器,亦不知道矣。"②陈傅良继承了这一思想,并传授给了曹叔远,又赋予其新的含义:"礼乐法度皆是道理。""礼乐法度"是一系列的具体的知识,即属于分子范畴的次级真理,而"道理"即是天理,也就是分母。次级真理与终极真理是分子与分母的关系,从这个意义上说二者具有统一性。

既然次级真理是认识终极真理过程中不可缺少的重要环节,那么就必须广泛地研究学习各种具体的学问知识。根据朱熹的引述,曹叔远的观点是"心无不体之物,物无不至之心",朱熹批判道:

> 然今所谓"心无不体之物,物无不至之心",又似只是移出向来所守之心,便就日间所接事物上比较耳。其于古今圣贤指示剖析细密精微之蕴,又未尝入思议也。其所是非取舍,亦据己见为定耳,又何以察夫气禀之

---

① 黎靖德编:《朱子语类》卷一二〇,第2896页。
② 薛季宣:《薛季宣集》卷二三《答陈同父书》,张良权点校,第298页。

偏、物欲之蔽,而得其本心正理之全耶?①

这段话中提到的"心无不体之物,物无不至之心",应该是截取了永嘉学派中陈傅良、曹叔远、叶适中某一个人的原话。"又似只是移出向来所守之心"指,本来应该致力于"尊德性"的修身功夫的"心",被外物所引诱,"便就日间所接事物上比较耳","日间所接事物"就是次级真理,永嘉学派迷恋于学习次级真理不能自拔,而对直接把握"天理"的"尊德性"功夫越来越荒疏。

对绍熙二年(1191)辩论中曹叔远的观点,吴泳在致曹叔远信中概括为:

> 甫年二十从止斋游,则读书、讲学已就事上穷究实体,其后与晦翁往复问答,剖析疑义,则又欲从理上推致于事事物物之间。其实元一法也。②

"甫年二十从止斋游"即源自《朱子语类》中所载曹氏自述"自年二十从陈先生,其教人读书,但令事事理会",可见吴泳读到过曹叔远、朱熹这次对话的记录文本,故能准确地将陈傅良传授给曹叔远的思想总结为"则读书、讲学已就事上穷究实体","事上"是次级真理,是分子;"实体"是终极真理,是分母;而到了曹叔远与朱熹交流对话时,曹叔远进一步提出了"又欲从理上推致于事事物物之间"的观点。表面上看,"就事上穷究实体"与"从理上推致于事事物物之间"是两个相反方向的过程,前者更接近于归纳逻辑,而后者接近于演绎逻辑("理"是大前提,"事事物物之间"是结论)。但在陈傅良看来,这两个方向构成了认识论的一个又一个循环:"就事上穷究实体"说明对次级真理的认识每前进一步,人们对"实体"认识也增进了一分;"从理上推致于事事物物之间"说明,人们根据已有的知识、经验和规律,不断扩大适用范围,将陌生的事事物物纳入认知范围。这两个方向的认知过程不断循环,构成了人类认识真理的螺旋式上升。吴泳称之为"其实元一法也"倒也十分贴切。

在为陈傅良撰写的《墓志铭》中,叶适对其学如此盖棺定论:

---

① 朱熹:《晦庵先生朱文公文集》卷五四《答项平父》,载朱杰人、严佐之、刘永翔主编:《朱子全书》第23册,第2543—2544页。
② 吴泳:《鹤林集》卷三二《上曹太博书》,《文渊阁四库全书》第1176册,第319页。

> 至古人经制、三代治法,又与薛公反复论之。而吕公为言本朝文献相承,所以垂世立国者。然后学之内外本末备矣。公犹不已,年经月纬,昼验夜索,询世旧、翻吏牍、搜断简、采异闻,一事一物,必稽于极而后止。①

叶适强调,陈傅良向薛季宣学习了制度新学和史学(主要是本朝国史),所谓"一事一物,必稽于极而后止",与曹叔远转述的"事事理会"是一体贯通的。

在陈傅良活跃的时代,永嘉学派与程朱理学的主要分歧已经充分地暴露了出来,这些分歧的思想背景有远、近两个方面:较远的思想背景是孝宗乾道年间程学内部部分学者对程学"不足以涉事耦变"、缺乏经世外王本领的担忧;较近的背景则是淳熙九年至十二年间(1182—1185)朱熹、陈亮的"王霸义利之辩"。永嘉学派基本上站在陈亮这一边,但是在一些重要理论问题上与朱熹进行了更加深入的切磋,旗帜鲜明地批判了"任道而废法"的错误观点,对"制度新学"进行了合法性论证;公开地向朱熹提出了"事求可,功求成"的事功思想;创造性地发明了"天理分数"论,更加妥善地解决了次级真理与终极真理的关系问题。

但是,这三个理论分歧点,都可以概括为一个更加原则性的问题:"道"究竟是以什么形式存在于历史时空之中(朱熹所谓"行于天地之间")的?在朱熹看来,"道"只有在主体领悟、把握了自身的"道心"后,"道"才重新行于天地之间,因此《尚书·大禹谟》"十六字箴"即是"三代之道"的本质。永嘉学派(也包括陈亮)则认为,"道"在历史时空中的存续从未消失或中断,无非是在大部分历史中"道"是以不成熟、初级的形式而存在、延续的;对主体的"道心"的领悟和把握,固然不容忽视,但对外在的制度纪纲的研究,也应并行不悖,二者不可偏废,从而呈现出"道"与"法"对立的二元论。

然而,"道"如何行于天地之间,终究是一个宇宙论(本体论)的问题,但从本章的讨论来看,陈傅良基本上还是从工夫论(认识论)的角度尝试解决之。真正从宇宙论的角度回应这一问题的,还是叶适。

---

① 叶适:《叶适集·水心文集》卷一六《宝谟阁待制中书舍人陈公墓志铭》,第 299 页。

第四章　叶适对永嘉学派哲学思想的总结和升华

在王霸义利之辩(1182—1185)和绍熙二年(1191)曹叔远、朱熹对话中,朱熹反复地批评永嘉学派放弃了儒家的内圣之学和价值评判的立场,沦为趋利避害式的庸俗的功利主义。陈傅良承认内圣之学与制度新学同样重要,不可偏废,但是,制度新学的成果是关于历史和世界的客观知识,是"闻见之知";内圣之学的成果则是对主体身心的涵养、察识,是对"性"的体认,属于"德性之知"。假如承认"闻见之知"与"德性之知"是两翼齐飞的话,那么二者最终能否融合,是否可以融合为对"道"的把握? 自北宋以来,新儒学对"闻见之知"与"德性之知"做了清晰的划分。张载在《正蒙·太心篇》中说:"见闻之知乃物交而知,非德性所知。德性所知,不萌于见闻。"①程颐更加明确地说:"闻见之知,非德性之知。物交物则知之,非内也,今之所谓博物多能者是也。德性之知,不假闻见。"②牟宗三说,"闻见之知"是属于"知识意义"者,即所谓经验知识;"德性之知"是指向道德心灵的呈现,而不在纯认识活动之探究。③ 余英时指出,新儒学(尤其是程颐、张载)将"德性之知"提升到超出感知范围,同样也不可避免地导向了反智倾向。从张载到王阳明,许多儒家学者在不同程度上都不承认"闻见之知",因为它对德性的知识做不出丝毫的解释。④ 因此,在某种意义上可以说,儒家的知"道",就是知"德性之知",而不是心对一切事物的物理所有的认识。⑤

---

① 张载:《张载集》,章锡琛点校,中华书局2012年版,第24页。
② 程颢、程颐:《二程集·河南程氏遗书》卷二五,王孝鱼点校,第317页。
③ 牟宗三:《心体与性体》上册,上海古籍出版社1999年版,第466页。
④ 〔美〕余英时:《清代儒家智识主义的兴起初论》,初刊于 Tsinghua Journal of Chinese Studies, New Series XI.1/2(December 1975),收入何俊编:《余英时英文论著汉译集·人文与理性的中国》,上海古籍出版社2007年版,第109—110页。
⑤ 罗光:《儒家形上学》,学生书局1991年版,第290页。

无论朱熹还是陆九渊,"德性之知"在工夫论中的地位是首要的、根本的,是一切功夫的起点和重点,其重要性和地位无疑高于"闻见之知","今日格一物,明日格一物"的"闻见之知"则是为了获得"德性之知"的过渡性产物。因此假如永嘉学派不能突破这两种知识孰轻孰重的定式,那么他们在理论建构和学术实践上已有的努力都将归零。陈傅良没有来得及回答这一重大的理论挑战就去世了。这个艰巨的任务留给了叶适。

在充分研究薛季宣、陈傅良师徒的思想以及王霸义利之辩、朱陆分歧的基础上,叶适意识到"闻见之知"与"德性之知"的最终融合,不应该困于高度个体化,以致存在独断化危险的主体—客体的认知范畴内,而应该走向个体—客体—社会这一更广阔的认识结构,把"闻见之知"与"德性之知"的融合落实于"治国、平天下"的全过程的完成中。

第一节 "心即理"和"性即理"的双重解构

在建构认识论和政治哲学前,"道器"问题是必须首先扫清的障碍,朱熹用"心统性情"和"人心道心"架构来解决"道器"关系问题,"心"具有"性"和"情"两种属性或者状态,而"性"即《中庸》"天命之谓",是形而上的本体,但"心"自身又是"虚灵知觉",是具体的、形而下的。这样,客观世界中存在的"理一"与"分殊"的分别、"形而上者谓之道"与"形而下者谓之器"的分别、"尊德性"与"道问学"的张力,乃至主体与客体的二元对立,最终都是以"心"为中介、以"敬知双行"为过程来消解、融合的。

叶适注意到,由于"心"的极端重要性,朱熹、陆九渊都在不同程度上把"心"视为超越本体本身,朱熹解《孟子·尽心上》"尽其心者,知其性也"章云:"人有是心,莫非全体。然不穷理,则有所蔽,而无以尽乎此心之量。故能极其心之全体而无不尽者,必其能穷天理而无不知者也。"[①]又说:"心之全体,湛然虚明,万理具足。"[②]这里所讨论的"心体",就是从"人有是心,莫非全体"引申而来的。

[①] 朱熹:《四书章句集注·孟子集注》卷一三,第349页。
[②] 黎靖德编:《朱子语类》卷五,第94页。

因为"心"先天地具有认识"天理"的能力,通过后天的修养功夫能够达到"心与理一",在这样两个前提下,"心"本身也被认为是超越的、形而上的本体,简称为"心体"。当然,朱熹所言"心"为一经验实然之心,它与理的关系是当具的,而不是本具的,必须通过后天的修养功夫才可以使得心与理一。① 在王霸义利之辩中,朱熹把"道"的传承落实于"心体"之中,因此无论客观社会如何变化、人类历史如何发展,只要"心体"一旦豁显,"道"便行于天地之间。"心体"既是认识论、工夫论的重心,也是其历史哲学的重心。至于陆九渊所谓的"心",不论就其禀赋或潜能而言,都是超越时空普遍的"心",而缺乏朱熹所理解的"心"所具有的历史与文化的要素。陆九渊所给予"心"的内容和力量超越了朱熹所能容许的范围。②

在功夫的实践中,朱熹和陆九渊都把对"心"本身的直觉体认(察识、涵养),当作最重要的功夫,而相应贬低了客观世界的知识("闻见知识"),乃至在某种程度上否定了世界的客观性,而只承认"心"是唯一的认识对象。叶适注意到了这一重心的偏离,遂把突破口选在了否定"心具万理",否定"心"的超越性、本体地位上。

叶适对"心即理"和"性即理"的双重解构,是通过引证儒家经典文献并加以解释的形式完成的,其主要观点具见于《习学记言序目》卷四九《皇朝文鉴三·序》的《总述讲学大旨》。③ 此文事实上是叶适对吕祖谦所编《皇朝文鉴》卷九一范育的《正蒙序》的评论。但与《习学记言序目·皇朝文鉴》其他部分的体例不同,此文几乎没有引用范育《正蒙序》,也没有按照《正蒙序》的结构展开,而从头到尾采用"纲—目"模式阐释自己的观点。譬如:

(纲)道始于尧,"钦明文思安安,允恭克让"。
(目)《易传》虽有庖羲、神农、黄帝在尧之前,而《书》不载,称"若稽古帝尧"而已。

---

① 刘述先:《朱熹的思想究竟是一元论或是二元论》(初刊于1991年3月),收入刘述先:《理想与现实的纠结》,吉林出版集团有限公司2011年版,第226页。
② 黄进兴:《朱陆异同——一个哲学诠释》(英文版初刊于1987年),载〔美〕田浩主编:《宋代思想史论》,社会科学文献出版社2003年版,第437—438页。
③ 叶适:《习学记言序目》卷四九,第735—741页。

"纲"是正面提出观点,"目"则是对"纲"的解释,二者皆为叶适所撰。由于这篇《总述讲学大旨》是叶适思想的总纲,下面将结合叶适的《习学记言序目》中的其他内容,从中抽绎出几个重要观点,分别讨论。

一、道是人类认识自然、改造自然的历史总结

(纲)道始于尧,"钦明文思安安,允恭克让"。

(目)《易传》虽有庖羲、神农、黄帝在尧之前,而《书》不载。称"若稽古帝尧"而已。

(纲)命羲和,"历象日月星辰,敬授人时"。

(目)《吕刑》:"乃命重黎,绝地天通,罔有降格。"《左氏》载尤详。尧敬天至矣,历而象之,使人事与天行不差。若夫以术下神,而欲穷天道之所难知,则不许也。

(纲)次舜,"濬哲文明,温恭允塞,在璇玑玉衡,以齐七政"。

(目)舜之知天,不过以器求之耳,日月五星齐,则天道合矣。①

在《习学记言序目》卷五中,叶适引证《尚书》的《尧典》《舜典》各篇后指出,在人类文明的起步阶段("人道之始"),是以"绝地天通"为标志的:"尧舜之前,非无圣人,神灵而不常者,非人道之始故也。'安安'者,言人伦之常也,'允恭克让',所以下之也,此所以为人道之始也。"②在此之后,"人道"展开,"神道"退隐,天不再是最高真理、一切真理,也不是人格化的神,天成了可以"以器求之"的客观自然:"舜之知天,不过以器求之耳。日月五星齐,则天道合矣。"③当然,自然如同一个长卷,随着人的认识能力的进步而依次展开,逐渐呈露其本来面貌,到了"日月五星齐,则天道合矣",是人对自然的发现和探索取得阶段性成果的一个标志。《总述讲学大旨》还说:

---

① 叶适:《习学记言序目》卷四九《总述讲学大旨》,第735—736页。
② 叶适:《习学记言序目》卷五,第52页。
③ 叶适:《习学记言序目》卷四九《总述讲学大旨》,第736页。

> （纲）次禹，"后克艰厥后，臣克艰厥臣，惠迪吉，从逆凶，惟影响"。
> （目）《洪范》者，武王问以天，箕子亦对以天。故曰："帝乃震怒，不畀洪范九畴。""天乃锡禹洪范九畴"，明水有逆顺也。孔子因箕子、周公之言，故曰："凤鸟不至，河不出图。"叹治有废兴也。然自前世以为龙马负图自天而降，"洛书""九畴"亦自然之文，其言怪诬。夫"思曰睿，睿作圣"，人固能之，奚以怪焉？至山林诡谲有先天、后天之说，今不取。①

《洪范》是人类文明对抗自然水患的经验总结和方略，是"人道之始"的发展和延续，"天乃锡禹洪范九畴"之"天"，不是人格神的天，也不是"天道"在人间的形态，而是客观的自然之天。人类文明的一切知识，都是在与自然之天的互动、实践中逐渐掌握的，而不是从天而降的，更不可能是"先天"就具备于人心之中的。"后世"却认为这是人格化的天神赐予人间的现成的知识，这是大错特错了。"至山林诡谲有先天、后天之说"是指邵雍的先天易、后天易的说法。

经过尧、舜、禹、汤、皋陶、伊尹、文王的努力，"道德义理"至于周公时代，才全面地、具体地落实为社会系统，至此"人道"发展到极致，在历史时空中呈现一个"理想型"社会。

> 次周公，治教并行，礼刑兼举，百官众有司，虽名物卑琐，而道德义理皆具。自尧、舜、元凯以来，圣贤继作，措于事物，其该洽演畅，皆不得如周公。不惟周公，而召公与焉，遂成一代之治，道统历然如贯联算数，不可违越。②

在叶适看来，抽象地、形而上的"道"是不存在的，"道"在任何历史时空之中都是有待建构的，《周礼》所呈现的"一代之治"的实践形态，是周公那个时代所特有的，后世要重建"道"，固然应该从《周礼》中吸取经验，更应该结合当代的实际情况以及所承受的历史遗产。叶适在这里使用了"道统历然"一语，意思是，他理解的"道统"不是"心"对"天理"主观认识的历史（朱熹所谓"心传道统"），而是人类文明逐步进化的历史，是社会的历史、文明的历史、政治的历史。

---

① 叶适：《习学记言序目》卷四九《总述讲学大旨》，第736页。
② 叶适：《习学记言序目》卷四九《总述讲学大旨》，第738页。

二、对"天命之谓性"的彻底否定

沿着薛季宣开创的"性不可知论"的方向,叶适对《中庸》"天命之谓性"进行全面的否定。

叶适首先认可了《尚书·大禹谟》的"十六字箴",因为它把"道心"的本质确定为"执中",而不是抽象的"性命"。

> 其微言曰:"人心惟危,道心惟微,惟精惟一,允执厥中。"人心至可见,执中至易知,至易行,不言性命。子思赞舜始有大知、执两端、用中之论,孟子尤多,皆推称所及,非本文也。①

既然叶适肯定"执中"这一本质规定,为什么还要反对"子思赞舜始有大知、执两端、用中之论"呢?子思之语出自《中庸》第六章:"舜其大知也与。舜好问而好察迩言,隐恶而扬善,执其两端,用其中于民,其斯以为舜乎!"朱熹《中庸章句》云:

> 舜之所以为大知者,以其不自用而取诸人也。迩言者,浅近之言,犹必察焉,其无遗善可知。然于其言之未善者则隐而不宣,其善者则播而不匿,其广大光明又如此,则人孰不乐告以善哉。两端,谓众论不同之极致。盖凡物皆有两端,如小大厚薄之类,于善之中又执其两端,而量度以取中,然后用之,则其择之审而行之至矣。然非在我之权度精切不差,何以与此?此知之所以无过不及,而道之所以行也。②

朱熹在此段开始还承认"舜之所以为大知"是因为"以其不自用而取诸人也",但到了下文却转出一说:"然非在我之权度精切不差,何以与此?"叶适认为"我之权度精切不差"与"以其不自用而取诸人也"形成了矛盾,这个所谓"我之

---

① 叶适:《习学记言序目》卷四九《总述讲学大旨》,第736页。
② 朱熹:《四书章句集注·中庸章句》,第20页。

权度精切不差"如果是先天就有的,则可解释为舜作为公认的"圣王","生知安行"是其本能天赋。但《中庸》面对的是普通学者,不可能"生知安行",只能通过后天的艰苦学习而实现。故叶适讲:"孔子于尧、舜独赞君道,至《礼记》《孟子》始与学者同辞,疑亦非孔氏本指。"①

《总述讲学大旨》又云:

> (纲)次汤,"惟皇上帝,降衷于下民,若有恒性,克绥厥猷惟后",其言性盖如此。次伊尹,言"德惟一",又曰"终始惟一",又曰"善无常主,协于克一"。
>
> (目)汤自言:"聿求元圣,与之戮力,以与尔有众请命。"伊尹自言:"惟尹躬暨汤,咸有一德,克享天心,受天明命。"故以伊尹次之。呜呼!尧、舜、禹、皋陶、汤、伊尹,于道德性命天人之交,君臣民庶均有之矣。②

"惟皇上帝"一句出自《古文尚书·汤诰》,经常被宋代理学用来当作《中庸》"天命之谓性,率性之谓道,修道之谓教"这一"天人合一"理论的经典依据,因此叶适给予高度重视。在《习学记言序目》中,叶适展开了大段分析:

> 此章为近世言性命之总会。按《书》称:"惟皇上帝,降衷于下民。"即天命之谓性也。然可以言降衷,而不可以言天命,盖万物与人生于天地之间,同谓之命,若降衷,则人固独得之矣。降命而人独受,则遗物,与物同受命,则物何以不能率,而人能率之哉?盖人之所受者衷,而非止于命也。《书》又称:"若有恒性。"即率性之谓道也。然可以言若有恒性,而不可以言率性,盖已受其衷矣,故能得其当然者。若其有恒,则可以为性;若止受于命,不可知其当然也,而以意之所谓当然者率之,又加道焉,则道离于性而非率也。③

---

① 叶适:《习学记言序目》卷八,第110页。
② 叶适:《习学记言序目》卷四九《总述讲学大旨》,第737页。
③ 叶适:《习学记言序目》卷八,第107页。

叶适指出,《尚书·汤诰》"降衷"与《中庸》"天命"的根本区别在于三点。

第一,人与其他生灵都是"天"赋予生命,"盖万物与人生于天地之间,同谓之命",但人又先天地具有社会性的道德伦理,而万物生灵并不具有道德伦理,因此人获得道德伦理这一过程,只能称之为"降衷";如果将这一过程称之为"天命",则人与其他生灵万物无所区别了。同样,人从"天"那里所禀受的"衷",并不包括客观的事事物物之理,人掌握客观的事事物物之理仍有待于后天学习。

第二,"衷"是具体的、可以把握的,"性"是抽象的、不可把握的。孔颖达《尚书正义》如此解释"衷":"天生烝民,与之五常之性,使有仁、义、礼、智、信,是天降善于下民也。天既与善于民,君当顺之,故下传云,顺人有常之性,则是为君之道。"叶适亦讲:"夫人之一身,自仁、义、礼、智、信之外无余理。"①因此,"衷"就是具体的"仁、义、礼、智、信"等道德律法。"仁、义、礼、智、信"是人天生固有者,而万物并不具有,因此曰"降衷"。强调人心先天具有的是"仁、义、礼、智、信",而不是抽象于"仁、义、礼、智、信"之上的形而上的"性""天理",这正是浙东学派的特色。当朱熹弟子评价浙江学者"浙间难得学问,会说者不过孝、悌、忠、信而已"时,朱熹便讲:"便是守此四字不得,须是从头理会来,见天理从此流出,便是。"②就是针对这一现象所发。

第三,人只能禀受天"降"予他的"恒性",而非如《中庸》所云"率性"。因为"率"意味着主观的裁剪取舍,"而以意之所谓当然者率之"。而上天所"降"之"恒性"是"仁、义、礼、智、信"这五者具有实质意义的道德规范,不能任意取舍,因此《中庸》所称"率性"是错误的。

"天命之谓性"是从发生学的角度讲本体,"率性之谓道,修道之谓教"则是讲功夫。叶适又说:

> 《书》又称"克绥厥猷惟后",即"修道之谓教"也,然可以言绥,而不可以言修,盖民若其恒性而君能绥之,无加损焉尔。修则有所损益而道非其真,道非其真,则教者强民以从己矣。且古人言道,顺而下之,"率性之谓

---

① 叶适:《习学记言序目》卷三,第36页。
② 黎靖德编:《朱子语类》卷一二一,第2939页。

道",是逆而上之也。夫性与道合可也,率性而谓之道,则以道合性,将各徇乎人之所安,而大公至正之路不得而共由矣。孔子曰:"谁能出不由户,何莫由斯道也。"夫由户而出,虽无目者亦知之,况有目乎?以此喻道,可谓明而切矣。而此章曰:"道也者,不可须臾离,可离非道也。"夫自户而出,则非其户有不出者矣,今曰不可须臾离,则是无往而非户也,无往而非户,则不可须臾离者有时而离之矣,将以明道,而反蔽之,必自此言始。①

这一段的核心在于:"夫性与道合可也,率性而谓之道,则以道合性,将各徇乎人之所安,而大公至正之路不得而共由矣。"叶适不同意人之天性即道,因为人之本性是个体化的存在,至多只是道的一个"子集",若个体仅局限于一身之内以"天命之谓性"为功夫对象,是不可能"合于道"的,盖叶适心目中的"道"是"内外交相明"的结果,而非片面的"率性"可以获致,此点留待下一节详论。

当然,叶适所理解的"恒性"到底是什么,今人无法从他的论述中得到一个清晰的概念,"恒性"可能等同于《尚书正义》的"仁、义、礼、智、信",也可能只是叶适所谓"养生送死,就利远害"的"人心",即一种生物的本能;或者是一种认识能力,或者是天生资质,等等。换言之,叶适着力于否认"恒性"等同于"道",却未能正面阐述其定义,这是令人遗憾的。

三、"明明德"是具体的、公共的、属人的

《大学》云:"大学之道,在明明德。"儒家经典中多次描述了周文王的德行,都强调了这些德行是具体的、属人的、公共的,而不是抽象的。对这个问题,《总述讲学大旨》中有一段很长的论述。

(纲)次文王,"肆戎疾不殄,烈假不瑕,不闻亦式,不谏亦入","雍雍在宫,肃肃在庙,不显亦临,无射亦保";"无然畔援,无然歆羡,诞先登于岸","不大声以色,不长夏以革。不识不知,顺帝之则"。

(目)夫《雅》《颂》作于成康之时,而言文王备道尽理如此,则岂特文王

---

① 叶适:《习学记言序目》卷八,第107—108页。

为然哉？固所以成天下之材，而使皆有以充乎性、全于天也。按《中庸》言"鸢飞戾天，鱼跃于渊，言其上下察也"、"德辀如毛，毛犹有伦。上天之载，无声无臭，至矣！"夫鸟至于高、鱼趋于深，言文王作人之功也。"德辀如毛"，举轻以明重也。"上天之载，无声无臭"，言天不可即而文王可象也。古人患夫道德之难知而难求也。故曰"安安。允恭克让，浚哲文明""执中惠迪""克绥厥猷""主善协一"，皆尽己而无所察于物也，皆有伦而非无声臭也。今也颠倒文义，而指其至妙以示人，后世冥惑于性命之理，盖自是始。噫，言者过矣！不可谓文王之道固然也。①

此处所引的经典片段出自《诗经·大雅》各篇，"肆戎疾不殄"至"无射亦保"出自《思齐》，"无然畔援"至"顺帝之则"出自《皇矣》，"鸢飞戾天，鱼跃于渊"出自《旱麓》。这一节是针对朱熹《诗集传》而发的，批判的重点仍然是"以道合性"。

"肆戎疾不殄，烈假不瑕，不闻亦式，不谏亦入"意为文王经历了很多艰难困苦，但其德行光大无亏，事不前闻，也能领会贯通；虽无谏诤，也不会失德。"雍雍在宫，肃肃在庙，不显亦临，无射亦保"指文王无论在闺门之内、朝堂之上都极其恭敬；隐居之时能保持慎独，不敢自逸，虽然没有讨厌者，但仍持身严谨。为什么文王能做到这样？朱熹《诗集传》解"不闻亦式，不谏亦入"时引用了《毛传》："《传》所谓'性与天合'。"②即文王之性即天道。叶适认为，《诗经》的这些片段都是描述了文王的德行，学者真正应该效仿而且也能够效仿的，正是这种可见的、具体的德行，而不是追索超越的、形而上的"天"，因此叶适说："言天不可即，而文王可象也。"可是，《中庸》为了证明超越的、形而上的、天人一体的天理本体引用了"鸢飞戾天，鱼跃于渊"，把文王的德行与客观的万物之理视同一体，然而万物有万物之理，人的道德修养另有一种逻辑，二者相互感发，内外交相明，才能合于"道"。因此，文王的明德、实德不能取代"物"。同样，"道"之本体不是通过超验的直觉获得的，而是依靠五官的"闻见之知"探索得来的："皆尽己而无所察于物也，皆有伦而非无声臭也。"叶适在《习学记言序目》中还说：

---

① 叶适：《习学记言序目》卷四九，第737页。
② 朱熹：《诗集传》卷一六，载朱杰人、严佐之、刘永翔主编：《朱子全书》第1册，第664页。

《思齐》之言文王，人道尽也。《皇矣》之言文王，天德合也。《书》"若稽古"四人，《诗》则一文王也。其道非惟君之，又师之也。《雅》《颂》之微言，间见一二，通于天理，达于性命，惟于文王发之。春秋之名卿大夫士，未知择也。颜、曾始传之，子思、孟子述焉。后世作圣之学，盖本于文王也。尽人道以事天者，圣人也；与天为一，则学者之过也。①

合于天德是目标，人心不可能先验地、先天地具有全部的"天德"（《中庸》所谓"天命之谓性"），而需要经过艰苦的努力，通过"尽人道以事天"，而后世把"人道"与"天德"混为一谈，是"与天为一"，不但是躐等之学，也背离孔子的教诲。

四、对"太极"和"一阴一阳谓之道"的否定

"易有太极"一语出自《易传·系辞传》。"太极"是理学高度重视的一个核心概念，代表了超越于事事物物之上的抽象的本体，它既创生了世界，也是世界的根本规定。叶适首先否定了《系辞传》为代表的《十翼》的经典地位，认为《易传》中只有《彖》《象》是孔子亲撰，可信无疑，而以《系辞传》为代表的《易传》"十翼"，来源可疑，观点似是而非，需要重新清理："其余《文言》《上下系》《说卦》诸篇，所著之人或在孔子前，或在孔子后，或与孔子同时，习《易》者会为一书，后世不深考，以为皆孔子作也。"②

叶适怀疑《系辞传》的原因是，其所描绘的宇宙观是超越于"物"之上，是形而上的、天人一体的。叶适认为："书有刚柔比偶，乐有声器，礼有威仪，物有规矩，事有度数，而性命道德，未有超然遗物而独立者也。"③"性命道德"不可能超越于"物"之上，同样，《易》的根本是八卦，八卦正是取象于经验世界的八种具体事物，即天、地、水、火、雷、风、山、泽："日与人接，最著而察者八物，因八物之交错而象之者，卦也。"④这八种事物是六十四卦的根本，也是人类在文明进化过

---

① 叶适：《习学记言序目》卷六，第76页。
② 叶适：《习学记言序目》卷四九，第740页。
③ 叶适：《叶适集·水心别集》卷七《大学》，第730页。
④ 叶适：《习学记言序目》卷三，第34页。

程中最先接触到的,因此"圣人"取之以为卦象:"此八物者,一气之所役,阴阳之所分,其始为造,其卒为化,而圣人不知其所由来者也。因其相摩相荡,鼓舞开辟,设而两之,而义理生焉,故曰卦。"①在八卦的基础上,衍生出了六十四卦:"夫人之一身,自仁、义、礼、智、信之外无余理;形于世故,自六十四卦之外无余义。"②因此,六十四卦之上没有所谓超越的、形而上的、抽象的"太极"。

然而,"太极"之说起源于《系辞传》,孔子亲撰《彖传》《象传》,根本没有提及"太极"。叶适说:

> "易有太极",近世学者以为宗旨秘义。按卦所象惟八物,推八物之义为乾、坤、艮、巽、坎、离、震、兑,孔子以为未足也,又因《象》以明之,其微兆往往卦义所未及。故谓《乾》各正性命,谓《复》见天地之心,言神于《观》,言情于《大壮》,言感于《咸》,言久于《恒》,言大义于《归妹》,无所不备矣。独无所谓"太极"者,不知《传》何以称之也?③

八卦之中,乾卦为首,为根本,其余各卦都自乾卦推出:"按易之初一画对分而为十二,二卦对立而为六十四,画之始终具焉。圣人非罔民以自神者,而学者多异说,不知之过也。"④《系辞传》的谬误是,将乾卦与坤卦并列,从乾卦中拆出孤立的阳爻,从坤卦中拆出孤立的阴爻,形成高于六十四卦的"一阴一阳",又在"一阴一阳"之上,设置了"道""太极无极"。这样一来,乾卦的根本地位就被否定了。《系辞上传》中:"天尊地卑,乾坤定矣。……乾知大始,坤作成物,乾以易知,坤以简能。"一大段文字,在叶适看来,主张乾坤对举,抑乾扬坤,为"一阴一阳之谓道"张本。叶适讲:

> 按《彖》言:"大哉乾元,万物资始,乃统天。云行雨施,品物流形,大明终始,六位时成。时乘六龙以御天。乾道变化,各正性命,保合太和,乃利贞。首出庶物,万国咸宁。"则皆乾德也,而天从之;《传》之所称,则皆天德

---

① 叶适:《叶适集·水心别集》卷五《易》,第696页。
② 叶适:《习学记言序目》卷三,第34页。
③ 叶适:《习学记言序目》卷四,第47页。
④ 叶适:《习学记言序目》卷三,第35页。

也,而乾从之尔。且《易》之始画也独乾而非坤。故《彖》之赞乾也,有乾而无坤。及其赞坤也,"顺承乎天"而已。然则"乾道成男,坤道成女""乾知大始,坤作成物""乾以易知,坤以简能",是非坤不足以配乾,非乾坤不足以成《易》,而独乾非坤、有乾无坤之义隐矣。"乾道变化,各正性命",充满覆载无非乾也。"乾道成男,坤道成女",则阴为无预乎阳,阳必有待于阴,而乾之功用偏矣。①

乾是"实德","自强不息""刚健有为",是一种明确的价值取向:"道者,阳而不阴之谓也,一阴一阳,非所以为道也。"②乾"一德独大",坤德没有资格与之并称。但这种"独大"不是超越于相对的、形而下的现象界之上的绝对者。"一阴一阳之谓道"的错误在于,在取象于现实世界的八卦之上,标举了一形而上的、超越的本体,超越了语言,超越了价值标准,超越了相对真理,超越了现实世界的常理。

《系辞传》还认为《易》是一切知识的本源、蕴含了最高的真理、绝对的真理:"易与天地准,故能弥纶天地之道。"叶适进行了反驳:"按《乾》称'统天',《泰》称财成天地之道,《豫》称'顺以动'。故天地如之。《大壮》称'正大',天地之情可见矣。《诗》《书》之称道,未尝不先天,惟《易》不然,盖其困变以明理,而后知天地之不能违也。然则天地固准易,而易非准天地也。且既已准而从之矣,又安能弥纶之乎?"叶适指出,《易》是引导人认识"天地之理"的指南针,六十四卦从不同角度反映了"天地之理";但《易》不是"天地之理"本身,相反,"(《易》)既已准(天地之理)而从之矣",《易》只能遵循"天地之理"而不能有所违背。

五、儒学在与佛老的论战中"沦入虚无"

至于《总述讲学大旨》的评论对象范育的《正蒙序》,叶适只是在最后引用了这样一句:"范育序《正蒙》,谓此书以六经所未载,圣人所不言者,与浮屠、老

---

① 叶适:《习学记言序目》卷四,第40页。
② 叶适:《习学记言序目》卷四,第42页。

子辩。岂非以病为药,而与寇盗设郛郭助之捍御乎?"①范育说《正蒙》中的很多观点是六经和孔子从来没有说过的,譬如"清虚一大",因此受到了一些人的批评,但他认为,孔、孟去世后,"学绝道丧",佛老乘势而起,与六经并驾齐驱:

> 而其徒侈其说,以为大道精微之理,儒家之所不能谈,必取吾书为正。世之儒者亦自许曰:"吾之六经未尝语也,孔孟未尝及也。"从而信其书、宗其道,天下靡然同风,无敢置疑于其间,况能奋一朝之辩而与之较是非曲直乎哉?

佛老提出了一系列形而上的理论,并认为儒家经典根本没有这些内容,而儒者也随声附和,认为这些道理可以补儒家之不足。只有到了北宋张载这里:"参之以博闻强记之学,质之以稽天穷地之思,与尧、舜、孔、孟合德乎数千载之间。"虽然很多观点是尧、舜、孔、孟所不道,但也是迫不得已:"与浮图、老子辩。夫岂好异乎哉?盖不得已也。"②张载等北宋理学五子为了排除佛教、老庄思想对儒学的曲解,从思孟一系儒家经典资源中发掘出新的思想,展开一系列针锋相对的论辩。叶适指出,佛教崛起于西南数万里外,产生佛教的文化传统、社会环境、风土人情完全不同于中国:"无际无极,皆其身所亲历,足所亲履,目实见,而耳实闻也。以为世外瑰特广博之论,置之可矣。"③它崛起之初也无意与中国的儒学竞争,儒学与其问难辩论,根本不可能说服对方。问题在于,理学与佛教的辩论,完全是在佛教、老庄所设定的议题(宇宙论、心性论、天道论等等)下展开的,可是这些议题本身并非儒学"道之本统"所固有,而儒者为了驳倒对手,引入了错误的经典依据:

> 今儒者乃援引《大传》"天地絪缊""通昼夜之道而知""不疾而速,不行而至",子思"诚之不可掩",孟子"大而化""圣而不可知",而曰"吾所有之道盖若是也"。誉之者以自同,毁之者以自异。嘻,末矣!④

---

① 叶适:《习学记言序目》卷四九,第740—741页。
② 范育:《正蒙序》,载吕祖谦:《吕祖谦全集·皇朝文鉴》卷九一,第13册,第634—635页。
③ 叶适:《习学记言序目》卷四九,第741页。
④ 叶适:《习学记言序目》卷四九,第741页。

《十翼》中有很多对形而上的超越世界的描述，与佛教、道家理论类似："故无极太极、动静男女、太和参两、形气聚散、纲缊感通，有直内无方外，不足以入尧舜之道，皆本于《十翼》，以为此吾所有之道，非彼之道也。"①实际上，周敦颐、张载、邵雍、二程等人忽视了《十翼》的可靠性："然不悟《十翼》非孔子作，则道之本统尚晦。"②特别是《系辞传》，其中有大量这样的表述："子曰：知变化之道者，其知神之所为乎？""易无思也无为也，寂然不动，感而遂通天下之故，非天下之至神，其孰能与于此？""夫《易》，圣人之所以极深而研几也，唯深也故能通天下之志，唯几也故能成天下之务，唯神也故不疾而速，不行而至。"这些表述都是鼓吹对现实世界的常识的超越，理学之所以喜欢此种神秘主义的论调，就是要与佛教的宇宙观相对抗，实际上却钻进了佛教的术语迷宫而无法自拔，背离了孔子所传道之本统："余尝患浮屠氏之学至中国，而中国之人皆以其意立言，非其学能与中国相乱，而中国之人实自乱之也。今《传》之言《易》如此，则何以责夫异端者乎？"③因为二者根本不具有对话的前提和基础，因此既不必要信奉佛教，也没必要废黜之。叶适在这个问题上和陈亮的观点完全一致。④

总体来看，叶适的《习学记言序目》（尤其是《总述讲学大旨》）试图通过对《尚书》、《周礼》、《易》（《象传》《象传》）、《春秋》（《左传》）等经典的梳理，证明北宋五子以来构建的形而上的、超越的本体不是儒学的本来之义，而是从曾子、子思、孟子开始的误读。具体来说，有以下三条标准：

（1）"道"是形而下的、具体的、历史的、社会的、客观的。"道"只有落实在社会实践中，"措于事物"，才算真正得到了实践；主体对"道"的认识是认识自然、改造自然，从而积累各种常识的历史过程，"闭目塞听"，片面地反求于"本心"，与客观的经验世界相隔绝，并非寻求"道"的正确路径。

（2）"天人一体"是工夫论的最终结果，不是工夫论的前提，换言之，在认识论的开始，"人之性"与"物之性"是不相通的二者，对"物之性"的认识必须通过后天艰苦的学习而获得。叶适反对那种鼓吹客观世界的一切知识都先天地具

---

① 叶适：《习学记言序目》卷四九，第740页。
② 叶适：《习学记言序目》卷四九，第740页。
③ 叶适：《习学记言序目》卷四，第46页。
④ 陈亮对佛教的态度，参见董平、刘宏章：《陈亮评传》，第291—292页。

于"人心",从而以"心体"取消了、取代了"道"的观点。

(3)"心""性""性命"这些观念,都不能等同于"道"(天理),而只是"道"的一个子集,反映了主体认识"道"某种程度上绝不能"以性合道"。因此无论是朱熹的"性即理"还是陆九渊的"心即理",都是不能成立的;无论是"心体"还是"性体"都不是"道体"。

从这三条标准出发,叶适对宋代理学所依据的经典资源进行了清理,而从其他儒家经典中引用了大量片段加以证伪,这是《总述讲学大旨》的基本要义,也是叶适对理学"心体"的否定与解构。

第二节 "内外交相明"的工夫论

解构理学的形而上的超越的"心体",只是完成了对理学本体论的清算,理学在这一形而上的、超越的、天人合一的宇宙观之下,形成了一套内容丰富、易知易行的工夫论。叶适对此也进行了全面的批评,其要旨如下。第一,他反对心体无限广大,反对人心先天地具有最高真理(道心)。第二,由于理学忽视了对客观外部世界知识的学习,轻视了五官的"闻见之知",而偏重孟子的"心之官则思"。因此叶适强调五官与"心之官"是并重的,对客观世界的探索和学习,与自我的内省同样重要。第三,叶适主张:"道无内外,学则内外交相明。"①真理是客观与主观的努力相结合的产物,而理学内倾的工夫论,把对真理的探索限制于个体的意识之内,从而使得儒家"修齐治平"层层外推的工夫论简化为完全个体化的自我认识,由这种工夫论获得的对真理的认知,是个人化的、片面的、独断的。

一、反对"以悟为宗"的"躐等之学"

本章第一节已经指出,叶适批评《中庸》"天命之谓性,率性之谓道"是"以道合性":"夫性与道合可也,率性而谓之道,则以道合性,将各徇乎人之所安,而大

---

① 叶适:《习学记言序目》卷四四,第645页。

公至正之路,不得而共由矣。"叶适不同意人之天性即道,人之本性只是道的一个"子集",因此个体仅局限于自身的"天命之谓性"作功夫,是不可能"合于道"的。理学将"人道"与"天道"混为一谈,是躐等之学、空无之学:"然仁必有方,道必有等,未有一造而尽获也。一造而尽获,庄、佛氏之妄也。……独守其悟,而百圣之户庭虚矣。"①

《系辞传》云:"天下何思何虑? 天下同归而殊涂,一致而百虑。"叶适认为,"同归""一致"是认识论的最终目标,不是认识论的前提,如果不经由"殊途""百虑"而直接把握"同归""一致",就是取消了思考和学习的必要性,"以为不足思、不足虑也",也是一种"躐等之学"。他认为《咸卦》九四爻辞:"憧憧往来,朋从尔思。"指的就是主体面对纷繁复杂的经验世界,难免思虑纷杂,应接不暇,这虽然并不必然导出认识事物的正确结果,却是通向真理的必由之路:"然则曾'憧憧往来,朋从尔思'之未及,而尚何以'穷神而知化'乎?"②《系辞传》"天下同归而殊涂,一致而百虑"为解决之道,是消极地取消思虑,从宇宙论的层面看,是用统一性取消了多样性,用抽象性取消了具体性;从工夫论的角度说,就是贬低了后天学习的地位,而强调了直觉的重要性。

既然人心先天的功用是有限的,那么后天的"闻见之知"就必不可少了,因此,叶适对《中庸》"故君子戒慎乎其所不睹,恐惧乎其所不闻,莫见乎隐,莫显乎微,故君子慎其独也"一章给予了肯定:

> 按:子张问行。孔子曰:"立则见其参于前也,在舆则见其倚于衡也。夫然后行。"夫以为我之所必见,则参前倚衡,微孰甚焉! 以为人之所不见,则不睹不闻,著孰甚焉! 其义互相发明。……学者若专一致力于此,以慎独为入德之方,则虽未至于道,而忠信笃敬,所立坚定矣。③

在《论语·卫灵公》"参前倚衡"章中,孔子强调了"忠信笃敬"的道德信条客观、外在、可见的一面,这种类型的比喻契合了叶适的论证需要,故叶适将其与

---

① 叶适:《叶适集·水心文集》卷一七《陈叔向墓志铭》,第326—327页。
② 叶适:《习学记言序目》卷四,第48页。
③ 叶适:《习学记言序目》卷八,第108页。

《中庸》"慎独"章合参。"戒慎乎其所不睹,恐惧乎其所不闻",描述了对"道"的苦苦追索的过程。无论是"戒慎恐惧",还是"参前倚衡",都是从不同角度、不同阶段论证了"道"相对于人心是客观的,故需要后天努力地探索钻研,因此"戒慎乎其所不睹,恐惧乎其所不闻"正是求知问学必不可少的精神。相反,像孟子那样强调"心之官则思",而贬低耳目之官"不思则蔽于物",就是把心当作一切真理的来源。①

二、从个体的、独断的工夫论走向公共的、外向化的功夫

关于《中庸》"率性之谓道,修道之谓教",叶适则指出,"道"不可"修",因为"道"是客观的、一定的,强调"修"就暗示了"道"可以由个人体验获致,从而难免流为狭隘、片面的主观臆说:"而以意之所谓当然者率之,又加道焉,则道离于性而非率也。"叶适又说:"夫性与道合可也,率而谓之道,则以道合性,将各徇乎人之所安,而大公至正之路,不得而共由矣。"所谓"大公至正之路"的客观性、普适性,正是与"各徇乎人之所安"的个体化、主观化相对立的。同样的,《中庸》说"道也者,不可须臾离,可离非道也",认为个体的心与"道"是一体的,只要此心一日活动,则"道"亦常存,这不但流露了主观化、个体化的倾向,还把"道"的超越时空的形而上性抬高到了无以复加的地步。

曾子是理学道统论中的重要一环,但叶适却认为曾子不足以入道统。绍熙二年(1191),朱熹在给叶适的信中说:"年来见得此事极分明,乃知曾子实以鲁得之,而聪明辨博如子贡者,终不得与闻于此道之传,真有以也。"②似乎是察觉了叶适对曾子的否定态度。

叶适在《总述讲学大旨》中比较系统地批评了曾子,否定了程朱理学的道统。③ 叶适批评了曾子"重内忽外"的工夫论:"曾子之学,以身为本,容色辞气

---

① 叶适对《孟子》此章的相关批评见《习学记言序目》卷一四(第 207 页)。
② 朱熹:《晦庵先生朱文公文集》卷五六《答叶正则》("向来相见之日甚浅"),载朱杰人、严佐之、刘永翔主编:《朱子全书》第 23 册,第 2652 页。
③ 参见董平:《叶适对道统的批判及其知识论》,《孔子研究》1994 年第 1 期;何俊:《叶适论道学与道统》,《中山大学学报(社会科学版)》2009 年第 1 期。

之外不暇问，于大道多所遗略，未可谓至。"①此处指的是《论语·泰伯》中的一章：

> 曾子有疾，孟敬子问之。曾子言曰："鸟之将死，其鸣也哀；人之将死，其言也善。君子所贵乎道者三：动容貌，斯远暴慢矣；正颜色，斯近信矣；出辞气，斯远鄙倍矣。笾豆之事，则有司存。"

叶适认为，曾子告孟敬子"三事"，都是身心上做功夫，至于"笾豆之事，则有司存"，明白表示自己并不精通，可见已经完全放弃孔子的礼乐诗教，破坏了孔子之学所具有的"内外交相明"的完整性和平衡性。《论语》"吾道一以贯之"章，曾子以"忠恕"来解释"一贯"，叶适认为这纯属曾子一家之言，因《论语》是曾子门人纂集传世，故而："疑此语未经孔子是正。"原因是，曾子的"一贯忠恕"论过于内倾、过于形而上：

> 道者，自古以为微渺难见；学者，自古以为纤悉难统。今得其所谓一，贯通上下，应变逢原，故不必其人之可化，不必其治之有立，虽极乱大坏绝灭蠹朽之余，而道固常存、学固常明，不以身殁而遂隐也。然余尝疑孔子既以一贯语曾子，直唯而止，无所问质，若素知之者，以其告孟敬子者考之，乃有粗细之异、贵贱之别，未知于一贯之指果合否？曾子又自转为忠恕，忠以尽己，恕以及人，虽曰内外合一，而自古圣人经纬天地之妙用，固不止于是。疑此语未经孔子是正，恐亦不可便以为准也。子贡虽分截文章、性命，自绝于其大者而不敢近，孔子丁宁告晓，使决知此道虽未尝离学，而不在于学，其所以识之者，一以贯之而已。是曾子之易听，反不若子贡之难晓。至于近世之学，但夸大曾子一贯之说，而子贡所闻者，殆置而不言，此又余所不能测也。②

曾子的"一贯"虽有"忠、恕"两个方面，但根据理学家的解释："尽己之谓忠，

---

① 叶适：《习学记言序目》卷四九，第738—739页。
② 叶适：《习学记言序目》卷一三，第178—179页。

推己之谓恕。"①是从一己之性命,推而至于他人、家、国、天下。那么,是否所有的真理(譬如子贡所擅长的"文章")都可以从一己一身一心的功夫中获知呢?叶适的答案是否定的。更重要的是,曾子"一贯"具有超越时空的特点:"今得其所谓一,贯通上下,应变逢原,故不必其人之可化,不必其治之有立,虽极乱大坏绝灭蠹朽之余,而道固常存、学固常明,不以身殁而遂隐也。""一贯之道"可以离开历史时空,形而上地、抽象地继承,而此种继承又是通过个体对"心体"的觉悟实现的,而不是像尧、舜、禹、汤、伊尹、文王、周公那样落实在政治实践中:"舜言精一而不详。伊尹言一德,详矣,至孔子,于道及学始皆言'一以贯之'。夫行之于身,必待施之于人,措之于治,是一将有时而隐,孔子不必待其人与治也。"②叶适说,孔子是"生知安行"的圣人,故虽无位治天下亦足以传道。但孔子以外的人用个体证悟的方式,形而上地继承"一贯之道",显然是独断的。叶适还批评曾子:"余尝考次洙泗之门……遗学而求道者,参也。"③曾子抛弃了面向客观世界的学习和求索而从事于个体化的"求道"。

在叶适看来,《礼记·檀弓》一篇对宋代理学的重要性仅次于《大学》《中庸》:"世之学者,于《檀弓》有三好:□古明变,推三代有虞,一也;本其义理,与《中庸》《大学》相出入,二也;习于文词,谓他书笔墨皆不足进,三也。以余考之,则多妄意于古初,肤率于义理,而謇缩于文词,后有君子,必能辨之。"④在《檀弓下》中,周丰答哀公问一段引出了朱熹、陆九渊鹅湖之辩,成为理学内部分歧的标志。叶适注意到了鹅湖之辩,对《檀弓》此段专门加以疏释,以阐明自己的立场。首先看《檀弓》原文:

> 鲁人有周丰也者,哀公执挚请见之。而曰不可。公曰:"我其已夫。"使人问焉,曰:"有虞氏未施信于民而民信之,夏后氏未施敬于民而民敬之,何施而得斯于民也?"对曰:"墟墓之间,未施哀于民而民哀;社稷宗庙之中,未施敬于民而民敬。殷人作誓而民始畔,周人作会而民始疑。苟无礼义忠信诚悫之心以莅之,虽固结之,民其不解乎?"

---

① 朱熹:《四书章句集注·论语集注》卷二,第72页。
② 叶适:《习学记言序目》卷一三,第178页。
③ 叶适:《叶适集·水心文集》卷二五《宋廠父墓志铭》(嘉定十四年[1121]四月),第491页。
④ 叶适:《习学记言序目》卷八,第100页。

此章的大旨有两个层次。第一，周丰认为教化百姓、推行礼教的关键，不在于外在的仪式、度数，而在于礼所对应的"礼义忠信诚悫之心"；第二，有虞、夏后氏君主，具有"礼义忠信诚悫之心"，百姓受到其道德的感召，自然而然地得到教化。叶适据此进行了辩正：

> 按《书》称"克明俊德，以亲九族，九族既睦，平章百姓。百姓昭明，协和万邦，黎民于变时雍"；"濬哲文明，温恭允塞，玄德升闻，乃命以位"；"后克艰厥后，臣克艰厥臣，政乃乂，黎民敏德"，皆先自身始而施之于民，然后其民以和报之。周丰乃言："墟墓之间，未施哀于民而民哀；社稷、宗庙之中，未施敬于民而民敬。"夫墟墓则固已施哀，而社稷、宗庙则固已施敬，不啻谆谆然矣，岂为末哉？《书》又称："克宽克仁，彰信兆民。"而诸《诰》言文王之德为尤详。然则丰谓"无忠信诚悫之心以莅之"，可乎？圣人之道一也。谓虞夏有余而殷周不足，俗儒之浅说也。余记陆氏兄弟从朱、吕氏于鹅湖寺，争此甚切。其诗云："墟墓生哀宗庙钦，斯人千古最明心"；"大抵有基方作室，未闻无址可成岑"。噫！徇末以病本，而自谓知本，不明乎德而欲议德，误后生深矣。①

叶适博引《尚书》各篇，证明周丰所述弊病有二。一是周丰贬低商、周两代君主无"礼义忠信诚悫之心"，片面夸大了有虞、夏后氏之德，此说与《尚书》记载不符："谓虞、夏有余而殷、周不足，俗儒之浅说也。"二是周丰认为虞夏明君是"未施哀于民而民哀""未施敬于民而民敬"，所谓"未施"，意指无所教化、无所施政、无所治理，近乎《老子》"我无为而民自朴"。但周丰所说"墟墓、社稷、宗庙"本身，就是礼乐教化的具体设施，既有"墟墓、社稷、宗庙"的建制，便有相应的一系列的礼仪、度数、礼器、礼法，乃至"礼治"。而从《尚书·尧典》记载看，有虞、夏后之君"皆先自身始而施之于民，然后其民以和报之"，道德上以身作则，建立制度纪纲，并于天下臣民中实施推广，获得客观的良好效果，即"以亲九族""平章百姓、协和万邦"。

---

① 叶适：《习学记言序目》卷八，第99页。

接着，叶适导入了对陆九渊、陆九龄的评论。陆九渊在鹅湖之会上所作七律中，首联就引用了《檀弓》此段："墟墓生哀宗庙钦，斯人千古不磨心。"陆九龄亦赋一七律，其中有"大抵有基方作室，未闻无址可成岑"一句。陆九渊化用《檀弓》典故，意在说明虞夏之君具有"礼义忠信诚悫之心"，此心功用无限广大，能开物成务，于是墟墓、宗庙皆受其感染，故云"墟墓生哀宗庙钦"。叶适的批评则是，从"礼义忠信诚悫之心"到"墟墓生哀宗庙钦"，乃是从一心、一身推而至于家族、国家，是一个自内而外的复杂的多阶段过程，这个过程就是"以亲九族、平章百姓、协和万邦"，其中包括了纷繁复杂的礼仪、度数、礼器、礼法，总而言之，名为"礼治"，并非如陆九渊所说的那样简易快捷。叶适在前引《陈叔向墓志铭》中批评了"一造而尽获"是禅学之外，还说："诸儒以观心空寂名学，徒默视危拱，不能有论诘，猥曰：'道已存矣。'"①在《习学记言序目》此篇，叶适再次对陆九渊之学进行了批评。

叶适之所以抓住《檀弓》"周丰"一章重点批判，是因为周丰的观点反映了思孟一派是如何将物质的、制度的，乃至伦理道德的"外王事业"逐步化约、收摄为"心体"的，正如朱熹《补大学格物致知传》云："盖人心之灵莫不有知，而天下之物莫不有理，惟于理有未穷，故其知有不尽也。是以《大学》始教，必使学者即凡天下之物，莫不因其所已知之理而益穷之，以求至乎其极。至于用力之久，而一旦豁然贯通焉，则众物之表里精粗无不到，而吾心之全体大用无不明矣。此谓物格，此谓知之至也。"②在理学体系中，心量无限广大，心包万理，而叶适切断了心与宇宙本体的联系，否定了"心体"先验地、先天地具有最高真理、一切真理的可能。由此出发，他对理学的总体判断是，其本体论过于形而上，其工夫论流于顿悟简易，所预设的功夫对象则是一己之身心，而忽视外物（包括家、国、天下）。

三、对《大学》功夫次序的调整

叶适否定心的宇宙本体地位（即"心体"），认为"心"并不先验、先天地具有

---

① 叶适：《叶适集·水心文集》卷二五《宋廄父墓志铭》，第490页。
② 朱熹：《四书章句集注·大学章句》，第6—7页。

终极真理,但并不否认"心"具有后天学习知识、探索真理的能力和结构,只不过这些学习和探索不是局限于个体身心内部的功夫,而是与客观世界交流、互动的过程。何况,朱熹越是批评陈亮、陈傅良(曹叔远)抛弃程学的身心功夫,叶适就越是要将身心功夫纳入其理论框架内,以显示其思想仍然坚持儒家价值判断的根本立场。我们可以将"克己复礼""学思并进""内外交相明"作为叶适工夫论的"三纲领",叶适从个体的修身阶段开始,直到"平天下",首尾都贯穿了"内外交相明",具体到修身阶段,则是"克己复礼""学思并进"。

叶适对《大学》八条目的修正是理解其工夫论的重要线索。叶适反对朱熹以"格物、致知"为先的工夫论,而认为正心、诚意才是主体认识(功夫)过程的起点。在正心、诚意这个阶段,"心"不与外物发生关涉:"意可形也,心可存也,在意为诚,在心为正,夫然后修其身,齐其家,以至于天下。"①叶适批评《大学》八条目把"格物、致知"置于"正心、诚意"之前:

> 而《大学》自心意及身,发明功用,至于国家、天下,贯穿通彻,本末全具,故程氏指为学者趋诣简捷之地,近世讲习尤详,其间极有当论者。《尧典》:克明俊德。而此篇以为自明其德,其修身、齐家、治国、平天下之条目,略皆依仿而云也。②

《大学》的错误在于主张"自明其德","明德"先验地、先天地具于心,从个体的身心功夫中足以开出修、齐、治、平。叶适引用《尚书·尧典》"克明俊德"指出,"明德"是客观的、外在的、有待认识的,不可能先验地、先天地具于人心,换言之,"明明德"是目标和境界,不是功夫的起点。叶适又说:

> 然此篇以致知、格物为大学之要,在诚意、正心之先,最合审辨。《乐记》言:知诱于外,好恶无节于内,物至而人化物。知与物,皆天理之害也。余固以为非。此篇言诚意必先致知,则知者心意之师,非害也,若是,则物宜何从?以为物欲而害道,宜格而绝之耶?以为物备而助道,宜格而通之

---

① 叶适:《叶适集·水心别集》卷七《大学》,第730—731页。
② 叶适:《习学记言序目》卷八,第113页。

耶？然则物之是非固未可定，而虽为《大学》之书者，亦不能明也。①

心具有赋予外物以价值判断("物之是非")的功能，但这种价值判断的前提应该是"正心""诚意"；而《大学》的顺序却是"致知""格物"在"正心""诚意"之先，因为理学把"格物"理解为"穷理"，"理"就是终极真理、最高真理，贯通了天人古今、万事万物，此"理"既"穷"，才能正确地认识世界。叶适说：

> 程氏言："格物者，穷理也。"按此篇心未正当正，意未诚当诚，知未至当致，而君臣父子之道，各有所止，是亦入德之门尔，未至于能穷理也。若穷尽物理，矩矱不逾，天下国家之道，已自无复遗蕴，安得意未诚、心未正、知未至者而先能之？《诗》曰："民之靡盈，谁夙知而莫成。"疑程氏之言亦非也。若以为未能穷理而求穷理，则未正之心、未诚之意、未致之知，安能求之？又非也。然所以若是者，正谓为《大学》之书者自不能明，故疑误后学尔，以此知趋诣简捷之地未能求而徒易惑也。②

按照《大学》的顺序，"正心、诚意"尚是个体的自我反省阶段，如"格物"("穷理")在"正心、诚意"之前，就意味着在主体不需要向外求索，就能够通过个体化的功夫"穷尽物理"达到一个究极境界。叶适说，"穷尽物理"是功夫的效果，绝不可能出现功夫的开端，更不可能以个体化的内倾功夫来完成。程颐所主张的"穷理"，实际上是在闻见之知开始之前，设定了一个先验的"德性之知"，"若是，则所知灵悟……前后断绝"③。叶适继续批评道，不但"致知""格物"不应该在"正心""诚意"之先，《大学》八条目根本不需要出现"格物"，大学功夫次序应该以"正心""诚意"为始，继之以"致知"，而"格物"是"致知"的实质，应该贯穿于整个"修、齐、治、平"功夫的始终，因为儒家的工夫论是"内外交相明"之道，不可能在某一个功夫环节上"有内无外"。

---

① 叶适：《习学记言序目》卷八，第113页。
② 叶适：《习学记言序目》卷八，第113—114页。
③ 叶适：《习学记言序目》卷八，第114页。

四、"克己"与"复礼"交相并进

不过,叶适提倡的"正心、诚意"功夫并非个体化的反省内观、涵养察识,而是通过对"礼"的践履来完成。叶适认为,"学"是主体对客体的认识和学习,"思"是主体内在的反思和直觉,"礼"不但是主体与客观世界的桥梁,更帮助主体在成长过程中不断社会化,最终成为主体改造社会的手段。"礼"的具体内容就是"度数折旋",主体只有遵循"度数折旋",才能够达到"仁":"盖必欲此身常行于度数折旋之中。"[①]而遵循"度数折旋",就必须充分发挥五官的视听言动功能,如果片面强调"心之官则思",便忽视了礼的重要性,程颐倡导的"涵养须用敬"说的问题就在于此。叶适在《敬亭后记》中说:

> 礼者,敬而已矣,故敬其父则子悦,敬其兄则弟悦,敬其君则臣悦,敬一人而千万人悦。是则敬者德之成也。学必始于复礼,故治其非礼者而后能复。礼复而后能敬,所敬者寡而悦者众矣,则谓之无事焉可也。未能复礼而遽责以敬,内则不悦于己,外则不悦于人。诚行之则近愚,明行之则近伪。愚与伪杂,则礼散而事益繁,安得谓无!此教之失,非孔氏本旨也。然则何为?曰礼之未复。是身固非礼之聚尔,耳目百体,瞿瞿然择其合乎礼者,斯就之,故其视听言动必以礼。当孔子时,礼尚全完,勤苦用力,皆有条目可见也。后世虽礼阙不具,然是身之非礼者固常在尔。出于己加于人,小则纷错溃乱,大则烂漫充斥。盖若白黑一二之不可掩,其敢忽乎?故非礼则不以视听言动,而耳目百体瞿瞿然择其不合乎礼者期去之,昼去之,夜去之。[②]

如果孤立地解读这一段话,会发现其意义与理学没有根本的区别,因为理学同样重视"克己复礼"。但程颐所谓的"敬"是"主一无适",是主体内心专一

---

① 叶适:《习学记言序目》卷八,第 95 页。
② 叶适:《叶适集·水心文集》卷一〇《敬亭后记》,第 163—164 页。

的、不散乱的状态。到了朱熹那里,涵养功夫兼指已发涵养和未发涵养①,而重心落在了"思虑未萌,外物未至"的"未发"状态,理学推崇的"敬以直内,义以方外",使得"敬"完全内倾化了。简而言之,程朱理学中未发时涵养一节,是叶适明确反对的,叶适所谓"敬"是"礼复而后能敬","敬"存在于礼的践履之中,如果不"复礼",亦不可能实现"敬"(特指"已发时涵养")。

同样的,叶适对程颐的《四箴》也进行了批判:"按程氏《视听言动箴》,学者传诵久矣。……程氏箴,其辞缓,其理散,举杂而病不切,虽欲以此自警且教学者,然已未必可克,礼未必可复,仁未必可致,非孔颜之所讲学也。"②为了理解叶适与程颐的分歧,下面将程颐《四箴》(并序)抄录如下:

《序》:颜渊问克己复礼之目,夫子曰:非礼勿视,非礼勿听,非礼勿言,非礼勿动。四者身之用也,由乎中而应乎外,制于外所以养其中也。颜渊事斯语,所以进于圣人。后之学圣人者宜服膺而勿失也。因箴以自警。

《视箴》:心兮本虚,应物无迹。操之有要,视为之则。蔽交于前,其中则迁。制之于外,以安其内。克己复礼,久而诚矣。

《听箴》:人有秉彝,本乎天性,知诱物化,遂亡其正。卓彼先觉,知止有定,闲邪存诚,非礼勿听。

《言箴》:人心之动,因言以宣。发禁躁妄,内斯静专。矧是枢机,兴戎出好。吉凶荣辱,惟其所召。伤易则诞,伤烦则支。已肆物忤,出悖来违。非法不道,钦哉训辞。

《动箴》:哲人知几,诚之于思。志士励行,守之于为。顺理则裕,从欲惟危。造次克念,战兢自持。习与性成,圣贤同归。③

表面上看,程颐高度重视"克己复礼",但在叶适看来,程颐置"心之官"于"视听言动"之上,"视听言动"是否合于礼,完全由"心"决定,《视箴》所谓"心兮本虚,应物无迹",就是将"心"等同于"心体","心"若保持贞定、澄明,则视听言

---

① 陈来:《朱子哲学研究》,华东师范大学出版社2000年版,第328—329页。
② 叶适:《习学记言序目》卷四九,第731页。
③ 程颢、程颐:《二程集·河南程氏文集》卷八《四箴》,王孝鱼点校,第588—589页。

动无一不合乎礼:"由乎中而应乎外,制于外所以养其中也。"譬如《言箴》说,言之不合礼,是因为"人心之动,因言以宣",对治的办法是"发禁躁妄,内斯静专",即保持内向的平静;听之不合礼,是因为"知诱物化,遂亡其正",而对治的办法是"卓彼先觉,知止有定,闲邪存诚",即"正心"。总之,程颐的"四勿"是"正心诚意"的功效,叶适反之,"正心诚意"恰恰是"四勿"的功效,只有在视听言动上无一刻不合乎礼,"心"才能保持贞定、澄明。

尽管礼如此重要,孔子之后礼却散失了:"要是礼一日不行,即一日坏,惟义数之在书册者尚可传,义理之在人心者犹不泯,故颜、曾欲求之于心,子贡、游夏之徒欲求之于书,孔子皆指其偏失处,至明至切。然终以分散而不可复合者,礼已坏而不行,行之又无所因故也。"①礼不仅存在于文献之中,周公之礼贯穿于社会系统的各个环节、各个因素之中,孔子所传之礼贯穿于生活的实践中,是活生生的存在。但孔子之后,这种实践形态的"礼"不但从社会系统中完全褪色,也从个人修身实践中消失,因此,在南宋时代要"复礼",只能从内外两个方面重建,即所谓"义理之在人心者",就是仁、义、礼、智、信,和所谓"义数之在书册者",即《周礼》《仪礼》和《礼记》的部分篇章。汉唐经学专注于"义数之在书册者",重外忽内;宋代理学则专注于"义理之在人心者",转为重内忽外。叶适认为这两种倾向都只是对孔子之学的片面继承。

当然,在叶适生活的时代,礼之全体大用早已灭裂无余,因此退而求其次,曾子告孟敬子的"所贵者动容貌、出辞气、正颜色"三事也可以复礼,但叶适强调,个体的复礼只是一个方面,在"动容貌、出辞气、正颜色"同时,还要学习客观的知识:

> 今世度数折旋,既已无复可考,则曾子之告孟敬子者宜若可以遵用,然必有致于中,有格于外,使人情物理不相逾越,而后其道庶几可存。若他无所用力,而惟三者之求,则厚者以株守为固,而薄者以捷出为伪矣。②

叶适所说的"有致于中"和"人情",就是"克己复礼"(或退而求其次的"所贵

---

① 叶适:《习学记言序目》卷八,第102页。
② 叶适:《习学记言序目》卷八,第95页。

者动容貌、出辞气、正颜色")的功效,"有格于外"和"物理"则是"学思并进"的功效,如此内外交相明,"道"始得以呈现。

五、学与思交相并进

叶适将"学"作为其工夫论的核心。《尚书·说命下》傅说云"惟学逊志",孔子讲"学而不思则罔,思而不学则殆",都被叶适奉为圭臬:

> 《洪范》言九畴天所锡,而作圣实本于思,其他哲、谋、肃、乂,随时类而应,则思之所通,诚一身之主宰,非他德可并而云也。然傅说谓"惟学逊志""道积于厥躬";孔子称"学而不思则罔,思而不学则殆",是思学兼进者为圣。①

"思"代表个体主观的内省、思考,"学"则代表对客观世界的学习、探索,二者必须"兼进"。叶适进一步说:

> 傅说固已言学之要,孔子讲之尤详。道无内外,学则内外交相明,今在《书》《论语》者,其指可以考索而获也。……近世之学则又偏堕太甚,谓独自内出,不由外入,往往以为一念之功圣贤可招楫而致,不知此身之稂莠,未可遽以嘉禾自名也。故余谓孔子以三语成圣人之功,极至于无内外,其所以学者皆内外交相明之事,无生死壮老之分,而不厌不倦于其中,此孔子之本统与傅说同也。②

"道无内外"是指功夫的最终结果,"学则内外交相明"是指把握"道"的过程主观与客观的统一、个体与公共的统一。

> 一人之身,众人之身也。一身之家,天下之家也。一士之学,万世共由

---

① 叶适:《习学记言序目》卷一三,第186页。
② 叶适:《习学记言序目》卷四四,第645页。

之学也。不以其身丽众人之身,必自成其身,其身成而能合乎众人之身矣;若夫私其身者,非也。不以其家累天下之家,必自治其家,其家治而能合乎天下之家矣。若夫私其家者非也。不以其学诬万世共由之学,必自善其学,其学善而能合乎万世共由之学矣。若夫私其学者,非也。①

既然"道"是主观与客观的统一,那么"一士之学"是主观的功夫,"万世共由之学"是普遍的、客观的真理。故"学"不是个人独断之学,而是客观之"学",个体的"学"应该与"天下""万世"参证,而理学个体化的内倾工夫论,其对道的认知是片面的、独断的。

第三节 从"物极"到"皇极"

个人的"内外交相明",最终要达到改造社会、治国平天下的效果。于是,叶适对个体认识论意义上的"道"和社会制度层面(或者国家天下层面)的"道"进行了分别:

《周官》言道则兼艺。贵自国子弟,贱及民庶皆教之。其言"儒以道得民""至德以为道本",最为要切,而未尝言其所以为道者。……而《易传》及子思、孟子亦争言道,皆定为某物。故后世之于道始有异说,而又益以庄、列、西方之学,愈乖离矣。今且当以"儒以道得民""至德以为道本"二言为证,庶学者无畔援之患而不失古人之统也。②

从主体的角度说,"道"是"至德",亦即"克己复礼"之极致;从社会的角度说,"道"是"得民","道"只有普遍地落实于政治、经济、社会、家庭各个领域,才能谈得上是"得民"。为了说明"道"是如何普遍地落实于现实世界的,叶适引入了《尚书·洪范》中"皇极"的概念,描述主体认识过程是与"治国平天下"同步完

---

① 叶适:《叶适集·水心文集》卷二九《题薛常州〈论语小学〉后》,第592页。
② 叶适:《习学记言序目》卷七,第86页。

成的;并自创了"物极"这一概念,来描述主体对客体的认识,二者相辅相成,不可须臾偏废。

一、皇极与建皇极

"皇极"一语出自《尚书·洪范》,其原文是:

> 皇极。皇建其有极。敛时五福,用敷锡厥庶民。惟时厥庶民于汝极,锡汝保极。凡厥庶民,无有淫朋,人无有比德,惟皇作极。凡厥庶民,有猷有为有守,汝则念之。不协于极,不罹于咎,皇则受之。而康而色,曰:予攸好德。汝则锡之福。时人斯其惟皇之极。无虐茕独而畏高明。人之有能有为,使羞其行,而邦其昌。凡厥正人,既富方谷,汝弗能使有好于而家,时人斯其辜。于其无好德,汝虽锡之福,其作汝用咎。无偏无陂,遵王之义。无有作好,遵王之道。无有作恶,遵王之路。无偏无党,王道荡荡。无党无偏,王道平平。无反无侧,王道正直。会其有极,归其有极。曰皇极之敷言,是彝是训,于帝其训。凡厥庶民,极之敷言,是训是行,以近天子之光。曰天子作民父母,以为天下王。

"皇极",《尚书正义》训为"大中之道",成为主流解释,汉唐至北宋皆沿袭,此间亦有异说,如《汉书·五行志》云:"皇,君也;极,中也。"[1]《洪范》对"皇极"的描述,是君主如何以"大中之道"来教化、惩劝百姓,通过得到教化的百姓,达致天下太平。可以说,《洪范》是君主为百姓"立极",将"天子之极"("君极")的一部分用来作为"百姓之极"("民极"),由"君极"赋予"民极",是一个自上而下的治理过程,而且君主拥有国家的强制力,这种赋予必然也是强制性的。不过,这一段经文也说:"不协于极,不罹于咎,皇则受之。"对于不与"皇极"一致者,只要不自罹于罪恶,君主也应该容纳之。至南宋,对"皇极"开始出现新的理解。如朱熹就认为"皇"不能训"大","极"不能训"中",而是:"皇是指人君,极便

---

[1] 班固:《汉书》卷二七《五行志》下之上,中华书局1962年版,第1458页。

是指其身为天下做个样子,使天下视之为标准。"①因此,"皇极"就相当于"国是",即国家战略方针的主轴。② 陈亮绍熙四年(1193)《廷对策》中也言及"皇极",提出在"皇极"之下,"天下之学不能以相一",即学术争论是永远存在的,而治学方法亦各有法门,不能强求一律,承认了每个人的资质天赋参差不齐,各有侧重,可以各自在四科中的一科或者若干科中有所成就。陈亮把"不协于极、不罹于咎"解释为"悉比而同之",对于"不能一"的"天下之学"应该采取包容的态度,企图以一种学说来垄断"天下之学",只能是"一人之私意小智",此论亦是针对朱子学所发。③

叶适说:"道不可见。而在唐虞、三代之世者,上之治谓之皇极,下之教谓之大学,行之天下谓之中庸,此道之合而可名者也。其散在事物,而无不合于此,缘其名以考其实,即其事以达其义,岂有一不当哉!"④"上之治谓之皇极,下之教谓之大学,行之天下谓之中庸",这三个层面中,"道"是不可见、无以言的隐匿性存在;皇极、大学、中庸合而见道,是可名之道的具体体现;而万事万物皆能合于此道体,缘名考实,即事达义。从历史发展的脉络和文物典章的积累而言,"皇极"是明道证物的枢纽,是其社会历史观的核心,具有形而上本体的意义。⑤ 需要补充的是,皇极不仅是一个具有形而上本体意义的观念,也是叶适对主观与客观相统一、内圣与外王统一后的结果的描述,因此指称了一种理想的社会形态。

二、物各有极

叶适说:"夫形于天地之间者,物也;皆一而有不同者,物之情也;因其不同而听之,不失其所以一者,物之理也;坚凝纷错,逃遁谲伏,无不释然而解,油然而遇者,由其理之不可乱也。是故古之圣贤,养天下以中,发人心以和,使各由

---

① 黎靖德编:《朱子语类》卷七十九,第2044页。
② 〔美〕余英时:《朱熹的历史世界》,生活・读书・新知三联书店2004年版,第822页。
③ 陈亮:《陈亮集(增订本)》,邓广铭点校,第92—93页。
④ 叶适:《叶适集・水心别集》卷七《进卷・总述》,第726页。
⑤ 景海峰:《叶适的社会历史本体观》,载张义德、李明友、洪振宁等编:《叶适与永嘉学派论集》,光明日报出版社2000年版,第253—262页。

其正以自通于物。"①"物之情",即现实世界中的"物"复杂的存在形态,是既有常态,也有变态,有本质也有现象,所谓"不失其所以一"就是其本质、常态,"不同"就是现象、变态。"物"之所以存在"不同"的变态,可以归因于"物"内在的两面性:"道原于一而成于两,古之言道者必以两。凡物之形,阴阳、刚柔、逆顺、向背、奇正、离合、经纬、纪纲,皆两也。"②透过事物的两面性认识其本质的方法,就是"中庸":"然则中庸者,所以济物之两而明道之一者也,为两之所能依而非两之所能在者也。"③

在叶适看来,主观认识了"物极",就叫作"发人心以和",《中庸》所谓"喜怒哀乐之未发,谓之中;发而皆中节,谓之和",即描述了如何贯通"人己"与"外物":

> 人之所甚患者,以其自为物而远于物。夫物之于我,几若是之相去也。是故古之君子,以物用而不以己用:喜为物喜,怒为物怒,哀为物哀,乐为物乐。其未发为中,其既发为和。④

要把人心尚未应接外物的状态(未发),和人心通过耳目之官、闻见之知接触外物的状态(已发)分开。"中和"不是"天地万物之理","中和"是主体探索"天地万物之理"("物极")应有的状态和条件。"喜怒哀乐之未发,谓之中"是主体正心、诚意的效果,"发而皆中节,谓之和"是主体面对外物、接触外物、探索外物时的状态。此所谓"中节",不是像理学所说的,人赋予外物以意义,而是外物自身具有客观的"物极",而人可以客观、准确地把握物理,这样叫作"发而皆中节";"自为物而远于物",就是拘束在一己内向的反省体察之中,揣测外物的物理。

与"物"一样,人的资质也千差万别,各有偏颇,但是经过后天的因材施教,都可以成材,这也是"济物之两而明道之一"。叶适多次引用《尚书·皋陶谟》中皋陶关于"行有九德"的论述来说明这一点。《皋陶谟》云:"宽而栗、柔而立、愿而恭、乱而敬、扰而毅、直而温、简而廉、刚而塞、强而义,彰厥有常。"这其中"宽、

---

① 叶适:《叶适集·水心别集》卷五,第 699 页。
② 叶适:《叶适集·水心别集》卷七《进卷·中庸》,第 732 页。
③ 叶适:《叶适集·水心别集》卷七《进卷·中庸》,第 732 页。
④ 叶适:《叶适集·水心别集》卷七《进卷·大学》,第 731 页、

柔、愿、乱、扰、直、简、刚、强"都是"天德",即天生具有的材质,这每一种"德"的本质或者常态就是"有常",但在现实中也可能会出现偏差。孔颖达《尚书正义》云:"郑玄云:'凡人之性有异,有其上者,不必有下;有其下者,不必有上。上下相协,乃成其德。'是言上下以相对,各令以相对兼而有之,乃为一德。此二者虽是本性,亦可以长短自矫。宽弘者失于缓慢,故性宽弘而能矜庄严栗,乃成一德。九者皆然也。"① 郑玄的"上"与"下",即两面性,或者代表了"过"与"不及"的两端;通过后天的教化来弥补,通过"栗、立、恭、敬、毅、温、廉、塞、义"九种"人德"以补"天德",使"九德"能各安其位,各复其常,避免"过"或者"不及"的流弊发生,这就是"厥彰有常"。叶适说,这种"厥彰有常"不是取消"九德"的个性,而是让"九德"发挥其正面作用,各适其用:

> 自皋陶开天德之品、兴九德之教,以成天下之材,非天下无圣人之患,而患无是质与材也。果诚有之,远若使近,离若使亲,因之勿废也,就之勿更也,翕异为同,会少为多,续短为长。其家邦也各乂尔,其采事也竞劝尔,故教德之方自皋陶始,能治天下以常道,能起天下以多材。禹、汤遵之,至于成周。不然则有偏无救,终为天之弃德,而尧舜之难常在也。②

理学的工夫论,不论个体的资质差异,都以"尧舜"境界来要求每一个个体,用统一性取消了多样性,"枉其材、弃其德者也"③。在本质上是忽视了"民极"之间的差异。在这个意义上,叶适反对"率性之谓道,修道之谓教":

> 《书》又称:"克绥厥猷惟后。"即修道之谓教也,然可以言绥而不可以言修,盖民若其恒性,而君能绥之,无加损焉尔。修则有所损益,而道非其真,道非其真,则教者强民以从己矣。且古人言道,顺而下之,率性之谓道,是逆而上之也。④

---

① 孔安国传,孔颖达正义:《尚书正义》卷四《皋陶谟》,载阮元编刻:《十三经注疏(嘉庆刊本)》,中华书局2009年版,第1册,第291页。
② 叶适:《叶适集·水心文集》卷九《六安县新学记》,第147页。
③ 叶适:《习学记言序目》卷五,第52页。
④ 叶适:《习学记言序目》卷八,第107—108页。

对于人的资质天赋,可以"顺而下之",即尊重之、成就之、引导之,但不能抹杀之,不能用统一性来取消多样性。在现实政治中,朝廷不应该强求人才的一律。《洪范》没有提到用刑罚来"建皇极",便是一个很好的典范:"虽然,《洪范》言天人报应之际备矣,而不及于刑。然则刑者,以人治天而非天之所以畀人也。而自秦汉相传,皆以刑赏为治,既失建极之本意矣,况皇极乎!"①

三、从"物极"到"皇极"

在理学体系中,万事万物的本质和完美状态,具有内在的、抽象的、形而上的一致性,通过格一物之理或者格若干物之理("今日格一物,明日格一物"),可以获得宇宙的最高真理。叶适则认为,物各有极,相当于《大学》所谓"止于至善",即事物的本质和完美的状态,叶适承认理学的"物各有理","道"存在于具体的事事物物之理中:

> 按古诗作者,无不以一物立义。物之所在,道则在焉。物有止,道无止也。非知道者不能该物,非知物者不能至道。道虽广大,理备事足,而终归之于物,不使散流。此圣贤经世之业,非习为文词者所能知也。②

"物"是有限的、具体的、个别的,"道"是抽象的、普遍的,二者的关系是"非知道者不能该物,非知物者不能至道"。"物极"是"建皇极"的基础,故叶适主张以归纳的方法,普遍地考察"物极",获得"道"的认识。他说:"夫欲折衷天下之义理,必尽考详天下之事物而后不谬。"③又说:"故观众器者为良匠,观众方者为良医,尽观而后自为之,故无泥古之失,而有合道之功。"④都主张深入研究具体的事事物物的"物极"。

但是具体的"物极"之间存在等差,从一物到一身、一家、族群、国家、天下,

---

① 叶适:《叶适集·水心别集》卷七《进卷·皇极》,第729页。
② 叶适:《习学记言序目》卷四七,第702页。
③ 叶适:《叶适集·水心文集》卷二九《题姚令威西溪集》,第614页。
④ 叶适:《叶适集·水心文集》卷一二《法度总论一》,第787页。

层层升级。"建皇极"的顺序也是自下而上。

表 4-1　建皇极

	"物极"分等 (系统论的结构)	"物极"内容 (系统论的功能)	在系统中的地位
各有极	一身之极	耳目聪明、血气和平、饮食嗜好、能壮能老	要素
	一家之极	孝慈友弟、不相疾怨、养老字孤、不饥不寒	要素
	士农工贾	族姓殊异,亦各自以为极而不能相通,其间爱恶相攻,偏党相害,而失其所以为极。各以为极,不能相通	子系统
	一国之极	刑罚衰止,盗贼不作,时和岁丰,财用不匮	子系统
	天下之极	越不瘠秦,夷不谋夏,兵革寝伏,大教不爽	子系统
皇极	是故圣人作焉,执大道以冒之,使之有以为异而无以害异,是之谓皇极		系统

从表 4-1 可以看出,"皇极"是系统,"物极"则是要素,"物极"的等级(一身、一家、一国、天下……)就是系统的结构,"物极"的内容就是各个要素的功能。而系统本身并不是一个宇宙本体,不是天理,也不是实体,系统的本质就是一种功能、一种秩序,系统只存在于"物极"组合而成的关系之中。

具体的"物极"之间可能是冲突和矛盾,这些矛盾、冲突分为横向的冲突与纵向的冲突两个方向。横向的冲突,即个体与个体,为了实现自己的"耳目聪明、血气和平、饮食嗜好、能壮能老"而产生冲突;同理,职业之间、家族之间、国家之间为了实现自己的"物极"争夺资源。纵向的冲突,则是个人与家庭之间存在矛盾,个人有时候必须牺牲自己的"耳目聪明、血气和平、饮食嗜好、能壮能老"来维护家庭的和谐;同样的,家庭的利益与国家的利益也会发生矛盾,国家之间为了自己的利益而战争,从而破坏了天下的和平,则呈现为国家的"物极"与天下的"物极"的矛盾。叶适总结道:"亦各自以为极,而不能相通,其间爱恶相攻,偏党相害,而失其所以为极。"①一方面,具体的"物极"会发生冲突矛盾,相互戕害,甚至最终破坏各自的"物极";而另一方面,现实世界又是由这些具体的"物极"所有机构成。因此,既要实现具体的林林总总的物极,又要消弭相互之间的张力,进行协调、整合,从而实现"1+1＞2"的效应,这就是"建皇极"的必要性。

因此,虽然"皇极"比"物极"更加抽象、更加形而上,"物极"的差异性却是"建皇极"的基础。"建皇极"的目的不是取消"物极"的独立性及相互之间的差异性,而是承认个体的"物极"具有独立的意义,个体之间的"物极"差异是合理,而不是"自私自利",是构成更高层次的"物极"的基础。为了进一步说明"物极"与"皇极"的关系,叶适举建造房屋为例:

> 室人之为室也,栋宇几筵,旁障周设,然后以庙以寝,以库以厩,而游居寝饭于其下,泰然无外事之忧;车人之为车也,轮盖舆轸,辐毂辀辕,然后以载以驾、以式以顾,南首梁、楚,北历燕、晋,肆焉无重跰之劳。夫其所以为是车与室也,无不备也。有一不备,是不极也。②

以房屋为例,房屋中的每一件家具、每一个建筑构件、每一个建筑空间,都有自己的质量标准,只有每一个构件都达到了标准("各究其极"),才能充分发挥各自的作用,由这些合格构件所建造起来的房屋才能使用,这是"物极"对"建皇极"的意义。但是由家具、构建、空间这些部分所构建组成的房屋,可以发挥的"游居寝饭"的功能,却是这些部分的任何一个单体所不能实现的。这显示了"皇极"的系统性和综合性:就系统性而言,"皇极"建立了一个差序结构,清晰呈现了价值地位的高下,从而使儒家的价值关怀有了一个制度性的着落;就综合性而言,"皇极"吸收了"物极"的特性,又高于具体的"物极"。

落实到人类社会中,帝王君主必须面对个体、家庭、社群乃至国家的纵向或者横向的冲突,而解决这些冲突矛盾的办法,不是取消矛盾,否认个体的、局

---

① 叶适:《叶适集·水心别集》卷七《进卷·皇极》,第728页。
② 叶适:《叶适集·水心别集》卷七《进卷·皇极》,第728—729页。

部的利益诉求("物极"),而是承认差异,承认特定的具体的利益,在此基础上设计一个完美的制度。叶适这样评价《周礼》所描述的制度:

> 按六卿分职,各以数字之微,使归统叙。一职之内,各有条目,使就绩用。充其所行而三才之道无遗憾矣。虽舜、禹、皋陶未能如此详尽也。其所以为异者,《舜典》以人任官,而《周官》以官任人尔。余故谓自成康盛时,其人已不足以尽行其道。然学者于此观之,当知官有职业,故知人有职业,则道可行;知官有职业,知人有职业,则材可成。愈于子思、孟子犹未免以意言之,岂其亦未见此书也?①

叶适指出,周公时代"道"之所以能够周流洽行,是因为职官制度的每一个环节都被赋予了合理的意义,只要每一个职务都能履行各自的职责("各究其极"),则"三才之道"便能落实。

四、"皇极物极"论的理论特点与贡献

"皇极物极"论是叶适哲学发展的最后形态,因此可以涵盖其认识论、政治哲学、历史哲学等各个方面。

区别了"物极"与"皇极",无疑是叶适在认识论上的最大创见。理学主张"一本万殊",通过格具体的物理,能够领悟到"天理",从而无所不通。叶适认为,这样的"天理"并不存在:"古之圣贤,其析言于事物,甚辨而详,至于道德之本、众理之会,则特指其名而辄阙其义,微开其端而不究其极。"②"天理"只是一个符号,"古之圣贤"并未阐发其具体含义;同时,万物的"物极"是客观的,同时又是可以认识的。理学用"心"对"物极"的认识功能,取消了"物极"的客观性和个体差异性,把"心"作为一切真理的本源,把对心的体察、反省,作为无限的、全面的、最高层次的认识方式,以获得"德性之知";而把"闻见之知"作为较低层次的、有限的、片面的认识方式。

---

① 叶适:《习学记言序目》卷七《周礼》,第84页。
② 叶适:《叶适集·水心别集》卷七《进卷·皇极》,第728页。

余英时曾对叶适《皇极》一文进行分析,认为此文最大的特点是只论"极"而绝口不提"皇",跳出了只能由君主"建皇极"的思维定式,叶适所列举的历史上建皇极的人物,多数是人臣或诸侯;不但如此,无道的君主根本不能"建皇极"。余先生誉之为"这在宋代政治思想史上不能不说是一个观念的探险"[①]。原因是叶适所参与的理学士大夫集团,把"皇极"理解为"为君建极",要求君主修身正心,成为约束君主的一种原则。[②] 如果在余先生的基础上再加以申说的话,"皇极物极"论也是一种"与士大夫共治天下"的政治模式。

"皇极物极"论还是一种历史哲学。"皇极"系统是发展、开放、创新的,而不是静态的。人类历史在发展,个体的"物极"、个别的"物极"也在发生变化,"皇极"就必须适应这些利益诉求的变化,不断调整、不断改革,此一过程就是"建皇极"。叶适指出,"建皇极"是一个庞大、精密的系统工程,君主固然要发挥主导作用,臣僚乃至天下百姓都必须参与。稍有不周,便致疏虞,因此三代以下,鲜有成功者:

> 安于逸乐而不知建,则其极倾挠而日危;困于寡陋而不能建,则其极疏阙而难居;有所制而不暇建,则无极而自亡;自出其智力而不以众建,则亢爽而不安;以众建而不能大建,则其极朴固陋近,可以苟安而不足以有为。[③]

三代礼乐文物虽然粲然可观,但这只是在三代那个特定的历史阶段适用,在叶适所处的南宋,必须立足南宋当代的社会、经济、政治的现状,探索钻研各个要素、各个子系统的运行情况和利弊所在(究其所极),在这个基础上设计新的整体化解决方案,从而建设新的"皇极"。因此,照搬照抄《周礼》乃至汉唐制度是不可能建立南宋的"皇极"的。但是从六经、史书中可以看到成功的皇极系统是如何建立起来的,在这一皇极系统中各个子系统是如何各司其职、互不侵害的,抽象出这些原则来作为建立南宋皇极的参考。因此,"皇极物极"论是一个开放的系统。

[①] 〔美〕余英时:《朱熹的历史世界》,第837页。
[②] 〔美〕余英时:《朱熹的历史世界》,第849页。
[③] 叶适:《叶适集·水心别集》卷七《进卷·皇极》,第729页。

叶适作为永嘉学派的集大成者的历史地位，是由以下两个方面的贡献奠定的。

(一) 批判经典的思想论述方式

叶适在《总述讲学大旨》乃至《习学记言序目》中所做的解构儒学形而上本体的工作，是最为困难、最为复杂的，这一工作首先必须解决经典依据的问题，既然理学一派已经构建了精密的四书学哲学体系，那么叶适就必须求助于五经。对于五经中已经得到理学深度研究的《易》，叶适只能从否定《十翼》入手，来维护自己对《易》的解释，然叶适自己也承认，《十翼》产生的时代或在孔子之前，或与孔子同时，故从历史考证的角度否定《十翼》这一工作是极端困难的，甚至是很难令人信服的。

从表达方面看，《总述讲学大旨》引证的《尚书》片段佶屈聱牙，且充满了西周时代流行的"天命"论、"以德配天"论，以及对"意志之天"，乃至人格神的敬畏。这与明白晓畅、富于理趣的四书相比，高下立判。叶适要转化这些不利的思想元素注定事倍功半。故叶适在表达自己的思想时，屡屡陷入理学的术语之网。因为理学构建的术语体系，经过北宋五子至朱熹百余年间五六代学者的反复打磨、铢量寸度，日臻精密，既符合南宋时代的阅读习惯，也能够精确地表达哲学思想，叶适则无法在此之外另外打造一套话语体系，以致他在《习学记言序目》中无法精准地表达自己的核心思想。这就反映了这一工作的艰巨性。

正因为叶适在《习学记言序目》中所做的工作是事倍功半的，正因为这一工作是无比艰巨的，叶适在理论思维上的生气就越难能可贵，陈亮与朱熹尽管展开了公开的辩论，但辩论主题是历史哲学，陈傅良与朱熹的分歧止步于具体的制度细节，以及通过弟子曹叔远而触及了历史哲学。可是今天的读者已经可以清晰地看到，尽管历史哲学是南宋浙学的重要内容，其在理学思想体系中的地位却是边缘的、派生性的，是"第二义"的。叶适反是，他并不惧怕理学所构建的全新的术语系统，直面思孟学派的经典系统，一一加以批判。这就是《习学记言序目》在中国思想史上的最大贡献。正是在这个意义上，牟宗三先生在《心体与性体》一书特辟一章批驳叶适《总述讲学大旨》，以为此文乃理学自诞生以来前所未有的劲敌，即是此意。①

---

① 牟宗三：《心体与性体》第一部第五章《对于叶水心〈总述讲学大旨〉之衡定》。

（二）系统整合了薛季宣、陈傅良的思想观点

叶适从三个方面，总结整合了薛季宣、陈傅良，乃至陈亮的思想创新。

第一，"皇极物极"论坚持了儒学的价值判断。"物极"之"极"本身就是一个价值判断，指的"中和"状态，而不是"物之为物"，这种"中和"状态在叶适看来是客观的、有待认识的，而非先天具有的。在"皇极"系统的构建过程中，自然呈现了要素、子系统、系统三级制度安排顺序。这一顺序的价值意义就在于，个体的个性尽管值得尊重、需要成就，但仍然要服从上一级"物极"（家庭、族群、国家、天下），这样一来，个体的欲望便不可能无限制地膨胀，而儒学的价值关怀也贯穿于其中。在众多"物极"中，"一身之极"则从"正心诚意"开始，并且以"克己复礼"贯穿始终，这样"建皇极"在一开始就得到了价值系统的引导和规范。

第二，薛季宣、陈傅良提出的很多具体观点，在叶适这里都得到了回应和发展。叶适发展了薛季宣的"性不可知"论，否定了《中庸》"天命之谓性"；他通过"从物极到建皇极"的过程，发展了薛季宣的"道器"观、陈傅良的"天理分数"论，强化论证了从"器"到"道"的认识过程是一体贯通的，次级真理必须一一探究，不能"一造而尽获""一旦豁然而贯通"。他大大强化了薛季宣、陈傅良以来始终强调的认识论传统，即对客观世界、客观知识的探索，是主体在后天需要艰苦努力才能完成的，人的"心"并不先天地具有这些知识，从而大大提高了"道问学"的重要性。最重要的是，永嘉学派自崛起以来反复强调，儒者的功夫不仅是个体的，也是与改造社会、改造自然的社会实践紧密结合在一起的。永嘉学派始终警惕儒学功夫的个体化和独断化。到了叶适这里，他用"皇极物极"理论将这一认识论模式用直观的理论模型确定了下来：在个体的范畴内，对"物""各究其极"是功夫，经过逐步升级，逐渐上升为宏观的社会改革进程，即"建皇极"，这就把内圣与外王之间的鸿沟，用一个连续的认知、实践过程填平，较之薛季宣提出的"一定之谋"，思辨性和学理性都更胜一筹。

第三，削弱了"功利主义"的色彩。

针对理学缺失"经世致用"的一翼的现实，陈亮强调"仁"与"智"在历史上交相并用，薛季宣、陈傅良强调了动机与结果的一致性。由于理学主张"有是非，无利害"，永嘉学派的立场相对而言就更加偏向"利害"这一端，这就引起了朱

熹的"功利主义"的质疑。叶适强调了"道无内外",试图将仁智二元、是非与效果的二元,统一到"道之本统"上来。"内外交相明"的认识论可以解决程朱理学"沦于虚无"、不能"应物"的弊端,也能规避陈亮"自处于法度之外"而造成决裂儒学藩篱的危险。全祖望所讲的"永嘉功利之说,至水心始一洗之"[1],应作如此理解。

---

[1] 黄宗羲:《宋元学案》卷五四《水心学案上》,陈金生、梁运华点校,第1738页。

第五章 永嘉学派的传播与异化

在程朱理学对永嘉学派的批评中,永嘉学派强大的传播力曾被反复提及。黄榦称之为:"至于人闻其名,家藏其书,号为一世能言之士,而射策决科者宗之。"① 为什么永嘉学派的著作一度如此流行?为什么永嘉学派在一度臻于极盛之后却迅速衰落?本章先从永嘉学派在科举领域的优势介绍其获得广泛传播的原因,接着介绍陈傅良、叶适的门人在传承思想学术方面的特点和不足,最后讨论永嘉学派在失去传承之后是如何融入元、明、清儒学思潮之中的。

第一节 科举:永嘉学派的传播策略

在永嘉学派的崛起过程中,科举曾经发生过十分重要的作用,无论是词科高手吕祖谦,还是陈傅良、蔡幼学、叶适等高科进士,都显示了他们在应试文字方面的特长,即便是屡试不第的陈亮,其文字也一直受到人们的称叹。由于永嘉学派擅长科举考试,因此他们的思想以及承载思想的作品也受到了士子的欢迎,得到广泛的传播。但不可否认的是,科举优势也干扰了大众对永嘉学派思想核心的把握。

一、吕祖谦与"永嘉文体"的出现

永嘉学者之善科举,从"元丰九先生"至薛季宣似乎还不明显。但是,乾道元年(1165)乐清王十朋(绍兴二十七年[1157]状元)写道:"吾乡谊理之学,甲于东南,先生长者闻道于前,以其师友之渊源,见于言语文字间,无非本乎子思之

---

① 黄榦:《勉斋先生黄文肃公文集》卷一九《送徐居父归永嘉序(绍熙辛亥九月六日)》,《北京图书馆古籍珍本丛刊》第 90 册,第 502 页。

中庸、孟子之自得,以诏后学。士子群居学校,战艺场屋,笔横渠而口伊洛者纷如也。取科第,登仕籍,富贵其身,光大其门者,往往多自此途出,可谓盛矣!"①这就说明,"元丰九先生"以来的二程学统,帮助了温州士子的科举。绍兴十五年(1145)诗赋与经义分科后,立刻出现"于是学者竞习词赋,经学寖微"的情况。②此后这一制度虽经反复,但到了绍兴三十一年(1161),经义科与诗赋科并立的局面就稳定下来。曾知温州的张九成在一封书信中说:"其词赋既行,此学似不逮前日,更望舍人与诸君子鼓舞晚进,使不忘师承,区区之意。"③原因是来自诗赋科的冲击让士子转移了兴趣。此间透露出的信息是,在诗赋科,温州士子也能取得优势。

永嘉学派早期的两个代表人物薛季宣、郑伯熊,前者虽然荫补出仕,后者却是由科举得官的。而郑伯熊被当时人认为是擅长时文的。陈亮说:"尚书郎郑公景望,永嘉道德之望也。朋友间有得其平时所与其徒考论古今之文,见其议论弘博,读之,穷日夜不厌,又欲锓木以与从事于科举者共之。"④

郑伯熊著有《书说》,又名《郑敷文书说》或《敷文郑氏书说》。⑤《四库全书总目》评价《书说》:"是书虽为科举而作,而尚不汩于俗学。"⑥陈亮称此书是郑伯熊"与其徒读书之余,因为之说,其异乎诸儒之说矣",认为适用于应付科举考试。⑦

一方面温州本地程学传统有助于科举,另一方面吕祖谦对永嘉学者也多有提携因。乾道六年(1170)吕祖谦任太学博士期间,在科场中形成了一种"永嘉文体"。对于"永嘉文体"的危害,吕祖谦在给朱熹的信中说:"独所论永嘉文体一节,乃往年为学官时病痛,数年来深知其缴绕狭细,深害心术,故每与士子语,未尝不以平正朴实为先。去夏与李仁甫议文体,政是要救此弊,恐传闻或不详耳。"⑧此信撰于淳熙五年(1178)闰六月,这里所谓的"去夏"是指淳熙四年

---

① 王十朋:《王十朋全集·文集》卷二三《送叶秀才序》,梅溪集重刊委员会编,第962页。
② 李心传:《建炎以来朝野杂记》甲集卷一三《四科》,徐规点校,第261页。
③ 张九成:《张九成集·横浦集》卷一八《与永嘉何舍人书》,第202页。
④ 陈亮:《陈亮集(增订本)》卷二三《郑景望杂著序》,邓广铭点校,第206页。
⑤ 永瑢等:《四库全书总目》卷一一,第91页。
⑥ 永瑢等:《四库全书总目》卷一一,第91页。
⑦ 陈亮:《陈亮集(增订本)》卷二三《郑景望书说序》,邓广铭点校,第206页。
⑧ 吕祖谦:《吕祖谦全集·东莱吕太史别集》卷八《与朱侍讲》(某官次粗遣),第1册,第423页。

(1177)吕祖谦与李焘商量上奏批评当时科场的文风。① 不过,在写这封忏悔"永嘉文体"书信的当年四月,吕祖谦充本年殿试考官,叶适以榜眼及第,陈亮致书吕祖谦:"廷试揭榜,正则、居厚(按:徐元德字)、道甫(按:王自中字)皆在前列。自闻差考官,固已知其如此。"②可见,吕祖谦、陈傅良、叶适、蔡幼学的科场文风一脉相承;吕祖谦还称赞叶适殿试策:"谓自有策以来,其不上印板即不可知,已上印板皆莫如也"③奇怪的是,尽管吕祖谦在上一年就已经起意改正"永嘉文体"所代表的科场文风,在闰六月给朱熹的信中也激烈批评了"永嘉文体",但叶适却在三个月前顺利登第了。到了淳熙十六年(1189),朱熹意识到所谓科场文风的改革毫无成效:

> 科举文字固不可废,然近年翻弄得鬼怪百出,都无诚实正当意思,一味穿穴旁支曲径,以为新奇。最是永嘉浮伪纤巧,不美尤甚,而后生辈多宗师之,此是今日莫大之弊。向来知举辈盖知恶之而不能识其病之所在,顾反抉摘一字一句以为瑕疵,使人嗤笑。今欲革之,莫若取三十年前浑厚纯正、明白俊伟之文,诵以为法,此亦正人心、作士气之一事也。④

陈来系此信于淳熙十六年(1189)⑤,朱熹心目中"浑厚纯正、明白俊伟之文"是三十年前的绍兴二十九年(1159),换言之,自"乾淳学术"崛起以来,科举时文的风格就愈出愈下,"永嘉文体"正是崛起于这一时期的典型,而其主要的支持者就是吕祖谦。

二、陈傅良:永嘉学派科举的集大成者

陈傅良出生于没有出仕记录的家庭,由科举进身是他唯一的指望,因此从

---

① 杜海军《吕祖谦年谱》(中华书局2007年版)第204页考证。
② 陈亮:《陈亮集(增订本)》卷二七《与吕伯恭正字又书》,邓广铭点校,第254页。
③ 周南:《山房集》卷七《对策》叶适跋,《文渊阁四库全书》第106页。
④ 朱熹:《晦庵先生朱文公文集》卷四九《答陈肤仲》(累书喻及教导曲折),载朱杰人、严佐之、刘永翔主编:《朱子全书》第22册,第2269页。
⑤ 陈来:《朱子书信编年考证(增订本)》,第298页。

年轻时代就以应举为学。曹叔远在《止斋先生文集序》中说:"执经户外,方履阗集,片言落笔,传诵震响,场屋相师,而绍兴之文丕变,则肇兴于隆兴之癸未。屏居梅潭,危坐覃思,超诣绝轶,学成道尊,则遂于乾道之丁亥。"①乾道丁亥,即乾道三年(1167),陈傅良在乾道二年(1166)从学薛季宣后,从乾道三年开始离开了以研习科举时文为目的的城南讲会,在仙岩梅潭治学。

尽管陈傅良坚决告别了科举时文之学,他在经义、诗赋两科的影响与地位却已经奠定了。叶绍翁明确指出:"(陈傅良)早以《春秋》应举,俱门人蔡幼学行之游太学。以蔡治《春秋》浸出己右,遂用词赋取科第。词赋与进士诗为中兴冠,然工巧特甚,稍失《三元衡鉴》正体,故今举子词赋之失,自陈始也。奏疏洞达其衷,经义敷畅厥旨,尤长于《春秋》《周礼》。"②这段话对我们理解永嘉学派在诗赋科科场的导向地位很有帮助,证明陈傅良不但在诗赋科,而且在经义科也有广泛的影响力。下面就以陈傅良对这两科的影响分别做一论述。

《林下偶谈》卷四"陈止斋"条云:

> 止斋年近三十,聚徒于城南茶院。其徒数百人,文名大震。初赴补试,才抵浙江亭,未脱草履,方外士及太学诸生迓而求见者如云。吴琚,贵公子也,冠带执刺,候见于旅邸,已昏夜矣。既入学,芮祭酒即差为太学举录,令二子拜之斋序……其时止斋有《待遇集》板行,人争诵之,既登第后,尽焚其旧稿,独从郑景望讲义理之学,从薛常州讲经制之学……后学但知其时文。③

由于陈傅良的《待遇集》切合科举实用,受到了广泛的欢迎,给作者带来了很高的声望。

类似的记载亦见叶适为陈傅良所撰《墓志铭》:"初讲城南茶院时,诸老先生传科举旧学,摩荡鼓舞,受教者无异辞。公未三十,心思挺出,陈编宿说,批剥溃败,奇意芽甲,新语懋长。士苏醒起立,骇未曾有,皆相号召,雷动从之,虽縻

---

① 陈傅良:《陈傅良先生文集》附录,周梦江点校,第704页。
② 叶绍翁:《四朝闻见录·止斋陈氏》,沈锡麟、冯惠民点校,第14—15页。
③ 吴子良:《林下偶谈》卷四《陈止斋》,《文渊阁四库全书》第1481册,第516页。

他师,亦籍名陈氏,由是其文擅于当世。公不自喜,悉谢去……"①据此可知,陈傅良成名于对"科举旧学"的改造。楼钥《神道碑》也特别强调陈傅良改变了文风:"公自为举子业,其所论著如《六经论》等文,所在流播,几于家有其书。蜀中文学最盛,读之者无不动色,文体为公一变。"②

陈傅良在当时永嘉、太学户外屦满的盛况连宋光宗都有所耳闻,陈氏自记绍熙元年(1190)光宗召对的情形云:

> 上云:"且说话。闻卿在永嘉从学常数百人。"奏:"臣无所长,只与士子课习举业,过蒙清问,不胜悚惧。"上云:"知卿学问深醇,着书甚多,朕欲一见。可尽进来。"奏:"臣岂敢着书,不过讲说举子所习经义。何足仰尘乙夜之览。"③

庆元二年(1196)党禁时,知贡举叶翥上言:"士狃于伪学,专习语录诡诞之说,《中庸》《大学》之书,以文其非。有叶适《进卷》、陈傅良《待遇集》,士人传诵其文,每用辄效。"④二书书板遂于该年被毁。庆元三年(1197)上溯三十年,正是乾道三年(1167),此间并无温籍状元(木待问系隆兴元年状元,不在此限),但有省元蔡幼学(乾道八年,1172),而蔡的确是永嘉学派代表人物陈傅良的高足。

此外,陈傅良的时文和作文要诀被收入《论学绳尺》的《诸先辈论行文法》,广为流传。⑤ 从以上材料可以看出,陈傅良年轻的时候曾在家乡研习、讲授科举时文,并获得了很高的声望。这为后来永嘉学派的知名度打下了基础。

《春秋》时文是陈傅良赖以成名的王牌。刘克庄在一篇墓志铭中记载了一位四川举子擅长《春秋》时文:"君以春秋两贡于乡,中类省前列经……时人以方永嘉陈、蔡二公。"⑥仅仅因为传主是以《春秋》时文而中乡试、省试,当时舆论就将他比作永嘉陈傅良、蔡幼学,可以确证陈傅良是当时擅长写《春秋》时文的

---

① 陈傅良:《陈傅良先生文集》,周梦江点校,第 698 页。
② 陈傅良:《陈傅良先生文集》,周梦江点校,第 682 页。
③ 陈傅良:《陈傅良先生文集》卷二〇《吏部员外郎初对第三札子》,周梦江点校,第 285 页。
④ 脱脱:《宋史》卷一五六,第 3635 页。
⑤ 朱瑞熙:《宋元的时文——八股文的雏形》,《历史研究》1990 年第 3 期。
⑥ 刘克庄:《后村先生大全集》卷一五七《冯巽甫(墓志铭)》,《四部丛刊》本,第九页。

高手。

从南宋初期的冷落，到中后期的繁荣，是什么原因导致了《春秋》时文这样的变化呢？熙宁四年(1071)以后，《春秋》在科场和太学中屡设屡罢，命运多舛，但这一时期春秋学的研究仍然非常活跃，程颐、苏轼、孙觉、胡安国都有春秋学的著作。① "皇祐三先生"之一的林石(卒于建中靖国元年，1101)就曾从管师常学习《春秋》，陈傅良说："师常与孙觉莘老为经社者也。先生故不为新学，以其说窃教授乡诸生。龚原深之尝以《易》学行世，比见先生，乃矍然顾恨识《春秋》之晚也。于是永嘉之学不专趋王氏。"② 进入南宋初期，虽然宋高宗和部分精英士大夫对《春秋》学十分热衷，在科场中《春秋》却受到了冷落。③ 陈傅良说："《春秋》之学，至程氏、胡氏义精矣。今人固习闻其人而好尚其书，然犹曰'吾方有举子业，未暇尽读'。"④ 这段话揭示的情况似乎是矛盾的，一方面是"习闻其人而好尚其书"，另一方面却是普通士子表示"吾方有举子业，未暇尽读"，说明道学还不能适用于科举时文。

陈傅良运用自己深厚的《春秋》学功底与出色的时文技巧，改造了南宋科场的《春秋》时文，从而使得《春秋》成为应举士子占习的热门。宁宗庆元三年(1197)，当伪学之禁初起的时候，臣僚言："三十年来，伪学显行，场屋之权，尽归三温人。预说试题，阴通私号。所谓状元、省元与两优释褐者，若非其亲故，即是其徒。"周梦江指出，三温人者，叶适、陈傅良、徐谊也。⑤

朱熹曾经问温州籍弟子叶味道："赴试用甚文字？"叶味道回答是《春秋》，于是朱熹发了一通感慨："《春秋》为仙乡陈、蔡诸公穿凿得尽，诸经时文愈巧愈凿，独《春秋》为尤甚。天下大抵皆为公乡里一变矣！"⑥ 更加重要的是，对陈傅良的《春秋》时文，朱熹指出其实质是宣扬功利思想。朱熹又说：

---

① 详见沈玉成：《春秋左传学史稿》，江苏古籍出版社1992年版，第206—221页。
② 陈傅良：《陈傅良先生文集》卷四八《新归墓表》，周梦江点校，第609页。
③ 关于《春秋》时文在南宋科场经义科中的权重变化，参见王宇：《永嘉学派与温州区域文化》，第175—178页。
④ 陈傅良：《陈傅良先生文集》卷三五，周梦江点校，第450页。
⑤ 李心传辑：《道命录》卷七下"言者论廷、省魁、两优释褐皆伪徒不可轻召"条，第75页。周梦江说见《叶适年谱》(第118页)。
⑥ 黎靖德编：《朱子语类》卷一一四，第2761页。

> 今之做《春秋》义,都是一般巧说,专是计较利害,将圣人之经做成一个权谋机变之书。因说前辈做《春秋》义,言辞虽粗率,却说得圣人大意出。年来一味巧曲,但将《孟子》"何以利吾国"句说尽一部《春秋》。……常劝人不必做此经,他经皆可做,何必去做《春秋》。①

朱熹的批评让我们想起了哲学史上对永嘉学派的评价中使用频率最高的一个词——"功利主义",由朱熹的上述批评可以推论,永嘉学派有利用科举传播他们的思想。

第二节 永嘉学派的活动方式:
以陈傅良门人为中心

按照田浩的研究,南宋道学人士相互之间形成了一个"fellowship"式的关系,这种关系接近于基督教(主要是新教)的"团契",或者"社群",他们共同努力形成社会的、政治的以及文化的纽带,以改进社会政治文化,复兴道德价值,匡正儒学。② 田浩根据这一理论以朱子学派为个案进行了深入的研究。恐怕需要补充的是,在这个"fellowship"内部,无疑还有领袖与门人的区别。如果说领袖是学派的灵魂的话,门人则是学派形成的组织基础。显然,朱子学派并不是一个孤立的个案,在吕祖谦、陈亮、陈傅良、叶适,他们各自成了"fellowship"的领袖,簇拥着大批门人,开展了各种社会活动和学业活动。

正如有论者指出,永嘉学者中在乡里讲学时间之长,培育人才之多,除叶适外,就是陈傅良了。③ 现在已经很难统计陈傅良到底收了多少弟子,他本人讲:"台、越间从余游者几百余人。"④这还只是陈傅良在新昌、黄岩两地的弟子数量,在温州本地时,在湖南任职时,在常州追随薛季宣时,他都曾收徒。据蔡幼学《行状》说,陈傅良在温州城南茶园讲学时,"岁从游者常数百人"。

---

① 黎靖德编:《朱子语类》卷八三,第 2174 页。
② 〔美〕田浩:《朱熹的思维世界·绪论》,第 4—5 页。
③ 周梦江:《叶适与永嘉学派》,第 101 页。
④ 陈傅良:《陈傅良先生文集》卷五〇《洪君墓志铭》,周梦江点校,第 630 页。

关于陈傅良在湖南收罗门人的情况,朱熹曾慨叹:"君举到湘中一收,收尽南轩门人,胡季随亦从之问学。"①绍熙二年(1191)陈傅良任湖南转运判官时,其治所在长沙,故曾在岳麓书院讲学:

> (吴汉英)升主管湖南运司帐司,会故中书舍人陈公傅良将漕,时率诸生与同僚之好学者讲道岳麓,一日扣公所学,以毋自欺对,陈公叹曰:"公所谓'非苟知之,亦允蹈之',吾得友矣。"②

全祖望在《岳麓诸儒学案》按语中说:"宣公身后,湖湘子弟有从止斋、岷隐(戴溪)游者。"③《岳麓诸儒学案》所列的"南轩门人"中胡大时、沈有开同时名列《止斋学案》,是其中最具代表性者。此外则还有宋文仲、吴猎二人都是张栻门人,陈傅良在《湖南提举荐士状》中评价宋文仲:"有通务之才,而发于谦和,有及物之志,而安于静退。盖文仲虽生长南土,其家学则中原文献也。"④评价吴猎:"学问本于纯实,器识期于远大。所居阖郡宗为师友,凡与之游,类多自爱,而猎于其交,有善称之不容口,有过戒之不遗力,有急难虽不利于其身,赴之不恤也。"⑤

《宋元学案》卷五三《止斋学案》所列的门人就有蔡幼学、曹叔远等24人。至于曾向陈傅良问学的人则数不胜数,这些人最终没有成为陈傅良弟子,是因为他们转益多师而学问最终定型于一人,陈傅良只是中间的一环。如传承陆学的"甬上四先生"之一的袁燮(1144—1224)、朱熹的弟子滕璘(1154—1233)等。庞大的门人群体给陈傅良带来了一定的负面影响,陈傅良在写给某位希望从学者的信中说:

> 某无以愈人,独博交当代贤俊之心,出于天然。虽以之得谤讪,或相背弃,不悔。以此,凡先生长者往往见察,幸肯与之游;而士之好学者亦或

---

① 黎靖德编:《朱子语类》卷一二三,第2961页。
② 刘宰:《漫塘文集》卷二八《故兵部吴郎中墓志铭》,《文渊阁四库全书》第1170册,第666页。
③ 黄宗羲:《宋元学案》卷七一《岳麓诸儒学案》,陈金生、梁运华点校,第2368页。
④ 陈傅良:《陈傅良先生文集》卷二〇,周梦江点校,第279页。
⑤ 陈傅良:《陈傅良先生文集》卷二〇,周梦江点校,第280页。

过听,以为可师友也而欲与之游。向老台评云云,诚非过当。然初不知其中实无所有,偶然得此,而遂疑其挟此以傲物也。讼咎以来,不敢复从群众妄出己见,论事是非与人短长。①

可见,因为收徒太多,陈傅良曾经"以之得谤讪",不知道这里指的是任福州通判被弹劾还是庆元党禁中的被弹劾。但是,庞大的门人集团是陈傅良学术活动的重要组成部分。下面就简单介绍一下陈傅良门人的活动情况。

一、书院建设

早在乾道三年(1167)左右,陈傅良为了抛弃科举之学,离开城南茶院前往瑞安仙岩带弟子聚课,薛季宣说:"君举已罢茶院之会,见与其徒一二十辈聚课仙岩。尝与之言,似乎成己工夫,全未着力,勉之,甚相领略,此亦乐事,但未知向去如何尔。"②需要指出的是,跟随陈傅良来仙岩读书的人数只有城南茶院时的十分之一。③到了淳熙十一年(1184),陈傅良在家待阙时,正式在仙岩创建仙岩书院,以林渊叔为首的一班弟子具体经营此事:

> 懋仲诸友已决谋迁书院于先人垄下,以为来岁过从之地。入春便下手,春暮当奉约矣。④
>
> 近诸友为迁仙岩书塾于屋西偏,今未就工。后月足以奉盍簪之欢……冬间肯来,同社幸甚。⑤

从这两封信看,书院是陈傅良召集门人的基地,他所要铺开的规模较大的著述工作都需要书院来容纳一定数量的门人的食宿、写作。

---

① 陈傅良:《陈傅良先生文集》卷三五《答长溪王佐之》,周梦江点校,第452页。
② 薛季宣:《薛季宣集》卷二四《与郑景望一》,张良权点校,第308页。此信提到郑伯熊刚刚任著作佐郎,故应为乾道三年。
③ 陈傅良:《陈傅良先生文集》卷四七《林安之圹志》,周梦江点校,第590页。
④ 陈傅良:《陈傅良先生文集》卷三五《答贾端老二》,周梦江点校,第455页。
⑤ 陈傅良:《陈傅良先生文集》卷三五《答贾端老五》,周梦江点校,第457页。

二、协助著述

陈傅良的很多重要著作都是在门人的协助下完成的,撰写的过程亦是他对门人进行琢磨的过程。陈傅良在很多书信中强调必须"聚课"的极端重要性,他说:"非一二面剖,难以笔舌尽也。"①"何当合并,共论其指?"②"访我仙岩之下,何啻百纸相暖耶!"③

聚会的重要内容是协助陈傅良著述。陈傅良体弱多病,因此很多工作需要帮助:"著书最关心,病怀益觉要紧,所恨无朋友共成之,奈何,奈何!"④他曾有意研治《史记》,但因自己年老不能如意:"千五百年之间,此书湮晦,正赖吾党自开只眼,不惑于纷纷之论,谨勿容易便生疑薄也。老矣,不能自白于后世。常欲落笔,少发所自识破者,为前哲出气,因循未果。"但是只要有弟子帮助,却能很快完成:"后月足以奉盍簪之欢,得三两人相助检讨,便可了此一项。冬间肯来,同社幸甚。"⑤

据楼钥描述,陈傅良最重要的著作《春秋后传》《左氏章句》也是与弟子一起完成的:

> (陈傅良)且曰:自余有得于此,而欲着书于诸生中择其能熟诵三传者,首得蔡君幼学,蔡既仕又得二人焉,曰胡宗、曰周勉。游宦必以一人自随,遇有所问,其应如响,而此书未易成也。⑥

可见,蔡幼学、胡宗、周勉三人都对《春秋后传》《左氏章句》的成书做出了重要贡献。

---

① 陈傅良:《陈傅良先生文集》卷三五《答贾端老二》,周梦江点校,第455页。
② 陈傅良:《陈傅良先生文集》卷三五《答贾端老四》,周梦江点校,第456页。
③ 陈傅良:《陈傅良先生文集》卷三五《答朱文昭》,周梦江点校,第454页。
④ 陈傅良:《陈傅良先生文集》卷三八《答张学士第四书》,周梦江点校,第489页。
⑤ 陈傅良:《陈傅良先生文集》卷三五《答贾端老五》,周梦江点校,第457页。
⑥ 楼钥:《攻媿集》卷五一《止斋春秋后传左氏章指序》,《文渊阁四库全书》第1152册,第791页。

三、陪同游学

陈傅良一生访友拜师,辗转外地,身边总有弟子随侍。随侍的意义可概括为以下三个方面:首先,学生为了卒业,保持学习的连续性,有必要跟着陈傅良;其次,对学生而言,能够通过游学认识当世"名公",增广见闻,建立人脉;再次,陈傅良行止不定,当他不在温州时候,正是以这些追随他的弟子为中介,保持自己对温州本地的影响。

以林居实为例,陈傅良对他的资质并不欣赏,曾婉言谢绝其从学:"余察安之勤甚矣,然趣好杂,因辞却不与偕。"但林氏锲而不舍,对陈傅良如影随形,最终感动了他:

> 余在城南时,群居累数百,及屏仙岩之阳,至者盖十一,而安之实先。越数年,寓会稽之石氏藏书房,至者盖百一,而安之又先。明年由太学还,过越,安之犹栖然冻馁逆旅以俟。将行天台,则安之荣书僦仆矣。……比至天台,安之已戆容倪立户外以请,由是不以涉事物毫杪分志而趋于学。余师友虽在数百里外,必往依事。诸公见安之,咸曰佳士!佳士!①

这种从学对弟子本人而言是非常重要的。林居实的墓志铭是吕祖谦所作,这固然是陈傅良恳请的结果,但吕祖谦显然是见过林氏的,所谓"诸公见安之,咸曰佳士!佳士!"即说明了此点。陈傅良所结交的吕祖谦、张栻、陈亮等人都是当世名家,追随他就能有缘接会这些"名公",并获得"佳士"的美誉。

另一个长期跟随陈傅良游学的弟子是林渊叔。陈傅良说:

> 懿仲自城南书社从余学,或之他,则亦僦旁舍不去。后二十余年,非余宦游时不可相就,必其有故不能相就也。间尝虚所居室东偏江月楼之下,集其畴人,以待余卒业。②

---

① 陈傅良:《陈傅良先生文集》卷四七《林安之圹志》,周梦江点校,第590页。
② 陈傅良:《陈傅良先生文集》卷四九《林懿仲圹志》,周梦江点校,第621页。

可见，除非陈傅良在远方做官不便投奔外，其他客游外地时期，林渊叔始终追随，目的是"待余卒业"，即完成学业。完成学业后的林渊叔继续了陈傅良的讲学事业：

> 吾州俗尊重师友，前一辈尽，学绪几坠。比懿仲二三子修故事，后一辈趋和之，而复知有师。(林渊叔)待星子主簿阙，即不专习举子一经，日自为程，以若干晷课某经，又若干晷课某史，而后诵楚词、晋宋间人诗。①

陈傅良曾担心，温州本地的学脉由于薛季宣、叶适与他本人长期宦游在外，将有中辍之虞。而林渊叔在家乡瑞安待阙时，却能自己制订课程，召集"后一辈"共同学习，文中所谓"而复知有师"的"师"，并非泛泛而言，而是特指已经由薛季宣开创的永嘉学脉。

如果说林渊叔组织的学习活动还是十分松散、缺乏组织形态的话，那么陈傅良的另一个弟子章用中则组织了"江南书社"宣讲陈傅良之学。章用中也是陈傅良自称"从余游最久"的门人，也曾跟着他外出游学，见过吕祖谦、薛季宣，"又因余之金华依吕公伯恭，之雪川依薛公士龙，而其名遂载于人口耳"。章用中回到平阳后，即集结瑞安、平阳两县士子开办了江南书社：

> 于先生长者能受其烦辱之役，于其徒相厉以学，责难劝义，定为期会程序。稽故有诮，惰游有罚，其人严惮之，则所谓江南书社也。②

江南书社显然是一个制度完备、管理严格的书院。章用中死的时候，陈傅良的另一个学生陈端已对陈傅良表示了群龙无首的忧虑："端叟不幸旦日卒，凡两邑之诸生走相吊，其自今将谁纠合以卒业？"③

值得注意的是，为什么林渊叔、章用中二人能够代陈傅良传学？原因可能

---

① 陈傅良：《陈傅良先生文集》卷四九《林懿仲圹志》，周梦江点校，第621页。
② 陈傅良：《陈傅良先生文集》卷四七《章端叟墓志铭》，周梦江点校，第597页。
③ 陈傅良：《陈傅良先生文集》卷四七《章端叟墓志铭》，周梦江点校，第597—598页。

是：他们亲炙陈傅良时间较长，因此受益最多，学殖最富，而且，他们亲见过吕祖谦这样的具有全国影响的大学者，这样的阅历也是他人难以比拟的。因此，他们才获得了召集温州士子，代陈傅良讲学的威望和号召力。

四、学术交流

各学派之间的领袖人物固然可能发生辩论，他们的弟子之间也进行着密切的交流，本书第三章已经详细讨论了曹叔远代表陈傅良与朱熹交流的情形。除了这一特别突出的个案外，陈傅良及其门人对朱熹的门人还有其他方面的影响。

《朱子语类》中就有朱熹批评弟子受永嘉学派蛊惑的记载。朱熹说："尝得项平甫书云：见陈君举门人说儒、释，只论其是处，不问其同异，遂敬信其说。此是甚说话！元来无所有底人，见人胡说话便惑将去，若果有学，如何谩得他？"①朱熹批评弟子项安世轻易地为陈傅良弟子的"邪说"所惑，根本原因是自己学力不够，是个"元来无所有底人"。可见，各流派之间存在对弟子的争夺。

朱熹的弟子滕璘也曾问学于陈傅良："公既从子朱子，得为学大方，异时至永嘉，又从故中书舍人陈公傅良问《左氏》要义，陈公告语甚悉，大略谓：'左氏本依经为传，纵横上下，旁行溢出，皆所以解驳经义，非自为书。'且告以六经之义，兢业为本，公佩服焉。"②滕氏于淳熙十三年(1186)冬任鄞县县尉时，被临时调派到温州做过考官，有机会见到陈傅良。淳熙十四年(1187)在崇安武夷精舍面见朱熹时③，师徒二人就有了这样一番对话：

先生问德粹："去年何处作考官？"对以永嘉。问："曾见君举否？"曰："见之。"曰："说甚话？"曰："说《洪范》及《左传》。"曰："洪范如何说？"曰："君举以为读《洪范》，方知孟子之'道性善'。如前言五行、五事，则各言其德性，而未言其失。及过于皇极，则方辨其失。"曰："不然。且各还他题目：一

---

① 黎靖德编：《朱子语类》卷五，第 92 页。
② 真德秀：《西山文集》卷四六《朝奉大夫赐紫金鱼袋致仕滕公墓志铭》，《文渊阁四库全书》第 1174 册，第 731 页。
③ 滕氏任县尉时间以及到武夷精舍问学的时间，据方彦寿《朱熹书院门人考》(第 71—72 页)。

则五行,二则五事,三则八政,四则五纪,五则皇极;至其后庶征、五福、六极,乃权衡圣道而著其验耳。"①

朱熹非常仔细地盘问了陈傅良对《春秋》《左传》《尚书·洪范》的主要观点,并一一予以批驳,认为"是乃于穿凿上益加穿凿,疑误后学",这种批驳无疑具有"消毒"的意味。

从陈傅良门人集团这一个案出发观察永嘉学派的活动形式,可以看到,永嘉学派与南宋一般思想学派之间存在的共同性以及自身的特性。

首先,学派必须是以若干"核心人物"为标志,树立其特有的思想旗帜。

其次,学派必须有相当规模的门人,来保证学派的存续与活动,门人是学术助手,是行政助理,并经常充当使者与信使。各个学派之间通过互相接引弟子,确认对方的真正立场,了解双方的分歧、共识所在,从而实现思想的交流,同时各派之间也在争夺弟子,从优秀弟子的流动可以看出各派思想魅力的消长与等差。

最后,学派的功能是生产与传播思想,但若没有必要的物质形式如书籍、书院,思想就会失去附丽,而归于消歇。朱子学派自觉地意识到书院不只是单纯讲学的场所,更是"朝圣之地",建立书院的品牌声誉,使得书院本身拥有一种文化资本,如朱熹亲手营筑的考亭书院(沧州精舍),在朱熹去世后,沧州精舍被称为"宗庠"②,说明由于朱熹在此长期讲学、授徒、工作,书院因而承载了某种伟大传统,成为"朝圣之地"。这种资本在第一代"核心人物"下世后,能够帮助下一代继承者确立威信。与之相比,永嘉学派仍然是将书院作为单纯的讲学场所,对经营书院,尤其是树立具有广泛影响的书院品牌没有表现出很大的兴趣,这在某种程度上可以解释永嘉学派在叶适以后日趋衰落的原因。

---

① 黎靖德编:《朱子语类》卷一二三,第2959页。
② 吴泳:《鹤林集》卷三〇《又答严子韶书》:"勉斋既下世,宏斋继没,毅斋槁立于婺女之滨,罕与世接,留宗庠者仅叶六十四丈担当考亭门户,呜呼亦微矣!"(《文渊阁四库全书》第1176册,第295页)

第三节　水心之学的失传与永嘉学派走向衰落

永嘉学派脱胎于二程理学,尽管在薛季宣、陈傅良、叶适等人的努力下,基本上划清了与程朱理学的界线,但在表达自己的思想时,仍不得不使用理学的术语。正如包弼德指出的那样:"到12世纪末,道学的支持者对思想文化的词语和问题已经做了高度的界定,以至于对道德哲学没有多少兴趣的人,也在道学的框架里为他们的立场做论证。"①叶适学术中的"性命之学"被束缚在道学的话语结构中,而其思想本质因此晦暗不明,此即包弼德所说的"思想文化的词语和问题"。

一、其说不能自白

黄震在评价叶适的《敬亭后记》时指出:

> 此《记》,先生混然于朱、陆、陈亮、陈傅良之间,总言统绪果为何物?似以礼为主,"礼复而敬立矣"。程之学专主敬,乃反以程子之言敬为非,又何耶?苏子瞻终身思所以破其敬之说,尚终身不能;而水心欲破之,宜其说之不能自白也。②

黄震说叶适是"混然于朱、陆、陈亮、陈傅良之间",蕴含了多个面向的意义。从正面的角度看,叶适的"皇极物极"论确实与朱学、陈亮、陈傅良都有交集,说明叶适能够博采众长、断以己意。但从负面的角度看,黄震断定叶适不可能在理论上打倒道学。传统儒家的"仁—义—礼"三个层次是有机结合在一起的,义是礼的原则,仁是义的升华和集大成。叶适承认了"礼"("似以礼为主"),就必然延伸至仁、义,延伸至内圣,就要"礼复而敬立",终究无法突破道学话语的

---

① 〔美〕包弼德:《斯文:唐宋思想的转型》,刘宁译,江苏人民出版社2001年版,第342页。
② 黄震:《黄震全集·黄氏日抄》卷六八《水心文集·敬亭后记》,第2027页。

编码。盖黄震所云"宜其说之不能自白"者,心有所得而无以名之也。叶适诚然有反道学的思想,但是他始终找不到表达这些异端思想的话语,当然,这个问题或是南宋时代的问题,未可苛责于叶适个人。

譬如,叶适对虞廷"十六字箴"极其倾倒推崇,认为这是"道之统纪体用卓然,百圣所同",而《中庸》"喜怒哀乐之未发"一章,则是对这一"道之统纪"的"显示开明,尤为精的"。譬如叶适说:

> 盖于未发之际能见其未发,则道心可以常存而不微;于将发之际能使其发而皆中节,则人心可以常行而不危。不微、不危,则中和之道致于我,而天地万物之理遂于彼矣。自舜、禹、孔、颜相授最切,其后惟此言能继之,《中庸》之书过是不外求矣。①

从字面上看,这完全把"十六字箴"当作"舜、禹、孔、颜相授最切",与理学的"道统论"毫无二致。可是,陈亮在"王霸义利"之辩中最大的创举,就是正面地反抗这种超越于历史时空之上的道统观。②再比较陈傅良《唐制度纪纲如何论》对"十六字箴"的批评,则叶适的立场反而有所倒退。对于理学的评价,叶适也存在互相矛盾之处,在《习学记言序目》乃至《水心别集》中,叶适点名或不点名地批判了程朱理学;但也还存在着一些褒扬理学的文字,《南安军三先生祠堂记》就是典型的例子:

> 盖道之所以晻郁于后者,天与人殊而人与己殊,道非其道而学非其学也。理不尽,徒胶昔以病今,心不明,姑舍己以辨物。勤苦而种,皆文藻之末;卤莽而获,皆枝叶之余。扬雄、韩愈犹然,况其下乎?自周子二程以来,天之命我者属乎不离也,我之事天者吻乎有合也。舜、文王之道即己之道,颜渊、孟轲之学即己之学也。辞华不黜而自落,功利不抑而自退,其本立矣。③

---

① 叶适:《习学记言序目》卷八,第109页。
② 对叶适"中和观"内在缺陷的批评,参见董根洪《道至于中庸而至——论叶适的中和哲学》,载张义德、李明友、洪振宁等编:《叶适与永嘉学派论集》,第149页。
③ 叶适:《叶适集·水心文集》卷一一《南安军三先生祠堂记》,第192页。

叶适高度评价了理学构建的"天人合一"的宇宙论,认为儒学正是在周敦颐、二程代表的北宋五子那里获得了重大突破。而在《习学记言序目》中这一超越的、形而上的宇宙论却是被激烈抨击的对象。

二、纷纷门弟子,若个解称师?

导致叶适"其说不能自白"的另外一个重要原因,是叶适始终回避了正面的学术辩论。宋元之际的刘埙说:"况晦翁诋斥苏文,不遗余力,水心虽欲合之以矫俗,然其地位亦只文章家尔,终不见其往复讲辨如吕、陆也。"①由于种种原因,叶适回避了在一些关键的理论问题上的"往复讲辨如吕、陆",这种回避的后果是他本人的思想往往模糊不清。叶适自身表达上的困难,以及逻辑推理上的不严谨,使得下一代学者乃至宋元以下历代学者对他的解读,往往是失真的。

这一点还可以从叶适之学失传的情况得到印证。叶适弟子众多,据统计,姓字可考的叶适门人达到55人,其中《水心学案》所载35人,《水心文集》及其他文献所见20人。②但是刘克庄在《挽水心先生》中却说:"所学如山海,吁嗟不一施。……纷纷门弟子,若个解称师?"③明白表示没有一个弟子能全面继承叶适的思想和学术。全祖望曾经指出:"然水心工文,故弟子多流于辞章。"④全祖望又说:"水心之门者,有为性命之学者,有为经制之学者,有为文字之学者,先生(指王大受)欲以事功见其门庭,盖又别为一家。惜乎!未竟其用也。"⑤这说明,水心门人的思想取向是非常复杂的。其中如薛仲庚,周梦江认为能传永嘉史学;王象祖,对晚宋朱学空谈心性表示不满;⑥孟导、戴栩、王大受、厉仲方

---

① 刘埙:《隐居通议》卷二《合周程欧苏之裂》,《文渊阁四库全书》第866册,第34页。
② 参见周梦江:《叶适与永嘉学派》第十八章《叶适的门人考略》。
③ 刘克庄:《后村先生大全集》卷七,《四部丛刊》本,第二页。
④ 黄宗羲:《宋元学案》卷五四《水心学案上·序录》,陈金生、梁运华点校,第1738页。
⑤ 黄宗羲:《宋元学案》卷五五《水心学案下》,《盐官王拙斋先生大受》传后"祖望谨按",第1815页。
⑥ 但是,《宋元学案》又说他"议论不尽本于水心"(黄宗羲:《宋元学案》卷五五《水心学案下》,陈金生、梁运华点校,第1807页)。

等人都在不同程度上继承了叶适思想的"事功"成分①,但这些人官职不高,影响也很小,著作无一存者。

叶适的"文字之学"(辞章之学),是其学术之大宗,传承者众,并拥有广泛的社会影响。南宋书商编辑了《圈点龙川水心二先生文粹》一书,该书共41卷,前集的卷四、卷五、卷九至卷一六、后集的卷八、卷一七、卷一八都收录了叶适的文章。该书署名"建安饶辉晦伯"、作于嘉定五年(1212)的序言称赞陈亮、叶适二人之文:"然则先生之文,是当以道言,未易以文言也。其视昌黎公起八代之衰,济天下之溺,殆必多愧。而今之士大夫翕然歆慕之,且未闻有怪之者,则今日文章之盛,又非唐世所可并言矣。"②这种赤裸裸的商业宣传,当然无视陈亮、叶适为代表的永嘉学派与朱熹在"道"的问题上的分歧,所醉心的只是激发举子们的购买欲望。叶适本人也提到,晚年从学于他的大多数青年士子感兴趣的只是科举之学:"余久居水心村落,农蓑圃笠,共谈陇亩间。有士人来,多言场屋利害破题工拙而已。"③"破题工拙"完全是文章技巧,在历史上它曾承担了表达"制度新学"的任务,现在,它也可以来表达理学的"思想"——准确地说那只是"理学的知识"了,这导致了水心辞章之学在朱学成为显学之后,仍然能够不绝如缕地传承下来。④ 形成了所谓的"永嘉文派":"(南宋)不少文派的形成与学派的承传有直接关系,其中从永嘉学派到永嘉文派的演进发展过程尤具典型意义。"⑤在这个传统中,叶适是一个转折点,自叶适以上各家还是"学、文兼擅",而叶适以下的陈耆卿、吴子良则"文胜于学",再到舒岳祥以下"但以文著"。⑥ 于是,"永嘉学派"逐渐为"永嘉文派"所代替,永嘉学派的思想精髓沦丧殆尽,从而逐渐在思想史的论域中隐退。⑦

---

① 分别见周梦江:《叶适与永嘉学派》,第 273、282、276、282、279、278 页。
② 转引自邓广铭:《陈龙川文集版本考》,载陈亮:《陈亮集(增订本)》,邓广铭点校,第 9 页。
③ 叶适:《叶适集·水心文集》卷二九《题周子实所录》,第 603 页。
④ 罗立刚:《宋元之际的哲学与文学》(复旦大学出版社 1999 年版)第 261—272 页。罗立刚的《宋元之际的哲学与文学》下编第二章《因理以求法》第二节《场屋陋习对求法之风的促进》,讨论叶适对晚唐诗风的推崇和改造,直接影响了叶适的时文的文风。
⑤ 朱迎平:《永嘉文派考论》,载朱迎平:《宋文论稿》,上海财经大学出版社 2003 年版,第 127 页。他提出南宋永嘉文派的统绪应该是:薛季宣—陈傅良—叶适—陈耆卿—吴子良—舒岳祥—戴表元—袁桷,可备一说。
⑥ 朱迎平:《永嘉文派考论》,载朱迎平:《宋文论稿》,第 128—129 页。
⑦ 关于这一过程,参见王宇:《永嘉学派与温州区域文化》,第 239—249 页,此不赘述。

第四节　融入近世儒学思潮的永嘉学派

叶适去世后,永嘉学派的影响力日趋式微,既没有产生能与薛季宣、陈傅良、叶适比肩的代表性人物,就连曹叔远这样忠诚的传承者也寥若晨星。进入理宗朝后,永嘉学派实际上已经失去传承,但是其思想仍能在此后的不同历史时期获得若干反响。清代温州学者孙希旦说:

> 盖吾乡儒术之兴,虽肇于东山、浮沚,而能卓然自成为永嘉之学,以鼎立于新安、东阳间,虽百世后不能强为轩轾者,必推之乾、熙诸儒。至叶文修(叶味道)、陈潜室(陈埴)师事朱子以传新安之学,元儒史伯璿实其绪余,以迄于明之黄文简淮、张吉士文选,而项参政乔、王副使叔果,当姚江方火之时,不能无杂于陆学,而永嘉先生之风微矣![1]

孙希旦所谓"至叶文修(叶味道)、陈潜室(陈埴)师事朱子",反映了南宋中后期朱子学在温州本地迅速传播的事实。据方彦寿《朱熹书院与门人考》所载,朱子门人中温州籍者有陈埴、戴蒙、徐寓、徐容、叶贺孙(字味道)、蔡玙、周僩、黄显子、蒋叔蒙、沈僩、林补11人。[2] 叶味道、陈埴二人是朱子温州籍门人的佼佼者。叶味道,初名贺孙,以字行,又字知道,温州人(一说处州括苍人)。少刻志好古学,师事朱熹。宁宗庆元二年(1196),试礼部第一。当时禁行伪学,味道对《学制策》引用程颐主张,无所回避。知举胡纮见而黜之,曰:"此必伪徒也。"既下第,复从朱熹于武夷山中。黄榦曾说:"向来从学之士,今凋零殆尽,闽中则潘谦之、杨志仁、林正卿、林子武、李守约、李公晦,江西则甘吉父、黄去私、张元德,江东则李敬子、胡伯量、蔡元思,浙中则叶味道、潘子善、黄子洪,大约不

---

[1] 孙衣言:《敬轩先生行状》,收入孙希旦:《礼记集解》卷首,沈啸寰、王星贤点校,中华书局1989年版,第7页。
[2] 参见方彦寿:《朱熹书院与门人考》。

过此数人而已。"①能够位列黄榦所说的"大约不过此数人而已",可见叶味道在传播朱子学方面是不遗余力的。嘉定十四年(1221)黄榦去世,叶味道的地位更加突出,南宋学者吴泳就说:"教授叶丈,自是宗门中的的正传。"②又说:"勉斋既下世,宏斋继没,毅斋槁立于婺女之滨,罕与世接,留宗庠者仅叶六十四丈担当考亭门户,呜呼亦微矣!"③在传播朱子学方面叶味道比徐侨(毅斋)出色。而所谓"留宗庠者",似指叶味道一直留在沧州精舍主持书院。因此,叶适下一代的温州学者已经逐渐转向了程朱理学。在孙希旦看来,永嘉之学虽然发源于王开祖、周行己,但真正能够形成与朱熹、吕祖谦三足鼎立的规模,有赖于陈傅良、叶适等"乾、熙诸儒"。而朱熹的温州门人叶味道、陈埴根本扭转了温州的文化方向,使得"乾、熙诸儒"开创的永嘉学派从此失传了。

进入明代,在程朱理学道统思想的影响下,很多学术史著作都剔除了永嘉学派的代表人物。即便是明代的温州地方历史文献,也将永嘉学派视为程学的一个支派。王朝佐编《东嘉先哲录》成书于正德元年(1506)④,他在《序》中承认在南宋出现过一个与"武夷之学"(朱熹)、"江西之学"(陆九渊)、"广汉之学"(张栻)、"金华之学"(吕祖谦)并立的"永嘉之学":"与永嘉之学皆角立鼎峙于天下,天下莫能优劣之。"而且这个学派以经世致用为宗旨:"盖永嘉之学,于凡天文、地理、律历、兵农、礼乐、刑政,靡不穷探力讨,而会通之,精粗本末,兼核并举,必欲三代共斯世而已。其殆程氏《大学》之学也。"但他认为在朱熹之学成为官学正统后,"永嘉之学"和其他诸家都"列为支庶",且幸好朱熹之学传入了温州:"于是朱氏之传复入于温,永嘉之学斯为益盛。"⑤虽然他道出了南宋永嘉学派的某些特征和治学范围,但坚持将其定位为二程理学的一支,在他看来,朱子学传入温州是温州区域文化之幸事,而永嘉之学的衰退则是自然而然的迭代结果。因此该书的前五卷为"先达"(王开祖、林石)、"程子门人"(卷二、卷三)、"朱子门人"(卷四、卷五);薛季宣、郑伯熊、陈傅良、蔡幼学、叶适出现在第

---

① 黄榦:《勉斋先生黄文肃公文集》卷一四《复李贯之兵部・一》,《北京图书馆古籍珍本丛刊》第90册,第453页。
② 吴泳:《鹤林集》卷三〇《答严子韶》第二书,《文渊阁四库全书》第1176册,第294页。
③ 吴泳:《鹤林集》卷三〇《又答严子韶书》,《文渊阁四库全书》第1176册,第295页。
④ 王朝佐,字廷望,号蛟川,温州平阳人,明弘治五年(1492)进士,生平参王朝佐:《东嘉先哲录(外两种)・前言》,上海社会科学院出版社2005年版,第1页。
⑤ 王朝佐:《东嘉先哲录》,第8页。

六卷到第八卷的"儒林",这显然是根据与程朱道统的距离来排列先后的。

刘麟长编的《浙学宗传》(编于崇祯十一年,1638)虽然以"浙学"为名,入选人物却囿于朱、陆两大传统,而以陆、王为主线,南宋"浙学"谱系中人只保留了吕祖谦,陈亮、陈傅良、叶适都无迹可寻。黎温《历代道学统宗渊源问对》(成化四年刻)、杨廉《增补伊洛渊源录》(弘治九年刻)、程曈《新安学系录》(正德三年刻)、李人龙(嘉靖三十五年刻)《道统集》、王圻《道统考》(万历十三年刻)、周汝登《圣学宗传》(万历二十三年刻)、过庭训《圣学嫡派》(万历四十一年刻)、唐鹤征《宪世编》(万历四十二年刻)、孙奇逢《理学宗传》(康熙五年刻)等,均未收入陈傅良、叶适,而大多数收录了吕祖谦。①

然而,程朱理学一面批评永嘉学派的异端倾向,另一方面也在不同程度上吸收借鉴永嘉学派的一些学术特长;同时,永嘉学派在科举方面的成就继续得到元、明、清三代应试者的重视,其作品仍得到刊刻和传播。这两个方面的原因,使得永嘉学派虽然作为一个学术团体已经消散,其思想观点、学术成就却融入了元明清儒学发展的潮流之中。

一、程朱理学对永嘉学派的吸收和借鉴

永嘉学派以"制度新学""功求可、事求成"为号召,而程朱理学并不完全排斥制度研究和对"事功"的追求。牟宗三在批评叶适以下儒家事功传统时指出:"经制事功乃是本重造之合理正常之国体、政体而来之各方面之综合构造,各方面之既独立而又相关之自本自根之生长与繁荣,此乃是结果,而不是动源。"②所谓"动源",就是正心诚意,就是端正动机,内圣之学必然、绝对地先于、高于外王;但是这个"动源"也必然有一个生长与繁荣的"结果",这就是事功。

朱熹最重要的弟子黄榦就曾说:"君举陈丈(陈傅良),于大经大本固难责以尽合,然闻其于制度考证亦颇有过人处,善取人者,亦资其长以益己而已。"③

---

① 〔日〕荒木见悟:《道统论的衰退与新儒林传的展开》(初刊于 1989 年),载吴震、〔日〕吾妻重二主编:《思想与文献:日本学者宋明儒学研究》,华东师范大学出版社 2010 年版,第 13—25 页。
② 牟宗三:《心体与性体》上册,第 250 页。
③ 黄榦:《勉斋先生黄文肃公文集》卷六《与胡伯履西园书》,《北京图书馆古籍珍本丛刊》第 90 册,第 373 页。

"大经大本"是朱子学理论的核心——心性学,但永嘉学派的"制度考证"也是值得朱子学借鉴汲取、丰富自我的有益成分。

真德秀虽然批评叶适的《习学记言序目》是"放言"①,但他对叶适的墓志铭表示敬佩:"永嘉叶公之文,于近世为最;铭墓之作,于他文又为最。"②同时,他在《西山读书记》卷二四《礼要旨》中摘录了陈傅良《周礼说》中的《格君心》的四篇,理由是此篇"盖朱子之所是,故录之,余不取"③。至于其他《正朝纲》《均国势》两组文章,因朱熹没有肯定,真德秀就没有摘录了。真德秀处理陈傅良《周礼说》的方式,生动体现了朱子学对永嘉学派警惕防范与借鉴吸收并存的矛盾态度。

魏了翁早年与叶适有一定的交往,全祖望说:"嘉定而后,私淑朱、张之学者,曰鹤山魏文靖公。兼有永嘉经制之粹,而去其驳。"④所谓"兼有永嘉经制之粹,而去其驳",反映了魏了翁在早年对"道学"的接受,是在一个宽泛的意义上来进行的。⑤ 传承象山心学的"甬上四先生"之一袁燮也曾问学陈傅良:"永嘉陈公傅良,明旧章、达世变,公与从容考订,细大靡遗,其志以扶持世道为己责。然自始学,于义利取舍之辨甚严。"⑥真德秀特别点出"然自始学,于义利取舍之辨甚严",以说明袁燮学问虽然从陈傅良那里吸收了营养,但其主脑与之大异其趣。至于朱熹弟子滕璘向陈傅良问学的情况,本章第二节已详论,此不赘。黄榦、真德秀、魏了翁、袁燮、滕璘虽然最终都归本于朱子学或象山心学,但陈傅良的"制度新学"也成为他们吸收的思想养分,证明朱子学与永嘉学派具有一定的互补性。

陈振孙《直斋书录解题》虽然对叶适批评较为严厉,但也著录了陈傅良《建隆编》,并评价其:"盖《续资治通鉴长编》太祖一朝节略也。随事考订,并及累朝始

---

① 叶绍翁:《四朝闻见录》甲集《宏词》,沈锡麟、冯惠民点校,第35页。
② 真德秀:《西山文集》卷三五《著作正字二刘公志铭》,《文渊阁四库全书》第1174册,第551页。
③ 真德秀:《西山读书记》卷二四,《文渊阁四库全书》第705册,第729页。
④ 黄宗羲:《宋元学案》卷八○《鹤山学案·序录》,陈金生、梁运华点校,第2650页。
⑤ 何俊:《南宋儒学建构》,第352页。
⑥ 真德秀:《西山文集》卷四七《显谟阁学士致仕赠龙图阁学士开府袁公行状》,《文渊阁四库全书》第1174册,第760页。"甬上四先生"与永嘉学派的学术交流情况,详见周梦江:《叶适与永嘉学派》,第132—139页。

末。庆元初,在经筵上。"①陈振孙承认陈傅良的学术"发明多新说",长于"考订"。南宋末年福建朱子学者林希逸说:

> 自薛常州、陈止斋以周官六典参之诸史,讲求古今,损益异同之故。又考本朝文献相承所以垂世立国者,欲正体统、联上下,使内朝外廷必别,大纲小纪必严,与夫取民、制兵、足国、厚下之法,随事条理,期为长久,以今准昔,而不为好古之迂。本末明究,要皆可行。②

林氏指出薛季宣、陈傅良不但善于考证三代名物、舆地、制度,且注意总结吸取北宋立国以来的制度变迁的得失;这些研究不仅是为了复原历史的原貌("好古之迂"),而且要在复原历史原貌的基础上,整理出足以解决南宋当代财政、政治、军事、社会危机的制度安排,实现国家的长治久安。元代朱子学者程端礼曾这样评价薛季宣:

> 余谓士之谈诗书而略事功,其来已久,遂使俗吏嗤儒为不足用……余少读薛常州《行述》,窃欣慕之,盖其学本濂洛,其自得之实,于经无不合,于事无不可行,莅官文武,应机处变,政无巨细,靡不曲当。③

程端礼批评从南宋后期开始,读书人中流行的"谈诗书而略事功"的偏向,削弱了朱子学改革客观世界、经世致用的功能;而他注意到薛季宣"学本濂洛",担任过多个军政职务,政绩卓著④,同时又是一个出色的学者,可以纠正朱子学末流蹈空好高之弊。

元明之际的金华朱子学学者王祎在赠给一位温州学人的序中,首先肯定了自周行己至郑伯熊的"性理之学"的永嘉传统,而薛季宣开创的永嘉学派已别是一派:"然当其时,薛士龙氏之学自称一家。"然后叙述了永嘉学派制度新

---

① 陈说有误,"庆元初"陈傅良已经去世。
② 林希逸:《竹溪鬳斋十一稿续集》卷二二《秘阁提刑侍讲正言陈公墓志铭》,《文渊阁四库全书》第1185册,第778页。
③ 程端礼:《畏斋集》卷三《送薛学正归永嘉序》,《文渊阁四库全书》第1199册,第662页。
④ 薛季宣的政治生涯,详见王宇:《永嘉学派与温州区域文化》,第117—127页。

学的贡献,最后说:"此所以永嘉经制之学。要在弥纶以通世变,操术精而致用远,博大宏密,封植深固,足以自名其家也。"但由于学派门户之见,永嘉学派受到了贬低和压制:"论者顾谓其说不皆本于性命,以故近时学者一切党同伐异,唯徇世取宠之为务,其学遂废而不讲。而不知穿凿性命,穷高极远,徒骛于空言,其将何以涉事耦变以适世用哉？呜呼,永嘉之学可弗讲乎？"①不能"涉事耦变"正是吕祖谦对南宋程学发展危机的担忧,也正是永嘉学派崛起的问题意识。显然,王祎对这一思想史事实非常清楚。

一些明代学者虽然承认"浙学"是与朱、陆鼎足而三的,但认为三者之间具有明显的"互补"特征。如章懋(金华人)说:

> 为学之道,居敬、穷理不可偏废。浙中多是事功,如陈同父、陈君举、薛士龙辈,只去理会天下国家事,有末而无本;江西之学多主静,如陆象山兄弟专务存心,不务讲学,有本而无末。惟朱子之学知行本末兼尽,至正而无弊也。②

章懋将浙学和陆学整合到了朱子学体系之中,即朱子学是全面的、自洽的,而前二者是片面的、不自洽的,但浙学、陆学之片面并非他者,而是朱子学的多面性中的一面,因此朱子学的丰富性和普遍适用性,也需要永嘉学派和陆学彰显。

为什么永嘉学派可以部分地为程朱理学所吸收？本书的第三章已经指出,这是因为永嘉学派与朱熹分歧的根本之点,是"道非其序,则非道也"。永嘉学派对功夫节目的阐述,与程朱理学区别甚微,两派的真正分歧在于这些节目的优先顺序。即便是永嘉学派的所谓"功利""事功",也绝非是一般意义上的"功利主义"。正如有论者指出的那样:"功利哲学的立场显然已非儒家的立场所能包容,儒家的传自然更不必成为功利哲学所要'规摹'的程式。"③永嘉学派

---

① 王祎:《王祎集・王忠文公文集》卷六《送顾仲明序》,顾庆余整理,浙江古籍出版社2016年版,第165页。
② 章懋:《枫山语录・学术》,《文渊阁四库全书》第714册,第113页。
③ 何俊:《南宋浙东事功学与儒家的传统》,载杨渭生主编:《徐规教授从事教学科研工作五十周年纪念文集》,杭州大学出版社1995年版,第380页。

始终不肯放弃规摹儒家传统程式的努力,更没有背离儒家传统,这恰恰构成了其与程朱理学的最大公约数。

二、永嘉学派在宋、元、明、清科举传统中的强大生命力

庆元党禁开始后,经义科中永嘉学派的经学被悬为厉禁,嘉定更化后,朱子学的独尊地位日益巩固。俞文豹曾批评宋末士子诡附朱熹之门者众,并举出当时出版界的情形予以说明:"何张宣公、薛常州季宣、吕成公讲解语录,书坊中寂不见邪?"①书坊吕祖谦、薛季宣的作品不予售卖刊行,表面上是因为无利可图,究其根本是因为朝廷科举的标准变了。譬如《易》学,刘克庄说:"理学有伊川程氏、新安朱氏,举世诵习,众说几废。"②但是词赋科和经义科时文的做法与文风仍然深受永嘉学者(实际上已不是思想意义上的永嘉学派了)的影响,证据是庆元党禁以后温州又贡献了三名状元:嘉定四年(1211)赵建大、嘉熙二年(1238)周坦、淳祐元年(1241)徐俨夫。而且在南宋后期一直到明代的科举参考书中,陈、叶的时文、策论和作文要诀仍然得到了广泛的引用、笺解、评点。

现存的《精选增入文筌诸儒奥论策学统宗》(简称《策学统宗》)现存前5卷,收文32篇,其中最多的是"屏山"刘子翚10篇(朱熹的时文就是他传授的),其次就是吕祖谦、陈傅良各7篇,可见受重视的程度。③

现存的《论学绳尺》一书收录了一批陈傅良的"论"体文,更能反映永嘉学派在南宋后期科场的影响力。《论学绳尺》是一部指导科举时文"论"体文写作的合集,由南宋末年魏天应编选和林子长笺解,共10卷。魏天应,号梅野,建安人,乡贡进士,曾受业于谢枋得。林子长,号笔锋,福建人,曾任京学教谕。此书收录宋室南渡以来省试中选的优秀"论",共356篇。每两篇立为一格,共178格,如以天立说格、顺题发明格、驳难本题格……正文几乎逐句进行笺解。④

---

① 俞文豹:《吹剑录外集》,《文渊阁四库全书》第865册,第481—482页,该书《自序》作于淳祐庚戌(1250)中秋日,成书时间大致可知。
② 刘克庄:《后村集》卷九五《季父易稿序》,《四部丛刊》本,第2页。
③ 见《四库全书存目丛书》集部第289册。
④ 朱瑞熙:《宋元的时文——八股文的雏形》,《历史研究》1990年第3期。《论学绳尺》收入《文渊阁四库全书》第1358册。另罗立刚在《宋元之际的哲学与文学》下编第二章第二、三、四三节中,以谢枋得《文章轨范》为主要个案,从文学角度分析了晚宋科场文风的具体特征。见该书第269页。

除了随文笺解,《论学绳尺》的每篇范文前都有"出处""立说""批云"(或为"考官批云""知举批云""巽斋欧阳守道批云"等等)三目。这些"立说""批"笺解显示,南宋晚期的时文完全采用程朱学为"议论"主旨,大量套用张(载)、程、朱、张(栻)的语录、集注、杂著。下举若干例以见朱学对晚宋的科场的全面渗透。卷二方岳《圣人道出乎一》"批云":"笔力老苍,可逼前辈,其议论得之《通书》,其主意本之《西铭》"①卷三陈应雷《知动仁静乐寿如何》"立说":"本朱子之说。"②卷五叶子雅《是非之心智之端》"立说"云:"本朱文公《集注》之说。"③这种现象正印证了罗大经《鹤林玉露》的话:"近时讲性理者,亦几于舍六经而观语录,甚者讲程、朱语录而编之若策括、策套,此其于吾身心不知果何益乎?"④这样的例子还有很多,不胜枚举。

但是在作文的技巧方面,以陈傅良为代表的不属于程朱道统的时文高手仍受到高度的重视。《论学绳尺》的编者尊敬地将他们称为"前辈",譬如对陈傅良《子谓武未尽善》的"巽斋欧阳守道批":"前辈作文,多从大处起。"⑤对卷六陈傅良的《仲尼不为已甚》"批云":"止斋之论,论之祖也。此篇又为止斋诸论之冠。"文末笺解云:"近日太学公魁君子之言、之守论,全仿此篇。文法学者不可不熟读。"⑥可见"止斋文法"在朱学一统的时代,仍然保持了广泛的影响力。

在《论学绳尺》里还有一些文章,其命意主旨纯用朱熹思想,但文法却套用陈傅良,下举二例:卷七林雷震《夫子之道忠恕》"批云":"出入程、朱、张三先生议论,理明文彻,发越无余蕴矣。"这说明其主旨是以程朱为立场的。但文中"人方病道之难知,而又渎之以未谕之说,则彼有益惑而已"一句的"笺解"说:"学陈止斋文,亦应冒语。"⑦卷一〇黄印生《君子之志于道如何》"批云":"主晦庵循序渐进之说,破象山直诣径造之病。"此则非但主朱学,而且破陆学,门户甚严。但其"圣人未始以其道之大而孤立于天下也"一句"笺解"云:"解上文因。反归。

---

① 魏天应编选:《论学绳尺》卷二,林子长笺解,《文渊阁四库全书》第1358册,第139页。
② 魏天应编选:《论学绳尺》卷三,林子长笺解,《文渊阁四库全书》第1358册,第189页。
③ 魏天应编选:《论学绳尺》卷五,林子长笺解,《文渊阁四库全书》第1358册,第294页。
④ 罗大经:《鹤林玉露》丙编卷六《文章性理》条引杨东山语,王瑞来点校,中华书局1983年版,第333页。
⑤ 魏天应编选:《论学绳尺》卷五,林子长笺解,《文渊阁四库全书》第1358册,第334页。
⑥ 魏天应编选:《论学绳尺》卷六,林子长笺解,《文渊阁四库全书》第1358册,第342—345页。
⑦ 魏天应编选:《论学绳尺》卷七,林子长笺解,《文渊阁四库全书》第1358册,第386—388页。

正学陈止斋《仲尼不为已甚论》文法。"①

上述事实说明,尽管在南宋晚期朱学统治科场,但是这仍然只是针对文章的内容和命意而言;在技巧和形式的领域,朱学未能排除像陈傅良这样的异己力量。南宋后期时文的形式与它所要表现的内容(即"立说""行文")出自不同的学派。科场中形式与内容相脱节的问题,直到元代仍然令理学家们头痛。

元初停开科举近四十年,直到仁宗延祐年间开科诏中,朝廷首先取消了词赋科,并明确地规定四书必须以朱子《集注》为主,五经也以程朱学者的解释为主,《春秋》则用胡安国注,许有壬说:"圣朝设科,(胡传)遂与三传并用,诸家之说几无闻焉。向会试以五经发策,至有不知名家名氏者,况有考其短长而折衷为书者乎?"②只有《礼记》许用古注疏,使得考生更无可能在内容方面有别的选择。因此理学家们曾设想:"方今圣朝科制明经,一主程朱之说,使经术、理学、举业三者合一,以开志道之士,此诚今日学者之大幸,岂汉唐宋科目所能企其万一?"③"经术、理学、举业"三者不能为一,是自二程以来困扰着两宋理学家们的老问题,因为经术以训诂为主,举业以时文为主,理学以讲论心性为主,而前两个领域一直有非理学的势力。现在,既然朝廷明确时文的命意定朱学为一尊,那么一个理学的春天岂非近在眼前了吗?但是,南宋科场的时文形式——"格律"继续统治着元代科场,元代科场经义的模范是北宋末年的张庭坚(字才叔)体占了主流地位。④ 正如一位元代科举参考教材的编写者说:"宋之盛时,如张公才叔《自靖》义,正今日作经义者所当以为标准。"⑤这种体裁是后来陈傅良的"止斋体"的祖宗,是不符合延祐开科诏要求的。明代科举考试中,论体文仍然是考试科目,明人项乔(嘉靖八年[1529]科会试第二名)在其《举业详说》中大段抄录了《止斋论祖》,并评说道:"善作举业论者,莫如予永嘉止斋先生。"⑥

---

① 魏天应编选:《论学绳尺》卷一〇,林子长笺解,《文渊阁四库全书》第1358册,第567—568页。
② 许有壬:《至正集》卷三三《春秋集义序》,新文丰出版公司《元人文集珍本丛刊》1985年影印宣统三年(1911)石印本,第172页。
③ 程端礼:《读书分年日程》卷二《作科举文字之法》,《文渊阁四库全书》第709册,第488页。
④ 见朱瑞熙:《宋元的时文——八股文的雏形》,《历史研究》1990年第3期。关于张庭坚体的解释见该文。
⑤ 倪士毅:《作义要诀自序》,《丛书集成初编》本,第1页。
⑥ 项乔:《项乔集》卷三《举业详说》,方长山、魏得良点校,上海社会科学院出版社2006年版,第147页。此处所谓《止斋论祖》是指关于如何写好论体文的一些原则,据称出自陈傅良之手,与下文提到的陈傅良论体文选《止斋论祖》不同。

因此即使到了元、明、清三朝,永嘉学派学者的科举文章仍然受到推崇。

题为陈傅良撰的《永嘉先生八面锋》(或称《永嘉八面锋》《八面锋》)13 卷,收文 93 篇,虽然无法确认"永嘉先生"到底是哪几位,但出自永嘉学派学者之手无疑。此书日本有影元抄本(中国国家图书馆藏),而且明人张益在序中说,此书旧本得自高启:"偶得高太史季迪馆阁本。"①高启是元明之际的学者,他所见到的"馆阁本"应该是元代旧刻本,可见在元代即已流行。② 明代最早刻本是弘治九年(1496)由吴江县令刘济民在吴江县刊刻,山西道监察御史姑苏人张益、吴人都穆撰序,此本已失传;此后又有万历九年(1581)管稷刻本(温州市图书馆藏),清代有萧山陈氏《湖海楼丛书》本(1809—1819 年刻,温州市图书馆藏)、坊刻巾箱本(孙诒让所见)、汇贤斋写刻本(温州市图书馆藏)等等。③ 关于本书的价值,都穆序文引山东按察司金事袁大伦之语认为:"有益于场屋之士。"都穆自己则认为学者熟读此书后在科场中可以应付自如:"挟之文战,所谓千万人吾往,孰敢犯其锋?"④清四库馆臣则指出,此书所收单篇论文体现了永嘉学派的某些"事功"思想,而"事功"并不等于"功利":"是编虽科举之书,专言时务,亦何尝涉申、韩、商、孔之术哉。"⑤

《止斋论祖》是另一种盛行于元明时代的陈傅良科举时文选本,共 5 卷,收文 92 篇。此书在南宋末期已经流行,南宋状元、程朱理学学者方逢辰(1221—1291,号蛟峰)加以批点,天历元年(1328)傅参之为元刊本《蛟峰批点〈止斋论祖〉》作序,序文云:"论学率祖止斋。……虽然,此止斋决科之文也,吕公以为其长不独在文字间,祖其论者并索之。"⑥他提醒读者不但应该学习其作文技法,还应该吸取其中的思想养分,当然其中的独特思想到底是什么,是很不容易表述清楚的,傅氏只能含混言之。虽然宋元刻本全部失传,明代刻本存世者即有 5 种,最早的是成化四年(1468)王琐刻本,最晚者系万历刘弘毅慎独斋刻本。《四库全书存目丛书》集部第 20 册影印的是明成化六年(1470)朱暄刊本,共 39

---

① 转引自孙诒让:《温州经籍志》卷一八,第 742 页。
② 孙诒让:《温州经籍志》卷一八,第 744 页。
③ 孙诒让:《温州经籍志》卷一八,第 742—744 页。
④ 孙诒让:《温州经籍志》卷一八,第 742 页。
⑤ 永瑢等:《四库全书总目》卷一三五《永嘉八面锋》,第 1148 页。
⑥ 转引自孙诒让:《温州经籍志》卷二〇,第 895 页。

篇。《四库全书总目》卷一七四著录 5 卷本《止斋论祖》,系浙江鲍士恭家藏本。①

宋人还曾刻《十先生奥论》40 卷,其中《止斋奥论》(亦名《止斋先生奥论》)共 8 卷,前 6 卷内容出自《止斋论祖》,第七、第八两卷选文则出自《止斋集》。明代书商开始将《止斋奥论》单行出版,现存明刻本 4 种。明代出版者在《止斋先生奥论·凡例》中指出,此书自南宋迄明末崇祯年间传刻不绝,"海内悦慕已久",被推崇为"其后场尤为制举急务"②,即便程朱理学已经被元、明两代朝廷确认为科举考试的权威典范。而被魏了翁所批评的《唐制度纪纲如何论》一文居《止斋先生奥论》之卷首。③

综上所述,南宋晚期独尊朱学之后,永嘉学派的科举时文仍然被奉为圭臬,而这些书中也隐含了永嘉学派某些真正有价值的部分,仍然代代流传,有待于识者发掘。

---

① 孙诒让:《温州经籍志》卷二〇,第 892 页。
② 版筑居主人:《止斋先生奥论·凡例》,《中国人民大学图书馆藏古籍珍本丛刊》,第 118 册,第 359 页。
③《唐制度纪纲如何论》一文的思想意义,详见本书第三章第二节。

第六章 政治思想

永嘉学派的制度新学和事功思想,在本质上就是儒家的治国理政思想。具体到南宋这一语境,政治思想的核心问题是如何继承和改革宋代的"祖宗之法",如何确立正确的对金和战路线以及如何全面深入地改善士大夫政治,以及在某种程度上对皇权实现抑制。

第一节 总结和反思宋代政治文化

宋代君臣向来以三代之治自期,并且以为本朝超越汉唐,但宋人又深知国势之弱,与汉唐相去甚远。"祖宗之法"优秀如此,何以不能转化为富国强兵的效,此一问题一直困扰着宋代士大夫。淳熙三年(1176)十月,宋孝宗与辅臣谈道:"本朝文物家法远过汉唐,独用兵差为不及。"参知政事龚茂良等回答道:"国家自艺祖开基,首以文德化天下,列圣相承,深仁厚泽,有以固结天下之心,盖治体似成周。虽似失之弱,然国祚绵远,亦由于此。汉唐之乱,或以母后专制,或以权臣擅命,或以诸侯强大,藩镇跋扈;本朝皆无此等。可以见祖宗家法足以维持万世。"[1]所谓"治体似成周",南宋认为"祖宗之法"直承三代,远远超越了汉唐。即使如此,孝宗君臣仍然不得不承认与汉、唐相比,"用兵差为不及""虽似失之弱",问题何在呢?

永嘉学派既然以"制度新学"为优势领域,其对"祖宗之法"的反思也是着力于对宋代政治制度的反思。

叶适指出,"本朝"政治文化较之五代有了很大的进步,他对这些进步的赞美集中在《水心别集》卷二《进卷·国本》三篇中。叶适总结赵宋王朝"家法之

---

[1] 佚名:《皇宋中兴两朝圣政》卷五四,《续修四库全书》第348册,上海古籍出版社2002年影印版,第639页。

美"有二,一曰"礼臣",一曰"恤刑",依靠二者为基本,"夫二百余年之国本在是,天下安之也久矣,培之使益坚,养之使不伤,夫谁得而动之?"①所谓"礼臣",就是"不以刑法御臣下而与臣下共守法",即今人所总结的宋代政治"与士大夫共治天下"的传统。防范了君权的无限膨胀,制约了倒行逆施的出现,叶适对此称誉道:"此岂非祖宗为国之本意与舜、文王之俗然欤!"②但是法度的设计充满了对士大夫的防范、猜忌,阻碍士大夫进一步参与共治天下。叶适还指出,宋代的政治传统依赖法度治国,"任法不任人",而"任法"确实有上述优点,但"任法"的前提是:"则必任其足以行吾法之人,而不任其智不足以知法与力不足以行法者,而后法可任。"③因此,宋代虽然"任法",而不蒙"任法"之利,反受其害。因此,对宋代政治制度——"法度"的批判,是永嘉学派反思"祖宗之法"的重点。

一、反思"防范矫失"的"五代基因"

陈傅良首先承认"祖宗之法"是"纯用周政",其特点是"深仁厚泽",罢方镇是为了避免地方官员高度集权而残害百姓;禁军分屯而更戍,就粮于州县,不致坐食于京师,减轻了百姓转输上供之劳费,州郡厢军亦严定员额。因此,陈傅良说"制度文为,虽非周旧",即其具体的制度形式是沿袭晚唐五代而来,但其价值理念却与三代一脉相承。但是"祖宗"以下各朝,"浸以宽大",出现了冗官、冗费的局面:"肆我列圣,浸以宽大。任子及于异姓,取士及于特奏,养兵及于剩员。甚者污吏有叙复,重辟有奏裁。论议之臣每不快此,而国家世守重于更定。盖周衰且千载,而《诗》《书》之意于是焉在,岂不盛哉?"④"庆历变法"中以范仲淹为代表对这种"宽大"的政治文化非常不满,"议论之臣,每不快此",尝试加以改革;熙宁变法进而全盘否定了"祖宗之法",埋下了北宋灭亡的祸根。

叶适的观点与陈傅良大致相同,宋太祖、宋太宗以晚唐、五代人臣犯上作乱为前车之鉴,遂把这种猜忌、防范的原则贯彻到制度设计的每一个细节之中,"然大抵天下之政日趋于细而法日加密矣,惟其犹有自为国家之意,而不专

---

① 叶适:《叶适集·水心别集》卷二,第650页。
② 叶适:《叶适集·水心别集》卷二《进卷·国本中》,第648页。
③ 叶适:《叶适集·水心别集》卷一四《外稿·新书》,第807页。
④ 陈傅良:《陈傅良先生文集》卷四〇《进〈周礼说〉序》,周梦江点校,第505页。

以惩创前人之失计,矫而反之,遂以为功"①。这里的"前人",就是晚唐、五代,如果说太祖、太宗成长于五代,故而有严重的心理阴影的话,那么真宗以下各代,尤其是南渡以后继续坚持"惩创""矫失"的逻辑,就不可理喻了:

> 以仁宗极盛之世,去五季远矣,而其人之惩创五季者不忘也;至于宣和,又加远矣,其法度紊矣,而亦曰"所以惩创五季"而已。况靖康以后,本朝大变,乃与唐末、五季同为祸难之余,绍兴更新以至于今日,然观朝廷之法制,士大夫之议论,堤防扃钥,孰曰非矫唐末而惩创五季也哉?②

五代基因使得北宋前期制度安排已经失去了内与外、中央与地方的平衡:

> 国家规模,特异前代。本缘唐季陵夷,藩方擅命,其极为五代废立,士卒断制之祸,是以收揽天下之权,铢分以上,悉总于朝。上独专操制之劳而下获享其富贵之逸。故内治柔和无狡悍思乱之民,不烦寸兵尺铁,可以安枕无事,此其得也。然外网疏漏,有骄横不臣之房,虽聚重兵勇将而无一捷之用,卒不免屈意损威以就和好,此其失也。③

在五代基因的影响下,"祖宗之法"只能维持一个相对安定的天下,而无力捍御外敌,更遑论拓土开疆,如果说北宋前期算得上"百年无事"的话,那么其前提就是与辽、西夏屈辱的约和:"则渡江以前,百六十余年而无事者,与二房约和之力也。……一日不和,则不胜其事矣。"④当然,"祖宗之法"中"防范矫失"的五代基因并非一无是处,北宋前期没有汉、唐两朝出现的女宠、权奸、宦官、外戚乱政现象,造就了一个较长时期的安定局面:"然而天下之势,周密而无间,附固而无隙,不忽治而乍乱,几亡而仅存,可以传之后世,垂之无极,则远过于前代。"⑤

---

① 叶适:《叶适集·水心别集》卷一二《法度总论二》,第788页。
② 叶适:《叶适集·水心别集》卷一二《法度总论二》,第789页。
③ 叶适:《叶适集·水心别集》卷一五《上殿札子》,第833页。
④ 叶适:《习学记言序目》卷四八《皇朝文鉴二》,第723页。
⑤ 叶适:《叶适集·水心别集》卷一《治势中》,第640页。

尽管叶适赞许宋朝"不以刑法御臣下而与臣下共守法"的政治传统，以及君主"与士大夫共治天下"的政治模式，但他并不认为"与士大夫共治天下"的理念已经完全落实在南宋政治实践之中，尤其是制度安排方面，法度从制定、执行、修正都贯穿着对士大夫的猜忌、防范和不信任的逻辑。南宋的国运之所以艰难，就是因为始终在这一悖论中挣扎。

以六部中权力最重的吏部为例，其职在铨选，"甄别有序，黜陟不失"①，但是南宋政治实践中，吏部尚书、吏部侍郎完全没有自由裁量权，而困于纤细繁杂的各种律令格式："其人之贤否，其事之罪功，其地之远近，其资之先后，其禄之厚薄，其阙之多少，则曰'是一切有法矣'。"这种体制不但体现了君主对士大夫的猜疑，在这种气氛中成长起来的士大夫更加严重地缺乏"致君行道"的自信心："乃立法以付之曰：'吾一毫不汝信也，汝一毫不自信'也。"②

铨选如此，宋代官员管理体系中另一个重要途径"荐举"，也存在着同样的弊病。南宋规定知州、监司至于京朝官，按照级别的不同规定了相应的荐举人数，则被荐举人这方面，对于年限资格、目标职位、荐举的数量，都做了精确的规定。如此荐举与被荐举成了例行公事，至于人才的贤能，完全不在考虑："上不信其举人者，举人者不信其求举者，求举者不以自信，必曰：'是皆不可知，而朝廷之法既已如此，则不得不出于此。'"③

铨选、荐举的问题说明有关职能部门的权力受到了君主的宰制、分割、猜忌，违背了设置这些部门的初衷，因此在选贤举能方面效率低下，导致了士大夫群体的整体素质下降，劣化的趋势越来越明显。

二、王安石变法的政治遗产

王安石变法对宋代政治史影响深远，王安石去世（元祐元年，1086）后，宋哲宗亲自推进了改革，虽然中间经历了"元祐更化"等短暂的反复，但哲宗的大部分时间和整个徽宗朝都延续了王安石变法的很多制度改革成果。

---

① 叶适：《叶适集·水心别集》卷一二《铨选》，第793页。
② 叶适：《叶适集·水心别集》卷一二《铨选》，第793页。
③ 叶适：《叶适集·水心别集》卷十三《荐举》，第795页。

永嘉学派在总体上否定了王安石变法。理由是，王安石没有注意到"祖宗之法"的优势，而专注于北宋积贫积弱的现状，遂发动熙宁变法全盘否定了"祖宗之法"。可悲的是，"内重外轻"的逻辑在熙宁变法中不但没有被革除，反而被强化了："故王安石相神宗，欲一反之。而安石不知其为患在于纪纲内外之间，分画委任之异，而以为在于兵之不强，财之不多也。"叶适进而指出："使安石知之，正其纪纲，明其内外，分画委任而责成功，然后取赋敛之烦者削之，本学校，隆经术，以新美天下，岂复有汹汹之论？"①假如王安石正确把握到了北宋中期出现的积贫积弱现象的根源在于"祖宗之法"中的五代基因，能够矫正"祖宗之法"中由于"防范矫失"而形成的"内重外轻"之弊，则这次变法对北宋未来的走向倒是可以发挥积极的影响。然而历史的实际走向恰好相反。

南宋政权不但继承了"祖宗之法"中被熙宁变法强化的"防范矫失"的逻辑，而且继承了熙宁变法以来直至蔡京专权时代的一系列弊政，叶适在淳熙十四年（1187）《上殿札子》中分析了南宋政权面临的"四难"，其一便是"法度之难"。譬如，南宋统治者丝毫没有从北宋的灭亡中认识到地方虚弱、京师孤立的弊病："徒鉴五代之致乱而不思靖康之得祸"，叶适举李纲请于河南创设藩镇之议、范宗尹请置镇抚使的命运为例，说明任何敢于变通"祖宗之法"的举措"皆随以废格"，"陛下循守旧模，而欲驱一世之人以报君仇，则形势乖阻，诚无展力之地"。旧制度具有巨大的惯性，想一朝改变，需要很大的勇气："若顺时增损，则其所更张，其所动摇，关系至重，岂得易言！此则法度之难也。"②

叶适、陈傅良等人认为这些弊政违背了祖宗朝之"深仁厚泽"，不但剥削压榨百姓，而且吮吸抽空州县之财，实践了"防范矫失"的逻辑。然而，这些弊政不但未见南宋高宗、孝宗两朝废除，反而变本加厉。陈傅良在光宗绍熙三年（1192）专门分析了熙宁变法以来役法之坏，认为其根源在于役法与保甲法相乱，演变成了南宋时代乡村保正（长）任催科之责的最坏格局，最后他质问道：

> 万古役法，一王安石能改之，章厚能力行之，方今仁圣在上，宰辅极天下之选而贤俊满朝矣，谓为无人能斟酌损益以通其变，臣亦未喻。且今之

---

① 叶适：《叶适集·水心别集》卷一四《纪纲三》，第815页。
② 叶适：《叶适集·水心别集》卷一五《上殿札子》，第833页。

困民力诚非一事,而役害最大。中人之家破荡相继,有以仁圣在上,宰辅极天下之选而贤俊满朝如此,乃坐视斯民最大之害,持章厚所为者,若出于三代之旧而不敢议。有辄议者,不过付之有司,检坐见条,申严行下,以塞人言,臣尤未喻也。①

为什么王安石、章惇能够变更改革役法,而到了全面否定熙宁变法的南宋,反而"独世守其刻薄之遗术,以为成宪"呢?无独有偶,叶适分析了经总制钱从徽宗朝萌芽至南宋高宗绍兴年间定型的历程后指出,虽然经总制钱的源头可以归咎于王安石变法中的某些政策(青苗法、免役法、市易法),但发展到了南宋中期如此残民害国的地步,却不能再归咎于王安石:

> 臣尝计之,自王安石始正言财利,其时青苗、免役之所入,公上无所用。坊场、河渡、免行、茶场、水磨、碓垛之额,止以给吏禄而已。前有薛向,后有吴居厚,可谓刻薄矣。蔡京继之行钞法,改钱币,诱赚商旅,以盗贼之道利其财,可谓甚矣。然未有收拾零细,解落贯陌,饮人以不赀之酒,其患如经总制之甚者。盖王安石之法,桑弘羊、刘晏之所不道也。蔡京之法,又王安石之所不道;而经总制之为钱也,虽吴居厚、蔡京亦羞为之矣。至其急迫皇骇,无所措其手足,则虽绍兴已来号为名相如赵、张者皆安焉,又以遗后人。而秦桧权伎劫胁一世,而出其上,及其取于弃余琐屑之间以为国命者,是何其无耻之至是也哉!②

叶适很清楚,"无耻之至是"的经总制钱对于南宋财政而言,有如毒品之于吸毒者,后者虽知毒品终将斫丧其性命,但不可须臾离,离则立毙,南宋"法度之难"于此可见一斑。

三、士大夫群体素质的退化

一方面宋代皇权政治对士大夫参与政治设置了一系列限制,另一方面士

---

① 陈傅良:《陈傅良先生文集》卷二一《转对论役法札子》,周梦江点校,第290页。
② 叶适:《叶适集·水心别集》卷一一《经总制钱一》,第775页。

大夫自身治国理政的能力也在不断退化。

这其中,对士大夫群体素质危害最大的原因在于官员与胥吏之间存在的身份鸿沟,导致士大夫对具体政务十分陌生。在宋代,胥吏与官员(所谓"士大夫")是尊卑分明的两个阶层,二者在人格尊严上受到的待遇是大相径庭的:士大夫受到"不杀士大夫"的祖宗之法的保护,几乎不会受到死刑的威胁,而胥吏则可以因犯法被杖杀。由于存在阶层的鸿沟,胥吏自甘下贱,恣为不法,官员则反过来鄙薄胥吏,不屑与之为伍。但是,士大夫在当官时几乎一刻都无法离开胥吏。因为胥吏往往是世袭的,又终身服务于一个部门,对各种法令规条、潜规则烂熟于心,而士大夫迁转如飞,罕有充裕时间熟悉本职工作,所以事事都仰仗胥吏。叶适讲:"故今世号为'公人世界',又以为'官无封建而吏有封建'。"①

早在北宋神宗熙宁变法时期,王安石意识到儒家士大夫对典章制度和实际政务比较陌生,而胥吏虽熟悉这些内容,但却地位低下,无法晋升。为此,王安石采取了"赋禄法",给予胥吏优厚的经济待遇,适当拓宽其进入官员队伍的入口;同时为提升儒家士大夫的行政能力,对青年书生实施参与实务、谙练政治的教育,尤其是改革了"明法科",无论是进士高科还是任子入官,都要通过法律知识的考试。但进入哲宗元祐年间,这一系列举措遭到了不同程度的废罢,使得王安石所期望的"吏士合一"没有实现。② 因循至于南宋,儒家士大夫经世致用本领的缺乏成为一个越来越严重的问题。尤其到了孝宗年间,儒学遭到了"迂阔"的批评。

叶适为此提出的解决办法是:"今官冗而无所置之,士大夫不习国家台省故事,一旦冒居其位,见侮于胥。今胡不使新进士及任子之应仕者更迭为之,三考而满,常调则出官州县,才能超异者,或遂录之。"③为了增强士大夫熟悉规章制度、处理现实政务的能力,叶适认为应当让士大夫担任胥吏的职务,使他们熟悉法令规条,熟悉技术层面的细节。而这些担任吏职的士大夫,考核合格

---

① 叶适:《叶适集·水心别集》卷一四《吏胥》,第 808 页。
② 〔日〕宫崎市定:《王安石的吏士合一政策》,载刘俊文主编:《日本学者研究中国史论著选译》第五卷,中华书局 1992 年版,第 451—490 页。
③ 叶适:《叶适集·水心别集》卷一四《吏胥》,第 808 页。

后,仍然能够升迁到士大夫官僚体系中,并不妨碍其仕途。①

叶适提出让士大夫担任吏职的办法在他那个时代有如空谷足音,无人问津,宋亡元兴,科举停开,一方面堵死了士大夫的晋身之途,另一方面却在制度上引导他们担任各级政府吏职,虽然没有任何证据证明叶适的主张影响了这一决策的出台,但可以说叶适预见到了某种历史趋势。

还有一些制度,表面上看对士大夫极为优待,客观上却造成了士大夫群体素质能力的代际退化。譬如南宋的荫补任子之法,让很多人通过父辈、祖辈的功劳,得到荫补入官的机会。叶适认为,荫补任子是必不可少的激励手段,但是南宋的荫补过于冗滥,不顾官员是否贤能勤政,纯粹根据资格、等级给予荫补,导致"一人入仕,世官无穷为一害"。譬如官至员外郎便有资格荫补,叶适认为,员外郎在现有体制下完全可以循资格而至,本身也并不重要,给予其荫补既无法发挥激励效果,又造成了冗官,叶适建议取消。至于太中大夫以上官员之子可以荫补任京官则更加荒唐,那些真正在基层州县任职的选人,往往需要十几年、几十年的努力才能改为京官,而太中大夫之子荫补如此之容易,扭曲了价值评判的标准,故应该将其荫补所得官位的级别降低为选人。

四、"祖宗之法"与士大夫政治

如果说,"事为之防、曲为之制"的矫失逻辑是"祖宗之法"的阴暗面的话,那么"与士大夫共治天下"则代表了"祖宗之法"的光明面而颇受士大夫欢迎,正是这一传统塑造了宋代士大夫的政治选择、学术研究、生活方式等方方面面。但是到了南宋,"共治天下"的政治模式也受到了广泛的质疑。这些质疑首先源自北宋的灭亡。

叶适在《习学记言序目》卷四七《皇朝文鉴一》中有一段文字专门记述了吕祖谦对北宋士大夫政治的总结,以及叶适本人的评价:

> 吕氏言:"国初宰相权重,台谏侍从莫敢议。朝士不平,屡有攻击,如卢

---

① 明清之际的黄宗羲也有类似的想法:"欲除簿书期会吏胥之害,则用士人。"参见黄宗羲:《明夷待访录·胥吏》,载《黄宗羲全集》第1册,第42—43页。

多逊、雷德骧、翟马周,赵昌言、王禹偁、宋湜、胡旦、李昌龄、范讽、孔道辅,更胜迭负,然终不能损庙堂之势。至范仲淹空一时所谓贤者而争之,天下议论相因而起,朝廷不能主令,而势始轻矣。虽贤否邪正不同,要为以下攻上为名节地可也,而未知为国家计也。"然范、韩既以此取胜,及其自得用,台谏侍从方袭其迹。朝廷每立一事,则是非蜂起,哗然不安。……盖韩、范之所以攻人者,卒其所以受攻而无以处此,是以虽有志而无成也。至如欧阳,先为谏官,后为侍从,尤好立论。士之有言者皆依以为重,遂以成俗。及濮园议起,未知是非所在,而倾国之人反回戈向之。平日盛举,一朝隳损,善人君子,无不化为仇敌,至今不定。然则欧阳氏之所以攻人者,亦其所以受攻而不自知也。①

议论朝政是士大夫参与"共治"的最重要的途径,也是士大夫政治运行的最重要的方式,吕祖谦认为,北宋初期宰相权重,而士大夫议论虽然繁兴,但相权与士权尚能保持一定程度的平衡;至范仲淹时代(仁宗中叶),宰相已经处于被士大夫斥责的地位,而士大夫言事议论的热情获得了片面的放纵,出现了相权轻、士权重的全新政治权力格局。这一逆转的后果是,政治中枢的威信下降,国家战略无法凝练,军政事权不能统一,"朝廷不能主令,而势始轻矣"。即便范仲淹本人参知政事后,也被这种全新的政治格局所束缚,一无所成,"盖韩、范之所以攻人者,卒其所以受攻而无以处此。是以虽有志而无成也"。吕祖谦指出,仁宗中叶以来士大夫议论言事的特点是"不以道而以言",即为了议论而议论,为了标榜名节而议论,至于人情事理、国家大局,则在所不顾:"孔子曰:天下有道,则政不在大夫。天下有道则庶人不议。夫不以道而以言,其末流宜若是矣。"北宋之虚弱源于党争,而党争之起源于仁宗中叶士大夫议论言事之风大煽,因此,"士大夫共治天下"的传统本身蕴含着削弱政治权威和降低行政效率的负面因素。

尽管在宋人的议政言谈之中,"祖宗之法"至高无上,但将百年以来的前规后矩统统归之于"祖宗法度"的做法,又使其内容非常之驳杂。这种状况给后来的"奉行者"们预留了广阔的选择空间,一方面提供了操作执行的灵活界域,

---

① 叶适:《习学记言序目》卷四七,第708页。

另一方面也成为政令混淆的根源之一。① 南宋君臣所面临的"法度之难",亦肇因于"祖宗之法"的庞杂,然而就其最核心的精神而言,"祖宗之法"可以归纳为"防范矫失"和"与士大夫共治天下"两点,永嘉学派对南宋政权前途的思考,也正是围绕这两个主轴展开的。具体而言又包括以下四点。

第一,由于继承了五代政治文化基因,"祖宗之法"就其原始形态而言就是不完美的,其缺陷主要表现为"防范矫失"的逻辑,由这一逻辑衍生出了不断强化的中央集权和与此同时日益空虚的州县和"右文抑武"的政策,从而削弱了军事力量。

第二,"祖宗之法"的优点则在于"宽大""仁厚",即在太祖、太宗两朝,人民赋税负担尚不如后来沉重,北宋前期各帝对士大夫也相对宽容,形成了一种"与士大夫共治天下"的士大夫政治。

第三,王安石尽管声称"祖宗不足法",但从熙宁变法的实行效果看,"祖宗之法"固有的弊端不但没有克服,"防范矫失"的逻辑却被大大强化了,"祖宗之法"中"宽大仁厚"的优良传统灭裂无余。在这个意义上,永嘉学派全盘否定了王安石变法。可是,王安石毕竟尝试了以制度变革剔除"五代陋法",而永嘉学派又以"制度新学"为旗帜,因此二者无形中在思想逻辑上存在共通性。萧公权在《中国政治思想史》中认为:"至水心始专就制度以言之,而发现专制之根本困难在于集权过度,此病不除,虽有仁君贤臣亦不能致天下于安定。其重视制度之意,为前人所未有。至其论理财之兼斥新旧两党,而大旨实有契于荆公。"② 萧氏把永嘉学派与王安石的共同点归结为重视"制度",自然不谬,只不过重视"制度"乃一表象,根本问题在于"制度"与"道义"的关系如何。

第四,南宋对北宋政治文化缺乏正确的取舍。南宋实行的法度,基本上沿袭了王安石熙宁变法以来各种新法的变种,而且是最恶劣的变种,故"祖宗之法"固有的缺陷又依然存在。南宋也继承了士大夫政治传统,但是这一政治模式受到了两方面的挑战:第一,在与金处在半战争状态的情况下,士大夫政治暴露出效率低下、缺乏战略考量、无法形成决策中心的弱点;第二,"防范矫失"的逻辑一直在制约着士大夫政治的自我更新。

---

① 邓小南:《祖宗之法:北宋前期政治述略》,生活・读书・新知三联书店2006年版,第470页。
② 萧公权:《中国政治思想史》,辽宁教育出版社1998年版,第442页。

第二节　以北伐恢复为核心的军事改革思想

自南宋建立之日起,对金的和战抉择就成为朝野上下,尤其是士大夫争论的焦点。在位二十七年之久的孝宗,尽管由于受高宗的压制始终没有发动北伐,但他对北伐一直跃跃欲试,先后起用了虞允文、王炎之类的主战派大臣,在政治、经济、军事上做了大量准备,在他的引导下形成了士大夫以"议和"为耻、以"恢复"为荣的风气。到了宁宗朝开禧年间,韩侂胄主导的北伐点燃了士大夫群体中压抑已久的北伐热情,尽管旋踵而至的军事失败使得"主和""自治"的主张一度占据了上风,与金方缔结了"嘉定和议"(嘉定元年,1208)。但是以"议和"为耻、以"恢复"为荣的风气已成大势,不可挽回,宋金双方依赖不平等的和约所维持的"和好"状态终究是脆弱的。"嘉定和议"之后,以山东李全反金起义为契机,双方仍发生了间接的军事冲突,至嘉定十一年(1218),由于金军南侵,南宋推翻了"嘉定和议",揭开了南宋后期宋金双方以"对峙"取代"和好"的新篇章。

回顾孝宗"隆兴和议"(1164)直到嘉定十一年(1218)宋金决裂这半个世纪的历史,永嘉学派与南宋其他儒学学派一起,围绕"战""守""和"的战略抉择一次又一次地呼吁与抗争。

进入孝宗淳熙年间之后,士大夫议论的主流已经从"主战反和"嬗变到"自治待时"。具体来说,就是认识到南宋国力弱小,尚不具备在短期内全面北伐、恢复故疆的能力,而应将主要精力集中在加强自身国力,全面改革政治、经济、军事、文化上来。

一、"待机而举"

薛季宣早年(绍兴末期、隆兴北伐)曾在武昌前线任职,目睹了实际情况。他对北伐形成了清醒的判断。首先,他认为"隆兴和议"后,由于张浚北伐大败损失大量精锐和军事资源,南宋在短期内不具备北伐的条件。他分析了几个方面的原因:

窃尝论以《孙子·始计》之书,盖未知其可也。方今人人异意,不可谓道;灾变数起,不可谓天;以江左而争中原,不可谓地;以贪戾而帅骄卒,不可谓将;将士不相安习,不可谓法。于斯五者,曾莫之计,又不可谓知之也。恭惟主上天纵之圣,曾非龙荒所得伦拟,则主孰有道,在所不论。至于将孰有能、天地孰得、法令孰行、兵众孰强、士卒孰练、赏罚孰明,彼固不容尽知,其在我者亦可以知之矣。①

首先,薛季宣指出南宋自身存在的问题包括:南宋内部意见分歧,不能凝聚北伐共识;境内灾害频繁,民力匮乏;以偏安东南之地形攻取中原,不占据地利;南宋军队中高级将官贪婪而戾气重,士兵骄横不受约束,战斗力差;将领与士卒关系紧张。如果南宋自身存在的这五大弊端不能克服,北伐只是空谈。但是,薛季宣非常担心孝宗的"雄心大志":"主上用兵之意,每形天语,空言挑虏,兵计固当然乎? 有谋人之心而使敌人疑之,殆矣。"孝宗经常在言语中流露出立即北伐的倾向,引起金人的警惕和防备;即便孝宗真的马上大举北伐,这样打草惊蛇只会导致事倍功半。他希望王炎(时任枢密院长官)能够:"致君尧舜,望惟以仁义纲纪为本;备边之计,幸勿为浮议摇动。至于用兵,则请留待十年之后,必以机会而举。"十年之后再考虑北伐的问题,如果到时候"人才既富,彝伦既叙,虏之世世淫暴,必将有颉利之功矣"。②

其次,薛季宣认为不可迷信"隆兴和议",宋金长期对峙的格局不可能改变,因此应该加强边境防御,控制军事要地。他特别强调在两淮要建立严密的防御体系,同时加强长江和沿海的水军建设:"次淮壖之地,当施罗落;江流海道,合置水军。"因为长江、淮河、京杭运河及各江河海口,水路四通八达,如果金军注意调查,利用水师南侵,很容易攻击长江防线的要害:"江海之备,则殊未闻。其间间道所行,我之素不讲者,天长可以入维扬,清流可以向六合,肥水可以下合肥;北峡之隘,庐江之径,与武昌之近,新息、秭归之比;商于、贾堑、三关直趋荆、鄂,子午南达梁、洋,洮、岷东近威、茂。"对于已经屯守精兵的城池、要

---

① 薛季宣:《薛季宣集》卷一七《又与王枢密札子》,张良权点校,第 206—207 页。
② 薛季宣:《薛季宣集》卷一七《又与王枢密札子》,张良权点校,第 207 页。

塞,还要注意是否具备长期坚守的条件:"冲要虽有重兵之屯,坚城之守,中无民力,且乏粮械之资,则亦未可谓之万全。"薛季宣最大的担心是"隆兴和议"之后很多人认为天下太平,对军事防务忽视懈怠:"人情苟安,不知为备之说,欲为守御,固当力施行之。言议悠悠,何益于事!"①

再次,北伐能否成功主要取决于南宋能否建立一支强大的野战军。但是到了孝宗朝,南宋军事体系中最精锐的屯驻大军,耗资巨大,代价高昂。薛季宣提出应该在保留屯驻大军作为精干的进攻力量的同时,建立民兵为主体的沿边防御体系。譬如荆湖、两淮沿边的义勇:"敦实雄健,涉历世故,颇知用武。若朝廷不惜少少赋入,蠲其田租,略以陕西弓箭手法维之,使之人自为战,制其勋赏一同正军,亦严边之一术也。"特别是在长江沿岸利用当地人民习于舟楫的特点,建立水军,作为守卫长江的辅助力量。但是薛季宣也承认,这一任务耗资巨大、环节众多也有可能走向反面,成为贪吏侵吞经费、剥削百姓的新名目:"然此非廉干之吏少假事权,久任责成,不能办也。不然徒为文具,扰而无益,行之不如其已。"②

二、"结民心、宽民力"

光宗绍熙三年(1192),陈傅良向光宗指出,绍兴以来"和""战"抉择已经成为历史,"自治"才是当前的战略方向。陈傅良讲:

> 臣诚愚陋,揆之往古国家之患,何世无之?上有悉心委意之君,下有至公血诚之臣,虽多患必且盛强。君臣玩安,虚延岁月,虽无患亦且衰弱。臣故曰:以人心为本,诚使中外人心并意一向,以佐下风。治是三者,有一弗治,且害大计,则九重不怡,九重不怡则朝野震迭。如是则恢复之形见矣。臣之所谓恢复非论边事以希戎功之谓,而结民心以祈天命之谓也。③

---

① 薛季宣:《薛季宣集》卷一七《又与王枢密札子》,张良权点校,第206页。
② 薛季宣:《薛季宣集》卷二一《上汤相论边事》,张良权点校,第263页。
③ 陈傅良:《陈傅良先生文集》卷一九《赴桂阳军拟奏事札子》第二札,周梦江点校,第267页。

陈傅良反对把"恢复"归结为单纯的军事行动,而是"结民心以祈天命之谓",是决定国家治乱、社稷安危的系统工程。因此,"恢复"的前提不仅是建立强大的军事力量,而是要统筹解决南宋存在的"冗官、冗费、冗兵"三害,而解决"三害"的最大意义是"宽民力"。他说:"靖康至于绍兴,尝用兵矣,则有讲和之说起而为梗。故上之号令相反而不能定,下之朋党相倾而不能合。若夫宽民力,谁独无是心哉!断之而无异论,行之而无后患,莫过此者,而何疑不决?"①自北宋钦宗靖康至高宗绍兴年间,朝野各派对于主和、主战的意见纷歧,唯独谈到减去人民负担、让人民休养生息的"宽民力",都是异口同声赞同的,但是对这样高度共识的大事,朝廷却迟迟下不了决心。

"宽民力"就必须减少赋税,减少赋税必须裁减军费开支。为此,陈傅良主张将现有的驻屯大军、禁军都转换为厢军,将南宋的军事防务交与兵农合一相去不远的"义勇"承担。马端临《文献通考》卷一五六《兵考八》引用了陈傅良的一段相关议论:

> 止斋陈氏曰:此所谓义军也。艺祖有志于保毅军。咸平五年,始置营升为禁军,其后寖有点差之令,而前朝名臣多言不便。韩琦为相,尝身历西事,留意兵政,刺陕西义勇。知谏院司马光至六疏争之,不听。已而新法行,熙宁六年十月遂罢强壮弓箭手,而行保甲,海内骚然。要之皆以刺配为军,失祖宗本意,而非民兵不可复。以臣愚见,条约弓箭社如庞籍、苏轼,则人情不扰而边备修矣,此今日所当讲也。②

陈傅良指出,北宋初年就实行了民兵和义勇,但由于北宋中期以后不断地将民兵转为正规军,民兵制度本身的优越性丧失殆尽;随着熙宁变法推行保甲法,民兵制度被彻底终结了。实际上,民兵或者义勇不需请给俸钱,而且不离乡土,可以兼顾农时,充任民兵还可以免役,因此受到农民的欢迎;从官方的角度来说,不但省去了大笔军费,且避免了雇佣兵制下产生的"闲民"对社会秩序的危害。保甲法、民兵、弓箭社、山水寨,虽然是向着"寓兵于农"的方向前进,在

---

① 陈傅良:《陈傅良先生文集》卷二〇《吏部员外郎初对札子》第三札,周梦江点校,第285页。
② 马端临:《文献通考》卷一五六,第4652页。

其萌芽时,毕竟只是乡村社会的一种自发的行为,符合乡村社会固有的秩序。及至官方发现其在治安巡防、军事防御方面的优点时,便以诸如颁给旗鼓、发给军器、建立团伍、定期教阅、明示赏罚等各种方式对其加以改造。陈傅良称赞"条约弓箭社如庞籍、苏轼",即元祐八年(1093)苏轼建议的"弓箭社条约",与刺左手为保毅军或义勇显有不同,但随着国家权力深入到民间武装中,不可避免地使弓箭社等民间武装朝着"其后寖有点差之令"的方向在发展①,最终仍会变为正规军。

三、"固本自治"

叶适指出,有些人利用宋孝宗急于北伐见功的心理,不是基于自身实力的增强,而是幻想利用金国内部的分裂达到北伐的目的,这样的人在淳熙年间充塞朝野,叶适描绘道:

> 今乡曲之拐士,志在邀利收宠,复取(张)浚门下已陈之说,更互藻饰,以为北方之奇策;而国信小吏,以土物相馈遗,窃问厮养,而谓得虏密事以相炫耀;沿淮守臣,思为进用计,布心腹于跳河之曹,越淮未几,撰造虚事,以为间探之明。②

这些人只会采取一些雕虫小技,收买间谍,招纳金方叛人,在淮河两岸制造边境冲突,以虚假信息夸大边境紧张局势,从而引起孝宗的注意而获得提拔。在淳熙十四年(1187)《上殿札子》中,叶适把当时士大夫分为"君子"和"小人"。"小人"主张"更为务实黜虚,破坏朋党,趋赴事功之说"。这里所谓的"虚"是"义","实"就是"功利","破坏朋党"即瓦解道学集团。"君子之论"则类型多样,反映了道学集团内部的分歧:"至若为奇谋秘画者,则止于乘机待时;忠义决策者,则止于亲征迁都;沉沉虑远者,则止于固本自治,高谈者远述性命,而

---

① 马端临:《文献通考》卷一五六,第 4652 页。
② 叶适:《叶适集·水心别集》卷一五,第 826—827 页。

以功业为可略;精论者妄推天意,而以夷夏为无辨。"①"亲征迁都"就是陈亮在《淳熙四上孝宗皇帝书》中提出的要求。"高谈者远述性命,而以功业为可略"是朱熹一类的道学家。②"固本自治"论虽然很有市场,却无形中淡化了"恢复"的主题:"为复仇之论者有矣,不过欲斗胜负于兵革而已,自用兵以来无他画也。为固本之论者有矣,不过欲久和好以无事而已,自通和之外无长虑也。"③实际上是另外一种主和论。

叶适主张在"固本自治"的基础上"抗首北出":"财以多为累,兵以多为累,法度以密为累,纪纲以专为累;更之则慰民心、苏民力,解缠起痼,兴滞补弊,则二三年之间,可以抗首北出,而取燕之利在掌握矣。"④和陈傅良一样,叶适也注重首先通过去除财政危机、兵多不精、法度不良这"三害",达到"慰民心、苏民力"的目的,然后发动北伐。

但叶适更充满强烈的时不我待的危机感,因为北伐的机会并不会等待南宋按部就班地完成自身的变革后才出现,皇帝应该制定一个从自治到北伐的时间表。在开禧北伐以前,叶适提出了"期年必变,三年必立,五年必成,二陵之仇必报,故疆之半必复,不越此矣"的时间表。⑤ 在另一处,叶适提出:"愿陛下一扫尽去,勿留圣思,力行今日之实事,以实胜虚,以志胜气,以力胜口,用必死之师,必死之将,必死之士,以二年之外五年之内责其成功,可也。"⑥也就是希望皇帝展示出最强硬的决心,在二到五年之间发动北伐。

宁宗开禧二年(1206)五月,南宋朝廷下诏北伐,本该欢欣鼓舞的各位主战派士大夫却不免迟疑。叶适在宁宗面前连奏三札,认为宋弱金强的实力对比没有根本改变,各方面准备不足,主动出击难以成功:"诚宜深谋,诚宜熟虑,宜百前而不慑,不宜一却而不收。故必备成而后动,守定而后战。"尽管当时南宋方面已经了解到金方面临的困难局面,尤其是蒙古势力的兴起正在牵制金方的军事力量,叶适仍担心过于羸弱的南宋武力不足以成功北伐:"今或谓虏已

---

① 叶适:《叶适集·水心别集》卷一五,第832页。
② 朱熹:《晦庵先生朱文公文集》卷一一《戊申封事》:"然臣之愚见,则以为使之习事,不若勉其修德。"载朱杰人、严佐之、刘永翔主编:《朱子全书》第20册,第599页。
③ 叶适:《叶适集·水心别集》卷九,第754页。
④ 叶适:《叶适集·水心别集》卷一〇,第768页。
⑤ 叶适:《叶适集·水心别集》卷一五,第836页。
⑥ 叶适:《叶适集·水心别集》卷一五,第827页。

衰弱,房有天变,房有外患,怵轻勇试进之计,用粗武直上之策,姑开先衅,不惧后艰,求宣和之所不能,为绍兴、隆兴之所不敢,此至险至危事也。"决不能把成功的希望寄托在客观因素和外部条件的变化上,而应始终专注于自身:"臣愿陛下先定其论,论定而后修实政,行实德,变弱为强,诚无难者,在所施设如何尔!"①

但是到了六月,叶适受命任宝谟阁待制、江东安抚使、知建康府兼行宫留守,成为肩负江淮一线防务重任的大臣。由于早就料到北伐各路宋军必然大败,他一受命就着手在长江沿岸布防。果然,金军在十月于两淮大破宋军,兵锋直指长江北岸,在叶适指挥下,守军渡江劫寨,迫使金军退却。由于久疏战阵,南宋军民普遍如惊弓之鸟,叶适描述道:"一日传有胡人三骑抄水滨,两舟溺岸侧,城中闻之皆震动。吏颤余前,不能持纸。"②江东安抚司干官、叶适好友蔡必胜之子蔡任,在石跋嘴、定山却轻松地击退了来犯的金军。叶适由此意识到,数十年不交战,南宋军民对金军的忌惮恐惧之心挥之不去,双方的实际力量对比并不悲观。因此,尽管这次北伐以失败告终,叶适对恢复的前景却更加乐观了。开禧三年(1207)二月,叶适改兼江淮制置使,措置屯田。他奏请安顿两淮流民,广泛建设坞堡,保护边民,招纳北方抗金豪杰,抵御金军的入侵。③

到了嘉定十年(1217,即《后总》写作的时间)金人南侵,两淮残破,湖南、江西处处震动,叶适在开禧二年、三年间于两淮设置的坞堡没有发挥预期的作用,叶适自己也承认:"是累岁守边之策果不足以保民矣。"④两淮所设的坞堡,以及叶适在《后总》所设想的淮南建置的镇抚使都不可能真正发挥作用,根本原因在于,这些军事要塞并不是单纯的军事单位,而是军民合一的共同体。但在实际操作中,共同体内部没有产生凝聚力,故这些共同体是脆弱的、短命的。上文薛季宣曾说:"比年议者稍知措置保甲及山水寨,然初无预定之法可以必行,缓急无以相维,散者不可复集。"⑤薛季宣只是指出了"缓急无以相维"的现象,而没有分析赖以"相维"的纽带到底是什么。

---

① 叶适:《叶适集·水心文集》卷二,第 6 页。
② 叶适:《叶适集·水心文集》卷一〇,第 176 页。
③ 叶适:《叶适集·水心文集》卷二,第 10—11 页。
④ 叶适:《叶适集·水心别集》卷一六,第 846 页。
⑤ 薛季宣:《薛季宣集》卷二一《上汤相论边事》,张良权点校,第 263 页。

叶适在完成于宁宗嘉定年间的《习学记言序目》中阐述了这一方案：

> 顷者朝廷方举复仇之义，余深患之。欲先择沿淮汉十州郡臣，牢做家计，州以万家为率，国家大捐缗钱二千万为之立庐舍、具牛种、置器仗，耕织之外，课习战射，计一州有二万人胜兵（通家丁得此数）。三数年间，家计完实，事艺精熟，二十万人声势联合，心力齐同，虏虽百万不得轻挠。当是时，我无渝约，挑彼先动，因其际会，河南可复。既复之后，于已得之地，仍作一重，气壮志强，实力足恃，虽无大战，虏当销缩，谋因力运，战亦无难。如此则藩墙扞城，堂奥不动矣。今虏虽已复和，尤当用此策。①

叶适认为，第一步是在两淮建设平战结合、亦军亦民的"坞堡"，打造20万人的民兵，这一阶段只需要"三数年间"；第二步是诱使金方首先败盟来侵，南宋通过反击，收复河南，再将河南建设为第二个北伐基地（类似两淮），如此既屏障了两淮和江南，又可以为下一步过河北上而打下基础。叶适的设想诚然经过深思熟虑，但开禧北伐之后，他就永远离开了政坛，这些设想也只能停留在纸面上了。但是，强烈的自主性和孤立性，是限制地方武力发展的一个要素。② 在实际运行中，由于地方势力的纠葛，山水寨在宋金、宋蒙对峙中，往往首先考虑自身的安全利益，出现了南北两军双方依违观望的情况。③

第三节　推进"共治"的探索

到了南宋，"尊王"与"共治天下"之间存在的内在张力日益明显。皇帝个人的"乾纲独断"和如臂使指的内朝体系（以入内内侍省为主干），对"共治"的局面不断造成威胁，更重要的是，"法度"作为一把双刃剑，一方面维护了士大夫的

---

① 叶适：《习学记言序目》卷三一，第453页。
② 黄宽重：《南宋的中央与地方关系》，载黄宽重：《南宋地方武力——地方军与民间自卫武力的探讨》，国家图书馆出版社2009年，第270页。
③ 黄宽重：《两淮山水寨——地方自卫武力的发展》，载黄宽重：《南宋地方武力——地方军与民间自卫武力的探讨》，第180—181页。

政治地位，在某种程度上限制皇权；另一方面也成了皇权限制士大夫充分使用政治权利、充分参与政治的锁链。而从孝宗中期（王淮执政）开始，士大夫群体重蹈北宋神宗以后的党争，分化成了"道学集团"和"官僚集团"两大阵营，其中后者的政治取向主要是维护现存秩序，因循敷衍；而道学集团则上承范仲淹、王安石的革新精神，随时随地要求改变现状，重建一个更加合理的秩序。① 这样一来，对政治制度合理性的批判反思就成了一个矛盾的焦点。

永嘉学派对士大夫政治制度的思考，始终坚持从分析制度的内在逻辑入手。用叶适的话说，宋朝"不以刑法御臣下而与臣下共守法"，但是依赖法度治国的实质又是"任法不任人"："盖人不平而法至平，人有私而法无私，人有存亡而法常在，故今世以'人乱法不乱'为常语。"然而，"任法"的前提是"则必任其足以行吾法之人，而不任其智不足以知法与力不足以行法者，而后法可任"②。由于士大夫素质（"士学"）劣化，行法之人不得其人，故宋代虽然"任法"而不蒙"任法"之利。在"共治"的游戏中，士大夫始终处于被动局面，而皇帝永远处于主动，这使得"共治"格局往往是脆弱的、不平衡的。

有鉴于此，陈傅良在《周礼说》中提出了用《周礼》的精神进行全新的制度设计，来扭转秦汉以来"君尊臣卑"的不平等局面，进而从提高地方活力的角度，质疑"尊王"是否应有其合理的界限。叶适则在《水心别集·外稿》的《铨选》《资格》《任子》《吏胥》《监司》各篇中，系统分析了科举制度、官员管理制度（铨选、荐举、任子）、吏员制度中所贯穿着的阻碍士大夫参与政治的原则，并且尝试着提出了自己的解决之道。

一、"权纲归一"：维护宰相权力的完整性

永嘉学派认为，《周礼》是政治制度改革的典范，应该按照《周礼》所体现的制度安排原则，改革南宋的中央集权政治和士大夫政治。陈傅良一再指出，需要继承的是"周道"："道揆在上，权纲归一而无专遂之私，法守在下，众职交修而

---

① 〔美〕余英时：《朱熹的历史世界》，第635页。
② 叶适：《叶适集·水心别集》卷一四《新书》，第807页。

无诡随之患,所谓周道如砥者,以此。"①

"道揆",是《周礼·天官冢宰第一·大宰》的"六典":"一曰治典,以经邦国,以治官府,以纪万民。二曰教典,以安邦国,以教官府,以扰万民。三曰礼典,以和邦国,以统百官,以谐万民。四曰政典,以平邦国,以正百官,以均万民。五曰刑典,以诘邦国,以刑百官,以纠万民。六曰事典,以富邦国,以任百官,以生万民。"此"六典"是冢宰的职责,涵盖了其他五位官员的职责,因此冢宰是政府的首脑,一切国家权力必须集中于以冢宰为首脑的"六官"(天官冢宰、地官司徒、春官宗伯、夏官司马、秋官司寇、冬官司空)系统之内,即所谓"权纲归一"。

冢宰既然是政府的首脑,便有管理其他五官的任务,这种管理的方法是"八法":"以八法治官府:一曰官属,以举邦治。二曰官职,以辨邦治。三曰官联,以会官治。四曰官常,以听官治。五曰官成,以经邦治。六曰官法,以正邦治。七曰官刑,以纠邦治。八曰官计,以弊邦治。"

陈傅良认为,《周礼》所描述的冢宰为首的官僚体系与秦汉以后的皇权政治具有根本差别,后者最大的弊病就是皇帝为了满足自己的权力欲,总是突破现有的官僚体系,建立新的直属于自己的、私人性质的权力机关,反过来破坏了已经稳定的权力结构和官僚体系,引起政治腐败和混乱。

譬如,《周礼》中的内史、外史相当于秦汉以后的诏命起草的官员,而这些官员往往因为皇帝的信任而权重于宰相,成为独立于宰相的体系:"辞令在尚书郎则尚书重,在中书舍人则中书重,方汉重尚书,至号喉舌之官事归台阁,三公失职,则尚书遂擅天下。魏晋重中书,则并掌职务,至有中书监迁尚书令,自谓有夺凤池之恨,而中书亦擅天下。两省相倾,至今并置。最后开元别置学士院,白麻独在学士,为天子私人,称内相矣。"②尚书、中书制度刚开始设立时,就是以皇帝的私人秘书的面目出现的,独立于当时的宰相领导的"外朝"。由于在中古时代权力不断上升,到了唐宋两代,尚书省、中书省、门下省的长官已经成为事实上的宰相,而起草外制的中书舍人则属于中书省的属员;但是皇帝出于对相权的猜忌,从唐后期开始,不隶属于三省系统的翰林学士承旨开始发挥起草重要诏命的作用,成为皇帝的私人秘书。从这个过程可以看出,皇帝不断

---

① 王与之:《周礼订义》卷四五,《文渊阁四库全书》第93册,第734页。
② 王与之:《周礼订义》卷四五,《文渊阁四库全书》第93册,第734页。

制造新的秘书机构,独立于宰相所领导的外朝体系,而这个秘书机构不断地侵削相权,以至于最后取代了相权,成为全新形态的宰相。而一旦他成为宰相,皇帝对他的猜忌便与日俱增,酝酿新的秘书班子来掣肘相权。传统中国的中央官制就是一直处在这种蛇蜕皮式的不停歇的变迁中。因此,宰相与秘书班子的斗争,实际上是相权与皇权的冲突,最终结果是相权的不稳定、不完整、不健康。

那么怎样才能构建一个健康、稳定、完整的相权,实现"权纲归一"呢?陈傅良分析了《周礼》中冢宰与内、外史的关系:"内史犹今内制翰林也,外史犹今外制舍人也。凡策命之出皆黜陟予夺,大小臣工爵禄之事,其与人主图之者,固冢宰也。而上意之然否,师言之叶否,非有文墨议论之士讲求参酌,或不当于功罪,虽当功罪而褒贬益损之文,或作于好恶,往往伤王言之体,于是以二史属春官,而冢宰诏王大宗伯之属,得以陈谊补过于其间,是故号令罔不臧而赏罚公,亦三公所以辑众美、昭令闻也。"①根据陈傅良的理解,皇帝的旨意必须与冢宰商量,"其与人主图之者,固冢宰也",内外史不能参与其中;但是,为了防止冢宰的权力无限膨胀,不能让冢宰一手完成起草诏命的工作,而必须另外有"文墨议论之士讲求参酌",专司其责,即所谓内外史。不但如此,内外史还有权对冢宰所传达的旨意进行审查、监督,如果发现"不当于功罪,虽当功罪而褒贬益损之文,或作于好恶,往往伤王言之体",便可以驳正。而在隶属关系上,内外史属于春官,而不属于冢宰,这有利于内外史发挥监督、审查功能。由此方能克服后代"以一辞令之官,所乡辄偏重,权倾君相而朝廷不尊"的弊病。

以上这些主张反映了一个共同的意图,就是要求政治运作向士大夫公开,而非由皇帝及其亲信私相授受。光宗绍熙三年(1192),陈傅良在转对中批评光宗即位以来,内外臣僚上奏甚多,光宗虽然都表示欢迎,但没有及时给予回应:"多见嘉纳,人人自以为得上意且行其言,而章往往不下,他所指挥,动亦留滞,廷臣惑焉。"陈傅良指出,宋太祖朝的制度,曾令知制诰审阅上书人文字,群臣召对时所奏文字由尚书省参详,并回奏所提建议是否可行。光宗应该效法这种优秀的"祖宗之法",将外任官员的封事交给知制诰审阅,朝臣面奏的札子交尚书省审看,各司其职:"以为可听者斯听之,不可听者勿听,则听者无特异于

---

① 王与之:《周礼订义》卷四五,《文渊阁四库全书》第 93 册,第 734—735 页。

众之嫌,不见听者无见遗于上之恨,是谓不以主断废群议而无壅蔽谗嫉之患。人主所自择,毋过台省长官耳,此道岂不甚易知,甚易行哉?"①表面上看,陈傅良这是为了维护光宗虚心纳言、正大光明的道德形象,实则是要求皇帝对外朝臣僚的每一请求、建议都给予积极的、明确的回应,以显示皇帝与外朝之间并不存在隔阂,使得南宋中央政权的运行全程都透明化、公开化。可以看出,这些主张都与《周礼说》的思想有着密切联系。

二、"王者以天下为家":推动皇权的公共化

陈傅良对理想的皇权有一个总体的判断:"王者以天下为家,岂容一家自为分异。"②皇帝是国家的代表,因此没有个人和家庭的私利,正因为如此,三代的君臣关系才能保持平衡。而春秋是尊王太过,秦汉以后又倒向另外一个极端——君尊臣卑。而皇帝必须也只能通过冢宰为首的六官体系来运行国家,这应该是唯一的路径和选择。这是因为,"人主之自治,非其广廷听决之为难,而其深居宴坐之足患,非其公卿大夫夹辅之为难,而其侍御仆从顺适其意之易惰也,人主之心,惟平时为易纵,人臣之言,惟卑者为易入"③。皇宫之内的生活世界,不是皇帝的私人空间,而是培养君德的最重要环节,因此内宫生活必须由这个六官体系管辖,绝不应该由后妃、外戚、宦官之类把持,更加不应该在皇帝周边形成独立于六官体系的权力机关,出现像西汉那样以大将军为首的"内朝"与以丞相、御史大夫为首的"外朝"的对立。

(一) 天子无私人

为了对比秦汉以下直到宋代君尊臣卑的变化,陈傅良描述了《周礼》中冢宰为首的六官体系的权力是怎样延伸到后宫的。首先,围绕着皇帝日常生活的内廷职事,必须由士人担任,在行政隶属上归冢宰为首的六官管辖。陈傅良说:

---

① 陈傅良:《陈傅良先生文集》卷二〇《转对札子》,周梦江点校,第287页。
② 王与之:《周礼订义》卷六,《文渊阁四库全书》第93册,第97页。
③ 王与之:《周礼订义》卷二二,《文渊阁四库全书》第93册,第364页。

> 谓如内宰一职,乃士人为之,至秦汉时便为大长秋,有大长秋犹存此职,东汉以来岂复有此?又如医师食医等职,周官时士为之,至本朝,御药院是和安大夫,或承宣使、宣徽使领之,便见得紧慢、尊卑、贵贱之意。

内宰是主管宫廷事务的官员,在《周礼》中是由士人担任的,隶属于天官冢宰,到了汉代,还有地位、功能与之类似的大长秋一官,而到了宋代就没有了,是由宦官来主导宫廷事务。另外负责皇帝保健的"医师食医"之类的官,在《周礼》中也是由士人担任,到了宋代则自成体系(和安大夫就是宋代专门为皇家医生制订的寄禄官),脱离了士大夫官僚体系,宰相更无法管辖。陈傅良从《周礼》中得到启发,企图通过将这种干涉落实到制度层面,在南宋士大夫中引起了一定的共鸣。譬如朱熹对陈傅良的这一设想就表示赞同,而在陈傅良之前,洪迈在《容斋随笔》中就已经提出了类似的观点。①

叶适也指出,儒者被隔绝于宫廷之外后,参与政治的深度也因而受到了限制:"盖春秋以前据君位利势者,与战国秦汉以后不同,君臣之间差不甚远,无隆尊绝卑之异,其身之喜怒哀乐尚可反求故也。不然,则孟子非不教人以格君心之非,后世用之,其验殊少,反被迂拙之诮,曾不如就事开说者,犹得其一二也。呜呼,君德不同若此,欲尽为臣之义,岂易言哉?"②后世(包括宋代)的士大夫对君主的劝谏只能就事论事,而对君主个人的德行("喜怒哀乐")却不能有效劝谏。这根本上是因为士大夫与君主相隔甚远,前者不能准确掌握后者真正的行动起居、喜怒哀乐的实况,即便有所劝谏也是无的放矢,言不及义,故君主不能心服。而战国以前则不同:"君臣之间差不甚远,无隆尊绝卑之异,其身之喜怒哀乐尚可反求故也。"

陈傅良进一步指出,传统上认为皇后是六宫之主,是内廷事务的最高负责人,这种说法并不符合《周礼》的精神。相反,皇后的主要职责是以身作则,给后宫嫔妃树立道德的榜样,至于具体的宫女、宦官、杂役的管理、考核,则完全听命于内宰:"今内小臣而下凡阉官,九嫔而下凡妇官,下至于女奴晓祝者、晓书

---

① 黎靖德编:《朱子语类》卷八六,第2204页;洪迈:《容斋随笔续笔》卷一四"冢宰治内"条,上海古籍出版社1978年版,第388页。
② 叶适:《习学记言序目》卷一一,第156—157页。

者、晓裁缝者,必属之大臣,则夫员数之增损,职掌之废置,禄秩之多寡,赐予之疏数,皆禀命于朝廷,而后不与,且使内宰得以稽其功绪,而赏罚其勤惰。苟违有司之禁,虽天子不得自以为恩,是故私谒不行,而内政举,古之所谓正家者盖如此。"①只有把宦官、宫女、杂役等人纳入朝廷统一管理,才不会滋生后代宦官专权的流弊。

作为皇帝的至亲,皇后和太子也不能成为皇权的延伸或者化身:"王者以天下为家,岂容一家自为分异。"皇帝的家庭成员在生活上应该与皇帝一起,而不应自成体系。陈傅良在《经进周礼说·格君心其四》中说:"天子之元子,毋过命士,与公卿大夫之子,共齿于学。"而且皇后与世子,"自牧甚卑,则以能下人为家法"。在生活待遇上也是如此,从《周礼》中膳夫、酒正、司服的职掌可以看出,皇后、世子与皇帝的饮食、衣服都由同一个系统供应:"此三代之良法。……秦汉以后,侈心太过,乃以少府自主天子之食,大长秋主椒房之食,家令主太子之食,如是则不免有私妄用,而后、世子各得以自侈矣。"②秦汉以后则否,皇帝、皇后、世子分别由内廷三套机构供应服侍,因此导致了靡费,助长君主的奢靡之心。《周礼》如此贬抑皇后、世子,反而引发了后人对《周礼》的怀疑,陈傅良说:"自秦人尊君卑臣之令行,无惑乎后世之疑周礼也。"③这实在是历史的悲剧。

(二) 天子无私兵

《周礼》中,天子的宿卫分为两等,外围的"八隅"由卿大夫子弟充任,由宫伯掌领,内廷由士、庶民之子周列环卫,由宫正率领,宫伯、宫正都由冢宰统领。西周以后,情况变化很大:"春秋犹存此意,如楚潘崇为之师,掌环列之尹。至汉则宫伯所掌者谓之兵卫,属之卫尉,而大仆惟掌天子舆马及扈从,至于羽林伙飞之属,乃隶于光禄勋,为天子私人,官职分散矣。"④秦汉以下,宰相根本不能干涉宿卫,宿卫将领直接隶属于皇帝,"为天子私人"。

到了南宋,皇帝大量吸纳从金朝统治区投奔过来的"归正人""归明人"充任禁卫,陈傅良认为这是天子私兵的畸形的膨胀,最终只会对皇帝的安全造成

---

① 王与之:《周礼订义》卷一二,《文渊阁四库全书》第93册,第197页。
② 王与之:《周礼订义》卷六,《文渊阁四库全书》第93册,第97页。
③ 真德秀:《西山读书记》卷二四《礼要旨》引,《文渊阁四库全书》第705册,第729页。
④ 王与之:《周礼订义》卷五,《文渊阁四库全书》第93册,第94页。

威胁:"天子中门之外,下有兵卫,上有卿大夫子弟之卫。今也不设于此,而使四夷之隶为卫,若以服远人为美观,则先王虑患疑不如此,非我族党,其心必异,脱有他祸萌于辇毂之下,又岂止美观而已?"①实际上,越到后期,归正人在南宋武装力量中的比重越增加,虽然禁卫系统的归正人没有发生陈傅良所疑虑的"脱有他祸萌于辇毂之下",但是在边境驻扎的归正人却发生过叛变,李全的山东忠义军的蜕变即是一例。②

(三) 事上转移君心

绍熙二年(1191),陈傅良的弟子曹叔远对朱熹说:"陈丈大意说,格君且令于事上转移他,心下归于正,如萧何事汉,令散财于外,可以去其侈心,成其爱民之心说。"③所谓"事上转移",就是用制度约束君主,从而达到"心下归于正"的目的。就陈傅良本人而言,"事上转移"还有另一层含义,就是要教育君主通晓本朝制度,洞晓制度的来龙去脉,得失利弊。他在任嘉王府赞读时,曾为嘉王(后来的宁宗)进读《汉书》(内容即《陈傅良先生文集》卷二八《资善堂进故事》),引述西汉元帝天资中下,居东宫时,在萧望之等辅导下柔仁好儒,登基后,当宦官谋害萧望之等,奏请将他们"召致廷尉"时,元帝竟不知道这是下狱治罪的意思。

对陈傅良这篇《资善堂进故事》,魏了翁有一则题跋,其中提到:"然而改变气质,最忌因循,与夫归其责于傅,而实以咎帝,此则有益于人主之讲学,非宿儒老生不及此,敢用拜手书于下方。"④在魏氏看来,《资善堂进故事》表面上是阐明东宫辅导官的重要性,实则勉励嘉王要在居东宫期间努力改变气质,讲学不辍。可是,陈傅良的原意并非如此。元帝在东宫受辅导八九年,却不知道廷尉职司刑狱,这说明他对本朝政体法度一切不晓,这才是萧望之等人铸成的大错。陈傅良讲:"既即位,然不知召致廷尉为下狱,何也?习闻书生之谈,而不通于当世之务故也。……刘安世论之曰:'望之知太子仁柔,宜辅导之,使洞晓天

---

① 王与之:《周礼订义》卷二二,《文渊阁四库全书》第 93 册,第 370 页。
② 参见黄宽重:《略论南宋时代的归正人》,载黄宽重:《南宋史研究集》,新文丰出版公司 1985 年版;黄宽重:《贾涉事功述评——以南宋中期淮东的防务为中心》,《暨南学报》2003 年第 1 期。
③ 黎靖德编:《朱子语类》卷一二三,第 2964 页。
④ 魏了翁:《鹤山先生大全文集》卷六五《跋陈君举东宫进故事》,《四部丛刊》本,第六页。

下之事,然后可以为人主。'"①同样是针对元帝"仁柔""天资固中人以下"的病症,陈傅良和魏了翁开出的药方有着微妙的差别。陈傅良认为应该教导其"通于当世之务",而魏氏却认为应该"改变气质"。这种差别,也可以看出永嘉学派与朱子学派在学术趣向上的歧异。很明显,这篇《资善堂进故事》就是"格君且令于事上转移他"的实践。而陈傅良企图通过向君主灌输制度之学以"格正君心",也是以制度来维持"共治"。

总体而言,永嘉学派对相权、皇权这两种力量的恶性膨胀都有所警惕。王安石变法不但造就了宋代前所未有的强大的相权,也在他本人下台后造就了宋代前所未有的皇权,因为宋神宗利用重建三省的官制改革,分解了相权,实现了皇权的再度膨胀。② 故而,抑制相权的旋律同样在《周礼说》中清晰地、反复地出现。这又让我们看到了王安石专横的权相形象在南宋士大夫心中投下的阴影。

最后,与一般认为的永嘉学派功利主义形象不同,《周礼说》没有像李觏那样提出"独立于动机伦理限制的社会结果取向"③,在永嘉学派看来,根据《周礼》精神设计的、完美的制度一旦运行,类似王与霸、义与利、动机与效果、政统与道统、道学与吏术等困扰宋代思想界的纠葛便可迎刃而解、各安其位了。

第四节 走出"郡县"与"封建"的悖论

"封建"与"郡县"的优劣之争,是中国传统政治思想上的一大课题。封建制与郡县制之争的实质是地方与中央的权力分配问题。表面上看,封建制下地方的自主权重,郡县制下地方自主权轻。之所以这两种制度迟迟没有分出高下,是因为当出现金灭北宋之类的王朝更替时,"封建"论往往压倒"郡县"论,因

---

① 陈傅良:《陈傅良先生文集》卷二八《资善堂进故事》,周梦江点校,第370页。
② 葛兆光笼统地把王安石变法称作"靠着皇权的激进主义改革者占了上风",而把"皇帝与政府权力的加重"作为变法的结果(葛兆光:《中国思想史》第2卷,复旦大学出版社2000年版,第189页),实际上熙宁变法更接近于相权的胜利,而元丰变法呈现为皇权的膨胀。
③〔美〕田浩:《功利主义儒家——陈亮对朱熹的挑战》,姜长苏译,江苏人民出版社1997年版,第35页。

为中央政权没有地方政权的强有力的屏障,导致敌人长驱直入;而新王朝完成奠基之后,致力于理顺统治秩序之时,"郡县"论又压倒了"封建"论,因为此时必须强调树立中央权威,政令通畅、政体划一。本节就以陈亮、陈傅良、叶适为个案,系统梳理永嘉学派对"封建""郡县"问题的独特思考。

一、过度郡县化:宋代积弱的原因

众所周知,宋太祖立国之时,针对五代藩镇割据的弊病,采取了一系列加强中央集权的政策,即"惩创""矫失",其中最主要的举措是:"艺祖思靖天下,以为不削节度则祸不息,于是始置通判,以监统刺史而分其柄,命文臣权知州事,使名若不正、任若不久者,以轻其权。监当治权税,都监总兵戎,而太守者块然管空城,受词诉而已,诸镇束手请命,归老宿卫。"① 这段话指出了宋太祖的中央集权政策后果是大大削弱了宋代地方行政基本单位——州和县的活力。其主要表现是,取消州的行政长官的集权,首先在名号上用"知×州事"替代唐代"刺史"之称,造成一种临时性的派遣的观感;其次设置通判作为知州的副手,并且专管财政,以牵制监视知州;在州的上一级"路",设置名目繁多的"监司",转运使管财政、提刑司管司法等等,这些监司各管一摊,互相之间并不统属,主要任务是监察州县,互相监察,也就是说,不但州县不可能集权,"路"也不可能集权,地方兵权则以武臣专领,文武互不统属,地方武装只是老弱厢军,精锐部队集中于京师,号为"禁军",定期轮流到外地驻防。因此,像五代那样的集中了军权、行政权、财权、司法权为一身的藩镇是不可能在宋代出现的。但是,北宋的灭亡证明,地方在军事上的弱小,经济上的窘迫,导致金兵长驱直入,使得京师处于孤立无援的境地。

但是,在面临这样已经高度"郡县化"的现状下,无论是范仲淹的庆历新政还是王安石变法都着眼于进一步加强中央集权,而非提高地方活力。到了南宋,叶适所说的"矫失""惩创"的逻辑贯穿到了南宋的所有制度细节之中,而最显著的体现在中央对州县的剥削上、对州县之上的监司的防范上。所谓监司,秦汉以来"谓州郡之事难尽察也,故置监司以察之,谓州郡之官难尽择也,故止

---

① 叶适:《叶适集·水心别集》卷一四《纪纲二》,第813页。

于择监司亦足以寄之"。宋代在州县之上设置了监察州县的监司,但朝廷对监司的监督较之监司监督州县更加苛细:"今也,上之操制监司,反甚于监司之操制州郡,紧紧恐其擅权而自用,或非时不得巡历,或巡历不得过三日,所从之吏卒、所批之券食、所受之礼馈,皆有明禁。"①相应的,朝廷对监司的考核内容,蜕变为如何剥削州县的物力、财力,而不是监督州县行政是否合法、治理是否清明,尤其是转运司、提举茶盐司、提举常平司、提刑司四个监司在实际运行中都背离了设置它们的初衷:

> 今也,转运司徒报上供之数于户部,而转输运致之实则无之,则其所以总一路之财计者,将何所用也?茶盐则以受其剩利于榷务都场,而提举司者受其掯留,掌其住卖,督其煎煮,为之索逋理债而已。经总制钱,州郡各以趁办上供,而提刑者徒文移知、通,收索季帐,稽考纲解,以报户部而已。是三司者,以此为职,徒养资考多人,徒凭意气,作声势,以便其私可也,国纪民命何赖于此?是谓既无法无义,而事功有不得实,三失也。②

这四个部门要么沦落为以转行文书为日常公务,要么以催科为急,要么以盈利为目的,完全丧失了应有的功能,而之所以如此,是因为朝廷在设计法度时,过多考虑了如何限制监司个人的权力,而不惜以牺牲行政效率和公义为代价。

二、从"强干弱枝"到"天下为家、中国一人"的退化

"天下一家、中国一人"语出《礼记·礼运》:"故圣人耐以天下为一家,以中国为一人者,非意之也,必知其情,辟于其义,达于其患,然后能为之也。"孔颖达《正义》解释:"此孔子说圣人所能以天下和合共为一家,能以中国共为一人者,问其所能致之意……圣人必知此情义利患,然后能使天下为一家,中国为一

---

① 叶适:《叶适集·水心别集》卷一四《监司》,第809页。
② 叶适:《叶适集·水心别集》卷一四《监司》,第810页。

人,皆感义怀德而归之。"①圣人通过"知其情,辟于其义,达于其患",通晓天下之人的喜怒哀乐,七情六欲,对天下人的了解就如同对自己家人一样熟谙,在此基础上,圣人制礼作乐。既然以天下为一家,那么圣人就没有私人之家,而只有天下这一公共之家。在"故圣人耐以天下为一家,以中国为一人者"之前,《礼记·礼运》还有一处提及"天下为家":"今大道既隐,天下为家,各亲其亲,各子其子,货力为己。大人世及以为礼……"②"天下为家"与"天下一家"虽然措辞极为接近,但意义差别很大,前者指由禹传位于汤的皇位继承方式,结束了三代的"天下为公"的禅让制,进而引申为天下是天子的私有财产,天下臣民都是天子的奴仆,天下的财富都是他的私产,因此天子如同保护自己的家产一样保护统治权。③后者却是指天子没有私人家庭,无私人利益,而以普天下之臣民为家庭成员,天下人的利益为自己的利益,故虽名为"天下为家",实则是"天下为公"。北魏韩显宗更明确地说:"君人者,以天下为家,不得有所私也。"④总之,在观念上,"天子以天下为一家,且其家为一种公共领域"⑤。于是,后世使用"天下为家""天下一家"一语,其意义大多指"圣人耐以天下为一家",而非天下为天子私有意义上的"大道既隐,天下为家"。

在宋以前的文献中,"强干弱枝"都是在正面意义上被使用的,指中央应该相对于地方具有绝对的优势,并被认为是政权稳定的基本原则。⑥宋初惩晚唐五代以来藩镇坐大、对抗朝廷之弊,以"强干弱枝"政策削弱其事权,此所谓"枝"是指藩镇;结果,以削弱藩镇为目标的"强干弱枝"战略,反而将州县从藩镇的控制下解放出来,一度恢复了自主权。然而,在削平藩镇之后,中央集权有加无已,进而削弱了州郡之权。真宗咸平三年(1000),王禹偁最早批评了过度强干弱枝导致州县空虚的弊端:"虽则尊京师而抑郡县,为强干弱枝之术,亦非得

---

① 戴圣辑,郑玄注,孔颖达疏:《礼记正义》卷二二,阮元校刻《十三经注疏嘉庆刊本》,第3080页。
② 戴圣辑,郑玄注,孔颖达疏:《礼记正义》卷二一,阮元校刻《十三经注疏嘉庆刊本》,第3062页。
③ 相关讨论参见邢义田:《天下一家:皇帝、官僚与社会》,中华书局2011年版,第14—18页。不过,邢氏认为"天下一家"和"天下为家"的意义完全一致。
④ 魏收:《魏书》卷六〇《韩显宗传》,中华书局1974年版,第1341页。
⑤ 〔日〕渡辺信一郎:《中国古代的王权与天下秩序》,徐冲译,中华书局2008年版(日文版初版于2003年),第8页。
⑥ 白寿彝、廖德清、施丁主编:《中国通史》第四卷第十四章第一节《强干弱枝,封建专制主义体制的建立》,上海人民出版社2015年版,第931页。

其中道也。"①曾巩批评道:"后世矫前之敝法,寝藩镇权,功成求遂矣。然而尚未反守宰之分职,伸州县之干翼,岂计之善也?万一水旱疾疫,其或有觊幸之人出者,州县其胡以备之?徐乐、山涛之论,可不念耶?"②宋初削平藩镇,已经达到了强干弱枝、维护大一统的目的("功成求遂矣"),若进一步削夺州郡的权力,恐怕重蹈当年西晋收郡县之兵的覆辙。

叶适不否认强干弱枝的合理,承认:"国家规模,特异前代。……是以收揽天下之权,铢分以上悉总于朝,上独专操制之劳,而下获享其富贵之逸,故内治柔和。"国内社会秩序安定,体现了"一家之内"无须设防;但是,这种体制对家门口的敌人应对不力,屡战屡败,"外网疏漏"。③ 由于没有对权力进行"分画委任",故由天子一人直接承当:"第因其所有,掩绝前后,而欲以人主之一力守之,岂可得哉?"④他进一步将宋与秦相比,指出秦的郡县制虽然"削弱黔首,禁制将相,自天子以外,无尺寸之权,一尊京师而威服天下",强干弱枝一如两宋,北边匈奴为患一如两宋,但是"重缘边之兵,攘却其要地,而匈奴遁迹自屏,不敢争衡",从而有效地解决了边患。⑤ 可见,秦尚能给予边境军政长官充分的授权,集权程度逊于两宋。"汉因秦制,边各自备",两汉的边患未至于两宋之深重;从两汉三国到南北朝,这些中央政权都能充分给予地方授权,故能够有效地抵抗外来侵略。相比之下,自太宗雍熙、端拱年间之后,北宋政权与契丹、党项交战败多胜少,原因是:"权任轻而法制密,从中制外,而有所不行也。"⑥叶适指出:"是则纪纲之所在,患乎授任之非人而不以人为不当授任,患乎分画之无地而不以地为不当分画,患乎外敌而不患乎内侮,其事盖昭然矣。"⑦"授任""分画"都是指朝廷与地方行政单位之间明晰的事权划分,也就是说在腹地的各地区"强干弱枝"的前提下,中央政权对边境军政官员充分授权,从而建立其巩固的边防。

叶适还深刻地指出,宋代皇帝把天下之大视为"一家之细",不顾地方行政

---

① 王禹偁:《上真宗乞江湖诸郡置本城守捉兵士》,载赵汝愚编:《宋朝诸臣奏议》卷一二二,北京大学中古史研究中心点校整理,上海古籍出版社 1999 年版,第 1342 页。
② 曾巩:《曾巩集》卷五一《说势》,陈杏珍、晁继周点校,中华书局 1984 年版,第 694 页。
③ 叶适:《叶适集·水心别集》卷一五《上殿札子》(淳熙十四年),第 833 页。
④ 叶适:《叶适集·水心别集》卷一四《外稿·纪纲三》,第 816 页。
⑤ 叶适:《叶适集·水心别集》卷一四《纪纲一》,第 811 页。
⑥ 叶适:《叶适集·水心别集》卷一四《外稿·纪纲二》,第 813 页。
⑦ 叶适:《叶适集·水心别集》卷一四《外稿·纪纲一》,第 811—812 页。

层级和中央、地方的事权划分,事事插手干预:"昔之立国者,知威柄之不能独专也,故必有所分;控持之不可尽用也,故必有所纵。……然则尽收威柄,一总事权,视天下之大如一家之细,孰有如本朝之密者欤?"①叶适还创造性地解释了"家"这一政治意象:"虽然,为天下之纪纲,则固有常道。譬如一家,藩篱垣墉,所以为固也;堂奥寝处,所以为安也。固外者宜坚,安内者宜柔;使外亦如内之柔,不可为也。……本朝反其弊,使内外皆柔,虽能自安,而有大不可安者。"叶适所理解的"家"显然是深宅大院,"家"中的各个区域存在鲜明的功能分化:边境相当于"家"的"门庑",腹地则是"堂奥",朝廷应该给予边境军政长官较腹地州郡更大的授权。可见,叶适所理解的"家"显然不是皇帝触手可及的私密空间,更不是皇帝个人的私人小家。在这种视"天下之大"为私人小家的政治模式中,宋代君主对地方行政实体(州县)展开了无孔不入的控制:"国家因唐、五季之极弊,收敛藩镇,权归于上,一兵之籍,一财之源,一地之守,皆人主自为之也。欲专大利而无受其大害,废官而用吏,禁防纤悉,特与古异,而威柄最为不分。"②总之,"天子"通过过度的中央集权亲自治理"天下",既不合理,也不可能,引发了非常负面的客观效果。

三、"郡县自治"与"稍复藩镇"

那么,如何破解宋代因为"强干弱枝""天下为家、中国一人"造成的过度中央集权化困局呢?永嘉学派提出了自己的解决方案。

薛季宣认为,作为一种现实的解决之道,南宋中央政权可以唐末、五代的藩镇为模板,将部分权力还给地方。在南宋渡江之初,由于宋与金(伪齐)交界的某些区域土匪繁兴,军阀割据,南宋小朝廷无法加以控制,就顺水推舟地赏给这些军阀以官位,名为"镇抚使",将绝大部分原来由监司控制的权力都交给了这些镇抚使,"绍兴之初,边陲所以能自定者,亦惟镇抚专任之效"。在短期内起到了积极的作用。薛季宣建议,在两淮、荆襄等兵家必争之地:"分置镇守,统帅偏帅……专任责成,资其事力于经理之初,责其事功于岁月之后,无拘微文,

---

① 叶适:《叶适集·水心别集》卷一六《应诏条奏六事》,第842页。
② 叶适:《叶适集·水心别集》卷一〇《外稿·始议二》,第759—760页。

无急小利。"①

陈傅良受到了其老师薛季宣的影响,提出:"内重外轻之患自古然矣。"②即指秦汉以来的中国,总体的制度安排越来越偏向中央,郡县化程度越来越严重。因此,所谓三代之治之所以不能复现,并不仅仅如理学家所认为的是"人心惟危""道心惟微",而是《周礼》的制度安排的原则被人遗忘了。陈傅良说:"然后知周过其历,秦不及期,非但仁义之泽不同,亦制度之异也。"③由此强调了永嘉学派的"制度新学"相对于"心性之学"的独立价值。

从《周礼说》对中央与地方关系的分析看,陈傅良认真思考了"过度郡县化"的问题。中央与地方的关系的核心,是权力与资源如何分配:一方面,为了维护大一统国家的向心力和凝聚力,中央必须对地方形成压倒优势,切实掌握丰沛的资源,维持国家安全和中央政权的运行;另一方面,地方必须有自己"自治"的空间,即相对独立的武力、财权、人事权,反过来可以保卫中央。在秦汉以后,"郡县"基本上压倒了"封建",而中央对地方的过度压榨、过度控制,尤以宋明两代为烈,导致地方活力不足,这就是所谓的"过度郡县化"。陈傅良通过对《周礼》等儒家经典的诠释,可以看到理想的三代之治中这两者是取得平衡的。

在《周礼说》的治理之道中,地方与中央的权力分配的制度安排是关键之点,即中央与地方如何分权,中央控制地方的边界和极限如何掌握,地方自治是否必然构成藩镇割据,等等。在传统的学术话语中,中央与地方的关系往往视同封建与郡县的优劣之争。宋代士大夫对这一问题的讨论极其活跃,究其实质,就是通过鼓吹"封建"来争取地方分权,在集权制占绝对统治地位的宋朝,提倡分权来建立维护地方、家族、个人的权益,调动他们拥护君主、国家和整个社会的积极性。④

为了回答这些问题,陈傅良首先从分析西周的行政系统的结构入手。他认为西周的诸侯国数量多达千八百国之多,"如必尽至京师,不特不可行,其势

---

① 薛季宣:《薛季宣集》卷一六《朝辞札子二》,张良权点校,第200页。
② 王与之:《周礼订义》卷六二,《文渊阁四库全书》第94册,第243页。
③ 王与之:《周礼订义》卷二一,《文渊阁四库全书》第93册,第347页。
④ 参见陈欣:《宋代思想家有关"封建"问题的思考》,暨南大学2006年硕士学位论文,第2页。该论文没有对陈傅良的封建思想展开讨论,只是在第四章第七节专门讨论了叶适的封建观,并指出叶适在这个问题上受到了陈傅良的影响。

必至烦扰,小国何以堪之?"从技术层面看,周王室根本没有办法对其直接管理,因此现实对策必然是采取分级管理:

> 古者,子男小国只得听命于侯伯,侯伯以其朝聘贡赋之数归于天子。自周制,子男之国不能尽归之京师,而后世乃自判、司、簿、尉尽归之吏部,宜其多事也。宣王中兴,亦只理会牧伯而已。故韩侯在韩,召虎在淮,申伯在荆,方叔在齐。①

西周的千八百国大略等于后代的县,可是到了宋代,中央吏部对地方的管理却延伸到"判、司、簿、尉"等州县小官,其中"簿、尉"就是县主簿和县尉,基本上没有给地方留下人事自主权。西周的分级管理与宋代的高度集权形成了鲜明的对比。

在秦汉以后的郡县制度下,很容易形成"内重外轻"的不平衡的局面,这种轻重失衡首先表现为权力集中在中央,地方缺乏权威,一切听命于中央,相应的,高官、重臣也都集中在朝廷,地方官员则与之相比资望甚轻,品秩亦卑。陈傅良认为,《周礼》中的"乡老,二乡则公一人,乡大夫,每乡卿一人"制度,可以比较合理地解决这个问题:

> 周制,三公统六卿,各治其一,以倡九牧,故周公、毕公以太师保厘东郊,而召公以太保率西方诸侯,盖二伯兼乡老者。方叔莅中乡之师,则卿为乡大夫者,与《春秋传》,宋右师令乡而司徒令隧,管仲率齐士乡十五,公与高国各率其五,虽损益非古,而列国孤卿,亦董乡事,所以中外相维,而治出于一。②

中央政权里面的三公、六卿各兼任地方长官的九牧,到了春秋时代仍然由各国的卿大夫管理乡事,这说明在政治资源的分配上,中央与地方能够保持一种平衡。同时中央高官兼理地方事务,有助于上令下达、下情上传,中央与地

---

① 王与之:《周礼订义》卷一五,《文渊阁四库全书》第93册,第251页。
② 王与之:《周礼订义》卷一八,《文渊阁四库全书》第93册,第299页。

方才可以"中外相维,而治出于一"。在一次奏对中,陈傅良向皇帝建议:"窃以为今日之势,莫若稍稍重外。重外之术,必使帅、漕、总领皆可驯致于从官。"①因为当时士大夫不乐意出任安抚使、转运使、总领等外任官职,陈傅良建议对官员升迁制度进行改革,疏通这些外官的仕途,使他们可以升入侍从官。

既然中央给予了地方以自主权,那会不会出现尾大不掉的割据局面呢?陈傅良认为,只有西周制度得到维护,这种情况几乎不可能出现。从分封面积看,西周的诸侯国初封时国土面积非常之小,虽然爵分五等,但封地分为三等,即公、侯百里,伯七十里,子男五十里,而周的天下九千里,周王的领地"王畿"占了九分之一,因此周王对诸侯的优势是绝对的,而诸侯之间差别不大,不容易互相兼并,做到了"大小相维而不相殊绝,是之谓均"②。从财政上看,天下的自然资源虽在诸侯领地之内,诸侯不可专利,全由中央政府控制,诸侯自身与家臣的生活享受以及诸侯政权的运作,依赖领内的田赋租税维持:"以经考之,九州川浸泽薮,名在职方,不属诸侯之版,而《诗》不以圃田繫郑,《春秋》不以沙鹿系晋,略可睹矣。"这种财政体制保证中央政权拥有足够的财源。但是到了春秋时代,王纲解纽,诸侯肆意开发领内资源,互争雄长,战端遂起,这是大一统政体瓦解后,地方与中央财政分配失衡,反过来加剧了宗周封建体制的崩溃。秦统一六国后推行郡县制,走向了另外一个极端,无论山泽鱼盐之利还是田赋租税,地方一切财源被中央汲取,"以养千八百国之君者养一人,而山泽陂池之入,特为禁钱属少府,由是人主独富强而郡县单弱,天下之祸初起于匹夫"③,当陈胜、吴广起义之时,虚弱的郡县一溃即散,导致了秦政权的速朽。陈傅良当然是有感而发,因为宋代的州县财源就十分空虚。从武备上看,西周时代周王直接掌握的畿内之兵,轻易不会出动,而征伐之事,主要由诸侯出兵:"古者五侯九伯专征,而诸侯皆共四方之事,畿兵不出。"④只是到了周室衰弱之后,畿兵才频繁出讨,其军事力量才越来越虚弱。

陈傅良的思考并未止于中央、地方关系的思考,而是从增强地方活力推导出限制君权。譬如他批评历史上著名的定论——"王人虽微,必序乎诸侯之上"的

---

① 陈傅良:《陈傅良先生文集》卷二六《请对札子》第二札,周梦江点校,第355页。
② 王与之:《周礼订义》卷二一,《文渊阁四库全书》第93册,第346页。
③ 王与之:《周礼订义》卷二一,《文渊阁四库全书》第93册,第347页。
④ 王与之:《周礼订义》卷四七,《文渊阁四库全书》第94册,第7页。

观点，其实并不符合西周的实况。因为从《周礼》看，"外朝之法，以王官位左棘之下，以诸侯位右棘之下，使若敌然，不以朝廷临寰外；至于宾射，则诸侯在朝，与三公皆北面，虽朝士位著，有不设者矣；至于燕，则诸侯以齿叙，虽射人之位著，有不设者矣；至于飨，唯诸侯具十有二牢，而诸侯之长独得用十，有再献"①。在这么多朝廷典礼中，诸侯的地位都高于"王人"，这是为了"夫然后内外之势一，而士无觖望"。因此，陈傅良大胆提出："孔子作《春秋》，王人虽微，必序乎诸侯之上，始不以爵为差，凡以尊王，非周之旧典也。"②《春秋》尊王，虽然是对当时礼崩乐坏的趋势的反动，但矫枉过正，"尊王"太过，在后世引发了权力与资源的分配倒向中央，君主无限制、无原则的吮吸地方资源，其历史的负面效应不容忽视。在传统中国，"尊王"是意识形态上不可触碰的高压线，陈傅良敢于从提高地方活力的角度，质疑"尊王"应有的界限，不能不说是超越了他自己的时代。

叶适认为，唐、虞、三代行封建之法，非常成功，汉、唐行郡县之法，也能够成就一番霸业，因为地方与中央的权力分配处于一种健康的状态。所以，问题的要害在于："法度立于其间，所以维持上下之势也。唐、虞、三代必能不害其为封建而后王道行，秦、汉、魏、晋、隋、唐必能不害其为郡县而后伯政举。"即使在地方自主权较轻的郡县制下，若做到了"以一郡行其一郡，以一县行其一县，赏罚自用，予夺自专，刺史之问有条，司隶之察不烦，此所以不害其郡县而行伯政也"③，即刺史、司隶校尉，代表了中央对地方的监察，这种监察是维持大一统帝国所必需的，但是监察必须是适度的而非包办一切，必须给地方留出足够的"自治"空间。

通过对《周礼》的研究，叶适直接用"自治"来概括西周封建制下的邦国政治的特点。他说："方天下为五千里，而王之自治者千里而已，其外大小之国千余，皆得以自治。其正朔所颁，礼乐征伐自天子出，朝会贡赋，贤能之士入于王都，此其特大者也，而其生杀废置犹不能为小者，天子皆不预焉。而天子之自治，亦断然如一国。"④周王及其朝廷只负责中央事务（礼乐征伐），而各邦国的行政、用人、财赋等权一切自治，周王不能干涉，与之形成鲜明对比的是，南宋

---

① 王与之：《周礼订义》卷六二，《文渊阁四库全书》第 94 册，第 243 页。
② 王与之：《周礼订义》卷六二，《文渊阁四库全书》第 94 册，第 244 页。
③ 叶适：《叶适集·水心别集》卷一二《法度总论一》，第 787 页。
④ 叶适：《叶适集·水心别集》卷五《周礼》，第 703 页。

的地方行政受到了严重的束缚,导致活力不足。叶适的这一提法,是对陈傅良《周礼说》的一大发展。

叶适则认为,藩镇模式显然不可能行于南宋,建立地方集权,必须从南宋现有的制度框架出发,即把四总领所以及所供给的四支屯驻大军,整合为四个有一定程度集权的藩镇。[①] 关于这个体制的特点,本章第一节讨论军事制度改革时已经详论,此不赘。

陈傅良、叶适都认为"过度郡县化"会导致地方活力下降、中央政治腐败,是传统中国最大的威胁之一。从制度的"理想型"来说,陈傅良从《周礼》中找到了平衡中央、地方权力分配与资源分配的完美的制度安排。同样是受到《周礼》的启发,叶适认为郡县应该有自己更大的权力,来实现自治。从现实对策上来说,他们都认为"藩镇"虽然在历史上起到过破坏大一统国家的负面作用,但是在过度"郡县"化的宋、明两代,"稍复藩镇"是一种有效的矫正,可以让地方实现某种程度的集权,获得自治的空间,从而更好地成为中央政权的屏障。

总之,永嘉学派对"过度郡县化"的反思,与限制君权、张扬民本的启蒙思考之间,贯通着一条清晰的逻辑链条。专制集权的过度郡县化体制下,皇权即政权,皇权所追求的中央政权对地方的控制应该是"如臂使指",实际上是把皇权当作大脑,而中央政权是协调机构;地方只是奉行政令而已,不具备独立行政、独立决策、独立思考的空间。而永嘉学派鼓吹地方应有"自治"空间,鼓吹地方政府相对于中央政府、相对于皇权应有相对的独立性,实际上是要削弱过分膨胀的中央集权,这就相当于削弱、限制皇权。

[①] 叶适:《叶适集·水心别集》卷一五《终论一》,第819页。

第七章 经济思想

经济思想是永嘉学派思想体系中最有价值的部分之一。如果说永嘉学派主张"以义和利"的话,那么,"义"应当转化为实实在在造福于人民的"利",用叶适的话说:"古人以利与人。"①永嘉学派的经济思想包括了赋税役法的改革思想、土地制度改革思想、如何解决"冗兵"问题的思考、"工商皆本"的思想、改革货币制度的思想等等。

第一节 经济活动与道德价值的辩证统一

人类为什么要从事经济活动?驱使人们从事经济活动、追求经济利益的动机是什么?这两个问题是几千年来思想家聚讼不休的难题。虽然被程朱理学批评为功利主义者,永嘉学派始终坚持《易传》"利者,义之和也"的教导,坚持将实际经济利益与正当的价值动机结合起来考虑,反对片面追求经济利益,也反对不考虑经济利益的片面动机决定论。在南宋,既不乏利欲熏心、聚敛盘剥的功利之徒,也充斥着空谈心性、耻言财利的清谈之士,永嘉学派对二者都进行了批判。

一、批判"耻言财利"、倡导为国理财

郑伯熊指出,儒者既然研究经济是以增强国力、改善民生为目的,就必须讲求实际利益,改善人民的生活:

> 故财者,有国之司命,理财者非可缓之务,议财者非不急之谈也。高

---

① 叶适:《习学记言序目》卷二一,第324页

论之士,握孟子仁义之说,闻言利之人,急起而疾击之,不使喘息于其侧,置金谷为猥务,视三司度支为浊流,以钩校簿书为冗职,漫然不肯谁何。於戏,独不以吾一身一家而思之。夫饥而食,渴而饮,自何而至?仰而事,俯而育,自何而给?彼晋之士大夫以清谈欺其妻孥,果能枵腹而赤立乎?①

"高论之士"一听到有人研究经济活动、讲求如何理财,便引用孟子对梁惠王所说的"王何必曰利"进行道德攻击,迫不及待地要将后者赶出朝廷而后快;同时还以担任各种财经职位为耻,更不肯研究相关的业务。但这些人唯独没有考虑到,饮食是人的基本欲望,如果不通过经济活动促进生产,"高论之士"和他们的妻儿老小何以充饥果腹呢?西晋士大夫饿着肚子还用清谈欺骗妻子儿女,就是前车之鉴。郑伯熊这段话指出了两个问题。第一,研究经济、研究理财是儒家士大夫经世外王的重要本领;第二,人有饮食男女的正当基本欲望,决定了经济活动必须持续提供物质产品维系人类社会的正常运行,这些欲望与无节制的纵欲完全是两回事,具有正面的意义。薛季宣也说:"《易》称何以聚人,曰财。财者,国用所出,其可缓乎?虽然,为国务民之义而已。"②

陈傅良也分析了南宋士大夫对担任财政经济职务的鄙视。譬如南宋朝廷掌握了大量仓库、磨坊、酒坊、盐场、茶场、矿场等机构生产、销售相关的国家专卖物资,并相应设置了大量官员管理,即所谓"管库之士",他们要保证专卖物资的生产、储存、销售,还要保证盈利,不致亏损:"盖今之田赋视古有损,而征榷之人累数十百倍于古,则管库云者,不但籍出入校余欠而已。其督办也有课,其输送也有程。督办之弗集,输送之弗继,在位顾缺然无以为计。故凡物之不登,经费之不支,转而为有司之责,而勾稽肩镧庋藏之细不与焉。劳亦累十百倍于古矣。"工作内容极其烦琐,与国家财政收入息息相关,因此南宋朝廷对这些职务的迁转和待遇都给予了优待。奇怪的是,士大夫对这些职务非常鄙视:"今夫皆州县官也,皆得以察举于其长,而由幕职教授若曹官令佐得之,则人以为宜,繇仓库务官,则人以为怪。皆在京官也,皆得以选用于其上,而由检鼓诸院得之,则人以为宜,由审计榷货之官,则人以为怪。"同样通过上级的考察选

---

① 郑伯熊:《议财论上》,载郑伯熊、郑伯谦:《二郑集》,周梦江校注,第48—49页。
② 薛季宣:《薛季宣集》卷二九《大学解》,张良权点校,第408—409页。

拔被提拔为州县长官,如果候选人是幕职官、教职、曹司、县令、县丞、主簿,大家就觉得顺理成章;如果是管理仓库和场务的官员,大家都觉得不可思议,觉得担任这种卑贱职务的人不应该提拔为州县的长官。在京官选拔过程中,也有这样的怪相。因此他说:"管库之士,自古卑之矣,而今为甚。……夫以征榷之人,岁累十百倍于古,而其官司之劳亦累十百倍于古,国家方加利焉,而卒卑于士议如此,则自爱者宜知所择矣。"①稍知自爱者都回避担任这一类职务,使得这一方面的人才日益凋零。

由于经济财政事务长期受到轻视和鄙薄,导致士大夫中出现了"学与政判然为二"的现象。叶适说:

> 其平居道先古,语仁义、性与天道者,特雅好耳,特美观耳,特科举之余习耳。一旦为吏,簿书、期会迫之于前,而操切无义之术用矣。曰'彼学也,此政也'。学与政判然为二。县则以板帐、月桩无失乎郡之经常为无罪,郡则以经总制无失乎户部之经费为有能而已矣。②

士大夫平日高谈道德性命,津津乐道三代之治,对经济事务漠不关心;及至担任地方上的知州、知县等官,根本不懂如何通过发展生产改善民生,只知道应付上级下达的各种征集、转运指令,以按时征缴各类税费作为最大的政绩。长此以往,吏治日趋毁坏:"夫置守、令、监司以寄之人民社稷,其所任必有大于此者。而今也推是术以往,风流日散,名节日坏,求还祖宗盛时,岂复可得!"③

二、追求义利之和

自董仲舒提出"明道不计功,正谊不计利"的观点后,"功利"就与道义对立了起来,被称为"义""利"之辩,而"功利"在儒学话语体系之中纯乎是贬义的用法。在朱熹示范下,程朱理学学者比较习惯以此语来指称永嘉学派。认为永

---

① 陈傅良:《陈傅良先生文集》卷三八《代胡少钦监酒上婺守韩无咎书》,周梦江点校,第489—490页。
② 叶适:《叶适集·水心别集》卷一一《经总制钱二》,第776页。
③ 叶适:《叶适集·水心别集》卷一一《经总制钱二》,第776页。

嘉学派不顾动机是否符合道德伦理，一味"计较利害"，以行为效果所带来的实际利益多少来衡量行为动机的正当性；由于永嘉学派追求富国强兵的效果，故也被比作先秦法家"管、商、申、韩之术"。

但是，永嘉学派从来不承认"功利"是自己的主张。薛季宣曾说："气禀言性，自是南方之学，近于功利，其又何言？"①北宋张载区分了"天命之性"与"气质之性"，并为二程所接纳，所谓"气禀言性"是片面强调"气质之性"是"性"的全部，而无视形而上的、宇宙论意义上的"天命之性"，但是"气质之性"决定了人的欲望，因此"气禀言性"论者容易放纵人的欲望，从而走向"近于功利"。陈傅良在总结薛季宣之学时，也专门提出了"功利"问题："尝掇拾管、乐事为传，语不及功利，平生所推尊，濂溪、伊洛数先生而已，告学者则曰：'毋徒诵语录。'"②"管、乐"即春秋齐国的管仲、战国燕国的乐毅，蜀汉诸葛亮曾自比于"管、乐"，但二人的个人品质都难称完美，管仲先是出仕公子小白，后来转投齐桓公；乐毅是魏国使臣，出使燕国，为燕昭王赏识而留为燕臣，后又投奔赵国。他们二人都不符合儒家的"忠君"道德要求，每一次改变效忠对象，都有一定程度的功利主义动机。故薛季宣"语不及功利"，即表示对管、乐二人的功利主义动机持否定批判的态度，这当然与他"平生所推尊，濂溪、伊洛数先生而已"密切相关。叶适也说，自周敦颐、二程发明理学以来："辞华不黜而自落，功利不抑而自退，其本立矣。"③

相比于单纯的"功利"，"义利之和"才是永嘉学派的根本追求。"义利之和"语出《易·乾卦·文言传》："利者，义之和也。"永嘉学派将这句话理解为：正当的价值观"义"应该产生实际的利益，追求实际的利益应该以正当的价值观为指导，"义"与"利"是辩证统一的关系，不能割裂开来。

薛季宣解释《大学》"国家不以利为利，以义为利"一句时认为，财富必然引起人们的纷争，在争夺财富的过程中，人的价值观和是非观会遭到损害乃至泯灭："财者，利之所在，人之所必争也，人必争而我夺之，则利心生而礼义消矣。"

---

① 薛季宣：《薛季宣集》卷二四《答君举书二》："气禀言性自是，南方之学近于功利，其又何言？"（第314页）。
② 陈傅良：《陈傅良先生文集》卷五一《右奉议郎新权发遣常州借紫薛公行状》，周梦江点校，第644页。
③ 叶适：《叶适集·水心文集》卷一一《南安军三先生祠堂记》，第192页。

因此，不能排斥、取消对财富的追求，而是要端正追求财富的根本目的是为了造福人民："务民之义，则天下一家，而财不可胜用。藏之于下，犹在君也。"所谓"财不可胜用"不是指财富的大大增加，而是指在财富有限的情况下，由于得到了公正公平的分配，君臣上下各得所欲："是故务民之义，在乎修身以仁民，民化于仁，则爱之如父母，畏之如雷霆，上下情通，财皆可得而用。……务民之义，不以利为先尔。"如果一味聚敛，罔顾人民疾苦，只知自身享乐，那么聚敛来的不义之财最终会烟消云散，这就是《大学》教导的"货悖而入，亦悖而出"："谋大者尚皆不暇谋小，况君子而可争利于民乎？聚敛之臣不知义之所在，害加于盗，以争利之民也。民争利而至于乱，则不可救药矣。"最后他总结道："惟知利者为义之和，而后可与共论生财之道。"①

叶适对义利问题的论述更加丰富。他反对董仲舒的"仁人正谊不谋利，明道不计功"，认为这句话割裂了"义"与"利"的辩证关系：

> 此语初看极好，细看全疏阔。古人以利与人，而不自居其功，故道义光明。后世儒者行仲舒之论，既无功利，则道义者乃无用之虚语尔。然举者不能胜，行者不能至，而反以为诟于天下矣。②

古人为百姓造福谋利，但是不自居其功，可见其造福谋利的动机中没有自私的成分。因此，"谋利""计功"是"正谊""明道"的题中应有之义，如果道义不能转化为现实的功利，则道义亦成为虚伪的道义。叶适还对鲁褒《钱神论》进行点评，认为此文违反了《易·文言传》"利者，义之和也"的规定：

> 《易》称："利者义之和。"孔子言："小人喻于利。"体其所和，圣贤之用也。察其所喻，小人之归也。信如褒之论，则利固为实，义者，名而已矣，而何以疾为？《易》又称："理财正辞，禁民为非。"其严如此。而后世犹以利为义，况此论乎？此尤可叹尔。③

---

① 薛季宣：《薛季宣集》卷二九《大学解》，张良权点校，第408—409页。
② 叶适：《习学记言序目》卷二一，第324页。
③ 叶适：《习学记言序目》卷三〇，第437页。

圣贤洞察义利的辩证关系,而小人只知道追求"利"。按照《钱神论》的逻辑,金钱无所不能,故只有"利"是实实在在的,而"义"成为虚名,附属于"利",将"利者义之和"歪曲为"以利为义"。而《易·系辞下传》"理财正辞,禁民为非",要求以正当的价值观理财,禁止人民追求非法的利益,可见《钱神论》之荒谬。

从国家层面看,财富的"足"与"不足",并不取决于财富的多寡,而取决于分配的公正性和合理性,这也是"利者,义之和也"的体现。叶适说,天下的财富自黄帝、尧、舜以来,大致只有此数,但三代圣王时,没有听说财富不足的情况,现在南宋却长期处于财富匮乏、国家财力紧张的状态:"抑犹有上之所未敛者乎?抑已尽敛而不可复加欤?"①实际情况是,南宋政权已经把可以搜刮的财源吮吸殆净,对人民的压榨已经达到了顶点,财富匮乏的问题出在分配环节而非生产环节。他说:

> 然则有民而后有君,有君而后有国,有君有国而后有君与国之用,非民之不以与其上也,而不足者何说?今之理财者,自理之欤?为天下理之欤?父有十子,阖其大门,日取其子而不计其后,将以富其父欤?抑爱其子者必使之与其父欤?抑孝其亲者,固将尽困其子欤?②

如果主持国家财政事务的人,不是为天下人理财,而是"自理之",为部门利益理财,为一小撮统治者理财,那么财富永远是匮乏的。好比父亲有十个儿子,一家人关起门来,不事生产,父亲只知道向十个儿子勒索财物,表面上父亲非常富有,但从整个家庭的角度看,大多数家庭成员是贫穷的,家庭的总体财富并未增加。叶适用反问的语气指出,父亲与儿子本来是共有财产的关系:"抑其父固共其子之财者欤?"让父亲暴富而陷儿子于困境,既违反父子天伦("固将尽困其子欤"),也违反公平分配的原则。

三、正视人的欲望和利己性

永嘉学派对人的利己本性也有所察觉,但是作为一个儒家学派,它不可能

---

① 叶适:《叶适集·水心别集》卷二《财计上》,第659—660页。
② 叶适:《叶适集·水心别集》卷二《财计上》,第659—660页。

完全脱离性善论的窠臼,直白地承认利己是人的本性,而是采用了一些曲折、隐晦的表述。叶适指出,如果人们对衣食住行的要求只是满足个人的需求,那么这种需求其实是很有限的;实际情况是,人们不但要满足一身的需求,还要养活家庭,为子孙后代积累财富,于是:"四民百艺,朝营暮逐,各竞其力,各私其求,虽危而终不惧,已多而犹不足者,以其所留不止于一身故也。嗟夫,若是则诚不可禁已!"①叶适认为人们为自己和家庭趋利经营的行为是发自本性的,外力不可能禁止。他还发现,温州百姓在北宋时对佛教寺院建设的施舍非常慷慨,到了南宋绍兴年间却非常吝啬,这并非社会财富减损或经济萧条之故,而是人的观念发生了变化:

> 虽然,余观今之为生者,土以寸辟,稻以参种,水蹙而岸附,垅削而平处,一州之壤日以狭矣。异木别草,争植于圃,隆栋深宇,角胜于家。酖衣卉服,交货于市,四民之用日以侈矣。然则以昔之厚佛僧者而自与,情之所便,抑异以安俗,退夷而进华,又义之所出也。②

人们为了改善自身物质生活,不遗余力地开辟土地、辛勤耕种、繁荣商贸,生活日趋奢靡,而对宗教信仰的重视却下降了。作为一个儒家学者,叶适认为人们把以前奉献给神佛的钱财用来丰富改善自己的生活,此种变化未必是一件坏事,是"情之所便""义之所出"。

那么,财富增加是不是必然造成人的道德堕落从而带来灾祸呢?叶适没有像历史上很多迂腐儒学士大夫那样,对财富、富人疾之如仇,更没有把富人不加区别地贬低为"为富不仁":

> 虽然,其留者则必与是心俱。彼心不丧、术不谬,阡连陌接,谷量山积,而隐诸方寸之小无惭焉,可也。不然,则货虽留而心不足以留也。留之家,家不能受,留之子孙,子孙不能守。甚至刑祸戮辱,水火盗贼,俄反顾失之,皆是也。

---

① 叶适:《叶适集·水心文集》卷一〇《留耕堂记》,第 164 页。
② 叶适:《叶适集·水心文集》卷九《温州开元寺千佛阁记》,第 158 页。

这个"是心"就是道德伦理之心,积累财富的人只要始终保有一颗"道心",他的所作所为符合伦理道德,没有干伤天害理的事情,那么"阡连陌接,谷量山积,而隐诸方寸之小无惭焉",财富只会带来幸福和荣耀。反之,为富不仁,那么财富会成为贻害子孙后代的祸根。

永嘉学派承认这种利己本性对发展生产、积累财富的积极作用,但这种利己本性如果不加节制会变成欲望的放纵,破坏儒家的伦理道德,故不应放纵这种本性。因此,儒家提出了人的本性的二元论,即所谓"人心"和"道心"。叶适说:"人心,众人之同心也。所以就利远害,能成养生送死之事也。是心也,可以成而不可以安,能使之安者,道心也,利害生死不胶于中者也。"①人心与道心都是人的本性,各有分工,人心具有"就利远害"的本能,让人们实现完整的生理意义上的生命("养生送死"),可以开物成务、建立事业;但是这种人心也有破坏性,也容易流入放荡恣肆,因此此心"可以成而不可以安"。而人与生俱来的"道心",不为利害、生死所左右,以伦理道德为准则,避免了人心的放纵以及由此带来的自我毁灭。

叶适还指出,贤明的君主懂得人心的二元性,既能尊重、正视人的欲望,又能利用人的本然的利他的"道心",因势利导,对欲望加以节制:

> 心有可欲,惧其乱也。凡人心实而腹虚,骨弱而志强,其有欲于物者,势也。能使反之,则其无欲于物者,亦势也。圣人知天下之所欲,而顺道节文之,使至于治,而老氏以为抑遏泯绝之,使不至于乱,此有为无为之别也。孔子曰:"无为而治者,其舜也与!"夫何为哉?恭己,正南面而已。盖美美善善,尚贤贵货,见其可欲,舜之有为而老氏之所病也。②

"心有可欲""有欲于物"是正常、合理、势所必然的。但是纵欲("惧其乱也")却必须警惕。同样,人心也具有克服欲望("无欲于物")的能力,这也是势所必然。老子只知道绝欲,泯灭人的基本欲望,而儒家的"圣人"却"见其可欲",

---

① 叶适:《习学记言序目》卷五,第52页。
② 叶适:《习学记言序目》卷一五,第211页。

懂得用伦理道德节制人民的欲望,使之有节有度,这就是老庄无为与儒家有为的区别所在。

叶适还指出,历史上很多伪君子以节俭为标榜,譬如曹操的幕僚毛玠、崔琰要求官吏只能穿破破烂烂的衣服,乘坐破烂的车舆:"吏有着新衣、乘好车者,谓之不清。"和洽认为不能过度提出节俭,不能把节俭作为经济活动的目的:"天下大器,在位与人,不可以一节俭也。俭素过中,自以处身则可,以此节格物,所失或多。"如果只从个人生活是否节俭作为衡量人才的唯一标准,必然产生伪君子:"夫立教观俗,贵处中庸,为可继也。今崇一概难堪之行以检殊涂,勉而为之,必有疲瘁。古之大教,务在通人情而已。凡激诡之行,则容隐伪矣。"①叶适相应的评价是:

> 和洽贫至卖田宅而言"古之大教在通人情",所谓"不以格物者也"。又言"勉而行之,必有疲瘁"。"疲瘁"二字,深得其要。故古人以利和义,不以义抑利。世道虽降,其行未尝不过中,孰谓曹操建国能使大吏自挈壶餐乎?②

"通人情"与"不通人情"的界线在于是否能够照顾到合理的现实功利需求,实际上是是否照顾到正常的生理需求。超出了合理的界线,不但不能提升道德水平,反而制造更多的伪君子。

四、农商皆本,保护"富民"

在永嘉学派活跃的南宋,农业经济占据主流,但工商业也已十分活跃,而封建国家、官僚士大夫和地主阶级对商人同样非常鄙视,认为商业是"末",而农业是封建国家的根本,商业的发达会妨碍农业发展,扶植商业就是本末倒置。因此,商人的社会地位低下,国家机器对商人几乎是予取予求,更谈不上

---

① 陈寿:《三国志·魏书》卷二三《和常杨杜赵裴传第二十三》,裴松之注,中华书局 1959 年版,第 655—656 页。
② 叶适:《习学记言序目》卷二七,第 386 页。

扶植鼓励。

儒家历来就是坚定的重农主义者，农业生产在儒家学说中的地位是至高无上的，永嘉学派也不例外，也认为要把资本（主要是劳动力资本）重点投入生产性劳动中，否则就会造成"食之者众，生之者寡"的危险局面。

郑伯熊指出，在上古圣王治理的时代，"为民者四，而以智力交相养"，士农工商各致其用，自食其力，各得其所，即便是残疾人也尽其所能参与生产劳动，"彼废疾之力，犹必有所事而后食，况耳目手足无故者哉"。但到了后世，脱离生产劳动的非生产劳动者（"游手"）却越来越多，人口虽然比上古增加了很多，参与生产劳动的人却没有相应增加：

> 今之四民，亦非古之四民也。士举无用之文，以媒利禄，立身事君何尝在？是则士亦游矣。工作无用之器以竞奇巧，而食用所须苦窭不堪，则工亦游矣。商通无用之货以煽侈靡，而实用所资，往往不通，则商亦游矣。呜呼，民相与游而人之类未相食者，幸吾农民尚守未耜而已。

在南宋的四民之中，士不能立身事君，治理国家，而是自私自利，为稻粱谋；手工业者不制造实用器具；商人只流通奢靡之物，对实际生产生活毫无帮助。而南宋之所以还没有出现"人相食"的恐怖局面，只是因为农民还在老老实实、辛辛苦苦地耕种。可是，农民的境遇怎么样呢？一方面自然灾害不时侵害，常常歉收；幸而丰收，苛捐杂税接踵而至："谷未离场，已非己有。群游之徒聚而馋之，又从而嗤鄙之，良可哀也。"在这种情况下，农民子弟对比城市生活和农业生产，自然没有人愿意继续留在土地上，而愿意进入城市成为游民。如果国家再不缓解农民的负担，拯救农民，农业也会瓦解："不急救之，是农又将游也。"[①]农民的赤贫处境的形成，根本原因在于国家的经济职能的错位和经济政策的错误。

叶适认为，传统的"士农工商"划分并不是社会地位尊卑的划分，工商业者有权利进入统治阶层，国家机器不应该将他们摒绝于政治领域之外。叶适说：

---

① 郑伯熊：《议财论中》，载郑伯熊、郑伯谦：《二郑集》，周梦江校注，第 50 页。

按《书》:"懋迁有无化居。"周讥而不征,春秋通商惠工,皆以国家之力扶持商贾,流通货币。故子产拒韩宣子一环不与,今其词尚存也。汉高祖始行困辱商人之策,至武帝乃有算船告缗之令,盐铁榷酤之入,极于平准,取天下百货自居之。夫四民交致其用而后治化兴,抑末厚本,非正论也。使其果出于厚本而抑末,虽偏,尚有义。若后世但夺之以自利,则何名为抑?恐此意迁亦未知也。①

在秦汉以前,历代统治者都以国家之力扶持商贾,流通货币,因为商业和商人能够实现"四民交致其用"的交换分工功能。汉高祖开始对商业残酷压榨,对商人百般困辱,封建国家虚伪地宣称这是为了保障农业的根本地位("厚本抑末"),其实是为了榨取财富以牟利,与保障农业毫无关系。

叶适还呼吁给予商人和富民一定的政治权利,国家应该从这个群体中选拔人才进入统治阶级队伍。他说:"而四民古今未有不以世至,于'烝进髦士',则古人盖曰'无类'。虽工商不敢绝也。"②所谓"无类",就是国家选拔人才不能有职业的歧视,对工商业者不能歧视、抛弃、隔绝,要给他们参与政治的机会。

《管子》中有所谓"四民异居"的说法,即士农工商的居住区应该清楚地隔离开来。叶适说:"(班)固举管子言四民不得杂处。此非先王旧法,亦非管仲治齐法也。"③北魏韩显宗也引用管子"四民异居"说,认为北魏政权迁到新都城后不能允许工商业者、手工业者("伎作")进入都城,叶适批驳道:"韩显宗论迁都伎作不可杂,引古'四民异居'为证。《齐语》:'群萃州处。'余既辨之。(韩显宗)又言:'孔父云里仁之美,孟母弘三徙之智。'君道在乎起天下绝类之材,还以教之。显宗举其粗耳。"④在工商业者中也有"绝类之材",国家应该"起而教之",选拔出来大力加以培养,韩显宗的说法只是皮毛之见。

叶适还指出,传统儒学过于歧视和轻蔑"富人""富民"的社会地位。他认为上古圣王时代,君主负责养民,但到了后世,君主失去了养民的职能:"县官不幸而失养民之权,转归于富人,其积非一世也。"叶适的理由是,富人向穷人借

---

① 叶适:《习学记言序目》卷一九,第273页。
② 叶适:《习学记言序目》卷一二,第167页。
③ 叶适:《习学记言序目》卷二三,第331页。
④ 叶适:《习学记言序目》卷三四,第504页。

贷、出租田亩、雇佣穷人为仆役帮工,很多非生产性劳动者(游手末作、俳优伎艺)依赖富人谋生,由此可见很多社会群体都是由富人养活的,尽管这种"养活"的本质就是剥削:"然则富人者,州县之本,上下之所赖也。富人为天子养小民,又供上用,虽厚取赢以自封殖,计其勤劳亦略相当矣。"①当然,为富不仁的情形也是普遍存在的:"天下之家,无必贫,无必富。富,人之所愿也,然而仁者不必为,为者不必仁,自古而然,未尝合也。"②于是,政府就应该约束富人为富不仁或者过分剥削的行为:"乃其豪暴过甚兼取无已者,吏当教戒之;不可教戒,随事治之,使之自改则止矣。"③

但儒者当中,流行着抑制兼并,恢复西周平均分配土地的井田制度的呼声,叶适说,对这些意见应该根据当代社会经济的实际情况,加以理性客观的分析:

> 故臣以为儒者复井田之学可罢,而俗吏抑兼并富人之意可损。因时施智,观世立法。诚使制度定于上,十年之后,无甚富甚贫之民,兼并不抑而自已,使天下速得生养之利,此天子与其群臣当汲汲为之。④

富民阶层的形成及其所承担的重要社会功能,是由南宋经济基础和生产力水平所决定的,这与产生井田制的西周已经相去甚远,因此,恢复井田是刻舟求剑,对这种意见,完全可以置之不理;"抑制兼并"也只能适度推行,不能以消灭富人群体为目标。朝廷应该制定公平的分配制度,花费十年时间,逐步缩小人民的贫富差距,这样一来"兼并"的现象不需要通过行政命令禁止,而应该自然而然地退出历史舞台,这才是"天子与其群臣当汲汲为之。"

总体来看,叶适高度评价了富人在国家经济生活中不可或缺的地位,对富人阶层仍然是以保护为主。

---

① 叶适:《叶适集·水心别集》卷二《民事下》,第655页。
② 叶适:《叶适集·水心文集》卷一三《叶君墓志铭》,第242页。
③ 叶适:《叶适集·水心别集》卷二《民事下》,第655页。
④ 叶适:《叶适集·水心别集》卷二《民事下》,第655页。

第二节 财政改革思想

永嘉学派发现,南宋现行的财政管理制度的核心是服务于皇帝个人的享受,不但管理效率低下,而且公共服务水平低,对治国理政、富国强兵不能提供有效的财力支撑,存在很多不合理之处,必须加以改革。而在形成这些改革思想的过程中,永嘉学派再一次触及了限制皇权过度膨胀这一敏感命题。

一、天子无私产、宰相制国用

陈傅良认为,按照《周礼》的记载,三代圣王没有私人的利益,故"王者以天下为家",皇帝及皇室没有自己的私产和私人金库,以冢宰为首的官僚体系供应皇帝和皇室的一切待遇,皇帝的一切财富都由这个官僚体系统一管理,皇帝不能绕过这个官僚体系直接汲取天下的财富,更不能离开官僚体系的监管。但是《周礼》的这一原则,在秦汉以后全部被破坏了。

《周礼》主管财政的部门共有玉府、内府、外府。玉府是"掌天子器用财贿燕私之物,及受贡献以备赏赐",但是和一般国库收入一样归太府管理,"以见王者以天下为家,贡赋之入,无彼此之殊"。纳入太府之后,"属于太府则日有成,月有要,岁有会,司会有废置诛赏之典,夫安得不节?"可是到了汉代,汉高祖自置汤沐邑,专供一私奉养,不纳入国家经费;东汉灵帝作西园万金堂,专门聚集私藏,这些私人财产由宦官、外戚管理,"外人比校不及,则伤财害民,岂细事哉!"[①]

宋代的情形大略如汉代,宰相根本没有办法统一财权,陈傅良分析本朝制度:"本朝奉宸库乃周之玉府,内藏库乃周之内府,左藏库乃周之外府。渡江以来,又置激赏库,今之南库是也。周之三府分为四府,凡天下金玉之物皆归于奉宸,山泽盐铁之赋皆归于内藏,其他额外所入一归于南库,谓之宰相兼制国

[①] 王与之:《周礼订义》卷一〇,《文渊阁四库全书》第93册,第163页。

用,至于天下户口租入归之户部,所以今版曹不可为者,正以分散四出,权不归一。"①天下的财富分成若干独立的渠道,向上输送到中央,分别由皇帝、宰相掌握,而在宰相的系统里,户部只掌握"天下户口租入",其余奉宸库、内藏库、南库所贮财富,全为皇帝私有,宰相不得干涉,于是所谓"宰相兼制国用"成了一句空话。因此,如果把皇帝私人的南库归并于户部,那么户部经费紧张状态就能缓解,而州县也能略得余财、余粮储备,百姓的赋税负担也能大大减轻,可谓一举三得。早在乾道八年(1172),陈傅良就在殿试策中向宋孝宗建议撤销内库(南库):"臣不识今之所谓冢宰制国用,于左藏之外别为南库者何也?"他的理由是,皇帝私人的南库与户部左藏库的分工极其不合理:"经费一领于大农,而增羡币余之人,南库受之,其名顾不甚美乎?然而操制国之权,与司农孰为轻重?"国家的正常收入归于户部左藏库,但是增加的收入("羡余")则归于南库,而所谓"羡余"往往是监司和州县官向人民额外榨取的各类杂税、茶酒盐等专卖物资。由于"羡余"直接输送给皇帝私人的南库,因此谁能多献"羡余",谁就优先得到提拔:"增羡者,遄有迁擢,经赋办否,则莫能黜陟也。厥今漕臣、守臣类多自营。观此二途,意将安向?"这样一来,从上到下以增收"羡余"、强取豪夺为风气,人民的负担如何减轻?另一方面,户部的经费收入增加减少,承担的支出逐年增加,一进一出之间,经费日益困乏:"是以比岁经赋日耗,而南库之积日滋。大农告匮,时捐数百万缗以相补足,比及奏闻,屡有德色。且均之为国用耳,虚彼盈此,竟何谓耶?"户部经费出现匮乏,向皇帝求助,皇帝命南库临时性地补助户部数百万缗,这样的事情,被作为一大德政宣扬,皇帝自己也"屡有德色"。实际上南库所储、户部所收,都是民脂民膏,都是国家的财政收入,挹此注彼,并非慈善捐助,而是正常的资源调配。陈傅良还提出了自己的担心,由于户部年年亏损,主事的大臣感到颜面有损,必然想出各种歪门邪道,多取于民:"此陛下信以为版曹诸臣自卖以取办乎?抑甘受阙额,拥虚数,坐俟乏绝,被诛谴乎?不能为此,必且他为谬巧,以苟逭岁月之责。"表面上看朝廷从来没有增加过两税,但人民的负担与日俱增:"是以上不加赋而民生嗷嗷。……今也州县之赋一按故籍,无秋毫加益焉,而有司巧为斡旋,暗相资奉,旁缘科色,诛求锱铢。群臣欲论列之耶,细民欲赴愬之耶,而独无彰彰之名可以指摘。"因为户

---

① 王与之:《周礼订义》卷一一,《文渊阁四库全书》第93册,第171页。

部暗中增加了很多没有先例的征收项目,即便百姓申诉,监察部门甚至难以稽查。①

陈傅良最后总结道:"夫文帝以司农理财,至于寡取;陛下以宰相理财,至于多取。臣故曰:陛下慕文帝之富民而不由其道,所以评文帝者诚善矣,而无益于治也。"汉文帝时,不仅皇帝不经手国家税收,连宰相陈平都不清楚有关数目,国家财政收入统一由司农这个工作部门掌管;宋孝宗号称将国家财政统归宰相管理,却不取消南库,最终效果是国穷民贫,与汉文帝相去甚远。

陈傅良曾担任过湖南路转运判官、提举等承担地方财政职能的职务,故他能从南宋地方财政体系的角度审视兵制的弊端。在他看来,屯驻大军以及相应的四总领所的存在本身也造成了南宋中央财政、地方财政的紊乱。而百姓赋税负担之重,在于二税之外所横加的苛捐杂税,即经总制钱、月桩钱、版帐钱、折帛等等,这些苛捐杂税的征收独立于户部系统之外,自成体系。驻屯大军的供给系统由总领所牵头,户部无法全盘掌控军费的支出,更谈不上节约支出,及至朝廷讨论裁军减费时,户部与总领所相互扯皮:"职掌不同则彼此不能以相谋,事权不一则有无不能以相济,施行不专则前后不能以相守,故虽欲宽民力,其道无由。"②陈傅良建议首先调整、省并后勤供应关系:"且夫承平关陕已行之久,中兴,韩、岳未罢之前,养兵亦甚盛矣,而不见其不足,诚在今日稍仍旧贯,使都统司之兵,与向者在制置司时无异,总领所之财与向者在转运司无异,则中外为一体,中外一体则宽民力可得而议矣。"③这实际上是要求取消四总领所,把供应关系集中到转运司—户部这一系统中来。

二、解决"冗兵"问题纾缓财政危机

与北宋一样,"积贫积弱"仍然是南宋政权所面临的最大困难,"积贫"是指公私交困,上下乏财,"积弱"则是军队庞大而不得力,但是耗费国家大量财力。叶适曾说,南宋朝廷每出台一项政策、增设一个机构,虽然出发点是为了整顿

---

① 陈傅良:《陈傅良先生文集》卷二九《壬辰廷对》,周梦江点校,第381—382页。
② 陈傅良:《陈傅良先生文集》卷二〇《吏部员外郎初对札子》第三札,周梦江点校,第284页。
③ 陈傅良:《陈傅良先生文集》卷二〇《吏部员外郎初对札子》第三札,周梦江点校,第285页。

财政,减去人民负担,但都被老百姓怀疑为取利于民:"天子以大义安天下,非为苟且而已矣,将用以灭虏而复北方也。今也不出门阈之近,而天下皆以利疑之矣,是犹可与有为耶?"原因是南宋政权每年浪费的财力实在太多:

> 今天下有百万之兵,不耕不战而仰食于官;北有强大之虏,以未复之仇而岁取吾重赂;官吏之数日益而不损,而贵臣之员多不省事而坐食厚禄。夫明示天下以无所用财之门,而后天下无疑心。若此者,其无所用耶?然则虽上不能不自疑其为利也,天下独敢不疑其利之耶!①

在和平年代,一方面供养百万之兵,向金国输送岁币,另一方面官员数量有增无减,都是财政支出的无底洞,所以天下都对朝廷减少开支、减轻人民负担的决心表示怀疑。这其中,最严重的问题是军费开支。自北宋神宗朝将兵法改革以来,中经徽宗、高宗各朝的叠床架屋,南宋的兵制陈陈相因,形成了驻屯大军、禁军、将兵、厢军四大系统,稍具战斗力的只有驻屯大军,但都需要财政供养。

薛季宣在孝宗乾道年间召对时说,国家用地方的"上供"财源供养驻屯大军,而将兵、厢军、禁军全部仰赖州县自身财力供养,实为捉襟见肘。而普通一州就有各色军人千余,成都府光厢军就有万人,毫无战斗力,只能从事各种杂役(驿递、牢城、壮城、作院),"不知养之安用?"而在军费支出方面也极为骇人:"以中人之家一年之赋,供一厢军且不能赡,今天下几数十万人,是宜民力之匮、战士之寡也。"②如此无用的庞大军队,主体上仍然是雇佣兵制,南宋在二税之外向百姓苛敛的经总制钱、月桩钱、板账钱,就是为了供养这样一支百万人的雇佣军。

陈傅良指出,既然驻屯大军的战力早已不是绍兴年间对金作战时的水平,没有必要执行很高的俸钱标准:

> 要之所谓韩家军者,今为京口人矣。刘家军者,今为建康池阳人矣。

---

① 叶适:《叶适集·水心别集》卷二《财计下》,第664页。
② 薛季宣:《薛季宣集》卷一六《召对札子二》,张良权点校,第192页。

岳家军者,今为鄂渚江陵人矣。向之数经行阵以功得官,往往拣汰冗食于庙祠添差之类。比所招刺,例多下等,久不离营,儿女滋息,稍食鲜薄,类苦饥露。当此劳辱,最易抚摩。臣愚以为,此可以渐复祖宗旧制之机,殆天授陛下也。诚有为国家任是责者,稍使不仰食于县官,以省月桩,则经总制之名,亦可以次第改正。①

在暂时没有战争的情况下,驻屯大军已经在所驻扎的地区生儿育女、安身立命,平日所从事的事务与厢军、将兵毫无二致,所不同的是,驻屯大军还要接受定期教阅,占用了他们本来可以用来养家糊口的体力和精力,反而成了一大负担。如果现在取消驻屯大军,转换为厢军,不但对防务影响有限,而且也会受到驻屯大军的欢迎。这样一来,首先从月粮和岁钱两个方面就能大大节省开支。驻屯大军的军兵每日支食钱两百文至三百文不等,则全年在七万文至十万文之间,②相比之下,禁军、厢军费用则大大减少,以温州为例,禁军每人岁钱为一万九千三百文省(一百文省相当于七十七文足钱),厢军每人仅为三千四百九十八文省。③厢军之所以收入这么低,部分原因是他们无须接受教阅,故有时间从事其他工作养活家口。

叶适对兵制改革的思考最深入,他在《水心别集》卷一五《终论二》、《习学记言序目》卷三九、《水心别集》卷一六《后总》中分别提出了三个方案。

首先,叶适意识到陈傅良关于遣散驻屯大军的设想过于理想化,因为驻屯大军留下的空白,不可能由禁军、厢军、民兵来填补。他主张适当裁汰现有的四大驻屯,每镇只需留三四万精兵即可。而对这三四万精兵必须保证俸钱足额,不得克扣,更不允许吃空饷:"今既减经总制,罢和买折帛、蜀之折估、青草,而内出二年之费以供馈四总领矣。宜任四人者由郡守摄都统制,召旧帅使归宿卫,钩考其隐冒干没、请给不尽及军人之罪,声而治之。然后使四人者一听其所为,而吾无问焉。所问者吾欲精其军,使各不过三四万。"④这样一来,可以减少经总制钱的开支,取消和买、折帛、四川的折估钱、青草钱等项赋税,减去

---

① 陈傅良:《陈傅良先生文集》卷一九《赴桂阳军拟奏事札子》第三札,周梦江点校,第270页。
② 王曾瑜:《宋代兵制初探》,中华书局1983年版,第221页。
③ 王曾瑜:《宋代兵制初探》,第226页。
④ 叶适:《叶适集·水心别集》卷一五《终论二》,第820页。

人民负担。

分立四镇之始,四镇的军费仍由朝廷从户部拨给四总领所供应,但两年之后,军费只需由几个州负担,其余州县皆得纾缓:"所谓四镇者,非尽举此百余郡之地以植立之也,于中各割属数州,使兵民财赋皆得自用,而朝廷不加问焉。余则名属之而已,而又专择其人以各自治其一州,所谓兵民财赋,皆得自用,则朝廷平日所以置四总领馈其军粮者,二年之后皆可无复与彼,以数州之财足养之矣。如此则彼之任专,而吾之费轻矣。"①叶适的根本目的是最终废除四总领所,减去军费开支。如果南宋在两年中切实训练一支十五万左右的精兵,则金军不足虑:"女真之来南也,杂以奚、契丹、勃海、汉儿,前才五六万,后亦不满十万而已。"②

通过精练四镇屯驻大军为进攻性力量,以义勇、坞堡、山水寨为防守体系,已足以承担对金的进攻和防御。那么不直接承受战争压力的腹里州县的厢、禁军、弓手、土兵怎么办呢?叶适说,州郡供养的厢军本身从事日常杂役,且俸钱微薄,大多有谋生能力,早已不承担军事防务,因此可以预支一到两年的生活费加以解散。对于禁军,朝廷严禁地方官役使,而且定期教阅,尚具一定的战斗力,但是禁军并不愿意接受教阅,向往厢军那样半职业化半平民化的生活,顺应这一心理,可以将禁军改编为厢军,从事原来厢军承担的杂役。经过若干年,禁军完全厢军化后,可以照遣散厢军之法加以遣散。弓手的供应标准本来就很低,不支月粮,只发给雇钱,土军数量又少,二者平日承担的是捕盗巡逻,维持治安的任务,因此可以慢慢遣散。

厢军、禁军相继被遣散后,真正的地方军事任务由谁承担呢?叶适说:

> 夫厢、禁、土兵、弓手皆散,何以守其地? 自三等以上籍其家一人为兵,蠲其税役,大州二千人而止,下州八百人而止,州县各为之所,将校率其州人。秋冬而教,春夏则否。有警呼召,不用常法。然其为兵也,必在州县四方三十里之近家者,此三四年之内所得为,而三四年之外收其效者也。若

---

① 叶适:《叶适集·水心别集》卷一五《终论一》,第 819 页。
② 叶适:《叶适集·水心别集》卷一五《终论二》,第 820 页。

是则州县宽矣。①

每州招募民兵八百到二千人,秋冬两季集中教练,有警报则召集起来,并严格限定了民兵征召后执勤的范围"必在州县四方三十里之近家者"。

在《习学记言序目》中叶适还提出类似的思路,如"由募还农":"今自守其州县者,兵须地着,给田力耕。千里之内,番上宿卫,已有诸御前兵,不可轻改,因其地分募乐耕者,以渐归本。边关捍御,尽须耕作,人自为战。三说参用,由募还农,大费既省,守可以固,战可以克。"②驻守州县和驻守边境的军人,分配田地耕种,自食其力。不过,南宋的实践证明,士兵往往不愿意耕种,而且强占百姓良田,强迫农民无偿佃种营田等,故营田已经被证明是失败了。③此说在《习学记言序目》中偶一出现,看不出叶适对制度细节是如何设计的。

到了宁宗嘉定十年(1217),由于与金的战争进一步升级,军费开支也进一步扩大,而当时南宋官方发行的会子不断贬值,在这种情况下,叶适又提出了"以田赡军"法,并以温州为个案进行了可行性论证。叶适对此法的构想全部收录于《叶适集·水心别集》卷一六《后总》一篇中。

"以田赡军"的指导思想是改"以税养兵"为"以田养兵"。具体实施中,又分为"屯田养民兵"和"买田赡军"两个层次。

所谓"屯田养民兵",特指在两淮等沿边地区施行。以两淮为例,在淮北,命山东忠义人屯田,形成一个独立的共同体:"今淮北实得州县若干,立李全为大使,专其地,自五百人首领已上,各差次与官,某乡某县皆析与之,居处耕作之费皆稍助之,使之欣然挈携北去,北自为北,南自为南。"④类似于南宋初期的镇抚使。

在淮南地区,则在淮河以南"一里至三四十里"内设立一系列的军民结合的军事要塞,至于三四十里以南,则仍由屯驻大军驻守:"其三四十里外,以边帅守。朝廷所行,不以累帅守及令,帅守及令亦不但预吾事,无相侵越也。"强调了这一地区的自治性。具体办法是,"因民为兵而以田养之":"请朝廷专立使

---

① 叶适:《叶适集·水心别集》卷一五《终论二》,第 821 页。
② 叶适:《习学记言序目》卷三九,第 586 页。
③ 周梦江:《叶适与永嘉学派》,第 212 页。
④ 叶适:《叶适集·水心别集》卷一六《后总》,第 848 页。

名,自一里至于三四十里止,令民居之,有陂泽之利者固之,有地已居之家者助之,于淮水内深广壕堑,略如冈阜,乘高瞰下,房攻则拒守,常时耕作自恣。"①朝廷出资为淮南流民建置房屋、农具、器用、役作、种粮,"募故将相贵臣家子弟之愿进者,自百家至于千家,第其官职而褒优之"②。配合现有的坞堡,形成一个个自耕、自养、自守、自治的军事要塞。可见这仍然是设置类似镇抚使一样的军民结合的军事要塞,如果在四川、江南、两淮、荆襄四总领所范围内都推行此法的话,则五年之中四个战略方向可得十万兵,皆不依赖国家财政。两淮等沿边地区历经战乱,人口凋零,地广人稀,不存在土地所有权转让的问题,故推行"屯田养民兵"之法是在"计口授田"的基础上重建一个军事、政治、经济、社会共同体,人口稠密的腹里州县就不存在这样良好的条件了。

对温州这样人口密集的内地,可以采用"买田赡军"之法。具体做法是,官方以度牒、官告折价,收买农田,收买对象是温州近城三十里内、官民户有田三十亩以上者,买其一半田亩,共计九万八千一百二十五扛(每扛合一石五斗)。田买来后由原佃户耕种,稻熟依例收租,设仓储存,置官吏管理催租、发粮等事宜。这样一来,温州本地的厢军、禁军、弓手、土兵都可以得到供给,无须向百姓苛敛。

"买田赡军"的弊端是显而易见的。首先,若由官吏直接管理佃农,最终会变成变本加厉的剥削,将激化社会矛盾。其次,"买田赡军"法方案是用官田供养温州现有的全部禁军、厢军、土兵,和《终论二》的裁汰方案相比,没有触及军队规模的问题,这反映叶适对保存现有军队规模的必要性有了新的思考。

三、政府调节市场的功能

永嘉学派理想中的政府应该是"全能政府",这样的政府充分顺应百姓的合理欲望,为其包办一切,提供各种福祉和社会保障,自然也包括直接管理市场经济。陈傅良就指出:

---

① 叶适:《叶适集·水心别集》卷一六《后总》,第847页。
② 叶适:《叶适集·水心别集》卷一六《后总》,第849页。

> 天之生物,不自用,用之者人;人有财,不自用,用之者君。《系辞》曰:"理财正辞,禁民为非曰义。"……虽贱不得不卖,裁其价太半可矣;虽贵不得不买,倍其本十百可矣。民何以能育?是故不售之货则敛之,不时而买,则与之物,揭书之,使知其价,而况赊物以备礼,贷本以代生,皆所以缓贫窭而抑兼并。管仲平轻重,李悝平籴,寿昌常平,皆古意也。①

君主承担着为民理财、为国理财的职责,这突出表现在平抑物价,救济贫民上,南宋政府对价格对民生的影响毫不关心,将经济活动完全交予商人,造成了"君不理,则权在商贾,操市井之权,断民物之命,缓急民之所时有也"的情况。陈傅良认为政府应该效仿先秦时的管仲、李悝,对市场滞销的货物加以收购储藏,等到这些货物市场上出现紧缺时,再以平价卖出,遏制商人哄抬物价,谋取暴利。

陈傅良还通过对《周礼》的研究,发现西周时各种自然资源(矿藏、森林、河流、湖泊),以及各种稽查关卡,虽然分布在各诸侯境内,但都由周王室直接管理,诸侯不得插手:"古者金玉之所出,皆掌之王官,侯国不得擅而有也。关讥所禁,皆归之公上,侯国不得擅而私也。诸侯自食税田之外,余不敢过而问焉。盖先王不以予诸侯之意,所以抑制其强,而防闲其侈心也。"②这主要是防止诸侯通过开发利用这些资源过分富强,而威胁到王室。那么,周天子是不是垄断了所有这些资源,与宋代一样实行国家专卖呢?陈傅良澄清了这一误解:

> 人谓周制山林、川泽有虞衡之官为之厉禁,疑若专利于上而无遗利在民矣。考之山虞令万民时斩材有期日,未尝不与民共之,而有司特禁其过,不使戕贼而已。泽虞则使人守其财物以时入于玉府,则实为民守之,王官特以其赋入于玉府。而推本先王领于王官之意,盖使侯国不得以障管云尔,非不知与民共财也。③

---

① 王与之:《周礼订义》卷二四,《文渊阁四库全书》第93册,第402页。
② 王与之:《周礼订义》卷二七,《文渊阁四库全书》第93册,第465页。
③ 王与之:《周礼订义》卷二七,《文渊阁四库全书》第93册,第465页。

周王室设置山虞令这一职官管理森林,每年定期向民众开放砍伐树木,但监督民众不得滥砍滥伐;泽虞管理沼泽,也只是按时向当地人民征收湖泊、沼泽出产的皮角、珠贝等作为赋税缴给玉府,并不禁止人民采用湖泊、沼泽中的这些宝物。但是进入东周后,周王室式微,这些自然资源悉数落入诸侯之手,诸侯则自专其利,不再与民众共享。秦统一天下之后,这些资源又成为秦王的私人财产:"自秦殚天下之财,赋归之公上,凡山泽陂池之赋皆为天子私藏,而汉制属之少府以供养天子。……虽曰抑制诸侯之强,而先王不尽利以遗民之意,荡然无复存矣。"①秦汉以下,朝廷垄断专利茶、盐、酒等重要民生物资,与民争利,违背了西周"与民共财"的典范,实为历史的倒退。

叶适根据自己的观察,提出政府调节市场的必要性。以湖南的粮食流通为例,在二十年中,即使获得丰收,中等资产的家庭也没有能力储备余粮。原因是,湖南水运发达:"江湖连接,无地不通,一舟出门,万里惟意,靡有碍隔。民计每岁种食之外,余米尽以贸易。"粮食贸易极为活跃,农民留足口粮外,其余的米全部交给粮商交易:"大商则聚小家之所有,小舟亦附大舰而同营;展转贩粜,以规厚利;父子相袭,老于风波,以为常俗。"因此,一旦遇到欠产年份,百姓由于平时不储备余粮,很容易在青黄不接时出现缺粮情况:"其不耐小歉而无余蓄,势使之也。故每遇小歉,闾里不能自相给,惟仰州县赈救。"叶适建议,湖南路的转运司和提举常平司应该负起责任:"此事诸司当任责,而漕司为一路通融有无之处,其责尤重。"在丰收年份,政府在产粮地加强收籴,荒年则平价出粜。②

但是,国家对市场活动的干预是有限度的,不能将自己定位为市场交易中的一方主体,更不能出于谋利目的而干预市场活动。叶适指出,王安石变法中成立的"市易司",目的是"夺商贾之赢",就是成立官营商业流通企业,垄断一般商品流通,把商人挤出市场。可是,三代以下,商业流通领域中价格形成、借贷利息等权利有很大一部分转移到大小商人手中,政府没有能力也做不到完全操控市场。政府如果进行专卖专营,就是破坏市场的正常运行:

---

① 王与之:《周礼订义》卷二七,《文渊阁四库全书》第 93 册,第 465 页。
② 叶适:《叶适集·水心文集》卷一《上宁宗皇帝札子二》(嘉泰三年),第 2—3 页。

> 今天下之民不齐久矣,开阖、敛散、轻重之权不一出于上,而富人大贾分而有之不知其几千百年也,而遽夺之,可也? 嫉其自利而欲为国利,可乎? 呜呼! 居今之世,周公固不行是法矣。夫学周公之法于数千载之后,世异时殊,不可行而行之者,固不足以理财也。谓周公不为是法而以圣贤之道不出于理财者,是足为深知周公乎? 且使周公为之,固不以自利,虽百取而不害而况尽与之乎?①

王安石看到《周礼》"泉府"之法,以为西周周公执政时,是政府操纵了市场经济,而没有考虑到北宋政府早已失去了这种能力,以及操纵市场所需要的良好的动机。同样是操纵市场,周公不以为政府自身牟利为目的,而旨在为天下百姓造福谋利;后世小人运作市场,只会为官僚集团和胥吏群体牟利,剥削的对象却是全社会。这样看来,还不如把市场还给商贾们运作。

土地买卖也是如此。叶适指出,自汉至唐,国家一直授田人民,因此土地具有国有属性;但唐中期以后授田停止,土地买卖已经完全私人化:"盖至于今,授田之制亡矣。民自以私相贸易,而官反为之司契券而取其直。"百姓从私人那里购买土地,反而要向官府申请契约、缴纳相关税钱;不仅如此:"而民又有于法不得占田者,谓之户绝而没官;其出以与民者,谓之官自卖田,其价与私买等,或反贵之。然而民乐私自买而不乐与官市,以为官所以取之者众而无名也。"②如果土地所有者没有后嗣可以继承田产,土地就要被官府没收;然后部分没官之田又被投入土地交易市场,价格却与私人土地一模一样,甚至还要贵一些。民众不愿意购买这些官田不仅是因为贵,也因为"无名":这些绝户土地原本就是私有的,官府利用公权力没收后倒卖而获利,且成了市场交易的主体,与民争利,令人不齿。

南宋对茶、盐、酒等生活用品都采取国家专卖的方式("征榷"),永嘉学派认为这是国家与民争利、断绝民生来源,是比过度征税更加恶劣的政策。郑伯谦说:"先王与民为生,后世则民自为生,至于今世,民无以为生矣。夫与民为生,

---

① 叶适:《叶适集·水心别集》卷四《财计下》,第659页。
② 叶适:《叶适集·水心别集》卷二《民事上》,第652页。

吾不敢以望后世矣。"①叶适指出,尽管上古圣王的全能政府包办了百姓的一切经济事务,但是没有实行盐铁专卖,因为不能与民争利。到了春秋乃至汉代,尽管政府开征了苛捐杂税和各种专营专卖,但还在某种程度上保留了"布利于上下"的政策:"管氏视都邑大小欲钱米并蓄,李悝、耿寿昌代农人敛散,皆所以通有无、备凶荒也。"这都是保障民生、平抑物价的正当举措,是政府应该管的事情。而到了西汉,董仲舒一类的儒家士大夫却耻言功利:"陋儒不晓,一切筑垣而封之,反以不言利自锢,而言利者遂因缘以病民矣。"②士大夫耻言财富功利,那么就只有小人在那里理财,结果就是压榨百姓。宋代的情况更加严重:"然吏不良,令不行,则虽有美政善意尚为民害,若尽笼百货自为卖买,视民如氓蛮,此但令行而已,吏安得为良乎?"③封建政府打着平抑物价、均输百货的旗号,干着自为买卖牟利的勾当,而吏人从官营买卖中贪污腐败,人民受到的剥削就更加深重了。

第三节　轻役减赋的宽民力思想

所谓"宽民力"从字面上理解就是减轻人民的赋税、徭役负担。具体来说,要根据政府所承担社会职能来评估赋税是否公平合理,撤销名目猥多的杂税,通过保护和发展生产力,积极扩大税源,平衡赋税负担。

一、赋税负担水平应与政府承担的社会职能相适应

百姓的赋税负担应该维持什么水平才合适,历来儒者聚讼不休。很多儒者都认为税率不能高于什一税,叶适认为:"以司徒教养其民,起居饮食,待官而具,吉凶生死无不与偕,则取之虽或不止于什一,固非为过也。"在上古圣王的时代,政府保障民生的职能无所不备,非常强大,由于政府对人民无微不至

---

① 郑伯谦:《太平经国之书》卷三《养民》,载郑伯熊、郑伯谦:《二郑集》,周梦江校注,第133页。
② 叶适:《习学记言序目》卷二二,第311页。
③ 叶适:《习学记言序目》卷二二,第311页。

的关心,那么它向百姓征税多少,百姓都可以接受,税率高于或低于什一都不要紧。在叶适看来,不应该抽象地争论国家向百姓收税的税率应该是多少,而是应该看到,国家的征税权力与他的社会义务是不是相一致、相适应,换句话说,国家能提供多少公共服务,才有资格收多少税。

叶适指出,以丰富的物质产出供给人民,是政府的重要职能:"盖先王之政,以养人为大。生聚所资,衣食之有无,此上之责也。"①南宋政府完全丧失了养民保民的职能,却厚颜无耻地征收很高的赋税:"夫后世刍狗百姓,不教不养,贫富忧乐,茫然不知,真因其自有而遂取之,则就能止于什一而已,不胜其过矣,亦岂得为正中哉?"对于这种不能履行社会职能的政府,就算税率低至什一,依然太高。叶适举例说,公共道路、城墙、护城河的建设、维护工作,本来是官府应该提供的公共服务,但在南宋,往往由老百姓自行筹资建设:"封疆道路、城郭沟池,其修补浚治之功,此民之力所能自为也;如使官亦为之,则费而难给矣。"因为交给官府主持工程,开支浩大而竣工不易。于是造成一个奇怪的现象,即认为类似的公共事务都应该推给民间力量进行,官府本来就不应该插手:"后世道失,乃以废官益民者为政之大,然吏惧其费而不复为之。或不知而一委之民也,而其劝之或不以其道,使之或不尽术,则徒扰扰而已矣。"实际上,民间固然有能力承担部分公共工程,但也有一些工程与百姓切身利益关系不大,或过于复杂,民间无力承担者,那么官府必须切实负起责任来:"夫上之于下,岂必与之较哉?民以为不能者,官自为之可也。民有四五十年之病而上无一日之救,则非仁者之用心也。"从这个例子可以看出,由于腐败和低效,官府往往不能提供优质的公共服务,反而将很多分内的事务转嫁给民间。②

最后叶适假设说:"况合天下以奉一君,地大税广,上无前代封建之烦,下无近世养兵之众,则虽二十而一可也,三十而一可也,岂得以孟子貉道之言为断耶?"③从秦开始,历代政权都是中央集权体制,国家只需供养一支职业军队,也不实行土地分封的制度,也不供养大小王侯领主,以天下之大,仅仅供养一个皇帝,那么什一税率显然是太高了,二十税一、三十税一才是公正的。

---

① 叶适:《叶适集·水心文集》卷一〇《东嘉开河记》,第181页。
② 叶适:《叶适集·水心文集》卷一〇《东嘉开河记》,第181页。
③ 叶适:《习学记言序目》卷七,第85—86页。

二、对两宋赋税负担加重过程的研究

永嘉学派以"制度新学"为主要学术特长,他们特别注意研究两宋赋税制度的演变过程及人民赋税负担逐步加重的轨迹,通过这些研究主要是为了向南宋统治者揭示:现行多如牛毛的苛捐杂税,很多是徽宗朝的"奸臣"章惇开征的,有些更迟至高宗绍兴年间才被发明出来,并非奉行已久的"祖宗之法",完全可以裁减;有些苛捐杂税刚好相反,是五代十国巧立名目的恶法,但由于种种原因一直延续到南宋仍在征收,典型的例子就是福建地区的"身丁钱"。征收项目如此陈陈相因,只增不减,一方面反映了南宋沉重的财政压力;另一方面也反映了南宋政权根深蒂固的"逐利性"。

除了两税法规定的田税外,南宋政权向老百姓开征了五花八门的苛捐杂税。永嘉学派认为,对这些赋税的起源、沿革、利弊进行深入分析研究,可以发现有以下几个特点:或系唐、五代陋习旧规,当改而未改;或系已降旨蠲除而地方官府违命继续征收;或系名不副实,挪作他用。

关于唐、五代遗留的陋法,叶适说:

> 榷酒、茶曲虽皆出于天宝乱后,自前代叔季未尝无加赋,至易姓辄废省以新民。如本朝累更治主贤臣,然唐、五代之末敛,非惟不能废省,反因而增算之,犹患不足。《新史》不是之思,徒备载以为事始,何益政道?《诗》云:"燎之方扬,宁或灭之。"

叶适说,对茶和酒的专卖,起源于唐天宝年间;一般来说,改朝换代时新政权会对前朝的苛捐杂税有所蠲免,但北宋不但对其名目一体保留,而且有所增加。欧阳修《新唐书》只是不加批判地记载了这些制度的缘起,给人一种这些苛捐杂税的征收渊源有自、天经地义的印象;实际上,正应该逐一研究、反思其合理性,否则"何益政道"?至于为什么这些苛敛一直无法被废除,客观原因是府兵制崩溃后,晚唐至两宋一直实行耗费巨大的募兵制:"遂至竭天下以养兵,此受病本根,所以因循,末世之横敛有加而不可已也。"这一点在本章的第一节已经讨论过。叶适说如果不痛下决心改革募兵制,减少养兵开支,南宋政权迟早会被财政危机拖垮:"若君臣同心儆惧,力求所以变易,本征末利,从而渐损,唐以前事犹或可望。不然上下相劫制,苟且度日,如以漏舟重载,泛然波涛中,孰知畔岸所在,则其不亡者,幸而已矣。"①

当然,叶适并不认为所有新增的赋税项目都应该取消,有的征收项目的出现是历史发展的必然,反映了生产力发展的新高度和生产关系变化的新趋势。譬如中唐出现的杨炎两税法,有些宋儒就批评此法晚出,不合古制,叶适批评道:"而后世之论谓'租庸调近古,两税变古',乃是全不究始末尔。"唐初的授田制度已经不是古法,每年执行时都要重新计算,方法烦琐不便,最终被历史淘汰,至两税法推出时,土地已经基本上是私人交易了:

> 杨炎变两税,盖当是时不复授田久矣。……唐虽因周、隋为授田法,非古法也,而岁辄更改,烦扰难遵,方其盛时已不能守。迄于民自有田而后已矣。民自有田,多少不等,贫富不齐,奈何犹欲用授田时法税之?所谓"户无主客,以见居为簿,人无丁中,以贫富为差",此变为两税之要,而租庸调之所以不可久行者,正以主客、丁中难分别故也。②

与初唐授田制度配套的赋税制度是租庸调制,根据官方的账籍记录的田亩、人丁分别收取租庸调,但由于安史之乱后人口流动,土地兼并,实际执行情况与账籍所载大相径庭,因此崩坏;两税法不再区分土户(本贯户)、客户(外来户),只要在当地有资产、土地,就算当地人,上籍征税,以金钱纳税,废除了租庸调制中的实物税,简单易行,所以才延续到了两宋。因此,没有必要轻易改变两税法,而刻舟求剑地追求"复古"。

还有一些杂税源自五代十国,宋初曾降旨永远免除,但有些地区直到南宋仍在征收。譬如"身丁钱",是南方十国普遍征收的一种人头税,真宗大中祥符四年(1011)下旨免除两浙、福建、荆湖南北路的身丁钱。但直到南宋,福建路的漳州、泉州和兴化军三地,仍在征收此税,原因是其他地区的身丁钱征收铜钱,而这三个地方以米代钱输纳,地方官曲解诏书之意,继续征收。陈傅良为此专

---

① 叶适:《习学记言序目》卷三九《唐书二·食货志》,第588页。
② 叶适:《习学记言序目》卷四二《唐书四·杨炎传》,第620页。

门起草了《乞蠲放身丁钱札子》,向皇帝详细描述了身丁钱的起源、蠲除始末、现状:"以此见祥符放丁,溥及六路,其间犹有至今输纳者,皆府县占吝,奉行不虔之故。"①地方官贪图财利,故意不遵行圣旨,仍在征收此项两百年前就废除的杂税,可谓荒唐至极。陈傅良指出,当时孝宗曾有意减免折帛钱,稍宽民力,但有关部门计算后认为,数额太大,影响正常开支;实则身丁钱总额仅折帛钱的十分之一,在财政收入中占比极小,又曾奉明旨废除,陈氏希望孝宗早日下旨彻底蠲免:"间者断自渊衷,量减折帛之估,有司以阙经费为言,其议遂寝。以臣愚见,折帛固宜减,不如身丁切于穷民,且其为钱,视祖宗折帛之估,才十之一。而其为丁,视纳口折帛之家,殆累数万缗。陛下寻祥符之诏,断而行之。"②

还有一些苛捐杂税是在宋代各个历史时期临时创设,事后不再取消,而固定为常规的税收。陈傅良曾简要回顾这一"譬如积薪,后来居上"的历史。在北宋初期太祖、太宗时期,虽然将地方的财源都收归朝廷,但实际上没有将财物搬运到京师,仍归地方储存,临时需要,下旨调用,"可谓富藏天下矣"。真宗大中祥符元年(1008)才确定各路每年应该上供两税的数额;这个数额在神宗熙宁年间增加了一倍,徽宗崇宁年间增加十余倍,这样一来,无额上供变为有额上供,地方各级政府基本上没有机动财力可以使用。其他的苛捐杂税("杂敛")则从神宗熙宁年间开始陆续出现,到元丰年间,将新增的十余种税合为"无额上供",无论征收多少,全部上供。随着杂税名目继续增加,到了宣和年间,将晚出的各种杂税合为"经制钱",高宗绍兴年间又出现了"总制钱",这个项目下面也包含了十余种新征的杂税;然后又出现了"月桩钱""令项起发"等名目。陈傅良说:

且夫自系省而有上供,自上供未立额,而有年额,又有无额。自有无额上供,而后有经制,而三榷之入尽归京师,至经制悉矣,故夷狄之祸起。且夷狄安能一旦入中国哉?民心离则天心不享,则其祸必及于此,而渡江诸臣不惟尽循宣和横敛之旧,又益以总制、月桩、令项起发。王朴有言:"以

---

① 陈傅良:《陈傅良先生文集》卷二六《乞蠲放身丁钱札子》,周梦江点校,第356—357页。
② 陈傅良:《陈傅良先生文集》卷二六《乞蠲放身丁钱札子》,周梦江点校,第356—357页。

此失之,以此兴之。"可乎?①

北宋靖康之难,金人围困开封,各路无力救援,就是因为在各种上供、输纳之下财力空虚,不可能屏障京师,更不可能勤王;加上累年苛捐杂税,民怨沸腾,民心离散,加速了北宋的灭亡。现在南宋不汲取教训,还陆续增加总制钱、月桩钱、令项起发,必然重蹈北宋后期因苛捐杂税丧失人心的覆辙。更严重的问题是,苛捐杂税直接影响到南宋北伐恢复的战略目标的实现:"观诸此则兴衰之分决矣,则恢复非论边事以希戎功之谓,而结人心以祈天命之谓也。若曰方困于财,何乡而可,是坐观成败者之说,不事事者之利,非国家之福也。"②北伐恢复绝不是一个单纯的军事问题("戎功"),而取决于综合国力和民心,国家如果困于财政危机,民心不固,根本不可能实现北伐恢复的目标。叶适在光宗朝上奏中也指出,苛捐杂税导致州县财政崩溃,无法开展地方治理:

> 试即士大夫而问今天下之县曰:"某可为欤? 某不可为欤?"其不可为者十居八九矣。又试即士大夫而问今天下之州曰:"某可为欤? 某不可为欤?"其不可为者十居六七矣。又问其"不可为者何事欤?"曰:"月桩、板帐钱尔,经总制、上供尔,归正人、官兵俸料尔。"又问:"民力之所以穷者何说欤?"曰:"役法尔,和买尔,折帛尔,和买而又折帛尔。"③

天下百分之八九十的县"不可为",是指知县(县令)整日应付各种赋税的征收、上供,根本没有精力兴利除弊,而且大多数县财力单弱,统筹余地小,难免拖期缴纳,知县(县令)常常因此得罪上司受到处罚乃至免职。州的回旋余地相对较大,但百分之六七十的州也因同样的原因无法正常开展地方治理。老百姓日益贫穷,则主要受困于腐败的役法、和买和折帛。

叶适的财政思想历来受到学术界,特别是史学界的重视。马端临在《文献通考·国用考二》中全文抄录了叶适的《财总论二篇》,并出按语云:"右水心《外

---

① 陈傅良:《陈傅良先生文集》卷一九《赴桂阳军拟奏事札子》第二札,周梦江点校,第267—268页。
② 陈傅良:《陈傅良先生文集》卷一九《赴桂阳军拟奏事札子》第二札,周梦江点校,第267—268页。
③ 叶适:《叶适集·水心别集》卷一五《应诏条奏六事》(又名《上光宗皇帝札子》),第840页。

稿》所上《财总论二篇》,足以见历代理财之大概,及中兴以后财愈多而事愈不立之深病。故备载之于《国用考》之终。至其所言经总制、和买、折帛钱,则各具本门。"①马氏还全文抄录了《叶适集·水心别集》卷二《进卷·民事下》,叶适在此文中呼吁孝宗不要理会某些儒者恢复井田制的议论,因为井田制"其为法烦琐细密"。马氏评论道:"按自秦废井田之后,后之君子每慨叹世主不能复三代之法以利其民,而使豪强坐擅兼并之利,其说固正矣。至于斟酌古今,究竟利病,则莫如老泉、水心二公之论最为确实。"②马氏又抄录了《水心文集》卷一〇《平阳县代纳坊场钱记》评价说:"按水心此记足以尽当时坊场之弊。"③当然,马氏对叶适的有些观点也有批评,譬如叶适对经总制钱弊端的批判,他认为:"绍兴讲和,以后至乾淳之时,诸贤论之屡矣。如赵丞相所奏,及水心应诏所言,最为详明,然言其弊而不思所以革弊之方,则亦未免书生之论。"④此项苛敛虽然最受诟病,但南宋中央财政倚为主要财源,如果没能找到新的替代财源,很难革除。

三、推动区域均衡发展、扩大税源的思想

减轻人民赋税负担,不仅要朝廷节省冗费、缩减开支,另一方面也需要大力发展生产,扩大税源,从而使赋税负担公平化、平均化。南宋高度重视农业生产,地方官员定期举行"劝农",但叶适指出,"劝农"在南宋土地所有制情况下,已经成为虚文:"官无遗地,民无遗力,而岁以二月,长吏集僚属至近郊,召父老而饮食之,为之文以告之,既告而去之,若此者何也?"⑤"劝农"只是在每年二月把农民代表召集起来吃顿饭,官员念一通劝农文告,然后解散。这种"劝农"有两大弊端:第一,脱离了南宋生产关系的实际情况;第二,没有实际的鼓励举措。叶适指出,劝农的必要性是:"夫官有田而民不知种,有地而民不知辟,故使吏劝之。"如果官府手中掌握大量闲田,老百姓却不愿耕种;有大量空地,而农

---

① 马端临:《文献通考》卷二四,第716页。
② 马端临:《文献通考》卷一,第26页。
③ 马端临:《文献通考》卷一七,第496页。
④ 马端临:《文献通考》卷一九,第557页。
⑤ 叶适:《叶适集·水心别集》卷二《民事上》,第652页。

民不愿意去开垦,这才需要官吏去"劝农",因为田和地都在官府手中,可以授田于民。现在的情况刚好相反:"今其有者厚价以买之,无者半租以佣之,是容有惰游者也。故有求农而不得地,无得地而不农也。"宋代土地自由买卖,有钱人可以大量购买土地,导致无田的人越来越多,沦为向地主租地耕种的佃农。这种情况下,农民与土地是松散的雇佣关系,很容易离开土地而沦为"惰游",其实这些无业游民并不是天生懒惰,游手好闲,而是因为缺乏土地这一至关重要的生产资料,导致南宋出现了劳动力闲置,无田可种,无地可垦的情况,这是由土地所有制造成的。叶适说:

> 其州县荒阔,良田沃土不耕不殖者,朝廷当为之立法以来农民,而使之从事焉耳,岂为区区之文告哉?为民田者,无所用劝;为官田者,徒劝而不从。君民二本,古今异治,而曰"我无求为唐、虞、三代"。噫!唐、虞、三代其果不足为矣!①

有些地区的州县境内荒地众多,但无人耕种,只有在这种情况下,朝廷颁发政令鼓励、招徕农民前来垦荒,这样的"劝农"才名实相副,真正能够发挥促进生产力的作用。否则,私人土地所有者不需要官府"劝农",自然会追求高产稳产;向官府租地的农民,如果只是"劝",而没有实际的优惠,自然"徒劝而不从"。

因此,重要的问题是鼓励开垦荒地,组织向闲置土地资源丰富的地区移民。他说:"为国之要,在于得民。民多则田垦而税增,役众而兵强。田垦税增,役众兵强,则所为而必从,所欲而必遂。"人口增加,才能促进生产力开垦荒地,增加税收。南宋的人口不为不多,但是生产力并不强大,有以下几个原因:

> 而户口昌炽,生齿繁衍,几及全盛之世,其众强富大之形宜无敌于天下。然而偏聚而不均,势属而不亲,是故无垦田之利,无增税之入,役不众,兵不强,反有贫弱之实见于外。②

---

① 叶适:《叶适集·水心别集》卷二《民事上》,第653页。
② 叶适:《叶适集·水心别集》卷二《民事中》,第653页。

人口总量虽多,但人口密度严重不均,江浙地区人口过于稠密,人多地少,而两湖、两广等地地广人稀。这导致土地荒废不得开垦,朝廷无税收之增,结果,人口越多而国家却积贫积弱。叶适批评到,南宋统治者没有认识到人口是生产力的要素:

  民虽多而不知所以用之,直听其自生自死而已。而州县又有因其丁中而裁取其绢价者,此其意岂以为民不当生于王之土地而征之者欤?①

州县向人丁较多的人户增收绢价,客观上抑制了人们的生育意愿。

人口分布的地域差别,是影响农业发展的主要原因,南宋的人口主要集中在所谓"吴、越之地",即两浙路、江南东路等地,"故以十五州之众当今天下之半",仅十五个州竟聚集了全国一半人口,导致这一地区生活成本奇高:

  计其地不足以居其半,而米粟布帛之直三倍于旧,鸡豚菜茹、樵薪之鬻五倍于旧,田宅之价十倍于旧,其便利上腴争取而不置者数十百倍于旧。……今两浙之下县,以三万户率者不数也。夫举天下之民未得其所,犹不足为意,而此一路之生聚,近在畿甸之间者,十年之后,将何以救之乎?夫迹其民多而地下足若此,则其穷而无告者,其上岂宜有不察者乎?田无所垦而税不得增,徒相聚博取攘窃以为衣食,使其俗贪诈淫靡而无信义忠厚之行,则将尽弃而鱼肉之乎!②

人口密集地区生活成本高,人多地少,无业游民不断聚集,引发一连串严重的社会问题;人口分布不均衡现象造成"田无所垦而税不得增"的财政危机。一方面吴、越之地人满为患,生计日艰,另一方面湖北、湖南等所谓"荆楚之地"却地广人稀:

---

① 叶适:《叶适集·水心别集》卷二《民事中》,第 653 页。
② 叶适:《叶适集·水心别集》卷二《民事中》,第 654—655 页。

> 且其土地之广者,伏藏狐兔,平野而居虎狼,荒墟林莽,数千里无聚落,奸人亡命之所窟宅,其地气蒸郁而不遂。而其狭者,凿山捍海,摘抉遗利,地之生育有限而民之锄耰无穷,至于动伤阴阳,侵败五行,使其地力竭而不应,天气亢而不属,肩摩袂错,愁居戚处,不自聊赖,则臣恐二者之皆病也。夫分闽、浙以实荆、楚,去狭而就广,田益垦而税益增。其出可以为兵,其居可以为役,财不理而自富,此当今之急务也。①

当时的湖北、湖南自然条件较差,因缺乏劳动力故不能大量开垦荒地,而福建、浙江等地区已有农田遭到过度使用,地力下降,产量也逐年下降。因此,应该从人口过于稠密、人地关系紧张的福建、浙江地区大量向湖北、湖南移民,大量开垦当地荒地,增加田税收入,为朝廷提供充足的兵源,达到"财不理而自富"的双赢效果。

---

① 叶适:《叶适集·水心别集》卷二《民事中》,第 654—655 页。

第八章 六经皆史与道统异议

在永嘉学派构建思想体系的过程中,经学和史学既是最基本的学术方法,也是最重要的保存思想创新观点的载体。永嘉学派的基本学术旨趣将经学与史学熔铸为一个整体,可以命名为"经史之学"。永嘉学派的"经史之学"有两个方面的特点:一是注重"制度新学"与"经史之学"的融会贯通;二是道统异议贯穿"经史之学"始终。

(一)永嘉学派"制度新学"对经史之学的融会贯通

所谓经学,在汉代独尊儒术后,特指研究儒家经典,是一种解释其字面意义、阐明其蕴含义理的学问。宋代经学以发明义理和"疑经"为鲜明标志,其主要研究对象是《周易》《尚书》《春秋三传》(《左传》《穀梁传》《公羊传》)、"三礼"(《仪礼》《周礼》《礼记》)、《论语》《孟子》《尔雅》《孝经》。北宋后期理学兴起后,《大学》《中庸》得到表彰,与《论语》《孟子》合称"四子""四书",跻身经学研究的重点对象。永嘉学派善于引证儒家经典阐释自己的思想,同时也将儒家经典作为研究夏商周三代完美制度形态最可靠、最全面的史料来源。于是,永嘉学派在学术实践中积累了丰富的经学研究成果,这些成果保存了永嘉学派的创新思想。

永嘉学派的史学研究最重视夏商周三代、汉唐历史和宋代国史(本朝史)三个时期。其中,夏商周三代史体现了制度新学所要追摹的完美制度典范,而当史学以夏商周三代为研究对象时,其研究对象已经与经学基本重合:儒家经典既是历史学的史料,而史学也可以成为解释经典、理解经典的重要辅助;汉唐历史研究反映了要实现富国强兵应该遵循的制度设计原则,以及哪些制度细节仍值得南宋学习;本朝史研究则呈现出三代和汉唐的良法美意是如何在本朝遭到扭曲、阉割的,以及南宋当代所推行的恶劣法度是如何萌芽、壮大,最终流毒天下的。不管研究哪个断代、何种历史,永嘉学派的史学研究都是以古鉴今,从而为改革南宋社会提供方案和出路;"发思古之幽情",客观地复原古代历史之原貌不是他们关心的重点。这样一来,永嘉学派就用"制度新学"(经制之学)将经与史融合在了一起,从而在实质上提出了"六经皆史"的思想。

(二) 道统异议与永嘉学派"经史之学"的问题意识

在永嘉学派与程朱理学的论战中,道统论是一个突出的主题。在程朱理学提出了排他性很强的道统谱系之后,朱熹隐然成为道统在南宋当代的继承者。感受到这种道统论的挤压效应,永嘉学派不得不在两个方面对朱熹展开质疑。

第一,道统论试图回答"道"如何在历史时空中传延的问题,但是,由个体和个体组成的传授系统能不能代表"道"在历史时空中的存在形态?陈亮认为道在历史时空中的存在形态是社会形态而不是个体之间的传授,由此与朱熹展开"王霸义利之辩";永嘉学派基本上认同陈亮的立场,但在对历朝历代帝王将相的功过是非评价问题上,又与陈氏存在细微的分歧。于是,道统异议又表现为史学理论中的历史观之争。

第二,程朱理学道统论的构建是以"四书"新经典体系的完成为前提和基础的。"四书"的思想观点以及对"四书"的诠释构成了程朱理学思想的核心部分。"四书"的四位作者:孔子、孟子、曾子(《大学》的解释者)、子思(《中庸》的作者),亦相应获得了跻身道统的资格。永嘉学派既没有明确承认过"四书"的全新经典体系,也不认同子思、曾子的传道者地位。因此,永嘉学派对道统论的质疑,基本上也是围绕对《论语》《孟子》《大学》《中庸》的研究展开的。另一方面,朱熹也对众多永嘉学派的经典解释观点提出过批评和赞扬。于是道统之争也相应表现为经典解释之争、经学之争。

永嘉学派的经学著述非常丰富,但在《周易》研究方面著述无多,只有叶适在《习学记言序目》中有比较成体系的易学观点,本书第四章第一节讨论叶适哲学思想时已有详细介绍;陈傅良《周礼说》中的政治思想则在第六章第三节中已详论。这两块内容,本章不再赘述。限于篇幅,本章只能择要讨论部分与"制度新学"研究和道统异议的逻辑联系比较紧密的经学研究成果,以及曾受朱熹褒贬点评的经学成果,择要介绍永嘉学派的"春秋三传"研究、"三礼"研究、"四书"研究和重要史学成果。①

---

① 宋代温州《尚书》研究最重要的著作是薛季宣的《书古文训》、郑伯熊的《书说》,参见吴松弟主编:《温州通史·宋元卷》第八章第三节《宋元经学》,人民出版社2021年版。

第一节 "春秋三传"研究

一、薛季宣的《春秋》学研究

《春秋经解·旨要》是薛季宣两部重要经学著作。薛季宣解释两书的得名:"《经解》之造,用经释经而归正于经者也,《旨要》之谓,辞达而已。"①两书的卷数,《直斋书录解题》以为《春秋经解》12卷,《春秋旨要》2卷,此外还有几种说法。② 二书成书的时间为绍兴三十二年(1162)。③

薛季宣在《春秋经解·旨要》中认为:"先王诸侯无史,天子有外史,掌四方之志,而职于周之太史。"④鲁国在隐公之前只有鲁历,而无鲁史,鲁史自《春秋》始,因为此时周王的权威衰落,诸侯僭越之故。薛氏还认为,《左氏》《公羊》《穀梁》三传"托褒贬以为传",构建所谓《春秋》书法义例,实则大缪:"直笔以书其事,因事而致其离善则善,恶则恶,不为褒贬抑扬,而乱是非之正也。"《春秋》的核心在于"属辞比事",即按照年月日的顺序排比历史事实,并且用简练的语言加以记述:"是故直书以明得失,谓之辞正。辞以别是非,谓之事。属辞比事,莫善于《春秋》。《春秋》之道,治乱之法也。"⑤薛季宣认为《春秋》对伦理纲常的阐发,不是通过褒贬,而是通过对历史事实的记述呈现出来,学者应该通过把握历史事实的内在发展逻辑,来求得是是非非的天理之正的理解。因此,薛季宣主张抛弃《三传》,直接注释《春秋经》。

薛季宣关于"诸侯无史"的《春秋》学观点首先受到了朱熹的批判:"薛常州解《春秋》,不知如何率意如此,只是几日成此文字! 如何说诸侯无史,《内则》尚有间史。"⑥又说:"薛士龙曰:'鲁隐初僭史。'殊不知周官所谓'外史合四方之

---

① 薛季宣:《春秋经解·旨要序》,载薛季宣:《薛季宣集》,张良权点校,第432页。
② 陈傅良《薛季宣行状》以为《旨要》只有一卷,《经解》是若干卷,马端临《文献通考》则将两书合并著录为十四卷。
③ 陈振孙:《直斋书录解题》卷三,徐小蛮、顾美华点校,第65页。
④ 薛季宣:《薛季宣集》卷三〇《春秋经解·旨要序》,张良权点校,第432页。
⑤ 薛季宣:《薛季宣集》卷三〇《春秋经解·旨要序》,张良权点校,第432页。
⑥ 黎靖德编:《朱子语类》卷八三,第2158页。

志',便是四方诸侯皆有史。诸侯若无史,外史何所稽考而为史? 如古人生子,则'闾史'书之。且二十五家为闾,闾尚有史,况一国乎!"①薛季宣此书是匆忙撰成,故极为粗疏:"薛常州解《春秋》,不知如何率意如此? 只是几日成此文字。"②文献中很多证据显示诸侯拥有自己的史官和史书,否则周王的太史修史时也无所依据。

陈振孙在《直斋书录解题》中著录了薛季宣的《春秋经解》12 卷、《春秋旨要》2 卷,认为此书的学术创新观点在于诸侯无史,天子有外史,因此《春秋》的撰作本身就是一种僭越:"《旨要》列谱例于前,其序专言诸侯无史,天子有外史,掌四方之志,而职于周之太史。隐之时始更周历,而为鲁史。"他称赞薛氏:"季宣博学通儒,不事科举,陈止斋师事之。"③

虽然薛季宣这两部书亡佚已久,并且受到了朱熹的严厉批评,但在元明两代众多《春秋》学著作都征引两书的内容,而这些《春秋》学著作绝大多数都出自程朱理学系统的学者之手。略举如下:

（元）吴莱《春秋纂言》(影印文渊阁四库全书本第 159 册,简称"纂言")引"薛氏曰"。

（元）程端学《春秋本义》(第 160 册,简称"本义")引"薛氏曰"。

（元）赵汸《春秋集传》(第 164 册,简称"集传")引"薛士龙曰"。

（元）汪克宽《春秋胡传附录纂疏》(第 165 册,下简称"纂疏")引"薛氏曰"。

（元）郑玉《春秋阙疑》(第 163 册,简称"阙疑")引"薛氏曰"。

（明）熊过《春秋明志录》(第 168 册)引"薛氏曰"。

（明）朱朝瑛《读春秋略记》(第 171 册)引"薛氏曰"。

这其中汪克宽《春秋胡传附录纂疏》的《引用姓氏》,注明引用的是薛季宣《春秋经解》,程端学《春秋本义·春秋传名氏》则列了《旨要》《经解》两种。其他各书虽然没有类似的目录来说明"薛氏"就是薛季宣,但是通过比勘,发现有数条"薛氏曰"与汪、程两书中的"薛氏曰"是相同的,这就说明其他各书的薛氏乃薛季宣无疑。

---

① 黎靖德编:《朱子语类》卷八三,第 2158 页。
② 黎靖德编:《朱子语类》卷八三,第 2158 页。
③ 陈振孙:《直斋书录解题》卷三,徐小蛮、顾美华点校,第 65 页。

二、陈傅良的《春秋》学研究

陈傅良的《春秋》学著作为《春秋后传》12卷和《左氏章指》30卷，后者亡佚已久。顾名思义，《春秋后传》旨在超越《左氏》《公羊》《穀梁》三传，而成为直接注释《春秋》经的一种"新传"，因此它必然要对"三传"进行批评。总体而言，《春秋后传》认为《公羊传》《穀梁传》所提出的书法义例很多不是运用文献对比和史实考证的方法总结出来的，而是出于臆断，故必须驳正；有些书法义例尽管成立，陈傅良则试图进行补充论证。

相比之下，陈傅良对《左传》则比较重视，因《左传》保留了大量《春秋》经文中没有的事实。陈傅良认为，《春秋》真正的意义，在于发现孔子当年的"笔削"之旨，也就是弄清孔子当年是根据什么样的原则体例对鲁国旧史进行整理、删节、增写的。可是，要达到这样的目的，就一定要把当年的鲁史旧文与《春秋》经文进行比较，那么，鲁史旧文从哪里可以找到呢？陈傅良提出了两条方法论原则，力图复原鲁史旧文：其一是"《左氏》以其不书实其所书"，其二是"《公羊》《穀梁》以其所书推见其所不书"。

所谓"《左氏》以其不书实其所书"，是指《左传》所记史实细节较《春秋》远为丰富，陈傅良认为，这些多出来的记载就是鲁史旧文中被孔子"笔削"掉的内容，因此与《春秋》的体例对比推敲，可以总结出孔子"笔削"的原则。《春秋》对鲁史旧文中地位卑微者的活动一般都删去不书，譬如隐公四年（前719）经文："秋，翚帅师。"《左传》云："秋，诸侯复伐郑。宋公使来乞师，公辞之。羽父请以师会之，公弗许，固请而行。故书曰'翚帅师'，疾之也。"两相比较，《左传》中的"宋公使来乞师，公辞之"，不见于《春秋》经文，此即所谓"不书"。而"不书"的原因是宋公派遣来鲁国乞师的人地位卑微，陈傅良从中总结出这一条孔子"笔削"的体例："微者，虽接我，不书。"不仅是外国派来鲁国的卑微使者不书，鲁国派往外国的卑微使者亦不书。如宣公十八年（前591）经文："夏，四月"，无事可书。而《左传》云："夏，公使如楚乞师，欲以伐齐。"两相比较，经文删去了"公使如楚乞师"一事，原因是鲁宣公派往楚国的使者地位卑微，陈傅良认为这就是"内微者亦不书"。[①] 但

[①] 陈傅良：《春秋后传》卷一"隐公元年九月，及宋人盟于宿"，《文渊阁四库全书》第151册。

是,隐公元年(前722)经文"九月,及宋人盟于宿",《公羊传》《穀梁传》都认为鲁国方面与宋国方面参加盟会的都是"微者",既然如此,经文何以不加笔削,而特书之呢? 陈傅良说:"此何以书? 参盟之端见矣,忧参盟,故录其所从始也。"①这是春秋历史上第一次出现三国盟会(鲁、宋、宿盟会),具有里程碑的意义,故特笔书之。

《春秋后传》还注意总结历史发展的客观规律。楼钥指出,陈傅良把春秋时期的发展分成三个阶段:"公之书不然,深究经旨,详阅世变,盖有所谓隐、桓、庄、闵之《春秋》,有所谓僖、文、宣、成之《春秋》,有所谓襄、昭、定、哀之《春秋》。始焉犹知有天子之命,王室犹甚威重,自霸者之令行诸侯,不复知有王矣。桓公之后,齐不竞而晋霸。文公既亡,晋不竞而楚霸悼公再霸,而又衰。楚兴而复微,吴出而盟诸夏,于越入吴而春秋终矣。"②陈傅良认为,"先儒以例言《春秋》者,切切然以为一言不差,有不同者则曰变例,窃以为未安"③。其实,《春秋》无所谓"变例",只有对同一类型事件的书法不同,之所以会出现不同也是因为事件所发生的历史阶段不同,而孔子笔削的重点也相应变化之故。

朱熹没有提到过陈傅良的《春秋后传》,但对其《左氏章旨》有两处直接批评。朱熹说:"因举陈君举说《左传》,曰:左氏是一个审利害之几,善避就底人,所以其书有贬死节等事。其间议论有极不是处,如周郑交质之类,是何议论?! 其曰:'宋宣公可谓知人矣,立穆公,其子飨之,命以义夫。'只知有利害,不知有义理。"④"宋宣公可谓知人矣,立穆公,其子飨之,命以义夫"是隐公三年(前720)"八月庚辰宋公和卒"条下《左传》所引"君子曰"的内容。这是第一个例子。

第二个例子是由朱熹弟子滕璘转述的陈傅良的观点。滕璘曾在温州任教官,期间向陈傅良问学。朱熹见到滕氏后,就仔细询问了陈傅良的《春秋》学观点:"《春秋》如何说?"滕氏转述陈傅良的观点(君举云):"世人疑左丘明好恶不与圣人同,谓其所载事多与经异,此则有说。且如晋先蔑奔,人但谓先蔑奔秦耳。此乃先蔑立嗣不定,故书'奔'以示贬。"朱熹批评道:"是何言语! 先蔑实是奔秦,如何不书'奔'? 且书'奔秦',谓之'示贬';不书奔,则此事自不见,何以为

---

① 陈傅良:《春秋后传》卷一"隐公元年九月,及宋人盟于宿",《文渊阁四库全书》第151册。
② 楼钥:《春秋后传·序》,载陈傅良:《春秋后传·附录》,《文渊阁四库全书》第151册。
③ 楼钥:《春秋后传·序》,载陈傅良:《春秋后传·附录》,《文渊阁四库全书》第151册。
④ 黎靖德编:《朱子语类》卷八三,第2149页。

褒？昨说与吾友，所谓专于博上求之，不反于约，乃谓此耳。是乃于穿凿上益加穿凿，疑误后学。"①此事发生在文公七年。

朱熹所批判的这两处陈傅良的议论应该出自已经亡佚的《左氏章旨》，但因为《朱子语类》体裁的限制和记录者的水平问题，看不出陈傅良到底如何表彰《左传》中这些"只知有利害，不知有义理"的观点，而只知道朱熹由此判断陈傅良的《春秋》学体现了永嘉学派的功利主义和"穿凿"的学术风格。

有趣的是，虽然受到朱熹如此批评，元代朱子学者赵汸亦批评"（陈傅良）以左氏所录为鲁史旧文，而不知策书有体，夫子所据以加笔削者，左氏亦未之见"，但赵汸在总体上仍非常推崇此书，称赞其："以《公》《谷》之说参之《左氏》，以其所不书实其所书，以其所书推见其所不书，得学《春秋》之要，在三《传》后卓然名家。"②

三、叶适的《春秋》学思想

叶适没有《春秋》学专著，但《习学记言序目》卷九、卷一〇、卷一一，都是对《春秋》和《左传》的点评。这些点评也体现了叶适六经皆史的历史学观点。

叶适明确称《春秋》为史书："《春秋》名经，而实史也"，又说："按《春秋》诸侯之史，二百余年之间，年时月日皆素具，非孔子特详之。"③在体例上，叶适认为《春秋》和《左传》是编年体史书的典范。他说："《春秋》非《诗》《书》比也，某日、某月、某事、某人，皆从其实，不可乱也。"④"左氏之取义广，叙事实，兼新旧，通简策，虽名曰传，其实史也。"⑤叶适对《左传》的选材也备加推崇，说："左氏于晋楚称霸，立法定制，皆明著其故，及其他诸侯小小变政易令，亦必载之。此史家大事，记注者所重也。"⑥

叶适认为要严格遵循史料的记载，史家不能任意增减删改，也不能主观臆

---

① 黎靖德编：《朱子语类》卷一二三，第 2959 页。
② 赵汸：《春秋集传自序》。
③ 叶适：《习学记言序目》卷一九《史记一·表》，第 268 页。
④ 叶适：《习学记言序目》卷九《春秋》，第 118 页。
⑤ 叶适：《习学记言序目》卷一一《左传二》，第 162 页。
⑥ 叶适：《习学记言序目》卷一二《国语二》，第 168 页。

测。他说:"以空文为实事,其害浅,易正也,质之以实则信矣;以实事为空文,其害深而难正,以为虽实犹弗信也。"①他肯定《左传》传"天王狩于河阳"能明载旧史之实的做法,而《春秋》对此曲加隐晦。

朱熹曾经批评薛季宣在宣公二年"晋赵盾弑其君夷皋"一条中的解释。《左传》原文是这样的:

> 乙丑,赵穿攻灵公于桃园。宣子未出山而复。太史书曰:"赵盾弑其君。"以示于朝。宣子曰:"不然。"对曰:"子为正卿,亡不越竟,反不讨贼,非子而谁?"宣子曰:呜呼!《诗》曰:'我之怀矣,自诒伊戚。'其我之谓矣!"孔子曰:"董狐,古之良史也,书法不隐。赵宣子,古之良大夫也,为法受恶。惜也,越竟乃免。"②

朱熹说:"又如赵盾事,初灵公要杀盾,盾所以走出,赵穿便弑公,想是他本意如此,这个罪首合是谁做!"③朱熹认为,董狐之所以书"赵盾弑其君",显然是因为他得知了某些内情。赵盾因受到晋灵公的生命威胁而出逃,而赵穿是"赵盾之从父昆弟子"④,听命于赵盾。故赵穿"便"弑公,证明这两件事存在因果联系,弑君是赵盾的主观意图("想是他本意如此")。赵盾回到晋国后没有讨伐弑君的赵穿,更证明其有同谋嫌疑。而且,朱熹还认为《左传》的作者心术不正,其引用的"君子曰""孔子曰"经常有功利主义思想,而"孔子曰"多数伪托孔子之名。赵盾之事即是如此:

> 左氏见识甚卑,如言赵盾弑君之事,却云:"孔子闻之,曰:'惜哉!越境乃免。'"如此,则专是回避占便宜者得计,圣人岂有是意!圣人"作《春秋》而乱臣贼子惧",岂反为之解免耶!⑤

---

① 叶适:《习学记言序目》卷九《春秋》,第120页。
② 左丘明:《春秋经传集解》卷一〇《宣公上》,杜预集解,上海古籍出版社1997年版,第540—541页。
③ 黎靖德编:《朱子语类》卷八三,第2158页。
④ 左丘明:《春秋经传集解》卷一〇《宣公上》,杜预集解,第543页。
⑤ 黎靖德编:《朱子语类》卷八三,第2150—2151页。

《左传》笔下的孔子叹息赵盾只差一步就能逃出晋国国境,从而与赵穿弑君毫无瓜葛。朱熹认为,这种为弑君主谋赵盾开脱的评论只是为赵盾个人名誉利害考虑,完全忽视了君臣伦理纲常,乃是伪托孔子之口所发。按照朱熹的说法,似乎薛季宣也认为赵盾与赵穿弑君没有任何关系。然而,现存于汪克宽《春秋胡传附录纂疏》中的薛季宣《春秋经解》却说:

> 薛氏曰:君将弑盾,而穿行弑君之事,则主弑者,盾也。穿受命而加刃者也。在律,家人共犯,止坐尊长,威力使令,被使为从,此《春秋》之义也。①

显然,薛季宣认为赵穿是"受命"于赵盾,赵盾是这场刺杀的主使者;且赵盾作为一族之尊长,自然要为族人赵穿弑君负责。从这一段引文,实在看不出朱熹与薛季宣的分歧在哪里,也可能薛季宣是在《春秋旨要》中提出过类似观点,但无文献可征。然而,叶适在《习学记言序目》中再三提到"赵盾、赵穿弑君"事件,提出了与朱熹完全相反的观点。他说:

> 赵盾、赵穿之事,当时天下共知,《三传》所载无异。盖董狐特立此义,与他史法不同,举世从之,虽孔子不能易也。然而圣人亦自以为太重,而伤赵盾之虑不详,被以此名,不得辞也。故曰:"惜也,越竟乃免。"盖旧史之所严者,孔子之所宽也。②

叶适认为《左传》的记载非常明确,赵盾没有指使赵穿弑君,董狐对赵盾道德要求偏于苛严,而孔子的态度比较宽容,认为赵盾有可原谅同情之处:"惜也,越竟乃免。"《左传》将董狐所记"旧史"的态度、孔子对赵盾的评价客观地呈现出来,并没有对二者加以褒贬。叶适还说:

> 如此类者,左氏亦皆明载旧史之实,以示孔子之不复改也。其他褒贬

---

① 汪克宽:《春秋胡传附录纂疏》卷一六,《文渊阁四库全书》第 165 册,第 422 页。
② 叶适:《习学记言序目》卷九,第 123 页。

予夺,经孔氏者必以仲尼别之,其出于当时史官或公论所在者,皆以"君子"著之。盖二百四十二年,新旧之史官不一,是非不同,彼皆自欲表章劝惩于一时,而必曰待孔子而后定,且孔子举以前代之劝惩为非是,而必曰由我而后可。此后人之臆说,相承之议论,非圣人经世之学本然也。①

孔子的是非判断与"旧史"史官的是非判断,有可能不一致。针对这种情况,《左传》没有以孔子之是非为是非,更没有以孔子之是非删改旧史史官的原文,表现出严谨的史学态度。叶适还指出,成书于不同时间地点的"《春秋》三传",都异口同声地记载赵盾对赵穿弑君阴谋不知情;在此事的前后,《左传》对赵盾的生平始末记载也很清楚,可以看出赵盾是一个正直的忠臣:"不特其事无可疑,而其理亦易见也。"②在这样的情况下,仍有很多学者怀疑赵盾指使赵穿弑君:"后世乃以盾为实弑其君,妄说也。……其事同者,天下之通见闻也。今反以为妄而疑之,非以实事为空文乎?"叶适的观点与朱熹完全相反。既然"三传"对此事的记载是"实事",都没有提到赵盾指使赵穿弑君,如果穿凿附会地臆测赵盾指使了赵穿,就是"以实事为空文"。

四、戴溪的《春秋讲义》

戴溪(1141—1215),字少望(一作肖望),永嘉人,淳熙五年(1178)进士,历任兵部侍郎、工部尚书、徽猷阁学士,《宋史》卷三三四有传。③ 戴溪著述甚多,有《石鼓论语答问》三卷、《春秋讲义》四卷、《续吕氏家塾读诗记》三卷传世。戴溪与陈亮交往密切,叶适称赞戴溪是:"文词之宗,经术之源。"④可见戴溪在思想上属于永嘉学派。即便是多次称赞戴溪《石鼓论语答问》"平实"的朱熹,也对戴溪的思想背景表示警惕,认为戴溪在石鼓书院讲学时,衡阳的后生学子"又

---

① 叶适:《习学记言序目》卷一一,第162—163页。
② 叶适:《习学记言序目》卷一〇,第138页。
③ 详细生平参见孙衣言:《瓯海轶闻》卷一二《肖望馆阁宦迹》,张如元校笺,第363页。
④ 叶适:《叶适集·水心文集》卷二八《祭戴詹事文》,第580页。

为戴溪鹘突"①。"鹘突"即"糊涂",这一评价曲折地反映了永嘉学派与程朱理学的思想分歧。

《春秋讲义》是戴溪于宁宗开禧年间任景献太子资善堂说书时的讲义,原书久佚,四库馆臣从《永乐大典》中辑出,并参考南宋末年学者黄震著《日抄》所引片段,共得4卷。

戴溪对历代经学家所主张的褒贬、义例持谨慎的态度,认为《春秋》直书其事,如果有所褒贬,即在遣词造句中直接写出,而在文字之外不会隐含褒贬,如《春秋》书"弑",即是明示贬抑,如果不书"弑",则是直书其事,不必在此之外推求褒贬义例。这一主张得到了黄震的认同,故《黄氏日抄》卷七至卷八《读春秋》大量引用了《春秋讲义》,即"岷隐曰"。

如隐公二年(前721)经文:"春,公会戎于潜。"《穀梁传》、何休、范宁、孙复等人都认为孔子书此事是"恶之也",即是贬抑,但"会"并非是贬义词,《穀梁传》等认为这种褒贬是一种特殊的"言外之贬"。戴溪分析认为:"古者,戎狄种落间与中国杂处,近于鲁者为徐戎,多为鲁患。当伯禽之时,徐戎并兴,东郊不开。伯禽至于治戎器以伐之,具版筑以备之。今也隐公与戎会于潜,《左氏》以为修惠公之好,鲁与戎好,其来久矣,未几复盟于唐,至于桓公盟唐,再书,戎鲁会盟,遂为故事。"②春秋乱世,鲁国与戎狄比邻已久,为了生存不得不与戎狄相会,此事并非鲁隐公的创举,孔子只是据事直书,并无贬责隐公之意。黄震在《黄氏日抄》中引用了戴溪此说,并认为《穀梁》诸家"是责人于难也"③。戴溪对《春秋》历史记事的分析,立足于春秋时代的具体历史环境,注意结合单个事件发生的前因后果,故得到了黄震的高度评价。

譬如隐公八年(前715)三月:"郑伯使宛来归祊。庚寅,我入祊。"《公羊》《穀梁》都着眼于"庚寅"日,认为书日是责难之意。戴溪着眼于这一历史事件的前因后果,指出祊在地理上毗邻鲁国,许田属于鲁国而毗邻郑国,郑伯看中了许田,而以归还祊掩人耳目:"郑伯利在得许田,未敢直取之于鲁,故先使人归

---

① 朱熹:《朱子全书·晦庵集》卷三五《与刘子澄》("衡阳改命"):"宋宪乐善爱民可与共事,诸子颇有意向学,但前此未得师友,今在彼又为戴溪鹘突,若到彼可力与救援,亦一学也"(第1551页)。
② 戴溪:《春秋讲义》卷一,《文渊阁四库全书》第155册,第5—6页。
③ 黄震:《黄震全集·黄氏日抄》卷七,第162页。

祊,为异日取许田之地。隐公不悟其计,受而有之,故《春秋》书曰'我入祊'。"①孔子之所以要特别说明"我入祊",是为了指出郑伯成功地欺骗了隐公,书日则别无深意。黄震认为戴溪此说"精于考究"②。

第二节 "三礼"研究

"三礼"指《礼记》《周礼》《仪礼》三部儒家经典。宋代温州学者对《周礼》用功最勤、成果最大,不但有王与之《周礼订义》这样网罗丰富的集注之作,还有陈傅良《周礼说》和郑伯谦《太平经国之书》等单行著作。《仪礼》研究首推张淳的《仪礼识误》,为其同时代《仪礼》研究的翘楚。相对而言,《礼记》研究较为寥落,主要是对《大学》《中庸》两篇的解注,而没有对《礼记》全书的统括性的研究。

一、张淳的《仪礼》研究

张淳(1121—1181),字忠甫(又作忠父),永嘉人,累试不第,授特奏名进士,遂终身不仕。他是薛季宣、郑伯熊、陈傅良的好友,终身居乡治《仪礼》,并大力推行古礼。③ 张淳对《仪礼》研究的贡献主要有二:一是校正了《仪礼》版本,二是撰写了《仪礼识误》。

《仪礼》17篇,传至西汉末年已有戴圣、戴德、庆普、刘向4个版本并行,东汉末年郑玄在刘向本的基础上重新编次整理,成为后世通行版本。由于历代学者除了郑玄、贾公彦外,对《仪礼》罕有研究,北宋经学号为极盛,但《仪礼》却乏人问津。神宗熙宁年间科举改革,将《仪礼》移出了考试范围,使此经更加受到轻视。到了南宋,《仪礼》因历代辗转传写而无人整理,存在着很多文字的讹夺。张淳痛感《仪礼》错讹难读,决心重新点校整理,他认为严州本系以北宋监本(后周显德本、广顺本)、巾箱本为祖,故以严州本为底本,参校南宋通行的杭

---

① 戴溪:《春秋讲义》卷一,《文渊阁四库全书》第155册,第12页。
② 黄震:《黄震全集·黄氏日抄》卷七,第162页。
③ 生平参见陈傅良:《陈傅良先生文集》卷四七《张忠甫墓志铭》,周梦江点校,第596页。历代学者对张淳《仪礼》校本和《仪礼识误》的评价,参见孙诒让:《温州经籍志》卷四,第119—127页。

州细字本、湖北漕司本各本。对各本歧异之处,又参校唐人贾公彦《仪礼疏》、陆德明《经典释文》;如各本都无法辨明令人信服的异文,则采取审慎阙疑的态度。张淳还根据校勘中发现的错字和校正情况,撰写了《仪礼识误》。

在南宋孝宗朝,《仪礼》是经学中的冷门,张淳的工作一问世就引起了当代知名学者的关注。朱熹多次高度评价张淳的考订,称赞其"此本较他本为最胜",其校雠工作"号为精密",但他也批评张淳过于尊信陆德明《经典释文》,有些异文明显属于贾公彦《疏》为是、《经典释文》为非,但张淳仍主张后者。① 马端临《文献通考》引南宋《中兴艺文志》谓:"《仪礼》既废,学者不复诵习,或不知有是书。乾道间,有张淳始订其讹,为《仪礼》识误。"② 清代经学大师孙诒让指出,张淳在校勘中所使用的版本多数已亡佚,张淳最推崇的陆德明的《经典释文》为北宋开宝刻本,亦与今本大不相同,故其保存文献之功甚巨。③

二、陈傅良的《周礼》研究

陈傅良研究《周礼》的著作,长期来被统称为《周礼说》。《周礼说》有 12 篇的版本,即所谓"格君心、正朝纲、均国势说,各四篇",一共 12 篇,因曾于绍熙三年(1192)进献给宋光宗,故又称《经进周礼说》。另外还有《周礼说》一集,是陈傅良的讲义,相当多的内容现仍保留在王与之《周礼订义》中。④《周礼说》现在仅存《格君心》一组 4 篇文章,保存于真德秀《西山读书记》卷二四《礼要旨》中。

从《西山读书记》里的《经进周礼说》之《格君心》4 篇看,经进《周礼说》与讲义《周礼说》既有联系,又有区别。前者显然是在后者的基础上删削而成,体例亦大有不同。讲义《周礼说》是依《周礼》经文展开,随文讲说,"综贯群经,释名辨物",而经进《周礼说》实际上是 12 篇独立的论述文字,并不附丽于经。在文体上,讲义《周礼说》多有口语,而经进《周礼说》较为文雅。今人以王与之《周礼

---

① 朱熹:《晦庵先生朱文公文集》卷七〇《记永嘉仪礼误字》,载朱杰人、严佐之、刘永翔主编:《朱子全书》第 32 册,第 3390 页。
② 马端临:《文献通考》卷一八〇,第 5338 页。
③ 孙诒让:《温州经籍志》卷四,第 126 页。
④ 孙诒让:《温州经籍志》卷三,第 93 页。

订义》为来源对《周礼说》进行了辑录。①

陈傅良这样阐述研究《周礼》制度思想的方法：

> 读《周礼》须熟读五官目录，次知所属有定局，更将西汉《百官志》及《历代官志》，与今官制参考，但其时须知尊卑、贵贱、紧慢、亲疏不同。谓如内宰一职，乃士人为之，至秦汉时便为大长秋，有大长秋犹存此职，东汉以来岂复有此？又如医师食医等职，周官时士为之，至本朝，御药院是和安大夫，或承宣使、宣徽使领之，便见得紧慢、尊卑、贵贱之意。须是以此考校古今，识得彻底，方可读。②

研究《周礼》不是为了复古，而是要比较周朝、秦汉以及秦汉以下历代直至宋代的制度异同，总结其中的变化、损益，即所谓"考校古今，识得彻底"。因此，研究周礼，是为了了解当今政治制度的利弊，更要全面更新南宋现行的"今官制"。

朱熹对陈傅良的《周礼》非常关注，也认同其中的一些观点："如陈君举说，天官之职，如膳羞衣服之官皆属之，此是治人主之身，此说自是。"③庆元三年（1197）左右，朱熹看到陈傅良的《周礼说》以及徐元德的《周礼制度菁华》，并发表了评论："于丘子服处见陈、徐二先生《周礼制度菁华》。下半册，徐元德作，上半册，即陈君举所奏《周官说》。大概推《周官》制度亦稍详，然亦有杜撰错说处。"④《朱子语类》中与陈傅良《周礼说》相关的语录的记载人（沈僩、钱木之），其记载时间都不早于庆元三年，可以推测朱熹是在庆元年间，也就是生命中的最后六年中读到了陈傅良的《周礼说》。值得注意的是，朱熹曾说："某今病得一生九死，已前数年见浙中一般议论如此，亦尝竭其区区之力欲障其末流，而徒勤无益，不知瞑目以后又作么生，可畏可叹。"⑤所谓"前数年"应该是指绍熙二年（1191）开始的他与永嘉学派的斗争。"徒勤无益"透露出了某种无奈，而"不

---

① 参见王宇：《永嘉学派与温州区域文化》，第 295—340 页。
② 陈傅良：《周礼订义·弁言》，载王与之：《周礼订义》，《文渊阁四库全书》第 93 册，第 10 页。
③ 黎靖德编：《朱子语类》卷八六，第 2204 页。
④ 黎靖德编：《朱子语类》卷八六，第 2206 页。《朱子语类》此条语录记载者为李儒用，他记载的语录时间不早于庆元三年（1197），见方彦寿：《朱熹书院与门人考》，第 204 页。
⑤ 黎靖德编：《朱子语类》卷七三，第 1847—1848 页。

知瞑目以后又作么生"反映了他对未来的担忧。确实,朱熹于庆元六年(1200)去世,两年后(嘉泰二年,1202)陈傅良去世,作为永嘉学派的集大成者,叶适在宁宗嘉定年间完成了《习学记言序目》,提出了对程朱理学更加完整、系统的批评,证实了朱熹的"可畏可叹"。

三、郑伯谦《太平经国之书》

郑伯谦,字节卿,永嘉人,绍熙元年(1190)进士,历任衢州府学教授、临安府通判、知临江军、知常德府。①《太平经国之书》11卷是他在衢州府学教授任上的作品,今人有点校本。②

此书与陈傅良《周礼说》一样,都是通过总结《周礼》所反映的制度设计原则,企图改革南宋的政治经济制度。四库馆臣评论此书:"皆以《周官》制度类聚贯通,设为问答,推明建官之所以然。多参证后代史事,以明古法之善。"③但是,此书主张增加宰相之权、反对皇帝像汉文帝那样节俭自奉,这引起了馆臣的疑惑:"然其间命意,间有不可解者。……其时武统于文,相权可谓重极,而此书《宰相》一篇,尚欲更重其权。又宋人南渡之余,湖山歌舞,不复措意中原,正宜进卧薪尝胆之戒,而此书《奉养》一篇,乃深斥汉文帝之节俭为非,所论皆不可为训。毋乃当理宗信任贾似道时,曲学阿世以干进欤?"这里需要指出两个问题。第一,郑伯谦不可能献媚于贾似道,因为郑氏是绍熙年间的进士,不可能活到贾似道开始专权的理宗景定元年(1260)。④ 第二,郑伯谦主张强化相权,不是希望出现韩侂胄、史弥远式的权相,而是希望模仿《周礼》中"冢宰"统领"六卿"的体制,恢复宰相(相当于冢宰)作为行政体系首脑的地位,整合权力,杜绝政出多门之弊:"此事权之所以合一,而国家所以无多门之政。"⑤而从汉代以来,皇帝千方百计地分化、瓦解宰相之权,不断设置与宰相并行的各种职务,导

---

① 郑伯谦生平见孙衣言:《瓯海轶闻》卷五,张如元校笺,第133页。
② 郑伯熊、郑伯谦:《二郑集》,周梦江校注,上海社会科学院出版社2006年版。
③ 永瑢等:《四库全书总目》卷一九,第151页。
④ 此据何忠礼:《南宋全史》第2册,上海古籍出版社2016年版,第205页。
⑤ 郑伯谦:《太平经国之书》卷一《宰相》,载郑伯熊、郑伯谦:《二郑集》,周梦江校注,第127页。

致宰相无权："九卿更进用事,不关决于丞相,而大臣之权尽去矣。"①这一思想与陈傅良"权纲归一"的思想是完全一致的。② 第三,郑伯谦在《奉养》篇的主张并不是提倡皇帝穷奢极欲,相反,他也认为:"夫使殚财以华其居,尽美以伤其躬,穷五味以爽其口,此固失万物之性。"③但是他主张皇帝有正当的理由必须获得较为优厚的物质待遇,《周官》之中设置膳夫、甸师、宫人等职都是为皇帝的衣食住行服务,不如此则皇帝的身体和心理状况都无法胜任治国理政的繁重任务:"以一人而治四海,则必以四海奉一人。"④

实际上,皇帝应该获得什么样的衣食住行待遇,只是细枝末节,要害问题在于皇帝和大臣以什么样的主观动机治国理政。郑伯谦在《自序》中指出,后世制度与《周礼》的根本区别是:"先王无自私之心,安家者,所以宁天下也;存我者,所以厚苍生也。三代以还,人主始自私矣,以天下遗其子孙,故不得不为久恃无恐之计。"明君贤主尚能为了维护家天下的延续,而保持天下安定,秦、隋暴君则"淫荒狂惑,则并与其自私之计而弗念矣"。⑤郑伯谦主张用《周礼》的精神来抑制君主的自私自利过于膨胀,使天下免于危乱。可以说,这在某种程度上是对皇权的一种制约,与陈傅良的"天子无私财、私兵"的主张一脉相承,故《太平经国之书》的很多具体观点与陈傅良都相同。

四、王与之《周礼订义》

王与之,字次点,号东岩,乐清人。王与之应科举屡不第,长年从事讲学,而特别致力于《周礼》研究,其《周礼订义》是多年研究的心血结晶。著名学者真德秀于理宗绍定五年(1232)为其作序,从序文看,当时全稿并未完成;嘉熙元年(1237)赵汝腾为此书撰卷末跋语,则此时已脱稿。全书定稿后达80卷之巨,其中前40卷定稿后曾刊刻流行。⑥ 淳祐二年(1242)秘书省牒温州,调取王与之

---

① 郑伯谦:《太平经国之书》卷一《宰相》,载郑伯熊、郑伯谦:《二郑集》,周梦江校注,第127页。
② 陈傅良的相关思想参见本书第六章第三节。
③ 郑伯谦:《太平经国之书》卷八《奉养》,载郑伯熊、郑伯谦:《二郑集》,周梦江校注,第167页。
④ 郑伯谦:《太平经国之书》卷八《奉养》,载郑伯熊、郑伯谦:《二郑集》,周梦江校注,第166页。
⑤ 郑伯谦:《太平经国之书·自序》,载郑伯熊、郑伯谦:《二郑集》,周梦江校注,第109页。
⑥ 孙衣言:《瓯海轶闻》卷一二,张如元校笺,第379页。

此书,知州赵汝腾为此奏请朝廷赐予王与之一官以示奖励,遂授宾州文学。

《周礼订义》为宋代《周礼》研究的巨著。《周礼订义·序目·编类姓氏目次》收录了历代著作45家,绝大部分为宋代学者的著作,其中引用的温州学者著作有:(1) 薛季宣"《释疑》";(2) 陈傅良"《说》一集、《经进》四篇";(3) 郑伯熊"文集数说";(4) 郑伯谦"有《太平经国书》刊行";(5) 叶适"有数说,见《习学记言》";(5) 曹叔远"有《地官》'遂人'至'槁人'";(6) 山阴孙氏之宏"字伟夫,有《小集》"。孙之宏尽管不是温州人,却是叶适最重要的弟子、叶适《习学记言序目》的整理者,因之他的《周礼小集》也被摘录了若干片段。

可见,王与之的取材,不仅包括了郑伯谦《太平经国之书》这样的单行著作,也有曹叔远《地官讲义》这样的单篇论文,更有从叶适《习学记言序目》中辑录出的叶适对《周礼》的见解,为研究永嘉学派的《周礼》学思想保存了宝贵的思想资料。

第三节 "四书"研究与道统异议

一、薛季宣的"四书"学研究

"四书"研究方面,薛季宣有《大学解》《中庸解》《论语少学》《论语直解》4种。其中《大学解》《中庸解》因集中体现了其哲学思想,本书在第二章第二节已详加讨论,此不赘。《论语少学》二卷、《论语直解》(卷数不详)全书已亡佚,《浪语集》(《薛季宣集》)保留了两书的自序。《论语直解序》肯定《论语》的重要性不亚于六经:"六经固妙且玄,必《论语》而后行。《论语》之于六经,其道学之中和,大《易》之乾坤乎?"[①]他自称研究《论语》多年,颇有心得,以"直解"的形式记录下来:"敢自信其所自知,笔而释其句读,名'直解',示无曲说者。"[②]强调"直解"不是敷衍成文,与科举经义中《论语》经义没有关系。薛季宣在《论语少学序》中表达了"愿学焉而终身者也"的志向,但没有明确此书的体例、解经方法,以及

[①] 薛季宣:《薛季宣集》卷三〇,张良权点校,第427页。
[②] 薛季宣:《薛季宣集》卷三〇,张良权点校,第428页。

与《论语直解》的关系。

朱熹自称曾读过薛季宣的"《论语解》",可能就是《论语直解》,并引用了薛季宣对《论语·雍也》"何事于仁"一句的解释:

"'何事于仁',只作岂但于仁。"谓:"'必也圣乎',圣如尧舜,其尚有不足于此。"曰:"薛士龙《论语解》此亦是如此,只是渠遣得辞涩。盖仁以道理言,圣以地位言,自是不同。如'博施济众'为仁,而利物爱人小小者亦谓之仁。仁是直看,直上直下只一个道理。'圣'字便横看,有众人,有贤人,有圣人,便有节次,只岂但于仁。盖'博施济众',虽圣如尧舜,犹以为病耳。"①

朱熹批评薛季宣表达不够流畅("渠遣得辞涩"),但对其解释基本上是同意的,且可以看出他对薛氏《论语直解》十分熟悉。但总体上,他对薛季宣的《论语》研究批评严厉:"薛氏书已领,观其用功纤密,良可叹服。而昨得其《论语》及《春秋》,却有难晓解处。岂其用力于彼者深,固所谓艺之至者不两能邪?学者于此要当知所择耳!"②这里所说的"用功纤密"应该是指《八阵图》《书古文训》等,而他不认可薛季宣关于《春秋》《论语》的著作,并认为薛季宣不懂得有所取舍,研究兴趣过于广泛,难以处处兼顾,《论语》《春秋》并非薛氏所长。虽然薛季宣的《论语》著作已经亡佚,但叶适晚年曾为《论语少学》写了一篇《书后》。文中,叶适认为个体学习探索的起点是"一士之学",通过"自善其学"最终走向"万世共由之学":

不以其学诬万世共由之学,必自善其学,其学善而能合乎万世共由之学矣。若夫私其学者,非也。师虽有传,说虽有本,然而学者必自善。自善则聪明有闻也,义理有辩也,德行有新也。推之乎万世所共繇,不异矣。谓必用一说一本者,以学为诬者也;不一说不一本,而不至乎其所共繇者,以

---

① 黎靖德编:《朱子语类》卷三三,第842页。
② 朱熹:《晦庵先生朱文公文集》卷四六《答潘叔昌》(所示内外交养),载朱杰人、严佐之、刘永翔主编:《朱子全书》第22册,第2146页。

学为私者也。①

叶适指出,学者既不能株守师说,放弃自我思考,也不能狂妄自大,目空一切,陷入自我封闭的独断论,这两种倾向都不能导向"万世共由之学"。叶适此文撰于宁宗嘉定七年(1214)②,此时程朱理学官学化的进程已经启动,叶适所批评的"谓必用一说一本者,以学为诿者也",就是指程朱理学的独尊排他的"道统"学说。而叶适之所以在《论语少学》的跋语后提出此论,可能与他了解到朱熹对薛季宣《论语解》的批评有关。

二、叶适的"四书"学研究

至于叶适,他更对"四书"研究倾注了极大的心血,从而批判程朱理学的哲学思想。这其中与认识论有关的内容,已经在本书上文(第四章第二节)详述。这里主要讨论两个问题:一是叶适对以"四书"为经典形态的理学道统体系的批判;二是叶适对朱熹《四书集注》具体观点的批判。

叶适认真研读过朱熹的《四书章句集注》。譬如二程、朱熹对《大学》推崇备至:"故程氏指为学者趋诣简捷之地,近世讲习尤详。其间极有当论。"③至于朱熹《大学章句》,叶适也不点名地批评道:

> 所谓大学者,以其学而大成,异于小学,处可以修身齐家,出可以治国平天下也。然其书开截笺解,彼此不相顾,而贯串通彻之义,终以不明。学者逐逐焉章分句析,随文为说,名为习大学,而未离于小学,此其可惜者也。④

叶适所谓"其书"应该是指二程的《改正大学》和朱熹的《大学章句》。二程、朱熹认为"八条目"中"格物、致知、诚意"三者没有分别对应的"传",为此进行了

---

① 叶适:《叶适集·水心文集》卷二九《题薛常州〈论语少学〉后》,第592页。
② 据周梦江:《叶适年谱》,第157页。
③ 叶适:《习学记言序目》卷八,第113页。
④ 叶适:《习学记言序目》卷八,第113页。

大幅度的文本调整,朱熹甚至补写了《大学》原文所无的《格物致知传》,破坏了《大学》原有的文本结构,这种行为貌似"大学",实际上是"小学"。

对于朱熹的《论语集注》,叶适在《习学记言序目》卷一三《论语》中多次提到了"近世"或"近世之学",有些地方没有引用原文语句,故无法确定出自程朱的哪一部著作(或语录)。如《里仁》"吾道一以贯之",叶适批评:"至于近世之学,但夸大曾子一贯之说,而子贡所闻者殆置而不言,此又余所不能测也。"①朱熹确实对曾子"吾道一以贯之"非常推崇,但从叶适这句话中无法判断是否出自《论语集注》。叶适只在一处指名引用了朱熹:"朱氏又言'后七篇多错简'。按《先进》以后诸篇,言厉而义峻,皆成德以上之事,当时门人不能尽识,谓之错简,非也。"②《先进》以后尚有10篇,"后七篇多错简"应为"后十篇多错简";而朱熹《论语集注》卷八《季氏》"齐景公有马千驷"章注:"后十篇多阙误。"③正是"朱氏又言"的来源。叶适认为《先进》以后各篇非常重要,只是门人弟子不能理解,就被指为错简。由此可知,叶适确实仔细研读过《论语集注》。除此之外,叶适多处匿名引用朱熹的《论语集注》,其引文都可得到原书的印证。

《论语集注·雍也》"哀公问弟子孰为好学"章云:

> 迁,移也;贰,复也。怒于甲者,不移于乙;过于前者,不复于后。颜子克己之功至于如此,可谓真好学矣。短命者,颜子三十二而卒也。既云今也则亡,又言未闻好学者。盖深惜之,又以见真好学者之难得也。程子曰:颜子之怒,在物不在己,故不迁;有不善未尝不知,知之未尝复行。不贰过也。……④

叶适在《习学记言序目》中针对此注回应道,孔子很少赞扬弟子,而颜回是弟子中最出色者之一:"夫孔子聚天下之材,教于一门,最众也;颜子,最寡也。其间多长老,颜子少也,又追痛于已死,不顾其生存也,若是乎好学之难哉。"⑤

---

① 叶适:《习学记言序目》卷一三,第179页。
② 叶适:《习学记言序目》卷一三,第194页。
③ 朱熹:《四书章句集注·论语集注》卷八,第175页。
④ 朱熹:《四书章句集注·论语集注》卷三,第84页。
⑤ 叶适:《习学记言序目》卷一三,第180页。

他引用《易·益卦·大象传》:"君子以见善则迁,有过则改。"以及《论语·述而》"德之不修,学之不讲,闻义不能徙,不善不能改",认为"迁怒"就是"迁善":"徙义,犹迁怒也;义则必徙以就之,怒则不迁以就之。其机一也。后世于不迁怒有异指,疑其伦类未通也。"①见到值得效法的"义"就改变自己努力效法,遇见他人"怒"于我,则以坚守不变以应对之。只有这样颜回才配得上孔子"好学"的赞誉:"盖置身于喜怒是非之外者,始可以言好学;而一世之人常区区乎求免于喜怒是非之内而不获,如撌泥而扬其波也。呜呼,必若是则惟颜子尔。"②因此"不迁怒"并不是指善于控制自己的喜怒哀乐、不将怒气发泄到他人身上:"凡此皆后人所未讲也。乃独以为'学者不当移此怒于彼,知不善未尝复行'而已。嗟乎,岂以是为颜子之所独能,而凡孔氏之门者,皆轻憸频复之流欤?是孔子诬天下以无人,固余之所不敢从也。"③孔门弟子得到孔子亲传面授,不可能如此情绪不稳定,轻易泄愤他人。这种解释过分贬低了孔子的教育水平和孔子门人的道德修养水准。

朱熹在《论语集注·述而》"子路曰子行三军则谁与"章中引谢良佐语云:

> 谢氏曰:圣人于行藏之间,无意无必,其行非贪位,其藏非独善也。若有欲心,则不用而求行,舍之而不藏矣。是以惟颜子为可以与于此,子路虽非有欲心者,然未能无固必也。④

叶适认为:

> 孔子、颜渊皆不求用者也。故曰用之则行,直言不必隐尔。其答阳虎,必不仕者也。故曰吾将仕矣,亦谩诺之尔。古之圣贤用舍固有定义,虽孔子不得独异也。而后世学者以为,惟孔子能不系吝于用舍之间,而谓颜子亦能之,若是则沉浮进退,听物所为,不用而犹行,见舍而不藏,而出处之

---

① 叶适:《习学记言序目》卷一三,第183页。
② 叶适:《习学记言序目》卷一三,第180页。
③ 叶适:《习学记言序目》卷一三,第180页。
④ 朱熹:《四书章句集注·论语集注》卷七,第95页。

大节防矣。①

根据所要服务的君主(或诸侯、大夫)的正义性,孔子和颜回对是否出仕持有确定的、客观的判断标准。谢良佐则将是否出仕归结为孔子一心之妙用,抹杀了"仕"与"隐"的界线,完全脱离了客观的效忠对象,这等于放弃了出处大节。

《公冶长》篇"颜渊季路侍"章中,孔子要求各位弟子"各言其志",孔子听了弟子的志愿后表示:"老者安之,朋友信之,少者怀之。"朱熹《论语集注》引"程子曰"云:

> 至于夫子,则如天地之化工,付与万物而已不劳焉,此圣人之所为也。今夫羁靮以御马而不以制牛,人皆知羁靮之作在乎人,而不知羁靮之生由于马,圣人之化,亦犹是也。先观二子之言,后观圣人之言,分明天地气象。凡看《论语》,非但欲理会文字,须要识得圣贤气象。②

叶适针对这一解释说:"孔子之志,'老者安之,朋友信之,少者怀之',少抑于二子矣。夫高其所愿者,终或不能从也。而近世之学者,乃以为如是则与天地同量,且天地虽大也,亦乌能安老而怀少哉?"③在叶适看来,"安老怀少"的目标比颜渊、子路的志向更加平实,是日用修养功夫,因为提出过高的要求,安而难以达到(夫高其所愿者,终或不能从也)。孔子提醒门下好高骛远的众弟子,日常的道德修养功夫是首要的、持续的、贯穿首尾的。因此,"安老怀少"既不是道德修养的最高境界,也不是认识终极真理的标志。理学家们把"安老怀少"当作是"天地气象""圣贤气象",是错误的。

三、戴溪的《石鼓论语答问》

《石鼓论语答问》是戴溪于淳熙十三、十四年间(1186—1187)在衡州石鼓书

---
① 叶适:《习学记言序目》卷一三,第184页。
② 朱熹:《四书章句集注·论语集注》卷三,第82—83页。
③ 叶适:《习学记言序目》卷一三,第180页。

院讲学时的讲义。朱熹在《朱子语类》中曾多次对学生提起此书,大体上比较肯定。第一条是关于《论语》"甚矣吾衰矣"章的解释:"戴少望谓颜渊、子路死,圣人观之人事,凤鸟不至,河不出图,圣人察之天理,不复梦见周公,圣人验之吾身,夫然后知斯道之果不可行,而天之果无意于斯世也。曰:'这意思也发得好。'"①第二条是"见或人所作讲义,不知如何?如此圣人见成言语,明明白白,人尚晓不得,如何须要立一文字,令深于圣贤之言,如何教人晓得?戴肖望比见其湖南说话,却平正,只为说得太容易了,兼未免有意于弄文"②。值得注意的是,陈振孙《直斋书录解题》著录了戴溪《石鼓论语答问》三卷、《孟子答问》三卷,并云:"岷隐初仕衡岳祠官,领石鼓书院山长,所与诸生讲说者也。其说切近明白,故朱晦翁亦称其近道。"③虽然朱熹没有正面说过"近道",但也没有什么批评。

此书的特点是发挥义理,而略于名物考证,在发挥义理之中,又特别注意与南宋现实政治相结合。如《为政》"子曰道之以政齐之以刑"章,戴溪举例说,一个人刚刚到任某地,就向老百姓张榜公示:"某事合当如此,若不如此便须有罪。"这就叫"道之以政,齐之以刑"。这种情况下,老百姓表面上规规矩矩,实际上只是畏惧刑罚:"民到得无耻,何事不可做,但未敢做尔!"如果不用张榜公示,明示赏罚,而是向老百姓解释道理,使之心悦诚服:"今有一法不用出榜晓谕,别自有道理晓谕得人,亦不用治某罪,用某罚,别自有道理整齐得人。"这就叫"道之以德,齐之以礼"。这种情况下,老百姓知道是非道理,真正懂得犯法之可耻,执政者才可以大展身手,继续推行政令:"若有耻且格,既格后,上面工夫大段做得,何事不可为也?"④这一段话将《论语》义旨与南宋当代政治利弊得失深度结合,这是永嘉学派经学研究的一个特点。

《石鼓论语答问》中也有些不同于朱熹的见解。例如《泰伯篇》载:"曾子有疾,孟敬子问之。曾子言曰:'鸟之将死,其鸣也哀。人之将死,其言也善。君子所贵乎道者三,动容貌,斯远倍慢矣;正颜色,斯近信矣;出辞气,斯远鄙倍矣。笾豆之事,则有司存。"朱熹认为篇中所说"动容貌,斯远倍慢矣;正颜色,斯近信

---

① 黎靖德编:《朱子语类》卷三四,第862页。
② 黎靖德编:《朱子语类》卷一二三,第2967页。
③ 陈振孙:《直斋书录解题》卷三,徐小蛮、顾美华点校,第77页。
④ 戴溪:《石鼓论语答问》卷上"子曰道之以政齐之以刑"章,《文渊阁四库全书》第199册,第8页。

矣；出辞气，斯远鄙倍矣"是指君子的个人修养，即通过"动容貌"而达到个体修养"远倍慢"的效果，以此类推。① 戴溪的观点完全不同，认为此章是指治国理政的道理："曾子之意以为，君子所贵乎道者，为其功用甚大故也。道全德备后，才动容貌，民莫不敬，暴慢自远矣；才正颜色，不待号令而民之信者过半矣；才出辞气，民莫不从鄙倍自远矣。"因此，儒家的个人修养，不仅是独善其身，更可以治国平天下。② 无独有偶，叶适解释此章时，直接批判曾子的言论违背了孔子"克己复礼、天下归仁"的教导，曾子只讲"克己"，而没有提到"复礼"和"天下归仁"的功用。③ 戴溪与叶适二人，前者肯定曾子，后者批评曾子，其思想内涵却异曲同工，都强调了儒学修身功夫应该具有治国理政的"功用"，而不是个体意义的修身功夫。

第四节 史学思想

一、"六经皆史"的史学思想

永嘉学派的"制度新学"主要是通过古今制度的沿革流变，探索解决南宋当代社会的改革思路，因此坚实的历史学研究，特别是制度史研究，是"制度新学"的基础和前提；相应的，制度新学并不是为了复原古代历史的原貌，而是为了经世致用。陈傅良曾说："《周礼》一经，尚多三代经理遗迹，世无覃思之学，顾以说者为缪，尝试者为大缪，乃欲一切驳尽为慊。苟得如《井田谱》与近时所传林勋《政本书》，数十家如此者，去其泥而不通如彼者，则周制可得而考矣。周制可得而考，则天下亦几于理矣。"④ 可见，他研究《周礼》的目的是解决南宋社会政治中的现实问题，陈傅良把《周礼》视为研究西周历史的第一手史料，这已经具有"六经皆史"的雏形。

本章上文已经讨论了叶适在研究"春秋三传"中已经使用了史学研究的方

---

① 朱熹：《四书章句集注·论语集注》卷四，第103—104页。
② 戴溪：《石鼓论语答问》卷中，《文渊阁四库全书》第199册，第20页。
③ 叶适：《习学记言序目》卷一三，第188页。
④ 陈傅良：《陈傅良先生文集》卷四〇《夏休〈井田谱〉序》，第509页。

法和视角,同时,他也认为史学研究应当为制度新学服务。他认为,孔子以前只有"统纪"之学。"统纪之学,论述今古",也就是史。他说:"孔子之时,前世之图籍具在,诸侯史官世遵其职,其记载之际博矣,仲尼无不尽观而备考之。故《书》起唐、虞,《诗》止于周,《春秋》著于衰周之后,史体杂出而其义各有属,尧舜以来,变故悉矣。"① 叶适认为《书》《诗》《春秋》等六经所记的都是历史,只不过文体不同罢了。如"《易》者,易也。夫物之推移,世之迁革,流行变化,不常其所,此天地之至数也"②。讲的是历史变化的规律。《书》则是尧、舜、三代的历史,三代的"治乱兴衰,圣贤更迭,与夫梁、封之大恶"也已尽载其中。《诗》可以当作周史看待,"言周人之最详者,莫如《诗》……故夫学者于周之抬,有以考见其次第,虽远而不能忘者,徒以其《诗》也"③。叶适谓《周礼》是"六卿之书","其于建国、设官、井田、兵法、兴利、防患、器械、工巧之术咸在,凡成、康之盛,所以能补上世之未备而后世之为不可复者,其先后可见,其本末可言也"④。《周礼》就是记载西周各种制度的可靠史料。叶适认为古代没有经、史的区别,只有史体的不同,直到孔子死后,"统纪之学废","修其业者司马迁、刘向、扬雄、班固而已"⑤,此时才产生了一批专业的史学家,经学与史学从此分道扬镳。

二、对"王霸义利之辩"的回应

陈亮与朱熹在孝宗淳熙十一年至十三年间(1184—1186)展开了著名的"王霸义利之辩"。在这场辩论中,陈亮认为"道"在历史时空中经常表现为代表道德规范的"仁义礼信"与代表"开物成务"能力的"智",二者相资为用,不可或缺;在"仁义礼信"的引导之下,"智"在历史过程中发挥了"开物成务"的功能。汉唐贤君英主虽然在"仁义礼信"方面瑕疵甚多,但善于运用"智"开创了霸业,收获

---

① 叶适:《叶适集·水心别集》卷六《史记》,第720页。
② 叶适:《叶适集·水心别集》卷五《诗》,第695页。
③ 叶适:《叶适集·水心别集》卷五《易》,第699页。
④ 叶适:《叶适集·水心别集》卷五《周礼》,第703页。
⑤ 叶适:《习学记言序目》卷四四《法言》,第660—661页。关于叶适的六经皆史思想,参见蔡克骄:《南宋浙东学派的史学批评》,《郑州大学学报(哲学社会科学版)》2009年第1期;《叶适史学思想初探》,《温州师范学院学报(社会科学版)》1987年第2期。

了"仁民爱物"的正面效果。汉唐霸业可以视为"道"在历史时空中的实践形态。① 朱熹则认为"智"不可能与"仁"相提并论,汉唐英主的霸业,因为其心术不正,主观出发点是功名利禄,因此其事业本身毫无道德价值可言。

作为与陈亮同为南宋浙东学派的战友,陈傅良从认识论的角度点评了这场辩论(详见本书第三章第一节),叶适则从历史人物的评价标准角度提出了自己的看法。叶适在王霸义利之辩发生的前后没有对此次辩论发表过意见。直到晚年(宁宗嘉定七年,1214),后学吕皓向叶适"请问晦庵、龙川二先生论辩条目",叶适却回答他:"讨论精详如此,某岂不能赞一语而决,要是前人各持论未定,不欲更注脚,徒自取烦聒。"②叶适认为双方的观点都有待进一步完善,他不愿意发表评论。但在《习学记言序目》中,叶适对义利问题、王霸问题、汉唐地位问题都有明确的论述,实际上是曲折地回应了王霸义利之辩。

第一,叶适从动机与效果的关系问题阐释了他的历史人物的评价标准的观点。叶适对《汉书·董仲舒传》的评价:

> "仁人正谊不谋利,明道不计功。"此语初看极好,细看全疏阔。古人以利与人,而不自居其功,故道义光明。后世儒者行仲舒之论,既无功利,则道义者乃无用之虚语尔。然举者不能胜,行者不能至,而反以为诟于天下矣。③

"正谊不谋利,明道不计功",正是绍熙二年(1191)曹叔远在朱熹面前所质疑的"有是非,无利害"。在评价历史人物和制度纪纲的成败得失时,要坚持动机与效果相统一的原则。"谋利""计功"是"正谊""明道"的题中应有之义,如果道义不能带来现实的功利,则道义亦成为虚伪的道义,动机与效果在任何时候都不能分离。因此,叶适说:

> 武帝《策贤良诏》称唐、虞、成、康,上参尧舜,下配三王,全指说在虚浮

---

① 王宇:《道行天地:南宋浙东学派论》,第171—186页。
② 吕皓:《云溪稿·与水心先生叶侍郎书》《云溪稿·叶水心先生哀辞》,转引自周梦江:《叶适年谱》,第157—158页。
③ 叶适:《习学记言序目》卷二一,第324页。

处。《诗》《书》所谓"稽古先民"者,皆恭俭敬畏,力行不息,去民之疾,成其利,致其义,而不以身参之。孔子言:"仁者己欲立而立人,己欲达而达人。能近取譬。"盖不特人主见道不实,当时言道者自不实也。①

汉武帝《策贤良诏》保存于《汉书》卷五六《董仲舒传》,其中对"三代"的赞美是这样的:"盖闻五帝三王之道,改制作乐而天下洽和,百王同之。当虞氏之乐莫盛于《韶》,于周莫盛于《勺》。圣王已没,钟鼓管弦之声未衰,而大道微缺,陵夷至呼桀纣之行,王道大坏矣。"②叶适认为,此诏把"三代大道"狭隘地理解为礼乐,是颠倒本末,"三代"的伟大之处在于:"去民之疾,成其利,致其义,而不以身参之。"三代圣王以大公无私为出发点,为百姓兴利除弊,给老百姓带来实实在在的好处,这才是"治道"的本质。

第二,叶适认同历史人物的"智"在很大程度上塑造了历史。他说:

> 战国、秦、汉以来,经营天下皆待智士,纵无一民寸土中,尚擘画得出。……唐人虽有干力而少智谋,自其初兴固已患之,后益滋甚愈,后则谋国者几绝。夫道德既不足以悦服,而智谋又不足以经营,天下虽大,谁与共之?其胥而为夷,何足怪也。③

在历史过程中,"道德"与"智谋"的功能相互独立,不能互相取代,虽乏"道德",而纯用"智谋",也可以建立功业,"纵无一民寸土中,尚擘画得出",唐代安史之乱则是最坏的情况,既无"道德",又无"智谋",以致此后多次发生长安失陷、皇帝出逃的惨剧。叶适还认为,《尚书·洪范》将五行(水火木金土)与"五味"(咸苦酸辛甘)一一对应起来,表面上看十分牵强,却反映了深刻的政治哲学观念:"五行无所不在,其功用所以成五味,味者养人之本,政理之至精者也。""五行"是否失常,主要考察其功用,"五味"代表着滋养生命的粮食,而政治的最高追求就是"养人"。总括起来说,"五行"的功用就是君主能否造福百姓("养

---

① 叶适:《习学记言序目》卷二一,第322页。
② 班固:《汉书》卷五六,第2496页。
③ 叶适:《习学记言序目》卷三八,第566页。

人")。相比之下，君主的个人道德对政治优劣虽有重要影响，但并不必然相关。而汉儒强调君主个人的失德行为，会导致五行错乱，引发各种灾异，则是错误的："今汉儒乃枚指人主一身之失德，致五行不得其性；又人主虽有德而智与力不具，则亦无以致五行之功，尧之洚水是也。"即使是尧这样道德堪为人极的圣王，也会因"智与力"不足，而不能阻止洪灾的发生。因此评价历史人物的功过，主要看治国理政的结果："若夫仅救一身之阙，以冀五行之顺已，而不能顺五行之理以修养民之常政，兴利而害辄随，除弊而利复壅，则汉儒之所以匡其君也末，而禹、箕子之道沦坠矣。"①只懂得君主个人的修身，而不懂得"修养民之常政"，就违反了《尚书·洪范》的真谛。

第三，叶适认为，在实践中过分强调"智"恐将脱出"仁义礼信"的轨道。陈亮多次强调"智"已经从孔子以下的儒家传统中消失了，故只能从建立了王朝的汉祖唐宗那里重新发掘。叶适不同意这一点，而指出朱熹抹杀汉唐功业的正义性固然是偏颇的，但若如陈亮那样高估汉唐功业的正义性只会走向另一极端：

> 尧、舜、三代之统既绝，学者寂寥莫能推与，不得不从汉唐。然其德固难论，而功亦未易言也。汤武世有其国，已为诸侯所归，不忍桀纣之乱，起而灭之，犹以不免用兵有惭于德，谓之功则可矣。光武，宗室子，志复旧物，犹是一理。如汉高祖、唐太宗与群盗争攘竞杀，胜者得之，皆为己富贵，何尝有志于民？以人之命相乘除，而我收其利，若此者犹可以为功乎？今但当论其得志后不至于淫夸暴虐，可与百姓为刑赏之主，足矣。若便说向汤武成康，大义一差，万世不复有所准程，学者之大患也。②

叶适认为"尧舜三代之统既绝"，"三代"之下只是呈现了"道"的初级形态或者不成熟的形态，即汉唐功业。虽然不能否认汉唐功业具有"不至于淫夸暴虐，可与百姓为刑赏之主"的正义性，但同样不能否认，汉高祖、唐太宗建立功业的动机不过是"与群盗争攘竞杀，胜者得之，皆为己富贵，何尝有志于民？"所

---

① 叶适：《习学记言序目》卷二二，第314页。
② 叶适：《习学记言序目》卷三八，第563页。

以,如果将汉唐功业与"尧舜三代之统"等量齐观,会造成严重的道德危机,"大义一差,万世不复有所准程"。叶适坚持将动机与效果结合起来评价历史,符合其"道无内外,学则内外交相明"的认识论。而陈亮在与朱熹的辩论中过于强调了次级真理"仁民爱物",叶适不得不将他稍微往"终极真理"的方向拉了一点,以免其逸出儒家价值体系的范围。

三、道统异议

在《总述讲学大旨》中,叶适已经清晰地阐明,"道"必须"措于事物",落实于历史时空之中。因此,尽管孔子在主观上领悟了"道统",并不能等同于"道行于天地之间""措于事物"。《周礼》形态的社会解构之后,"道之本统"已经不存在了,存在的只是文献中对"道之本体"的记载。叶适认为孔子的贡献是:"周道既坏,上世所存皆放失。诸子辩士,人各为家。孔子搜补遗文坠典,《诗》《书》《礼》《乐》《春秋》,有述无作。惟《易》著彖、象。"[①]所谓"述而无作",指他只是整理、保存了记载唐虞以来关于"道统"的文献,因此孔子的出现及其活动,不能视为"道"在人间的存在形态。既然如此,理学所提倡的由学者个体与个体的传授统绪组成的"道统",当然也是不能成立的。

叶适总体上肯定《论语》是记载孔子之教最原始、最可靠的文献。但他也批评《论语》一书由曾子门人编辑而成,其中曾子转述的某些孔子言论最不可靠、对后世负面影响最大。譬如曾子说:"子罕言利与命与仁",实际上《论语》中孔子经常提到"仁":"今考孔子言仁多于他语,岂其说教不在于是,朋至群集有不获闻,故以为罕耶?"[②]叶适又指出曾子不属于"孔门十哲",且孔子曾批评他"参也鲁"。故曾子不足以传承道统。曾子的传人子思也不能算作道统中人,他所撰述的《中庸》违背了孔子的教诲:"若子思所自作,则高者极高,深者极深,宜非上世所传也。然则言孔子传曾子,曾子传子思,必有谬误。"[③]叶适认为孟子勉强可以进入道统:

---

① 叶适:《习学记言序目》卷四九,第 738 页。
② 叶适:《习学记言序目》卷四九,第 738 页。
③ 叶适:《习学记言序目》卷四九,第 739 页。

孟子亟称尧、舜、禹、汤、伊尹、文王、周公，所愿则孔子，圣贤统纪既得之矣。养气知言，外明内实，文献礼乐，各审所从矣。夫古昔谓之传者，岂必曰授之亲而受之的哉？后世以孟子能传孔子，殆或庶几。然开德广、语治骤、处己过、涉世疏，学者趋新逐奇，忽亡本统，使道不完而有迹。①

叶适说，曾子、子思不能传道，并不影响子思门人孟子进入道统，因为"夫古昔谓之传者，岂必曰授之亲而受之的哉"，孟子完全可能是自证自悟了"道"。不过，叶适批评孟子"性善"说降低了道德修养的标准，对实现仁政想得过于简单，对自身的能力和历史地位评价过高，对社会的实际情况了解不够充分。孟子这些不足被后世儒者所利用、放大，导致"道之本统"晦暗不明。

总体而言，永嘉学派的史学思想与其事功思想、经世致用的取向有着直接的逻辑关系，故其对史学的本质、功能、地位的认识都着眼于为改造现实社会服务。

第五节　史学成就

在史学思想的指导下，永嘉学派在本朝史研究、军事史研究、历代史事评论、地方志编纂等方面，都取得了丰硕的成果。对有代表性的人物和著作，本节将予以简要介绍。

一、宋代本朝史研究

永嘉学派的历史研究是为了改革南宋当代政治、军事、经济制度而服务的，而与现实最为贴近的历史自然是宋代的本朝史。在这一领域，陈傅良、徐自明都有杰出的贡献。

陈傅良、叶适都认为，北宋太祖、太宗创立了以"防范矫失"和"与士大夫共治天下"为核心的"祖宗之法"，其在北宋前三朝起到了维护国家统一、保护生

---

① 叶适：《习学记言序目》卷四九，第739页。

产力、保持社会安定的积极效应,但自仁宗朝开始,这一系列制度出现了各种弊端,王安石的熙宁变法和宋神宗主持的元丰变法,以至徽宗朝进行的一系列不成功的制度改革,削弱了北宋的国力,导致其被金人灭亡。南宋政权对这一笔复杂的政治遗产缺乏正确的取舍,结果其体制机制形成了一种根本性的弊端,即它既沿袭了王安石熙宁变法以来各种新法的最恶劣的变种,又保留了宋初"祖宗之法"的固有缺陷。①

陈傅良对本朝史的研究,就是要对制度的沿革和细节进行追根溯源,厘清其源头、沿革以及未来改革的切入点。其本朝史研究著作有《皇朝大事记》《皇朝百官公卿拜罢表》《皇朝财赋兵防秩官志稿》《建隆编》,但俱已失传。这里主要介绍一下《建隆编》。此书是陈傅良任嘉王府赞读时为嘉王(后来的宁宗皇帝)讲读太祖一朝历史和制度沿革而编著的,主要取材于李焘《续资治通鉴长编》。但李焘之书巨细靡遗,卷帙浩大,不便进读,因此陈傅良进行了改编:"今略依汉司马迁年表《大事记》、温公马光《稽古录》与焘《举要》,撮取其要,系以年月其上,谱将相大臣除罢,而记其政事因革于下。"②同时陈傅良对他发现的李焘《续资治通鉴长编》中的错误,也进行了订正。此书后经刻板流传,南宋著名史学家李心传评论:"陈君举最为知今……君举亲作《建隆编》世号精密。"但也不免差误。③ 陈傅良说,此书是为了帮助嘉王准确把握宋代制度沿革:"诚能考大臣之除罢,而识君子小人进退消长之际,考政事之因革而识取士养民治军理财之方。其后治乱成败,效出于此,斯足以成孝敬、广聪明矣。"④

虽然上述陈傅良关于本朝史的单行著作都已亡佚,但由于他对本朝制度沿革的考证、分析、议论深受南宋学者的重视,故马端临编辑《文献通考》这部制度沿革方面的巨著时,从陈傅良的著作、奏札、记序等文中大量摘录了相关见解,今人周梦江将其主要内容点校整理后收入《陈傅良先生文集》附录一。从中可以看到,陈傅良对商税、盐法、酒税、茶税、契税、和买、市舶、地方财政上供中央、漕运、任子荫补、考课选举、兵制都进行了梳理考证,而对于财政税收

---

① 王宇:《道行天地:南宋浙东学派论》,第72页。
② 陈傅良:《陈傅良先生文集》卷四〇《嘉邸进读艺祖通鉴节略序》,周梦江点校,第506页。
③ 李心传:《建炎以来朝野杂记》乙集卷一二《昔人著书多或差误》,徐规点校,第692页。
④ 陈傅良:《陈傅良先生文集》卷四〇《嘉邸进读艺祖通鉴节略序》,周梦江点校,第505页。

政策的演变用力最深。①

叶适的本朝史研究散见于《水心文集》《水心外集》《习学记言序目》中,尤其是《水心外集》所收各篇论文对宋代政治、经济、军事、文化、教育各个方面进行了全面的制度梳理和反思批判。这些重要意见早在南宋末期至元初,就引起了一些学者的重视。

黄震曾称赞《水心外集》中《实谋一篇》"皆熟于治体之言",《财总论二篇》"此皆精于才用本末之言也"。

当然,黄震对叶适很多具体的制度改革观点并不赞同。黄震认为,叶适对宋代制度的弊端指摘切中肯綮,但提出的解决方案往往不能实施:"极论本朝兵以多而弱,财以多而乏,任法而不任人,一事以上,尽出专制,而天下之势至挛缩而不可为。为之激烈愤痛,开阖数万言,盖能言之士,莫之能尚也。然论治犹医然,论已坏之证易,而求必效之方难。"②他坚决反对叶适的"买田赡军"法,认为与贾似道"公田法"异曲同工,而此法当时已流毒天下,不堪再试。③

徐自明的《宋宰辅编年录》是宋代史学研究领域的一部巨著。

徐自明(？—1220年后不久),字诚甫,号慥堂,永嘉人。南宋淳熙五年(1178)进士,任富阳县主簿。同年八月,国子监发解,任点检试卷官。五年六月,任国子监博士。次年,升太常博士,当年放罢。八年,复任常州通判,转朝请郎。十年十二月,任永州知州,至十三年止。辞官不久即下世。④

《宋宰辅编年录》共计20卷,起北宋建隆元年(960),迄南宋嘉定八年(1215),记载了两宋历任宰相、执政(参知政事和枢密院长官)的除拜情况。书前有吏部尚书、端明殿学士(温州平阳人)陈昉序,宝祐四年(1256)由其子徐居谊刊于福州知县任上。

徐自明在编著《宋宰辅编年录》时,虽然有李焘《续资治通鉴长编》《东都事略》《中兴小纪》等书为依据,但其史料价值仍无与伦比,至今仍是研究宋代中央政权运行的基本史料。根据王瑞的研究,总结如下。

---

① 参见陈傅良:《陈傅良先生文集》,周梦江点校,第662—679页。
② 黄震:《黄震全集·黄氏日抄》卷六八《水心外集·后总》,第2063页。
③ 黄震:《黄震全集·黄氏日抄》卷六八《水心外集·后总》,第2062页。
④ 徐自明生平考,见王瑞来:《宋宰辅编年录研究》,载徐自明:《宋宰辅编年录校补》,王瑞来校补,中华书局1988年版,第2—11页。

一是记述详瞻完备。徐自明在记录每一次宰执的除拜、罢免时，都扼要介绍当事人的生平行实，并叙述此次拜罢的前因后果。二是材料准确翔实，宋代私家记载与官方史书都很繁荣，故对于同一政治事件，不同文献会有相互歧异的记载，徐自明博采众家，并列记述，使后世读者可以对比参考，发现真相。三是自注要言不烦。徐自明在抄录史料的同时，也会在文中附加自己的注释，正是这些注释折射出他卓越的史识，这些自注中，有的是注明史料来源，有的辨析原书错误，有的表示存疑待考，有的简要注明次要人物的出处籍贯，有的注明制度沿革。四是引用史料版本珍贵。《宋宰辅编年录》所引用的史料文献很多已经散佚，即使现存的史籍版本也与徐自明所见的版本大不相同。如李焘《续资治通鉴长编》全书久佚，今本《续资治通鉴长编》是乾隆朝时四库馆臣从《永乐大典》中辑得的，而《永乐大典》当年抄录时已有错误，加之乾隆时代《永乐大典》缺损严重，故今本《续资治通鉴长编》缺损徽宗、钦宗各卷，已非完帙。《宋宰辅编年录》中引用《续资治通鉴长编》数万字，不少内容可以补足今本《续资治通鉴长编》之缺漏。

　　由于具有以上四个优点，《宋宰辅编年录》受到后世学者的高度重视，成为宋史研究不可或缺的权威工具书。

二、历代军事史研究

　　陈傅良的《历代兵制》是中国历史上第一部兵制通代史；钱文子的《补汉兵志》，则应视为断代的兵制史。

　　钱文子，字文季，乐清人，与陈傅良同在宋光宗朝任吏部员外郎。从其学术思想看，属于永嘉学派人物的一员。宋以前各朝正史无《兵志》之设，北宋欧阳修、宋祁纂修《新唐书》时首创此志。钱文子是第一个为前史补兵志的。钱文子编写《补汉兵志》的初衷是补足《汉书》《后汉书》没有《兵志》的缺漏。钱文子门人陈元粹在《补汉兵志序》（撰于宁宗嘉定七年）中说："夫以天下不及承平之半，而养百万无用之卒。凡今天下嗷嗷行一切之术，网罗天下之遗利，以竭生民之力，而楮币茶盐之法日益敝坏，皆为此也。抑可久而不知变乎？呜呼！此先生所以拳拳有意于汉家之遗制也。"[①]陈元粹总结钱文子的主张，认为两宋募

---

① 陈元粹：《补汉兵志序》，载钱文子：《补汉兵志》，《文渊阁四库全书》第663册，第483页。

兵制弊端百出,国家财政不能负担,必须仿效汉代寓兵于农的兵制:"诚使稍取汉制斟酌剂量,参而行于今日,以救其极敝,不十年间国力可纾,民力可裕,其效犹指诸掌。夫亦何惮而不为?"①《四库全书总目》认为《补汉兵志》是"为宋事立议,非为《汉书》补亡"②。正说明它是当时特定的历史环境和政治条件的产物。钱文子撰写《补汉兵志》与陈傅良编写《历代兵制》,时间几乎同时,观点大致相同,都推崇寓兵于农,主张居重驭轻,可能他受到了陈傅良的某些影响。

陈傅良的《历代兵制》是一部兵制通代史著作。本书历来刻本甚多,今人王晓卫、刘昭祥对此书进行了点校、整理,并进行了系统的研究和注释,以《历代兵制浅说》为名出版。③ 全书共分八卷:卷一讨论西周、春秋战国及秦代兵制;卷二讨论西汉、王莽及东汉兵制;卷三讨论三国及两晋兵制;卷四讨论南朝兵制;卷五讨论北朝及隋兵制;卷六讨论唐代兵制;卷七讨论五代兵制;卷八讨论北宋兵制。从各卷篇幅比重看,汉、唐两代最详,大概由于这两代曾出现过陈傅良推崇的所谓寓兵于农的情形。

陈傅良在编写《历代兵制》时,大量选摘前代史料,同时注意史料与自己的观点融而为一。具体而言,有些段落是直接引自文献,如第八卷北宋兵制部分全文照录于王铚的《枢庭备检·序》,有些是对史料的改编或概括。

《历代兵制》的基本写法是:先用一段文字叙述某一阶段兵制或这一阶段兵制的某一方面的情形,如卷一第一段,是叙述西周的兵役制度;再用一段按语,专门讨论这一阶段兵制中某个问题,如叙述西周兵役制度后,紧接着是一段考证西周更役问题(所谓递征制度)的按语。有时连用几段按语,讨论某一阶段兵制中的几个问题,如卷二叙述西汉兵制概况后,连用三段按语讨论西汉将领无重权及其兵制的优越性、西汉的南北军三个问题。

《历代兵制》中还有不少陈傅良的注释。这些注释有几种情况:一是注明出处,如卷三东吴"兵有解烦、敢死两部",下面注明"见《胡综传》"。④ 查《三国志·吴志·胡综传》便可看到这条材料。二是解释语词意义或字音,如卷一秦

---

① 陈元粹:《补汉兵志序》,载钱文子:《补汉兵志》,《文渊阁四库全书》第663册,第484页。
② 永瑢等:《四库全书总目》卷八二,第711页。
③ 王晓卫、刘昭祥:《历代兵制浅说》,解放军出版社1986年版。
④ 陈傅良:《历代兵制》卷三,《文渊阁四库全书》第663册,第452页。

兵制"畴官"下注曰:"畴官,田畴之长。""傅"字下注:"音附。"①三是补充说明,如秦兵制"爵有十八级"下补充:"后通关内侯、列侯,二十级。"②四是发表议论,如卷一叙述春秋越国兵制,在介绍其军队称号后插入这样的注脚:"其名不一,已见其非古制。"③《历代兵制》刚一问世,就引起有关学者的注意。南宋章如愚《山堂考索》的兵制部分,数处与《历代兵制》相合,有的甚至文字完全一样。章如愚此书成于陈傅良去世之后,故其撰《山堂考索》时,当见过《历代兵制》,可能是第一个引用《历代兵制》的学者。清人陈梦雷编纂的《古今图书集成·戎政典·兵制》,几乎将《历代兵制》全文肢解分散于"总论"的相应朝代之中,反映了这部书的史料价值。

三、史学评论类著作

朱黼,字文昭,平阳人,生年不详,卒于嘉定八年(1215),享年逾70,④陈傅良门人,一生未仕。他撰写了《三国六朝五代纪年总辨》(下简称《总辨》)28卷,此书是其《纪年备遗》(共100卷)的节编本,据叶适《序》,《纪年备遗》纪事上自尧舜,下迄五代,而宋宁宗开禧三年(1207)建阳书商魏仲举对《纪年备遗》进行了摘录刊刻,断自三国,下迄五代,共得28卷,名为《三国六朝五代纪年总辨》。今通行本即该刻本的清代抄本,保留了原书的部分风貌。值得注意的是,魏仲举在前言中已经引用了"叶侍郎正则"《纪年备遗序》的文句,可能叶适此序撰于开禧二年、三年(1206—1207)间,时任知建康府、行宫留守、沿江制置使,是应这个书商之请而撰写的。⑤

《总辨》一书实际上包括了《地理图》《甲子纪年总目》和《纪年总辨》三大部分。第一部分《地理图》是一组三国、南北朝对峙的地理略图,不过对地理信息的标示并不清晰,只是呈现一种大致的对峙局势而已。

---

① 陈傅良:《历代兵制》卷一,《文渊阁四库全书》第663册,第442页。
② 陈傅良:《历代兵制》卷一,《文渊阁四库全书》第663册,第442页。
③ 陈傅良:《历代兵制》卷一,《文渊阁四库全书》第663册,第441页。
④ 此据叶适:《叶适集·水心文集》卷二八《祭朱文昭文》"年逾七十",第581页。考证见周梦江《叶适年谱》第161页。
⑤《叶适集·水心文集》卷目篇目是按照年月先后编排的,《纪年备遗序》在《龙川集序》后,《巽岩集序》前,而这两篇文字都是叶适任职建康府时所撰,故作如此推定。

第二部分《甲子纪年总目》则标出历代政权的年号起讫。众所周知,三国、两晋、南北朝、五代的绝大部分时间都存在两个甚至多个政权的对立,因此以哪个政权的年号为纪念,就显示了对政权合法性的确认,也就确认了正统。根据儒学的历史观,正统归属在本质上又是道德伦理问题,并不是根据政权的疆域和实力来决定的。南宋长期与北方的金政权分治南北,《甲子纪年总目》就是要通过论证正统在南宋而非金政权,来提振民族精神,树立北伐抗金的信心。不过,四库馆臣指出,书商在刊刻时对原书的这一部分进行了删节和篡改。① 因为《甲子纪年总目》对曹丕、朱温皆纪其年号,而叶适《序》云:"述吕、武、王莽、曹丕、朱温,皆削其纪年以从正统:'吾为书之志也。'书法无大于此也。"②这样说来,朱黼不可能将曹丕、朱温冠以年号,现行版本的《纪年总目》何以如此,已不可晓。

第三部分《纪年总辨》,是全书的主体部分,篇幅达到28卷之多(目录显示28卷,因清抄本缺卷一七,实存27卷)。在这一部分中,朱黼以司马光《资治通鉴》《稽古录》为蓝本,摘出三国至五代的重要历史事件,然后进行评论,故四库馆臣将其列入《史部·史评类》。《纪年总辨》对每一历史事件的评论一般不超过500字,主要结合事件的前因后果,对历史发展的走向进行客观的分析。《总辨》卷二(蜀后主)延熙十八年(255)春正月条中有"予尝以执此语问止斋先生,先生愀然曰……"之语③,可见此书的编写也得到了陈傅良的指导。四库馆臣认为此书中鼓吹北伐之事,是为了迎合开禧年间韩侂胄北伐,其实不然。朱黼的很多评论并不结合宋代历史或南宋时局,完全是对历史事件本身的分析。近人刘绍宽曾对此书进行校对,并针对四库馆臣的訾议撰文驳正,认为主张北伐灭金、恢复故疆是整个南宋时代士大夫的主流意见,朱黼有此见解并非献媚,而且,书中还强调内政治理为先,攘外北伐为后,屡屡以轻举妄动为戒。④

实际上,朱黼的《三国六朝五代纪年总辨》是宋代温州学者篇幅最大的史

---

① 永瑢等:《四库全书总目》卷八九,第758页。
② 叶适:《叶适集·水心文集》卷一二《纪年备遗序》,第208页。
③ 朱黼:《三国六朝五代纪年总辨后》卷二,《四库全书存目丛书》,齐鲁书社1997年版(影印南京图书馆藏清抄本),史部第280册,第485页。
④ 刘绍宽:《书抄本朱黼三国六朝五代纪年总辨后》,载孙诒让:《温州经籍志》,第557页。刘绍宽校本今藏温州图书馆。

学专书,内容非常丰富;此书又是在陈傅良指导下编著而成,刊刻时又经叶适审定,全面反映了永嘉学派的史学观点,但长期以来对此书的研究是很不够的,其中所蕴含的思想价值还有待进一步的发掘。

四、地方志编纂

宋代温州方志编纂相当发达,在本地方志编纂方面,先后出现了真宗年间的《祥符图经》、南宋孝宗淳熙三年(1176)的《永嘉志》,这两部志书亡佚已久;光宗绍熙三年(1192)出现了曹叔远的《永嘉谱》、宁宗嘉定年间出现了陈谦的《永宁编》,这两部志书在体例上有很大的创新。温州人士编纂的外地志书数量也不少,但大多数佚失,只有陈傅良的《长乐财税志》尚存梗概。

《永嘉谱》是光宗绍熙三年曹叔远根据知州孙慜的指示,历经半年时间编纂的温州方志。《永嘉谱》面世后,"识者谓其有史才"①。全书分成年谱、地谱、名谱、人谱。年谱是温州建置沿革的大事,以编年法记录。地谱,记载山川、疆域、名胜、古迹,《永乐大典》引《温州郡志》:"白沙斗门,《永嘉谱》云在凤林乡。"②又引《温州府志》"会昌湖"条:"按《绍熙谱》云:三溪,即建牙乡瞿溪、雄溪、岷岗三水。"③当出自《地谱》。人谱,记载地方官员除罢、选举、人物。《永乐大典》引《温州府永嘉谱》一条:"连世瑜,乐清人,同妻方氏,事母至孝。……"介绍了连氏一门孝母的事迹,当出自《人谱》。④ 名谱,张国淦认为名谱就是物谱,记载本地物产。⑤ 宋人吴仁杰《离骚草木疏》卷四《箟》引《永嘉谱》,列举了"慈竹、石竹、绵筳竹、茅竹"等 20 种竹子的名称。该书卷三《橘》引《永嘉谱》,列举了"沙橘、绵橘"等 13 种橘子名称,当出自《名谱》。

《永嘉谱》号称 24 卷,篇幅远远超过仅 7 卷的淳熙《永嘉志》。《永嘉谱》在地名和名胜条目下,增加了有关的题咏诗文,如明人姜淮《歧海琐录》卷五"康

---

① 脱脱等:《宋史》卷四一六《曹叔远传》。
② 马蓉辑佚:《永乐大典方志辑佚》第二册《浙江省温州市》,中华书局 2004 年版,第 672 页。
③ 马蓉辑佚:《永乐大典方志辑佚》第二册《浙江省温州市》,第 680 页。
④ 马蓉辑佚:《永乐大典方志辑佚》第二册《浙江省温州市》,第 698 页。
⑤ 孙诒让:《温州经籍志》卷一〇,第 370 页。

乐遗诗"条下引用了 4 首谢灵运诗,并注明录自《永嘉谱》。① 这使得《永嘉谱》所记载的温州历史文化信息大大超过了前志,为后来的方志修纂提供了范本。

《永宁编》15 卷,陈谦编纂。陈谦(1144—1216),字益之,号易庵,永嘉人。中孝宗乾道八年(1172)进士甲科,官至宝谟阁待制,生平见叶适《水心文集》卷二五《朝请大夫提举江州太平兴国宫陈公墓志铭》和《宋史》卷三九六本传。陈谦是永嘉学派的重要成员。叶适在为陈谦撰写的墓志中评价道:"初,隆兴乾道中,浙东儒学特盛,以名字擅海内者数十人,惟公才最高,其在《易庵集》文最胜。"②但他的著作绝大部分都已亡佚,因此无从深入研究。《永宁编》是陈谦晚年应知州留元刚之请编纂的,书成当年(嘉定九年[1216])陈谦即去世。此书的结构,据晁公武《郡斋读书志》卷五上云:"《永宁编》十五卷,右嘉定中守留元刚序,陈谦所述也。叙州、叙县、叙山、叙川、叙赋、叙役、叙兵、叙人、叙产、叙祠、叙遗,凡十一类。"全书分成 11 类,较之《永嘉谱》的年、人、地、名四谱更加详密。

留元刚《序》云:"是编非取夫搜摭新故,夸诩形胜而已。事变之会,风俗之趋,盖将有考焉。观叙州自晋以来守凡几人,孰贤孰否,观叙人,自国朝以来,作者几人,孰先孰后;熙宁而后所易兵制,善于古否?建炎而后所增税赋,安于民否?水利何为而便?役法何为而病?是非得失之迹,废兴沿革之由,安危理乱,于是乎在一言去取,万世取信。"③留元刚指出,《永宁编》从发展地方经济、减轻人民负担、维护社会安定的立场出发,着重记叙制度沿革,历代地方治理的得失经验,不仅是一部地方志书,更从温州这一个案出发反映全国性的宏观制度变迁的得失损益,堪称永嘉制度新学的经典实践。

无独有偶,陈傅良任福州通判时主持了《长乐志》40 卷的纂修工作。陈振孙《直斋书录解题》卷八著录的《长乐志》40 卷,认为此书虽署名梁克家,但具体工作是陈傅良完成的:"府帅清源梁克家叔子撰。淳熙九年序。时永嘉陈傅良君举通判州事,大略皆出其手。"④《长乐志》与《长乐财赋志》关系十分密切。《长乐财赋志》共 16 卷,署名为知漳州长乐何万撰,非常完备地保存了两宋历朝敕令文件。陈傅良高度重视此书,在编纂《长乐志》时大量抄录相关内容,编写

---

① 此据胡珠生《弘治温州府志·前言》,载王瓒、蔡芳编:《弘治温州府志》,胡珠生校注,第 3 页。
② 叶适:《叶适集·水心文集》卷二五《朝请大夫提举江州太平兴国宫陈公墓志铭》,第 505 页。
③ 此序收入王象之《舆地碑记目》卷一《温州碑记》。
④ 陈振孙:《直斋书录解题》卷八,徐小蛮、顾美华点校,第 257 页。

了《长乐志》的财计部分:"而累朝诏令申明沿革甚详,其书虽为一郡设,于天下实相通。"后来因财计部分内容太多,无法编入《长乐志》,遂别为一书,命名为《三山财计本末》。[①] 从而利用这个机会详细梳理了福州一郡的地方财政情况,这从侧面反映了陈傅良在制度新学领域的治学实践。值得注意的是,叶适在《叶适集·水心别集》卷一六《后总》中阐述他的买田赡军的改革方案时,也是以温州作为个案进行精准的测算和推演的。这说明,永嘉学派的制度新学是建立在坚实的个案研究基础之上,而温州作为永嘉学派的发祥地,又有丰富的地方志文献积累,自然是他们首选的研究个案。

---

① 陈振孙:《直斋书录解题》卷五,徐小蛮、顾美华点校,第 168 页。

结论　未能完成的"前近代"转型

由于"事功"既代表"实用事业",又含有"事求可,功求成"的意义,因此用以概括永嘉学派思想似乎是颇为适当的,而本书绪论对研究史的回顾也印证了此点,以"事功"概括总结永嘉学派的做法已为研究者广泛接受。① 但从本书各章的讨论中也能发现,永嘉学派的思想创新已经远远超出了制度新学的范围,这包括:薛季宣提出"性不可知"论、否定"自诚明"功夫;陈武基于"性不可知"论对朱熹"心统性情"说进行批判;陈傅良批判了《尚书大禹谟》"十六字箴",提出"天理分数"论和"道法不相离"说,从而对三代之道如何在历史中存续、如何继承和实践提出了自己的观点;叶适批判了理学经典中超自然的、神秘主义色彩的论述,解构了"心包万理"的心体说和"以悟为宗"的直觉认识论,提出了"道无内外,学则内外交相明"的认识论和"皇极物极"的系统论。这一系列思想创新直接挑战了程朱理学的核心议题——道、心体、性体,显然通过制度新学的研究,进而开展"实用事业"的实践,从而纠正二程理学"高者沦于虚无""不能涉事耦变"的弊端,并非永嘉学派思想的最终追求。这不免令人联想到,永嘉学派的哲学思想有一个更加宏大、更加精微的逻辑构造,在这个构造中,为世所熟知的改造客观世界、经世致用、开物成务仅仅是其中的一部分,至于这一不为人知的部分,我们可以从牟宗三先生对叶适《总述讲学大旨》的批评中得到启发。他说:"如是,即则为现象主义之不见本源,落于皇极一元论之封闭隔绝而不自知,虽曰内外交相成,而实永不开眼者也。虽曰即事达义、即器明道,而实永粘着于名物度数而并不知何为义、何为道者也。"② 牟先生认为永嘉学派是永远拘泥于名物度数的"现象主义",说明他已经预设了一个超越于经验世界之上的"形而上"的超越境界,这个超越境界的本质即是"道",而现象界的事物是

---

① 如何俊始终以"宋代永嘉事功学"描述永嘉学派,见何俊:《宋代永嘉事功学的兴起》,载何俊:《事与心:浙学的精神维度》,第3—17页。
② 牟宗三:《心体与性体》上册,第209页。

不可能获得"道"的认识的,对"道"的认识必须依赖"智的直觉"。我们不必纠结于牟先生这一预设的对错,相反,可以从中获得这样的启发:在永嘉学派思想的逻辑构造中,是否存在"形而上者谓之道"的部分?

第一节　形质为本:永嘉学派哲学思想的逻辑构造

回答这个问题,必须回到《易传·系辞上传》第十二章的这段话:"形而上者谓之道,形而下者谓之器。化而裁之谓之变,推而行之谓之通,举而措之天下之民,谓之事业。"①历来认为,《易传·系辞上传》第十二章这段话的重点是最早提出了"道"和"器"这一对概念,形而上与形而下,构成了对立关系,但如何解释这一对概念,从唐代开始就存在分歧。

首先看,孔颖达《周易正义》对第十二章这段话的解释:

"是故形而上者谓之道,形而下者谓之器"者,道是无体之名,形是有质之称。凡有从无而生,形由道而立,是先道而后形,是道在形之上,形在道之下。故自形外已上者谓之道也,自形内而下者谓之器也。形虽处道、器两畔之际,形在器,不在道也。既有形质,可为器用,故云"形而下者谓之器"也。②

孔颖达将"道""形""器"看成三种存在形态。"道"不但是最高真理和世界存在的总的根据,而且是创造世界的原初的实体。从时间上说,"先道而后形","形"由"道"所产生;从存在状态说,"道在形之上,形在道之下"。故云"形外已上者谓之道","道"是"形"之外的一个实体。"道"在创造世界时,"形"是最初的,因而也是最接近于"道"的受造之物。而所谓"器",则是"形"经过一系列演变发展形成的林林总总的更加具体的物质形态。孔颖达强调,"形"虽然处于

---

① 《系辞传》的章节划分,历来诸家不同,本书所引第十二章的文本起止位置系据孔颖达《周易正义》。
② 王弼、韩康伯注,孔颖达正义:《周易正义》卷七《系辞上》,阮元校刻《十三经注疏(清嘉庆刊本)》第1册,第172页。

"道"与"器"之间,但在本质上与"器"一致,皆为"形质",而在本质上有别于"道"。程颐的《伊川易传》和朱熹的《周易本义》都没有详细解释"形而上者谓之道,形而下者谓之器",但朱熹在与陆九渊展开"太极无极之辩"中曾对此有所涉及,从朱熹相关论述可以看出:"朱熹的错误不在于乎区分形上与形下,而在于他把形上形下割裂了开来,认为形上可以先于或独立于形下,这就从区分形上形下这种还比较接近真理的立场多走了一步。"①因此朱熹的立场与孔颖达是基本一致的。

唐代学者崔憬解释道:

> 凡天地万物,皆有形质。就形质之中,有体有用。体者,即形质也。用者,即形质上之妙用也。言有妙理之用以扶其体,则是道也。其体比用,若器之于物,则是体为形之下,谓之为器也。假令天地圆盖方轸为体、为器,以万物资始、资生为用、为道;动物以形躯为体为器,以灵识为用为道;植物以枝干为器为体,以生性为道为用。②

崔憬所谓"体",不是宋明理学理解的"体用不二"之"本体",而是"有形之体",与"不落方体"之"体"同义,"体"对应"形而下者谓之器";"用"对应"形而上者谓之道"。崔氏认为,"形质"就是"天地万物","形质"是在时间和空间中可以被经验到的形体和质料,称之为"形而下者谓之器";同时,"形质"又具有"妙理",即本质和规律,这就是"形而上者谓之道"。"道"与"器"都在"形质"之中:"就形质之中,有体有用。"这样一来,"道"是人的理论思维所归纳总结的本质和规律,"器"则是事物的经验形式。用黑格尔的话说,主体对"道"的不断探索,就是"人对于事物思维着的考察"③,由于这种考察是人的心灵的思维活动,不受时间和空间的限制,因此在传统中国哲学的语境中,它的"形而上学"特征已经足够充分。这样一来,"道"与"器"在本质上无非是"形质"所具有的两种属性:思维属性与经验属性。"道"既不是产生"器"的更高的、更原初的实体,也不是

---

① 陈来:《朱子哲学研究》,第86页。
② 转引自李鼎祚编:《周易集解》卷一四《系辞上传》,王丰先点校,中华书局2016年版,第442—443页。
③ 〔德〕黑格尔:《小逻辑》,贺麟译,商务印书馆1980年版,第38页。

与"器"并列的另一个独立实体,而是"器"在人的思维中形成的一系列认识。崔氏还指出,"道"不是"器"的机械反映,是以"器"为对象的思维所概括总结而得的规律和本质,有助于提升和完善"形质"本身:"言有妙理之用以扶其体,则是道也。"

一、"器便有道,不是两样"

永嘉学派对"道器"关系的理解与崔憬十分接近,即认为"道"并非独立于"器"的实体性的存在,更不具有创造万物的本体地位,简言之,就是"道"非实体、"心"无"性体",这构成了永嘉学派整个哲学体系的基石。

永嘉学派对道器关系的认识,最早见之于薛季宣。他说:"上形下形,曰道曰器,道无形埒,舍器将安适哉?且道非器可名,然不远物,则常存乎形器之内。昧者离器于道,以为非道遗之,非但不能知器,亦不知道矣。"①薛氏确认了道与器的内在一致性和不可分离,"道"必须附属于"器",而不能独立存在。绍熙二年(1191)曹叔远向朱熹转述陈傅良的思想时,也说:"'形而上者谓之道,形而下者谓之器。'器便有道,不是两样,须是识礼乐法度皆是道理。"②"器便有道,不是两样",就否认了"道"与"器"是两个独立的实体。叶适则明确地说:"书有刚柔比偶,乐有声器,礼有威仪,物有规矩,事有度数,而性命道德,未有超然遗物而独立者也。"③

永嘉学派还注意到,程朱理学认为人的"心"自降生于世即已经完整地秉受了"性"或"道",虽然受到后天污染和驳杂气质的蒙蔽不能自觉,但是:"本体之明,未尝息也。"④故心具有了本体的地位,可称之为"心体"。永嘉学派从薛季宣开始,就反复强调"心"不可能先天地完整具有"道",不存在朱熹所谓"具众理而应万事"的"心体"。⑤ 薛季宣还否定了"自诚明"的功夫,认为"诚"是本体、是最高境界,"明"是"道问学",是道德修养和探索知识,不可能以"诚"为大前提

---

① 薛季宣:《薛季宣集》卷二三《答陈同父书》,张良权点校,第298页。
② 黎靖德编:《朱子语类》卷一二〇,第2896页。
③ 叶适:《叶适集·水心别集》卷七《大学》,第730页。
④ 朱熹:《四书章句集注·大学章句》,第3页。
⑤ 朱熹:《四书章句集注·大学章句》,第3页。

实现对具体知识、具体道德条目的"明","自诚明"是倒果为因。薛氏还提出"性不可知"论,认为"性"是天理、是道,并非先天地具有人心之中,学者在功夫过程中不可能把握到"道"。心要具有"道",必须通过漫长和艰苦的对"器"的探索。陈武也正是基于"性不可知论"质疑了朱熹"心统性情"说。叶适在《习学记言序目》中"解构"了二程理学所"构建"的形而上的、超越的心体与性体,否认"心具万理而应万物"的预设,而只承认"心"具有认识的能力,主体的任何知识都是通过后天的学习以及探索客观世界的过程中获得的;他强调主体在接触外部世界之前不可能存在"格物"功夫,而只有"正心诚意"的功夫。

相比之下,理学则"以道为始",将"道"作为儒学功夫展开的大前提和逻辑起点,叶适进一步说:

> 垂谕道学名实真伪之说。《书》:"惟学逊志,务时敏,厥修乃来。允怀于兹,道积于厥躬。"言学修而后道积也。《诗》:"日就月将,学有缉熙于光明。佛时仔肩,示我显德行。"言学明而后德显也。皆以学致道,而不以道致学。①

"以学致道"与"以道致学"的区别就在于,后者认为"道"是否形而上地具有人心之中,前者则主张"道"必须通过艰苦的"内外交相明"的学习才能把握。因此如果说"以道致学"是"道学"的话,那么"以学致道"就是"器学"。叶适认为儒学功夫展开过程中的功夫对象是具体事事物物的知识,以及经验可以把握的具体道德条目("实德""明德""示我显德行"),古之圣贤之学全部重心在于此,全部实质亦在于此。

总之,"道"(或"性")是功夫的完成结果,而不是功夫的直接对象。主体在功夫过程中欲达到对"道"的认识,只能基于以"器"为对象的认识而逐渐完善,"道"不是认识"器"的大前提,而是认识"器"的结果。

---

① 叶适:《叶适集・水心文集》卷二七《答吴明辅书》,第554页。

二、"事事理会"

如果人心不先天地具有"道"("性"),"道"又不是一个实体,那么"形而上者谓之道"的本质是什么呢?永嘉学派认为"道"只是以"器"为对象的思维成果,这种思维成果既指具体的事事物物之理,也指由具体的事事物物之理综合构造、抽象提炼而来的最高真理——叶适称之为"道德之本,众理之会"。①

绍熙二年(1191),曹叔远向朱熹介绍永嘉学派的立场时提到:"自年二十从陈先生。其教人读书,但令事事理会,如读《周礼》,便理会三百六十官如何安顿;读《书》,便理会二帝三王所以区处天下之事;读《春秋》,便理会所以待伯者予夺之义。"②所谓"事事理会",是对《六经》的微言大义、制度细节、名物度数要一一研究透彻。据朱熹引述,曹叔远曾提出"心无不体之物,物无不至之心"③。这一观点也是强调了主体应该普遍地、无遗漏地认识事物;而世间万物也都是可以被主体所认识的。

叶适说:"夫形于天地之间者,物也;皆一而有不同者,物之情也;因其不同而听之,不失其所以一者,物之理也;坚凝纷错,逃遁谲伏,无不释然而解,油然而遇者,由其理之不可乱也。是故古之圣贤,养天下以中,发人心以和,使各由其正以自通于物。"④"物之情",是指物与物既有共性的规律又有个别的道理,圣贤个人身心修养的目的是认识"物"所客观具有的共性与个性:"使各由其正以自通于物。"叶适还说:

> 是故古之君子,以物用而不以己用;喜为物喜,怒为物怒,哀为物哀,乐为物乐。其未发为中,其既发为和。一息而物不至,则喜怒哀乐几若是而不自用也。自用则伤物,伤物则己病矣,夫是谓之格物。《中庸》曰:"诚者物之终始,不诚无物。"是故君子不以须臾离物也。夫其若是,则知之至

---

① 叶适:《叶适集·水心别集》卷七《皇极》,第 728 页。
② 黎靖德编:《朱子语类》卷一二〇,第 2896 页。
③ 朱熹:《晦庵先生朱文公文集》卷五四《答项平父》("录寄启书"),载朱杰人、严佐之、刘永翔主编:《朱子全书》第 23 册,第 2543—2544 页。
④ 叶适:《叶适集·水心别集》卷五,第 699 页。

者,皆物格之验也。有一不知,是吾不与物皆至也;物之至我,其缓急不相应者,吾格之不诚也。①

这里,叶适将"诚"理解为认识过程的起点,主体既无先入为主的成见,也没有任性自私的情绪,从而如实反映"物"的认识状态,这就叫"以物用而不以己用"。故"喜怒哀乐"应该符合"物"的真实状态,否则就无法获得对"物"的真知。叶适还提出:"不以须臾离物。"人的正确认知来源于"物",因此要始终以事物为思维对象。所谓"吾不与物皆至",是指主观认识与"物"的客观情况不相一致;在实践中,必然出现"缓急不相应"的情况。

从表面上看,程朱理学也重视"今日格一物,明日格一物",但这一格物穷理的过程是以"顿悟"为终点的。朱熹在《补大学格物致知传》中说:"盖人心之灵莫不有知,而天下之物莫不有理,惟于理有未穷,故其知有不尽也。是以《大学》始教,必使学者即凡天下之物,莫不因其已知之理而益穷之,以求至乎其极。至于用力之久,而一旦豁然贯通焉,则众物之表里精粗无不到,而吾心之全体大用无不明矣。此谓物格,此谓知之至也。"②对部分"物"进行"穷理",积累到一定程度,就能飞跃到对所有"物"的"理"豁然贯通,这也是一种"顿悟"。由于朱熹对知识的追求是在"尊德性"的结构中进行的,故其所谓"吾心之全体大用无不明"在本质上是人们对自己内在德性知识的追求,而不是对客观事事物物之理的追求。若与清代的戴震相比,朱熹只不过是一个"半智识主义"者。③ 这条"顿悟"的尾巴正是"半智识主义"的反映。叶适对这种超越事事物物之理飞跃到最高真理的认识论,有如下批判:"然仁必有方,道必有等,未有一造而尽获也。一造而尽获,庄、佛氏之妄也。……独守其悟,而百圣之户庭虚矣。"④此说并不特指陆九渊,亦涵盖了"一旦豁然贯通焉"的朱熹。

"道"如果是对"器"的思维成果,那么其外延几乎无所不包,是否所有对"器"的思维成果都可等量齐观、同等重要呢?回到崔憬对"形而上者谓之道"章

---

① 叶适:《叶适集·水心别集》卷七《大学》,第731—732页。
② 朱熹:《四书章句集注·大学章句》,第6—7页。
③ 〔美〕余英时:《戴震与朱熹传统》(初刊于1986年),载何俊编:《人文与理性的中国》,上海古籍出版社2007年版,第174页。
④ 叶适:《叶适集·水心文集》卷一七《陈叔向墓志铭》,第325页。

的解释,"天地"这一形质,其"道"为"万物资始、资生";"动物之道"为"灵识","植物"之道为"生性",不难发现,天地、动物、植物所对应的"道"是有精粗之别、高下之分的,"道"的内部显然存在层次性和体系性。

  永嘉学派注意到了这一点,陈傅良说:"识得三两分,便有三两分功用;识得六七分,便有六七分功用。却有全然识了,为作不行,放低一着的道理;绝无全然不识,横作竖作,偶然撞着之理。"①从"三两分""六七分"到"全然"是一个渐进的过程,"每一分"都是不可省略、必须经历的,否则就是"躐等之学"。只有具体的事事物物之理一一认识之后,"道"的究竟状态,或者说"终极真理"才最终呈现。陈傅良还提出了"道法不相离"论,认为"三代之道"的传承是在历史时空中持续存在的,并无中断;三代之道在历史时空中的表现形式,只能是"三代之法";在漫长的历史岁月中,"三代之法"只是呈现出初级的、片面的、不完美的制度形态,并被历代王朝运用于治国理政之中;但欲追溯三代之道的完美形态,舍是别无他途。

  在叶适的"皇极物极"论中,具体的"物极"之间也存在等差,从一物到一身、一家、族群、国家、天下,层层升级,最终的完成形态就是"皇极":"道不可见。而在唐、虞、三代之世者,上之治谓之皇极,下之教谓之大学,行之天下谓之中庸,此道之合而可名者也。其散在事物,而无不合于此,缘其名以考其实,即其事以达其义,岂有一不当哉!"②唐、虞、三代之世,"道"落实为一种社会形态,而"散在事物"的具体事物之理相应地无一例外地得到显明。叶适又说:"物之所在,道则在焉。物有止,道无止也。非知道者不能该物,非知物者不能至道。"③"物有止"指具体的事事物物之理;"道无止"是"道"的最高层次。具体的"道"与最高的"道"是辩证统一的关系,不能相互取消。他还说:"古之圣贤,其析言于事物,甚辩而详,至于道德之本、众理之会,则特指其名而辄阙其义,微开其端而不究其极。"④所谓"事物"就是指关于事事物物的具体知识、可以经验具体把握的道德条目;"道德之本,众理之会"则是最高的真理。对最高真理的把握必须通过"析言于事物"来实现,古人从来没有提供更有最高真理的现成答案,即

---

① 陈傅良:《陈傅良先生文集》卷三六《答陈同父》第二书,周梦江点校,第461页。
② 叶适:《叶适集·水心别集》卷七《进卷·总述》第726页。
③ 叶适:《习学记言序目》卷四七《皇朝文鉴一》,第702页。
④ 叶适:《叶适集·水心别集》卷七《皇极》,第728页。

"特指其名而辄阙其义""微开其端而不究其极"。

三、从"事事理会"到"道归于物"

通过对"器"的思维认识而获得"道",只完成了永嘉学派认识论的一半,另外一半在于"由道返器"。"道"一旦被主观所把握后,就成了改造客观世界的武器。永嘉学派从来不执着于自然主义的、原始朴素的"器",而主张这种"思维着的考察"必须返回到事物之中,返回到经验世界的事物中去,从而改造"形而下者谓之器"。对这一过程,儒学有很多的术语加以描述:事功、经制、经世、开物成务。叶适则称之为"道归于物,不使流散"。

(一)"道归于物"的最高形式是"一代之治"

叶适说:"道虽广大,理备事足,而终归之于物,不使散流,此圣贤经世之业,非习为文词者所能知也。"①儒家所谓"经世"之学的本质,就是用主观上把握的"道"改造客观世界,此所谓"而终归之于物";而无序的、混乱的客观世界经过儒者经世之学的整顿后获得秩序和条理,此所谓"不使散流"。"(道)归之于物,不使流散"的过程,就是"事功"和"经世"。

叶适在《习学记言序目》的《总述讲学大旨》中进一步明确道:"圣贤继作,措于事物,其该洽演畅,皆不得如周公。不惟周公,而召公与焉,遂成一代之治,道统历然如贯联筹数,不可违越。"②"道"的圆满状态和最高形态,就是"一代之治"。"一代之治"实现后社会的各个子系统,乃至万事万物,都获得了正确的认识:"道不可见。而在唐、虞、三代之世者,上之治谓之皇极,下之教谓之大学,行之天下谓之中庸,此道之合而可名者也。其散在事物,而无不合于此,缘其名以考其实,即其事以达其义,岂有一不当哉!"③"道"的最高形态虽然基于"事物之道的"的综合构造("此道之合而可名者"),但这一最高形态本身则是"道不可见"。

因此,思孟学派以至程朱理学,将"道德之本,众理之会"的"道"看作是思维

---

① 叶适:《习学记言序目》卷四七《皇朝文鉴一》,第702页。
② 叶适:《习学记言序目》卷四九《总述讲学大旨》。
③ 叶适:《叶适集·水心别集》卷七《进卷·总述》,第726页。

的前提,是功夫论的起点,就设定了"道"先验地、先天地存在于人心,这就违反了周公之教:"古之言道也,以道为止;后之言道也,以道为始。以道为止者,周公、孔子也;以道为始者,子思、孟轲也。"①周公已经完成了治国平天下的社会实践,使得"道"之全体大用落实于历史时空中,故云"以道为止"。

(二)事功经制是"道归于物"的手段

"经制"是与叶适所谓"圣贤经世之业"联系密切的一个概念。在宋代,经制有名词和动词两种用法。作为名词,"经制"义为"经久常行之制度",此种制度与儒家经典并不存在必然联系;②作为动词,"经制"又指通过整顿、管理,确立法度,使某事有条理,经久可行。经制的名词用法和动词用法,都契合了永嘉学派对"道器"问题的思考,永嘉学派的制度新学就是"道",而用此种长治久安的制度改造南宋社会,则是动词用法的"经制"。

事功一语的情况也是如此。本书上文已经讨论,事功一语既有"实用事业"的名词意义(见本书第二章第三节),也有"事求可,功求成"的主谓宾结构用法(见本书第三章第三节),然二者在本质上相通:"事求可,功求成"要求将"实用事业"贯彻到底,最终获得成功,体现了永嘉学派高度重视结果和成效的特点,其中蕴含了对"功利"的追求。用薛季宣的话说就是"事能克济,道能有行"③,用叶适的话说则是:"事成功立。"④朱熹则认为,追求效果就是一种功利主义:"只要去求可、求成,便不是。圣人做事,那曾不要可,不要成!只是先从这里理会去,却不曾恁地计较成败利害。如公所说,只是要去理会许多汩董了,方牵入这心来,却不曾有从这里流出在事物上底意思。"⑤"这里"是指"心","从这里流出在事物上"是指从正确的主观动机出发认识事物、判断事物,而不应该计较主观动机是否能够获得落实。

(三)"法守之学"构成了"经制事功"的实质。

无论是名词性的"实用事业"还是主谓宾结构的"事求可,功求成",事功都包

---

① 叶适:《习学记言序目》卷四四,第 659 页。
② 也有学者认为经制之学是"即经以求其制度器数之等"。见孙邦金:《晚清温州儒家文化与地方社会》,第 165 页。
③ 薛季宣:《薛季宣集》卷二〇《再上张魏公书》,张良权点校,第 259 页。
④ 叶适:《叶适集・水心文集》卷二七《上西府书》,第 543 页。
⑤ 黎靖德编:《朱子语类》卷一〇八,第 2687 页。

括了《孟子·离娄下》中所提出的"道揆"和"法守"两个方面。薛季宣考察了二者的关系,认为"道揆"代表了主观动机,"法守之学"正是手段方法。首先,他提出:"夫道之不可迹,未遽以体用论。见之时措,体用疑若可识,卒之何者为体,何者为用? 即以徒善、徒法为体用之别,体用固如是邪?"①薛季宣反对将"徒善"与"徒法"的关系等同于"体"与"用"的关系,如果"徒善"是"本体之体","徒法"是"本体之用",则"体"必然可以涵盖"用","徒法"自然被收摄于"徒善"之内,而这正是朱子学的立场。其次,"道揆"与"法守"的关系相辅相成,不能相互取代。薛季宣说:"法守之事,此吾圣人所以异于贰本者。空无之家不可谓无所见,迄无所用,不知所谓不贰者尔。未明道揆,通于法守之务,要终为无用。"②"道揆"是价值取向、是主观的动机,"法守"是实现动机的手段。薛季宣承认这两者相对独立,但是应该相资为用,缺一不可,"法守"是"道揆"的实现手段:"道揆、法守,浑为一途,蒙养本根,源泉时出。"③相比之下,对改造客观世界的问题,朱熹在《中庸章句》中说:"然既有以自成,则自然及物,而道亦行于彼矣。"④客观世界的改造取决于主观世界问题的解决,前者是后者派生而来的,后者是因,前者是果,此之谓"自然及物"。如果否认了这一本末之序,那么就是犯了"语道非其序则非道"的严重错误。

(四)"事事理会"与"道归于物"的内外交相明

本书第四章第二节曾讨论了叶适"道无内外,学则内外交相明"的功夫论,在道器关系结构中,"道无内外"是指"道"是对客观事物的正确认识实现了内在的主观认识与外在的客观事物相统一。"学"则是认识和实践过程的展开。这其中,"内"代表了知识的内化,主体对"器"展开思维而获得认识的过程,即"事事理会";而所谓"外"则指"道归于物",主体运用思维成果("道")改造客观世界的过程,即"经制事功"。这一内一外两个过程始终交织在一起,组成了认识-实践的循环,螺旋式上升,最终达到"皇极"的"一代之治"。

最后,我们可以回到《系辞上传》第十二章:"形而上者谓之道,形而下者谓

---

① 薛季宣:《薛季宣集》卷二三《答陈同父书》,张良权点校,第298—299页。
② 薛季宣:《薛季宣集》卷二三《答沈应先书》,张良权点校,第304页。
③ 薛季宣:《薛季宣集》卷二三《答沈应先书》,张良权点校,第304页。
④ 朱熹:《四书章句集注·中庸章句》,第34页。

之器。化而裁之谓之变,推而行之谓之通,举而措之天下之民,谓之事业。""事事理会"是由"形而下者谓之器"认识到"形而上者谓之道",获得了"道"的认识后,又反作用于客观事物之上,这就是"道归于物"。接着《系辞上传》第十二章准确地描述了永嘉学派"道归于物"的三个步骤。

第一,"化而裁之谓之变"。永嘉学派虽然以三代之法、周公之治为理想制度和理想社会,但并不食古不化、生搬硬套三代制度细节;而是对三代之法散落在文献和历史中的碎片进行复原、拼接,汲取其精神实质,运用于南宋当代的社会改革,这一过程正是"化而裁之谓之变",叶适在《新修温州学记》中称之为"弥纶以通世变",正是此义。

第二,"推而行之谓之通"。制度新学研究不是士大夫的案头清玩和书斋学问,而是经世致用的实践之学,其由局部到整体,由个体、家庭逐渐扩充到国家、天下,逐步扩充,推行于现实之中,为人民创造实实在在的福祉,这一推行过程自然是"推而行之谓之通"。

第三,"举而措之天下之民,谓之事业"。叶适以建成"皇极"的"一代之治"为"道"的最终圆满状态,"皇极"是活生生的人组成的社会形态,此所谓"措之天下之民";而由具体的"物极"构建而成"皇极"是系统性的、整体的,而所谓"举而措之"之"举",并非高举、标榜之义,而是统括、总体之义,二者的意义一致。

永嘉学派的思想既不同于讨论"道德性命"的"儒家形而上学",显然也不是研究具体科学知识的偏于工具性的"形而下学"。或许可以说,如果将"形而上者谓之道"视为"形质"的思维属性,"形而下者谓之器"视为"形质"的经验属性的话,那么永嘉学派是以"形质"为本体的一元论哲学,而"形质"在本质上属于"器"。关于这一点,孔颖达的论述较崔憬更为明晰:"形虽处道、器两畔之际,形在器,不在道也。"此语用来描述永嘉学派的思想也是贴切的。

第二节　永嘉学派的思想史地位

明确了永嘉学派的核心立场是"形质之学"后,也许可以重新审视永嘉学派在近世思想史上的历史地位。自明中后期开始,儒学内部出现了"前近代(earlymodernage)"儒学新思潮视角。关于所谓"前近代思想"或者"启蒙思想",

是指近代(1840)以前出现的与近代思想具有共通性的思想,对此,以往的研究很多,这里不便——胪述。"前近代思想"可以归结为社会政治观念和哲学观念的突破。这里先从社会政治观念范畴的"公私"观念,比较浙东学派与"前近代思潮"的异同。

一、社会政治观点的突破

所谓"公私"观念的突破是"前近代"思潮的一个重要特征。沟口雄三提出,明清思想的重大突破体现为对"欲"的分疏,即"社会欲"和"个人欲","社会欲"和对"公私"关系的再解释。"个人欲"特指自然之欲望,个体内的生理本能;"社会欲"是一种物质欲、所有欲及生存欲。财物、田地等外在的结果所引发的物质欲、所有欲及由生存竞争引起的生存欲,并不能够在个体内通过主观调整得以均一化。例如,明末所谓"公货公色便是天理"的公,并非胡五峰所谓公欲的公,即含有人人普遍之意的抽象之物。"货色"乃为具体的家产、田产,在具有特权和没有特权的大小地主之间,在地主与佃农的矛盾激化中,"公"是相互克制的公平的"公"。这里没有宋学所谓的主观本身的均一性,而是蕴含着欲与欲之间的社会相关性。这种关系上的中正是在与他者相关时产生,不可能通过某个人的主观得以均一化。[①] 随着民间组织的壮大,在兴办社会事业方面迸发出巨大的能量,富民在社会中的地位也越来越重要,儒学思想也做出了相应的回应,逐渐放弃了"得君行道"的上行路线,而开始走向"移风易俗"的下行路线,提出了尊重富民,"藏富于民"的要求,批评了政府的功能的有限性和低效率,进而怀疑了君主专制的正当性。这些基调的转换无法用传统的经世学来解释。[②]

[①] 〔日〕沟口雄三:《中国前近代思想的屈折与展开》下论第一章《明末清初的继承与转折》,龚颖译,生活·读书·新知三联书店2011年版。主要观点亦见其论文《中国公私概念的发展》,汪婉译,《国外社会科学》1998年第1期。
[②] 参见〔美〕余英时《现代儒学的回归与展望——从明清儒学思想基调的转换看儒学的现代发展》(初刊于1994年),载〔美〕余英时:《现代儒学的回顾与展望》,生活·读书·新知三联书店2004年版。

永嘉学派的思想与南宋"富民"阶层的兴起存在一定的联系①,并且叶适也肯定了"富民"对社会的正面意义(见本书七章第一节),但总体而言,永嘉学派的政治实践仍然囿于宋代士大夫政治的框架内,"得君行道"仍然是他们追求的目标。不过,永嘉学派的政治思想有两个值得注意的新动向。

第一,永嘉学派对士大夫政治提出了全面的批判和深刻的反思,这种反思可以从两个方面来看。首先,士大夫政治尽管具有制约皇权的可能性,即所谓"共治天下",但是在实践中,士大夫与皇权的力量无法抗衡,"共治"的格局是短暂、脆弱的,从这一点出发,陈傅良提出了"天子无私兵、无私财、无私人"的主张(见第六章第三节)。其次,在长期军事准备的形势下,士大夫政治也暴露出效率低下的弊端,且周期性地陷入内讧,叶适对此进行了尖锐的批评,他提出的"吏士合一"的观点,虽然不能实现,却预示了宋型文化的重要支柱——士大夫共治天下的政治文化的生命力至此已经耗尽,而新的政治范式仍有待艰苦的探索。

第二,虽然永嘉学派没有寻求非政府的力量来重建秩序,但他们高度关注地方与中央的关系,关注过度郡县化体制下,地方(州县)失去了自主性,尤其是在宋代地方高度分权的行政体制下,中央对地方进行了无节制的剥削,相应的,陈傅良质疑了"王人虽微,必序乎诸侯之上"的传统观点,提出"天子无私人,无私产,无私兵"(见第六章第三节);叶适提出了"自治"说(见第六章第四节)。因此仅从"下行路线"这一方向而言,永嘉学派与明清的所谓"前近代"儒学思想是有共通性的,而且循着这一"下行路线",永嘉学派还有限地接触到了限制君权的高压线,这与明清之际的思想主流也有暗合。

二、哲学思想的突破

"前近代思潮"思想转型的最大突破自然体现在哲学方面,对这一突破,陈来将其概括为"去实体化转向"②,刘又铭则称之为中国文化自身的"早期现代

---

① 参见徐规、周梦江:《试析陈亮的乡绅生活》(初刊于1983年),载徐规:《仰素集》,杭州大学出版社1999年版。
② 陈来:《元明理学的"去实体化"转向及其理论后果》(初刊于2003年),载陈来:《诠释与重建:王船山的哲学精神》,北京大学出版社2004年版。

性"(本稿称之为"前近代思潮")的哲学表现①。无论是何种命名,本体论上"理气观"的两种不同立场,正是明清儒学思想转型的意义所在。具体来说,陈来勾勒了从"理非别有一物"(吴澄),中经"理气一物"(罗钦顺)、"性出乎气"(王廷相),到刘宗周"理是气之理十,性是气之性"、王夫之"气质中之性"的理路,可以说,这些思想都反映了将朱熹二元化的"理""气"进行"一元化"转型的倾向,其实质则是将"理"化约于"气"中,强调"理"相对于"气"是第二性的、派生的。

刘又铭在回顾了宋、明、清"气本论"的发展脉络后指出,无论是程朱理学和陆王心学,其知识论都是以"神圣圆满的天理、良知为本的神圣本体论"和"以先验的价值满盈的天理、良知为本的心性论和致知论"的形态为主,而到了中晚明的罗钦顺、王廷相、吴廷翰以及清初顾炎武、乾嘉戴震,其知识论转型为"以有限价值蕴涵的自然元气为本的自然本体论"、"包括欲、情、知在内的自然人性论与自我观"和"有限道德理性与思辨理性双轨并进的致知论"。这样的哲学典范,比理本体、心本体更接近、更符合今天一般中国人的宇宙、生命图像,它就是中国文化自身的"早期现代性"的哲学表现。②

根据陈、刘两氏的提示,下面试将永嘉学派的观点与之一一比较,从而客观地评价浙东学派在近世中国思想史上的地位,及其与"前近代性"的距离。

在所谓"前近代"儒学思潮中,"理"的实体地位被取消,而赋予"气"唯一的实体地位,且只给予"理"认识论上的地位,即"理"是"气"之"条理"。而叶适提到过,《易》的根本是八卦,而八卦是取象于形而下的世界的八种具体的事物,即天、地、水、火、雷、风、山、泽:"日与人接,最著而察者八物,因八物之交错而象之者,卦也。"③这八种事物是人类在文明进化过程中最先接触到的,因此"圣人"取之以为卦象:"此八物者,一气之所役,阴阳之所分,其始为造,其卒为化,而圣人不知其所由来者也,因其相摩相荡,鼓舞阖辟,设而两之,而义理生焉,故曰卦。"④从"一气之所役"到"义理生焉",可以说是"气在理先""气生理"的立场,在某种程度上接近刘又铭所归纳的"以有限价值蕴涵的自然元气为本的自

---

① 刘又铭:《宋明清气本论研究的若干问题》,载杨儒宾、祝平次编:《儒学的气论与工夫论》,华东师范大学出版社 2008 年版,第 162 页。
② 刘又铭:《宋明清气本论研究的若干问题》,载杨儒宾、祝平次编:《儒学的气论与工夫论》,第 162 页。
③ 叶适:《习学记言序目》卷三,第 34 页。
④ 叶适:《叶适集·水心别集》卷五《易》,第 696 页。

然本体论"①。但总体而言,永嘉学派不甚重视"理"与"气"的关系,只是在叶适那里偶一提及,这一命题并未成为其一以贯之的理论主轴。

而从本章第一节分析可以看出,永嘉学派已经在事实上确立了"形质"的本体地位,否定了"形而上者谓之道"的实体地位和本体地位,这相当于"前近代思潮"否定了以"神圣圆满的天理、良知为本的神圣本体论"。

在认识论方面,"前近代思潮"主张"有限道德理性与思辨理性双轨并进的致知论",而薛季宣否定"自明诚"功夫,提出"性不可知论"及叶适对"天人合一"的"心体"的解构,都体现了肯定"有限道德理性"、反对无限的形而上的道德理性的逻辑,与"包括欲、情、知在内的自然人性论与自我观"颇有暗合。而在"道德理性与思辨理性双轨并进"方面,陈傅良的"天理分数"论和叶适的"学则内外交相明"都强调了对客观世界知识探索的重要性,反对片面地反省内心。

总之,永嘉学派确实具备了"前近代思潮"的部分关键理论特征,在宋、元、明、清思想史脉络中居于承先启后的地位。

三、未能完成的过渡

然而,我们也不应否认,从思想史的发展脉络看,永嘉学派事实上并未成为所谓典型"前近代思潮"思想的先导,无论是中晚明的罗钦顺、王廷相、吴廷翰,还是清初顾炎武、乾嘉戴震,都从未将永嘉学派作为其思想创新的资源。相反,比较认真地对待、公正评价永嘉学派的,反而是程朱理学系统的学者(见本书第五章第四节)。原因何在呢?

第一,永嘉学派思想中仍有二程理学深刻的思想印记,这导致永嘉学派在否定程朱理学的同时,也在很大程度上继承了程朱理学的哲学思想创新。正如叶适在《南安军三先生祠堂记》中所写的那样:

> 盖道之所以暗郁于后者,天与人殊,而人与己殊。道非其道,而学非其学也。理不尽,徒胶昔以病今;心不明,姑舍己以辨物。勤苦而种,皆文藻之末;卤莽而获,皆枝叶之余。扬雄、韩愈犹然,况其下乎?自周子、二程

---

① 任继愈认为叶适主张世界万物起源于"气",见任继愈主编:《中国哲学史》第3册,第291页。

以来,天之命我者属乎不离也;我之事天者吻乎有合也。舜、文王之道即己之道,颜渊、孟轲之学即己之学也。词华不黜而自落,功利不抑而自退,其本立矣。①

此文撰于宁宗嘉定十二年(1219)七月,此时《习学记言序目》中那些"异端"的思想已经完全定型,叶适仍然热情地歌颂周敦颐、二程对汉唐儒学的改造,在于破除了"天"与"人"分离的宇宙观、否定了偏重于功利的辞章之学。这是因为叶适的"道无内外",正是基于周敦颐、二程所奠基的"天人合一""物我合一"的宇宙论而建构的,区别无非是,永嘉学派反对朱熹、陆九渊以认识的最终结果的一元性,来取消认识过程中的主体与客体、个人与社会、家国与天下的二元性。因为认识过程必须在历史时空中,面向客观世界展开,历史时空和客观世界所客观具有的矛盾现象就构成了二元性,否认二元性就是否认世界的客观性和时间的客观性。同时,虽然薛季宣在《中庸》中标举了"成己"与"成物"、"仁"与"知"的并列关系,但他非常清楚地知道,这两对二元概念最终走向一元的"性之德"。陈傅良批判"离道于法",最终要论证的是"道法不相离",即"道"与"法"最终走向合一。叶适的"道无内外,学则内外交相明"也承认,尽管认识的过程呈现为二元论("内外交相明"),但认识的最终结果(终极真理)却是一元的("道无内外")。因此,永嘉学派在处理程朱理学的心性修养功夫论时异常谨慎。叶适总结陈傅良之学是:"学之内外本末备矣。"②所谓"内"是"克己兢畏、敬德集义",所谓"外"则是"古人经制三代治法""本朝文献相承所以垂世立国者"。叶适的"学则内外交相明"的模式中,"内"的知识不仅是主体通过"耳目之官"对客观世界的思考、学习,也包括了"正心诚意"。这些"保守"的思想特征,可以用王阳明对陆九渊的评价:"未免沿袭之累。"

第二,永嘉学派崛起于朱子学全盛时代,"前近代思潮"崛起于朱子学的衰落期。

元代文学大家虞集曾说:"昔朱子在时,永嘉之学方兴,意气之轩昂,言辞

---

① 叶适:《叶适集·水心文集》卷一一《南安军三先生祠堂记》,第 192 页。
② 叶适:《叶适集·水心文集》卷一六《宝谟阁待制中书舍人陈公墓志铭》,第 299—230 页。

之雄伟,自非朱子孰足以当其锋哉?"①诚然,只有朱熹这样的大师才能与永嘉学派对垒;但反过来也可以说,正是因为遭遇了朱熹这样的劲敌,才导致永嘉学派后继乏人。朱熹及其亲传弟子所代表的全盛期的朱子学,是在吸收天台、华严、禅等外来文化因素的基础上,经几代学者精心构建的高度自洽的理论体系,在南宋中期这一特定历史时期,朱子学所显示的面面俱到的平衡性、无所不包的广博性、理论建构的精密性,都代表了中国思想史的最前沿动向和最高的思维水平。相比之下,所谓"前近代思潮"则出现于朱子学或阳明学全面衰落、弊端充分暴露的明清之际。不能要求永嘉学派预见到若干个世纪后中国思想史上所要发生的危机,也不可能要求他们超越他们自己所处的时代对朱子学提出更加犀利、致命的批评。这无关乎个人的思维水平,而反映了那个时代思想资源的有限、新鲜文化血液的匮乏。思想对话的对手不同,决定了二者所能达到的认识水平有高下之分。

第三,社会政治转型导致问题意识失焦。

永嘉学派在展开思想论述时受到了话语体系、思想背景、政治环境的诸多掣肘,叶适在完成于宁宗嘉定年间的《习学记言序目》中,已经不敢直接点名批判朱熹的《四书章句集注》和其他著作(见本书第八章第三节),因为彼时朝廷已于嘉定二年(1209)启动了朱子学官学化的程序②,宏观政治背景已经不能令永嘉学派"畅所欲言"。而"前近代思潮"崛起时,朱子学虽然仍属官学正统,但在学术讨论中已经可以提出商榷乃至批判。同样是强调改造客观世界的重要性,永嘉学派热衷于通过"士大夫政治"这一国家机器开展大规模的社会改革,可是这一方向在明清两代的君主专制之下被根本扭转了。③"前近代思潮"与永嘉学派在这个问题上显然失去了呼应。

第四,思想表达的困难造成了理解的困难。

永嘉学派不能像朱熹那样自觉地以不同著作文体(语录、经学解注、单篇论文、书信)全方位地阐述自己的思想,更未注意构建一个理论体系。永嘉学派与理学的关键理论分歧的相关思想史资料,往往保存在朱熹这一方(陈武对

---

① 虞集:《道园学古录》卷三四《送李敬心之永嘉学官序》,《文渊阁四库全书》第1207册,第478页。
② 王宇:《去忠存文与朱子学官学化进程的启动》,《中国哲学史》2009年第3期。
③ 〔美〕余英时:《现代儒学的回顾与展望》,第170—175页。

心统性情说的批判、曹叔远朱熹之辩、魏了翁对陈傅良《唐制度纪纲如何论》的批判,都是如此)。而永嘉学派这一方面,真正有价值的思想被他们的文学成就所掩盖,或者被整理者刻意删去、改写了。即便是敢于集中、系统批判理学的叶适,其《习学记言序目》也是点评体的著作,在表达思想观点时,要么是零星散乱的,要么是重复的,显然对于阐述一种思想理论体系而言,这种体裁是事倍功半的。

最后,本书用元人虞集的一段评价结束全书:"昔朱子在时,永嘉之学方兴,意气之轩昂,言辞之雄伟,自非朱子孰足以当其锋哉?自是以来以功业自许者,足以经理于当世;以词章自许者,足以风动于斯文。至于六经之传注,得以脱略凡近,直造精微,如薛常州《春秋》等书,实传注之所不可及,而足以发明于遗经者也。"[①]

[①] 虞集:《道园学古录》卷三四《送李敬心之永嘉学官序》,《文渊阁四库全书》第 1207 册,第 478 页。

本书相关要事年表

仁宗庆历二年（1042）

本年，胡瑗主讲湖州州学，创立了"湖学"。

皇祐元年（1049）

本年，王安石致书王开祖。

皇祐四年（1052）

本年，王开祖中进士。

英宗治平四年（1067）

本年，周行己生。

神宗元丰二年（1079）

本年，朝廷将太学招生员额增加到2400人，吸引了一批温州士子北上开封府参学。

哲宗元祐三年（1088）

周行己至晚于本年赴洛阳向程颐问学。

元祐六年（1091）

本年，周行己登进士第，此后他主动请求担任洛阳的监水南籴场一职，以便向程颐问学。

徽宗宣和六年（1124）

本年，郑伯熊生。字景望，温州永嘉县人。

高宗建炎二年（1128）

本年，许景衡、刘安上卒。"元丰九先生"全部去世。

建炎四年（1130）

九月，朱熹生。字仲晦，祖籍歙州婺源县永平乡松岩里。

绍兴四年（1134）

六月，薛季宣生。字士隆，一作士龙，号艮斋，温州永嘉县人。

绍兴七年（1137）

二月，吕祖谦生于桂林。字伯恭，号东莱先生，婺州人。

本年，陈傅良生。字君举，号止斋，温州瑞安县人。

绍兴九年（1139）

二月，陆九渊生。字子静，号象山，抚州金溪县人。

绍兴十二年（1142）

本年，陈亮生。字同甫，婺州永康县人。

绍兴二十年（1150）

五月，叶适生。字正则，号水心先生，温州瑞安县人。

绍兴二十三年（1153）

薛季宣短期参加四川安抚制置使萧振的幕府。萧振是"元丰九先生"之一许景衡的女婿，程学人士。

绍兴二十七年（1157）

本年，许景衡女婿、程学学者萧振卒。

孝宗隆兴元年（1163）

正月，张浚发动北伐。五月，大败。南宋被迫与金议和。十月，和议初定。朝野上下展开和战大辩论，持续到次年。

本年，吕祖谦、陈亮、朱熹、张栻、郑伯熊先后来到临安，其中吕祖谦、张栻、朱熹于本年定交，即后来所谓"东南三先生"，开启了"乾淳学术"时代。

乾道三年（1167）

九月，朱熹到长沙与张栻论学，即"朱张会讲"，持续至十一月。

本年陈傅良在瑞安仙岩梅潭读书，此前一直以科举时文为主要学习内容，自本年起发生转型。

乾道四年（1168）

春夏间，叶适前往婺州游学，遂与陈亮相识定交，也可能曾向吕祖谦问学。

九月，薛季宣至临安，在郑伯熊处看到陈亮作品，此后薛、陈二人开始通信。

乾道五年（1169）

冬，陈傅良到常州向薛季宣问学。

乾道六年（1170）

秋，陈傅良来临安参加太学补试，向吕祖谦、张栻问学，旋即离开临安。

本年,郑伯熊在福建资助朱熹刊刻《程氏四书》。

乾道七年（1171）

六月,陈傅良在湖州见到张栻。

七月二十四日,吕祖谦料理完家事,召试馆职。

七月,王十朋卒。

八月,薛季宣至临安任大理寺主簿,与吕祖谦结识,时常论学,直至十一月出使淮西。

下半年,陈傅良来临安备考解试、省试。

秋,陈傅良、陈亮同赴太学解试,陈傅良得解,陈亮失利。

冬,陆九渊来临安备考来年的省试。

乾道八年（1172）

正月,陈傅良、陆九渊通过省试。吕祖谦为本科省试考官。

二月,吕祖谦丁忧,离开临安。

五月,殿试发榜,陈傅良、陆九渊中进士。

八月,薛季宣到任湖州知州。随后,朱熹致信薛季宣询问胡瑗开创的"湖学"的情况。

乾道九年（1173）

三月,薛季宣自湖州解任回乡,道经婺州,与吕祖谦相聚半月。

七月十七日,薛季宣卒。

本年,陈亮编《三先生论事录》。

淳熙元年（1174）

三、四月间,陈亮访温州,会晤郑伯熊、叶适、徐元德、蔡幼学。

十一月,陈傅良访明招山。

十二月,吕祖谦完成《薛季宣墓志铭》初稿,此后寄给陈亮、陈傅良,陈亮提出多处修改意见。

淳熙二年（1175）

四月一日,吕祖谦到寒泉访朱熹。朱、吕讲论月半。

五月二十八日,朱熹与吕祖谦到达信州鹅湖,鹅湖之会开始。

秋,叶适来游婺州,与吕祖谦、陈亮相会。

淳熙三年（1176）

春，陈亮访温州，会见部分永嘉学派学者。

淳熙四年（1177）

十一月九日，吕祖谦受命主持重修编纂《圣宋文海》(《皇朝文鉴》)。

淳熙五年（1178）

四月，叶适中进士第二名，陈武亦中进士。吕祖谦为本科殿试考官。

本年上半年，叶适在临安向吕祖谦问学，二人讨论了《皇朝文鉴》的篇目编选问题。

淳熙六年（1179）

三月二十四日，吕祖谦离开临安回乡养病。

淳熙七年（1180）

二月二日，张栻卒。

本年，陈傅良在福州通判任上遭弹劾罢官，此后赋闲至淳熙十四年，期间完成了《左氏章指》。

淳熙八年（1181）

七月三日，郑伯熊卒。二十九日，吕祖谦卒。

十一月三日，吕祖谦于明招山下葬。叶适前来会葬，陈亮、潘景愈请其继承吕学，叶适婉拒。

十二月六日，朱熹到任浙东提举的驻地绍兴府。

淳熙九年（1182）

正月十七日，时任浙东提举的朱熹巡历至婺，在武义明招山祭扫吕祖谦之墓，会晤陈亮，随后陈亮陪同朱熹巡历至永康龙窟陈亮家，聚谈数日。

七月，朱熹弹奏知台州唐仲友。

淳熙十一年（1184）

四月，朱熹主动致信慰问陈亮。

五月二十五日，陈亮出狱。二十六日，在未见到朱熹四月来信的情况下，陈亮主动致信朱熹。王霸义利之辩揭幕。

淳熙十二年（1185）

冬，叶适被召为太学正，撰成《外稿》六卷，计四十八篇，以备孝宗顾问，《外稿》系统阐述了全面改革南宋政治、经济、社会、教育制度的思路与方案。

本年,朱熹、陈亮王霸义利之辩继续。

淳熙十三年(1186)

秋冬间,王霸义利之辩告一段落。

冬,时任鄞县县尉的朱熹门人滕璘奉派到温州充任考官,在温期间与陈傅良论学。

淳熙十四年(1187)

六月,陈傅良启程赴任知桂阳军。此后在湖南仕宦至绍熙三年,且讲学收徒。

本年,滕璘到崇安武夷精舍向朱熹问学。朱熹询问其去年冬在温州与陈傅良交流的情况,对其转述的陈傅良学术观点一一批驳。

淳熙十五年(1188)

七月二十五日,兵部郎官朱熹得祠。二十六日,兵部侍郎林栗出外知州。先是,林栗弹劾朱熹"偃蹇拒违君命",时任太常博士的叶适奏《辩兵部郎官朱元晦状》,为朱熹辩护。

光宗绍熙元年(1190)

六、七月间,陈亮入狱。后得到何少嘉、罗点、郑汝谐、叶适营救。

本年十月以前,叶适在湖北安抚司参议官任上,因无吏责,遍读佛书。

绍熙二年(1191)

春,陈傅良致书朱熹,批评其不应该屡次与人公开论战,朱熹复信反驳。

三月,曹叔远至建阳竹林精舍向朱熹问学,朱熹批评了其转述的永嘉学派观点。

本年,叶适与朱熹通信,朱熹批评其在荆州读佛书。

本年,陈谦撰写《儒志学业传》,表彰了王开祖和《儒志编》。

绍熙三年(1192)

正月,光宗不赴重华宫起居,"过宫"之争遂起。

上半年,陈傅良至临安,任吏部员外郎。光宗召对,宣取陈傅良著《周礼说》。

十二月十四日,陆九渊卒于荆门军。

十二月,在包括陈傅良在内的群臣力争下,光宗赴重华宫起居。

绍熙四年(1193)

三月,光宗赴重华宫起居,此后到十一月八个月间,停止正常"过宫"。为此陈傅良曾多次奏对劝谏。

八月,叶适至临安,除吏部员外郎。

绍熙五年（1194）

三月,孝宗病情加重,光宗拒不"过宫"探视。

五月四日,陈傅良最后一次面谏光宗,下殿后辞官返乡。

六月八日,孝宗崩。

七月五日,由赵汝愚主导,叶适、徐谊等人积极赞助,光宗被迫禅位于嘉王,是为宁宗。

八月,陈傅良至临安就任中书舍人。本月,诏除朱熹焕章阁待制兼侍讲。

九月三十日,朱熹到达临安。

闰十月七日,朱熹入奏《祧庙议状》,陈傅良与朱熹发生"庙制之争"。

闰十月二十五日,朱熹除宝文阁待制,与州郡差遣;二十六日启程离都。

十一月一日,朱熹罢职。

十二月九日,御史中丞谢深甫弹劾陈傅良"庇护辛弃疾,依托朱熹",罢官,提举江州太平兴国宫。

宁宗庆元元年（1195）

正月,陈亮卒。

二月二十二日,赵汝愚罢。此后道学党人遭到贬斥。三月,杨简罢。四月,吕祖俭送韶州安置。

本年,陈武与朱熹温州籍弟子徐寓可能就朱熹"心统性情"说发生辩论。

庆元二年（1196）

三月,知贡举叶翥、倪思、刘德秀奏论场屋文弊,乞将语录之类并行除毁。

三月,叶适被降两官,放罢。

六月,臣僚奏请禁毁陈傅良《待遇集》、叶适《进卷》。

庆元三年（1197）

十二月,朝廷发布"庆元党籍"。永嘉学派学者叶适、陈傅良、陈武、蔡幼学、周端朝（叶适弟子）名列其中。

本年,臣僚上言,称"三十年来,伪学显行。场屋之权,尽归三温人",指叶适、陈傅良、徐谊。

庆元四年（1198）

本年，朱熹在与弟子沈僩论学中，生前最后一次系统批评永嘉学派。

庆元六年（1200）

三月九日，朱熹卒。

嘉泰元年（1201）

本年，徐元德卒。

嘉泰二年（1202）

十一月，陈傅良《春秋后传》脱稿，旋重病不起。（《春秋后传》周勉序）

嘉泰三年（1203）

十一月十二日，陈傅良卒。

嘉泰四年（1204）

三月初一，叶适作《龙川文集序》，云："予最鄙且钝，同甫微言，十不能解一二。"

十月，叶适校定《外稿》，并与淳熙五年廷对策、淳熙十四年上殿札子、淳熙十六年《应诏条奏六事》辑为一编，授读于二子。

开禧二年（1206）

六月，叶适参与"开禧北伐"，任江东安抚使、知建康府兼行宫留守。本年，叶适为陈亮之子请于朝，补一官。

十一月，魏了翁前来建康府拜谒叶适，叶适赠《师立斋铭》。①

开禧三年（1207）

二月，叶适改兼江淮制置使，措置屯田。七月辞职。十二月，遭论落职，此后至去世一直赋闲治学，着手撰写《习学记言序目》。

嘉定二年（1209）

十二月，朱熹赐谥"文"。

本年，叶适开始撰《后总》一卷，集中反映了他改革兵制的思想。至迟至嘉定十年，叶适仍在修改《后总》。

嘉定五年（1212）

本年，陈傅良《止斋集》于温州付梓。先是，楼钥嘱知温州杨简刊刻此书，不

---

① 彭东焕编：《魏了翁年谱》，四川人民出版社2003年版，第113页。

果。至是,曹叔远促成温州州学教授徐凤出资刊刻。

嘉定八年(1215)

本年,《龙川集》刊刻,叶适撰《书龙川集后》。

本年,戴溪、朱黼相继去世。

嘉定九年(1216)

本年,吕祖谦赐谥"成",张栻赐谥"宣"。

本年,陈谦卒。

嘉定十三年(1220)

七月,曹叔远在潼川府路提刑任上,直到次年。在此期间,曹叔远刊刻了薛季宣的部分作品。

本年,钱文子卒。

嘉定十六年(1223)

正月二十日,叶适卒。

十月,门人孙之宏作《习学记言序目序》,本年,此书于温州付梓。

参考文献

一、史料文献

陈德溥编:《陈黻宸集》,中华书局1995年版。
陈傅良:《陈傅良先生文集》,周梦江点校,浙江大学出版社1999年版。
陈骙、佚名:《南宋馆阁录 续录》,张富祥点校,中华书局1998年版。
陈亮:《陈亮集(增订本)》,邓广铭点校,河北教育出版社2003年版。
陈振孙:《直斋书录解题》,徐小蛮、顾美华点校,上海古籍出版社1987年版。
程端礼:《读书分年日程》,《文渊阁四库全书》第709册,台湾商务印书馆1987年版。
程端礼:《畏斋集》,《文渊阁四库全书》第1199册,台湾商务印书馆1987年版。
程颐、程颢:《二程集》,王孝鱼点校,中华书局2004年版。
洪迈:《容斋随笔》,上海古籍出版社1978年版。
洪迈:《夷坚志》,何卓点校,中华书局1981年版。
洪咨夔:《平斋集》,《文渊阁四库全书》第1175册,台湾商务印书馆1987年版。
胡寅:《崇正辩·斐然集》,容肇祖点校,中华书局1993年版。
黄榦:《勉斋先生黄文肃公文集》,《北京图书馆古籍珍本丛刊》第90册,书目文献出版社2000年版。
黄潜:《黄潜全集》,王颋点校整理,天津古籍出版社2008年版。
黄震:《黄震全集》,张伟、何忠礼主编,浙江大学出版社2013年版。
黄宗羲:《黄宗羲全集》,浙江古籍出版社2006年版。
李焘:《续资治通鉴长编》,中华书局1992年版。
李心传:《建炎以来朝野杂记》,徐规点校,中华书局2000年版。
李心传:《建炎以来系年要录》,胡坤点校,中华书局2013年版。
李心传辑:《道命录》,朱军点校,上海古籍出版社2016年版。
刘克庄:《后村先生大全集》,《四部丛刊》本,上海书店1989年影印本。
刘埙:《隐居通议》,《文渊阁四库全书》第866册,台湾商务印书馆1987年版。

刘宰:《漫塘文集》,《文渊阁四库全书》第1170册,台湾商务印书馆1987年版。
楼钥:《攻媿集》,《文渊阁四库全书》第1152册,台湾商务印书馆1987年版。
罗大经:《鹤林玉露》,王瑞来点校,中华书局1983年版。
吕祖谦:《吕祖谦全集》,黄灵庚、吴战垒主编,浙江古籍出版社2008年版。
马端临:《文献通考》,中华书局2011年版。
倪士毅:《作义要诀》,《丛书集成初编》本。
全祖望:《全祖望集汇校集注》,朱铸禹汇校集注,上海古籍出版社2000年版。
孙希旦:《礼记集解》,沈啸寰、王星贤点校,中华书局1989年版。
孙诒让:《温州经籍志》,潘猛补校,上海社会科学院出版社2005年版。
脱脱等:《宋史》,中华书局1977年版。
汪藻:《靖康要录笺注》,王智勇笺注,四川大学出版社2008年版。
王朝佐:《东嘉先哲录》,周干校注,上海社会科学院出版社2005年版。
王十朋:《王十朋全集》,梅溪集重刊委员会编,上海古籍出版社1998年版。
王应麟编:《玉海》,上海书店1987年版。
魏了翁:《鹤山先生大全文集》,《四部丛刊》本。
魏天应编选:《论学绳尺》,林子长笺解,《文渊阁四库全书》第1358册,台湾商务印书馆1987年版。
吴子良:《林下偶谈》,《文渊阁四库全书》第1481册,台湾商务印书馆1987年版。
徐松辑:《宋会要辑稿》,刘琳、刁忠民、舒大刚等点校,上海古籍出版社2014年版。
许有壬:《至正集》,《元人文集珍本丛刊》本,新文丰出版公司1985年版。
薛季宣:《薛季宣集》,张良权点校,上海社会科学院出版社2003年版。
叶绍翁:《四朝闻见录》,沈锡麟、冯惠民点校,中华书局1997年版。
叶适:《习学记言序目》,中华书局1977年版。
叶适:《叶适集》,刘公纯、王孝鱼、李哲夫点校,中华书局2010年版。
佚名:《庙学典礼(外二种)》,浙江古籍出版社1992年版。
佚名:《续编两朝纲目备要》,汝企和点校,中华书局1995年版。
永瑢:《四库全书总目提要》,中华书局1965年影印浙江杭州本。
虞集:《道园学古录》,《文渊阁四库全书》第1207册,台湾商务印书馆1987年版。
袁桷:《清容居士集》,中华书局1930—1936年版,《四部备要》本。
张九成:《张九成集》,杨新勋整理,浙江古籍出版社2013年版。
章懋:《枫山语录》,《文渊阁四库全书》第714册,台湾商务印书馆1987年版。

赵顺孙纂疏:《大学纂疏 中庸纂疏》,黄珅整理,华东师范大学出版社1992年版。
郑伯熊、郑伯谦:《二郑集》,周梦江校注,上海社会科学院出版社2006年版。
周必大:《周必大集校证》,王瑞来校证,上海古籍出版社2020年版。
朱杰人、严佐之、刘永翔主编:《朱子全书》,上海古籍出版社、安徽教育出版社2002年版。
朱熹:《四书章句集注》,中华书局2012年版。

二、研究文献

包伟民:《宋代地方财政史研究》,上海古籍出版社2001年版。
陈来:《诠释与重建——王船山的哲学精神》,北京大学出版社2004年版。
陈来:《中国近世思想史研究》,商务印书馆2003年版。
陈来:《朱子书信编年考证(增订本)》,生活·读书·新知三联书店2007年版。
陈来:《朱子哲学研究》,华东师范大学出版社2000年版。
陈植锷:《北宋文化史述论》,中国社会科学出版社1992年版。
陈钟凡:《两宋思想述评》,东方出版社1996年影印版。
邓广铭:《邓广铭全集》,河北教育出版社2005年版。
邓广铭:《邓广铭学术论著自选集》,首都师范大学出版社1994年版。
邓小南:《祖宗之法:北宋前期政治述略》,生活·读书·新知三联书店2006年版。
董平、刘宏章:《陈亮评传》,南京大学出版社1996年版。
董平:《浙江思想学术史——从王充到王国维》,中国社会科学出版社2005年版。
董平选注:《陈亮文粹》,浙江古籍出版社2006年版。
杜海军:《吕祖谦年谱》,中华书局2007年版。
冯友兰:《三松堂全集》,河南人民出版社2000年版。
傅斯年:《性命古训辨证》,初版于1940年,广西师范大学出版社2006年版。
管敏义:《浙东学术史》,华东师范大学出版社1993年版。
何炳松:《浙东学派溯源》,初版于1933年,广西师范大学出版社2005年版。
何俊:《南宋儒学建构》,上海人民出版社2004年版。
何俊:《事与心:浙学的精神维度》,北京大学出版社2013年版。
何忠礼:《宋史选举志补正》,浙江古籍出版社1992年版。
洪振宁编著:《宋元明清温州文化编年纪事》,浙江人民出版社2009年。

侯外庐、赵纪彬、杜国庠:《中国思想通史》第一、二、三卷,人民出版社1957年版。
侯外庐主编:《中国思想通史》第四卷下,人民出版社1960年版。
蒋伟胜:《叶适的习学之道》,中国社会科学出版社2009年版。
劳思光:《新编中国哲学史》,广西师范大学出版社2005年版。
林损:《林损集》,陈镇波、陈肖粟编校,黄山书社2010年版。
刘昭仁:《吕东莱之文学与史学》,文史哲出版社1986年版。
刘子健:《两宋史研究汇编》,联经出版事业股份有限公司1987年版。
卢敦基、陈永革主编:《陈亮研究》,上海古籍出版社2005年版。
陆敏珍:《宋代永嘉学派的建构》,浙江大学出版社2013年版。
罗立刚:《宋元之际的哲学与文学》,复旦大学出版社1999年版。
蒙文通:《蒙文通文集》第三卷《经史抉原》,巴蜀书社1995年版。
牟宗三:《心体与性体》,上海古籍出版社1999年版。
潘富恩、徐余庆:《吕祖谦评传》,南京大学出版社1992年版。
钱穆:《中国近三百年学术史》,中华书局1986年版。
钱穆:《朱子新学案》,巴蜀书社1987年版。
任继愈主编:《中国哲学史》第3册,人民出版社1964年版。
束景南:《朱熹年谱长编》,华东师范大学出版社2001年版。
束景南:《朱子大传》,福建教育出版社1992年版。
孙衣言编:《瓯海轶闻》,张如元校笺,上海社会科学院出版社2005年版。
唐君毅:《中国哲学原论·原性篇》,中国社会科学出版社2005年版。
万斌主编:《浙学研究集萃》,上海古籍出版社2005年版。
王凤贤、丁国顺:《浙东学派研究》,浙江人民出版社1993年版。
王宇:《道行天地:南宋浙东学派论》,中国社会科学出版社2012年版。
王宇:《永嘉学派与温州区域文化》,社会科学文献出版社2007年版。
王瓒、蔡芳编:《弘治温州府志》,胡珠生校注,上海社会科学院出版社2006年版。
韦政通:《中国思想史》,水牛出版社1980年版。
吴松弟主编:《温州通史宋元卷》,人民出版社2021年版。
吴震、〔日〕吾妻重二主编:《思想与文献:日本学者宋明儒学研究》,华东师范大学出版社2010年版。
萧公权:《中国政治思想史》,辽宁教育出版社1998年版。
徐规:《仰素集》,杭州大学出版社1999年版。

颜虚心:《宋陈龙川先生亮年谱》,台湾商务印书馆 1980 年影印版。
杨儒宾、祝平次编:《儒学的气论与工夫论》,华东师范大学出版社 2008 年版。
杨渭生主编:《徐规教授从事教学科研工作五十周年纪念文集》,杭州大学出版社 1995 年版。
杨志刚:《中国礼仪制度研究》,华东师范大学出版社 2001 年版。
张邦炜:《宋代政治文化史论》,人民出版社 2006 年版。
张义德、李明友、洪振宁等编:《叶适与永嘉学派论集》,光明日报出版社 2000 年版。
张义德:《叶适评传》,南京大学出版社 1994 年版。
周梦江:《叶适年谱》,浙江古籍出版社 1996 年版。
周梦江:《叶适与永嘉学派》,浙江古籍出版社 2005 年版。
朱迎平:《永嘉巨子——叶适传》,浙江人民出版社 2006 年版。
祝尚书:《宋代科举与文学考论》,大象出版社 2006 年版。
〔比利时〕魏希德:《义旨之争:南宋科举规范之折冲》,胡永光译,浙江大学出版社 2015 年版。
〔美〕包弼德:《斯文:唐宋思想的转型》,刘宁译,江苏人民出版社 2001 年版。
〔美〕倪德卫:《章学诚的生平及其思想》,杨立华译,江苏人民出版社 2007 年版。
〔美〕田浩:《功利主义儒家——陈亮对朱熹的挑战》,江苏人民出版社 1997 年版。
〔美〕田浩:《朱熹的思维世界》,陕西师范大学出版社 2002 年版。
〔美〕田浩主编:《宋代思想史论》,社会科学文献出版社 2003 年版。
〔美〕余英时:《现代儒学的回顾与展望》,生活·读书·新知三联书店 2004 年版。
〔美〕余英时:《余英时文集》,广西师范大学出版社 2004 年版。
〔美〕余英时:《余英时英文论著汉译集·人文与理性的中国》,何俊编,上海古籍出版社 2007 年版。
〔美〕余英时:《朱熹的历史世界》,生活·读书·新知三联书店 2004 年版。
〔日〕沟口雄三、小岛毅主编:《中国的思维世界》,江苏人民出版社 2006 年版。
〔日〕市来津由彦:《朱熹門人集團形成の研究》,東京創文社 2002 年版。
〔日〕土田健次郎:《道学之形成》,朱刚译,上海古籍出版社 2010 年版。

后 记

2019年8月访美期间,我接到周群教授的邀约,嘱我为《中国学术流派研究丛书》撰写《永嘉学派研究》一种。虽然此前我多次起意再写一本结构更加完整、更加全面介绍永嘉学派思想学术的专著,但若无周教授之约,我恐怕也下不了决心投入精力完成这个计划。在此谨向周群教授和南京大学思想家研究中心致以衷心的感谢。

根据丛书体例和宗旨,本书亦面向普通读者,读者群较中国哲学专业研究者更加广泛,要求在有限的篇幅内尽可能完整地介绍永嘉学派的发展脉络及其最具代表性的思想观点。因此本书的写作较多地考虑了总体框架下各单元内容的平衡性,而尽量避免对某一问题点展开深入的分析和对具体人物事件的细节考证。不过,2012年《道行天地:南宋浙东学派论》出版以来,我对永嘉学派思想的一些新的思考,譬如陈武对朱熹"心统性情"说的批判,"事求可,功求成"与"事功"的关系,永嘉学派与"形质之学"的关系等等,在本书写作过程中都尽量加以吸收,使之在永嘉学派研究中仍有一定的前沿价值。

在我拜入业师门墙伊始,何俊教授即指导我以永嘉学派为研究对象,寄望甚厚。愧我马齿徒增,学业荒疏如故,枉费老师陶冶栽培,恍然二十一载矣。幸蒙何师不鄙浅陋,赐下长序,并于全书付梓前单独发表,为我先容,拳拳之心,令我钦感莫名。

本书的写作和出版,还得到了浙江省哲学社会科学重点研究基地浙江省社会科学院浙学研究中心的立项支持。责任编辑对本书的编校精益求精,匡我不逮,也使本书增色不少。在此一并表示衷心的感谢!

王 宇
2021年9月于保俶塔下

图书在版编目（CIP）数据

永嘉学派研究 / 王宇著. —北京：商务印书馆，
2021.11（2022.2 重印）
（中国学术流派研究丛书）
ISBN 978-7-100-20408-8

Ⅰ.①永… Ⅱ.①王… Ⅲ.①永嘉学派—研究 Ⅳ.
① B244.92

中国版本图书馆 CIP 数据核字（2021）第 192826 号

权利保留，侵权必究。

本书由南京大学中央基本科研业务费、
南京大学人文基金及
浙江省社会科学院浙学研究中心资助（20JDZD041）出版

中国学术流派研究丛书
永嘉学派研究
王　宇　著

商 务 印 书 馆 出 版
（北京王府井大街 36 号　邮政编码 100710）
商 务 印 书 馆 发 行
南京新洲印刷有限公司印刷
ISBN 978-7-100-20408-8

2021 年 11 月第 1 版　　开本 700×1000　1/16
2022 年 2 月第 2 次印刷　印张 22¼

定价：128.00 元